国家图书馆与敦煌学

刘波 著

国家图书馆出版社

图书在版编目（CIP）数据

国家图书馆与敦煌学 / 刘波著 . -- 北京 : 国家图书馆出版社 , 2018.4
ISBN 978-7-5013-6024-6

Ⅰ . ①国…　Ⅱ . ①刘…　Ⅲ . ①中国国家图书馆—关系—敦煌学—研究
Ⅳ . ① G259.251 ② K870.6

中国版本图书馆 CIP 数据核字（2017）第 007226 号

书　　名　国家图书馆与敦煌学
著　　者　刘　波　著
责任编辑　苗文叶
封面设计　翁　涌

出　　版　国家图书馆出版社（100034　北京市西城区文津街 7 号）
　　　　　　（原书目文献出版社　北京图书馆出版社）
发　　行　010-66114536　66126153　66151313　66175620
　　　　　　66121706（传真）　66126156（门市部）
E - mail　nlcpress@nlc.cn（邮购）
Website　www.nlcpress.com →投稿中心
经　　销　新华书店
印　　装　北京华艺斋古籍印务有限公司
版　　次　2018 年 4 月第 1 版　2018 年 4 月第 1 次印刷

开　　本　710×1000（毫米）　1/16
字　　数　336 千字
印　　张　22

书　　号　ISBN 978-7-5013-6024-6
定　　价　78.00 元

序

刘波同志是我指导的第一个博士研究生，但其实我并没有对他做多少指导工作，因此更准确地说，他是和我渊源更多的一位同事。

2007 年，国家图书馆的领导为了加强馆内的学术研究气氛，培养一批有志于学术研究的青年，实施了首席专家和学术带头人的学术计划。我原来的专业是古籍整理，入馆之后也主要从事此项工作，因而忝列为古籍整理方向的学术带头人，并与同事组建了一个团队，开展相关工作。就在这个过程中，我认识了刘波。当时他还在馆里的港台图书采访编目岗位，但却已经撰写并发表了几篇有关古籍整理和研究的文章，展示出较强的研究能力。2010 年我首次招收中国古代文学文献研究方向的博士生，看到报考名单中有刘波的名字，就毫不犹豫地选择了他。这除了他是我熟悉的同事，更重要的是我熟知他的研究能力。人都说开门难，开门弟子要选好，既然如此，就要尽可能选择一个有把握的学生。不过，选择他却绝非我一人之私意，在面试时，老师们一致认为他的回答最精彩，还纷纷表示学到了很多的东西。

刘波本科和硕士阶段皆就读于北京师范大学，有较坚实的学术基础和良好的学术意识，考取博士生时已经进入馆里的古籍部门，在领导和同事们的指导帮助下，取得了更进一步的学术成绩。特别是对馆藏的敦煌吐鲁番文献表现出了浓厚的兴趣，也撰写了几篇得到界内学人关注的论文。我除了随机地了解情况，询问进展，几乎不用操太多的心。

如果说我曾经用过一些心思的地方，大概就是帮他选定学位论文题目。

因为他报考的是中国古代文学文献研究方向，按道理应该在中国古代文学的范围里确定题目。而我当时正关注古代文学经典的批校评点问题，于是曾经希望他能从陶渊明的未刊批校入手，对陶渊明作品的研究资料做进一步的整理和探讨。可能是他此前更侧重于语言文字学的学习和研究，对这个题目接触不多，翻阅了相关资料后，他表示做起来可能比较困难，我同意另外考虑题目。又根据他从事的具体工作及他的个人兴趣，我和有关方面特别是招生单位负责人沟通后，基本明确学位论文在敦煌吐鲁番文献的范围内选题。

但这个论文题目范围的确立，既有刘波个人的学术兴趣、工作岗位等客观情况之必然，也有一些偶然的细节。记得刘波和时任国家图书馆善本部副主任、很有造诣的敦煌学者林世田先生，共同承担了国家图书馆的馆内科研项目"国家图书馆藏敦煌遗书专题研究"。在项目完成后进行鉴定时，所邀请的几位学者北京大学历史系教授朱玉麒，国家图书馆研究馆员陈红彦、李际宁与史睿博士等，纷纷对该项目的意义予以了较高的肯定，认为这个项目在很大程度上体现了国家图书馆对敦煌学的学术贡献。我于敦煌学完全是门外汉，但因为已经是刘波博士论文的指导老师，也被请来作评审专家。我真切地记得，当大家一致认为这个题目是国家图书馆对敦煌学的贡献时，我立刻想到历史上的国家图书馆所做的收藏、保存、整理、研究敦煌文献的工作，不仅为保存敦煌文献、提供学者服务作出了巨大的贡献，而且直接参与了敦煌文献的整理与研究，中国敦煌学发生、发展的每一步，几乎都离不开国家图书馆。系统地梳理国家图书馆所做的这些工作，探讨这些工作与敦煌学发生发展的具体联系，是百年国家图书馆发展史的研究，也是百年敦煌学发展史的研究，不就是一个很好的学术题目吗！我当时就把这个想法和建议讲给在场的几位学者，大家一致表示赞同。于是，刘波的博士论文题目就这样定下来了。我当时既感到欣慰，更觉得一颗悬着的心终于放了下来。回想我指导刘波博士阶段学习的整个过程，这件事情大概是我唯一可以称得上有贡献的地方。

题目确定之后，我就叮嘱刘波，一方面要充分利用馆藏的档案等特有资料，尽量运用这些特有资料，把国家图书馆的特殊贡献反映出来，另一方面则要通过阅读、请教等途径，深入了解敦煌学自身的发展历史，把国家图书馆的贡献，提升到促进敦煌学发展的学术史高度。因此，接下来刘波做的事，我几乎无从插手，倒是京城的敦煌学者们，如荣新江先生、朱玉麒先生、孟宪实先生、刘屹先生、陈红彦先生、林世田先生、李际宁先生等，给刘波的学习给予了非常有益的指导。刘波能够顺利做完这个题目，他们的功劳首先应该铭记，是他们替我、帮我完成了指导教师的任务。

论文写出初稿后，刘波送我阅读，我当然只能就文章本身，提一些写作的建议，同时提醒他对国家图书馆前后几位从事敦煌文献研究的学者，如陈垣、俞泽箴、王重民等人的敦煌学成就，进一步予以挖掘和概括。而真正提出了专业意见的，仍是替刘波约请的评议专家荣新江、张涌泉、刘进宝、伏俊琏、刘屹诸位先生，可惜的是除了诸位先生肯定、赞扬的意见外，其他有建设意义的指导意见都被秘送到了研究生的管理机构，我至今也没能看到。但刘波前后都向各位先生有过请益，估计他们的高见已经被吸收到此次的修改中了。至于是否修改到位，还有哪些可以开拓的空间，仍有待各位行家的进一步批评和指导。

刘波在积极参与国内敦煌学学术活动的同时，还时刻关注国际敦煌学的动态，作为国际敦煌项目中国方的主要参与者，先后赴美国、英国等地进行敦煌学学术交流和业务协作，具备了相当的国际学术视野，营造了一定的学术空间。正可谓前途未可限量。我趁他的博士论文修改出版之际，简要回顾与他合作的一些经历，一方面是说明他的成绩主要是他自己勤奋钻研、多方请教的结果，另一方面则是表达我的良好祝愿，希望他在敦煌学研究领域继续取得更多的成就。相信只要他按照目前的节奏坚持下去，一定会做得到的。

张廷银　国家图书馆研究馆员
2018 年 1 月

目录

第一章　绪　论

　　敦煌遗书是 20 世纪初中国学术四大发现之一，随之兴起的敦煌学，其研究范围由以文献为中心逐步扩展到艺术史、美术学、石窟考古及石窟保护等多个领域，蔚为一代显学。仅就敦煌遗书研究而言，大凡涉及中国古代文史的人文社会科学各个学科，都可以从中获取必要的材料，生发出众多学术问题，进而推进相关领域的探讨，敦煌文献因此深受文史学者的重视。

　　敦煌遗书发现之后迭遭外国探险家以不正当手段攫取，导致珍贵历史文物的外流，形成敦煌文献散藏世界各地的特殊状况，这一方面使得敦煌学成立之初就具有显著的世界性特征，成为国际显学，另一方面也使中国敦煌学研究从一开始就面临资料缺乏的问题。敦煌学兴起一百余年来，收集流散的敦煌文书、获取海外存藏敦煌遗书的信息，进而推进相关领域的研究，一直是中国敦煌学家们和各大学术机构孜孜以求的事业。国家图书馆及其前身京师图书馆、国立北平图书馆、北京图书馆① 作为国内规模最大的敦煌文献收藏机构，长期致力于这方面的工作，在中国敦煌学发展史上有着不可磨灭的贡献。

　　2000 年前后，以敦煌遗书发现一百周年为契机，国内外举行了众多纪

---

　　①　国家图书馆馆名多次更改。1909 年 9 月 9 日，清政府批准管学大臣张之洞的《学部奏筹建京师图书馆折》，标志着京师图书馆正式筹建。1912 年 8 月 27 日，京师图书馆正式对外开放。1928 年，京师图书馆更名为国立北平图书馆，1929 年与北平北海图书馆合并，改组后仍沿用国立北平图书馆馆名。1949 年，馆名变更为北京图书馆。1998 年，再次更名为国家图书馆，对外称中国国家图书馆。本书中，根据行文需要采用不同时期的不同馆名，有时也用"北图""国图"等简称，或用"国家图书馆"指代整个国图发展历史，特此说明。

念活动，敦煌学界也回顾敦煌学各领域百年来的研究进展，总结成就与经验，展望未来的发展趋势，形成了敦煌学史研究的一个热潮。纵观近年来敦煌学学术史的研究，主要集中于以下几个方面：其一，关于敦煌学者的学术成就、学术经历的介绍与研究。相关论著甚多，在此无法一一列举。需要特别指出的是，学界曾以学术研讨会的形式，纪念于道泉、王重民、向达等敦煌学者，并编辑出版了论文集。其二，关于敦煌学发展史上重要事件的论述，比如早期敦煌学史的某些细节问题，又如所谓藤枝晃"敦煌在中国，敦煌学在日本"说的问题等等。其三，关于敦煌学某一领域的发展史，诸如樊锦诗《敦煌石窟研究百年回顾与瞻望》①，郝春文《敦煌文献与历史研究的回顾与展望》②，张涌泉、窦怀永《敦煌小说整理研究百年：回顾与思考》③，张涌泉《百年敦煌文献整理的回顾与前瞻》④，马世长《敦煌石窟考古的回顾与反思》⑤，方广锠《敦煌宗教研究的回顾和展望》⑥，杨富学《回鹘文社会经济文书研究百年回顾》⑦，杨富学《西域敦煌回鹘佛教文献研究百年回顾》⑧，冯培红、孔令梅《汉宋间敦煌家族史研究回顾与述评》⑨，屈直敏《近百年来敦煌地志文书研究回顾》⑩等等论文，分别从不同学科的角度，综述、总结了敦煌学各领域的发展。

不过，敦煌学学术史的研究，目前看仍然远远跟不上敦煌学发展的需要。2005年，荣新江在《中国敦煌学研究与国际视野》一文中指出："迄今为止，我们还没有拥有一部真正意义上的敦煌学史，没有'辨章学术，考镜源流'

① 载《敦煌研究》2000年第2期。

② 载《历史研究》1998年第1期；经补充后又以《二十世纪敦煌文献与历史研究的回顾与展望》为题，收入郝春文《二十世纪的敦煌学》，上海：上海古籍出版社，2006年。

③ 载《文学遗产》2010年第1期。

④ 载刘进宝主编：《百年敦煌学：历史 现状 趋势》，兰州：甘肃人民出版社，2009年，第386—396页。

⑤ 载《文物》2000年第8期。

⑥ 载《中国文化》1990年第1期。

⑦ 载《敦煌研究》2000年第4期。

⑧ 载《敦煌研究》2001年第3期。

⑨ 连载于《敦煌学辑刊》2008年第3期、2008年第4期、2010年第3期。

⑩ 载《敦煌学辑刊》2009年第2期。

的敦煌学史，更没有'评判高下，辨别优劣'的敦煌学学术史。"①虽然已经过去了多年，这一论述至今仍然具有很强的现实意义。由于敦煌学内容涵盖面广，学术史研究者往往只能就自身所熟悉的学术领域进行学术批评与学术史梳理，而难以从整体上对体系庞大的敦煌学发展史加以综合论述。迄今为止，以中国敦煌学史为主题的专书，只有林家平、宁强、罗华庆所著《中国敦煌学史》一部，该书完成于1984年，由北京语言学院出版社于1992年刊行，二十多年来竟没有出现续起之作。造成这种局面的原因，主要是敦煌学领域过于宽广，一位或少数几位学者难以全面、宏观而深刻地把握。完整地梳理敦煌学学术史尚且如此不易，撰写一部"辨章学术，考镜源流"的敦煌学学术史更是难上加难。因此，从基础性工作入手，全面、坚实地从较小的角度与选题进行敦煌学学术史的梳理工作，仍然是必要且紧迫的。

与敦煌学内容的广泛性相应，敦煌学学术史需要多方位、多维度的考察。学术界在分专业进行梳理、就著名学者个人进行研究这两个角度之外，已从另外一些视角进行了有益的探索。黄征主持的"江苏与敦煌学"项目（江苏省"333高层次人才培养工程"项目），是从地域与敦煌学的关系角度进行的开创性探索。此外，黄征还撰有《浙江与敦煌学》一文②，讨论浙江学者敦煌学的贡献。张涌泉等编"常书鸿先生诞辰一百周年纪念文集"命名为"浙江与敦煌学"③，同样蕴含有探索地域与敦煌学关系的意味。敦煌学的发展，不仅与地域相关，更多更具体地还涉及一系列收藏机构与学术机构。从这方面进行探索的代表性研究，以荣新江《北京大学与早期敦煌学研究》一文为代表④，此文梳理中华人民共和国成立前北京大学对敦煌学的贡献，结语总结北大的学术传统，可谓从收藏机构、学术机构的角度考

---

① 载《历史研究》2005年第4期，第165页。

② 载《文史知识》1996年第10期。

③ 张涌泉等编：《浙江与敦煌学：常书鸿先生诞辰一百周年纪念文集》，杭州：浙江古籍出版社，2004年。

④ 荣新江：《北京大学与早期敦煌学研究》，载北京大学中国传统文化研究中心编《文化的馈赠——汉学研究国际会议论文集·史学卷》，北京：北京大学出版社，2000年，第333—340页。

察敦煌学发展史的范例，提出了一个值得深入探讨的研究方向，对敦煌学史的梳理很有启发意义。

中国国家图书馆是世界四大敦煌遗书藏家之一，敦煌遗书的收藏与研究一直贯穿于其百年的发展史。国家图书馆是国内最大的敦煌文献收藏、整理、研究与学术服务机构，除藏有 16000 余件敦煌遗书原卷之外，也长期致力于海外藏敦煌遗书照片、胶卷等影像资料以及敦煌学研究论著的收集与整理，为中国敦煌学界提供学术资料与学术服务，对中国敦煌学的发展起过令人瞩目的推动作用。国家图书馆一度也是中国敦煌学研究的重镇之一，王重民、向达等中国敦煌学的中坚人物都出自国立北平图书馆，孙楷第、赵万里、许国霖等对敦煌学的发展各有贡献，《国立北平图书馆馆刊》等馆办刊物曾是发表敦煌学论著的重要园地。从某种意义上说，国家图书馆的敦煌遗书收藏、整理、研究的历史，从一个侧面反映了中国敦煌学的发展历程。

2002 年，荣新江曾指出："从敦煌学来讲，国家图书馆是一个非常重要的单位。如果说敦煌学有中心的话，那国家图书馆从一开始就是中心""中国的敦煌学中心就是北京，但以国家图书馆和北大为主，北大因为有王重民先生和向达先生。更早的像国家图书馆的写经组是非常重要的，不过这个写经组有好多东西、好多历史没有抖露出来。今年赵和平这个敦煌学史会议，我就鼓动我认识的国家图书馆的人，把国家图书馆与敦煌学的关系能够发挥出来，讲出来。好多事情外界不知道，但我们看到了一些蛛丝马迹，比如一些国家图书馆的馆史资料里头有非常多的跟敦煌学有关的记录，可以说推动敦煌学发展的一些重要方面都是国家图书馆做出来的。"①他充分肯定了国家图书馆在敦煌学史上的作用，指出国图与敦煌学研究方面的不足，并鼓励进行这方面的研究，比如揭示 1930 年代写经组的工作情况。

刘进宝在呼吁加强敦煌学术史研究时，指出"我们对本国早期敦煌学

---

① 黎知谨整理：《敦煌与丝路文化学术讲座开幕式座谈会》，《文津流觞》第 7 期，2002 年。

家的活动和著述还缺乏全面深入和细致的研究"①。京师图书馆时期的多位学者，如许国霖、江味农、陈垣等人的活动，以及《敦煌劫余录》等著作的编纂过程，均属学界了解不够且值得深入探讨的问题，正是刘进宝所呼吁需要加强研究的部分。京师图书馆时期、北平图书馆时期在敦煌学上的作为，比如《敦煌劫余录》的成书过程、写经室—写经组的建制及其工作成绩等等，都是学界了解不够且有一定重要性的问题。挖掘档案、日记等原始史料，厘清相关史实，对于学界认识早期敦煌学史有积极的意义。

作为文献收藏机构、学术机构的一个标本，全面梳理国家图书馆与敦煌学的关系，同样有助于图书馆界更深入地认识自身与学术发展、文化发展的关系，使图书馆界进一步思考自身的定位，制定既适合学术机构自身又能最大限度支持学术发展的馆藏建设与服务方针，从而促进学术事业的发展，形成学术资料收藏机构与学术界的良性互动。这是我们讨论这一问题的另一层意义所在。

如上所述，国家图书馆与敦煌学的关系贯穿了其整个发展过程，国家图书馆对中国敦煌学发展所作的努力与贡献，早已为学术界所公认。前贤时彦关于这个课题的论著，主要有以下两个方面：

一、关于国家图书馆收藏、整理、修复敦煌遗书的论述

国家图书馆早期所编纂的馆藏敦煌遗书的目录，有《敦煌经卷总目》《敦煌经典目》《敦煌石室写经详目》及其《续编》等多种，但刊布的只有陈垣《敦煌劫余录》一种，它是世界上最早的敦煌遗书分类目录，对中国敦煌学的发展影响巨大。到了20世纪中后期，王重民主编的《敦煌遗书总目索引》②中，载有《北京图书馆藏敦煌遗书简目》，以千字文编号为序，摘录《敦煌劫余录》所著录的题名、卷次等信息，部分条目附有简要的说明；黄永武《敦煌遗书最新目录》③中所收北图藏卷目录，著录简单，但在部分

---

① 刘进宝：《敦煌学术史研究有待加强》，原载《中国史研究》2009年第3期，此据刘进宝《敦煌学术史：事件、人物与著述》，北京：中华书局，2011年，第5—6页。

② 商务印书馆1962年出版。

③ 台北新文丰出版公司1986年出版。

写卷的定名方面有所进步；施萍婷《敦煌遗书总目索引新编》①所收《北京图书馆藏敦煌遗书简目》继承了王重民目录的成就，并在定名、解说方面各有所发展。1981年，北京图书馆善本特藏部印行《敦煌劫余录续编》，公布了"新"字号部分的1065件敦煌遗书。这几部目录的共同特点是著录简明，但不够详细，不能反映国图藏敦煌遗书的完整信息。到2012年，方广锠领衔的研究团队，历时二十余年，完成了体例独特、著录详细的《中国国家图书馆藏敦煌遗书总目录》。此目最初附载于《国家图书馆藏敦煌遗书》②每一册之后，随图录出版，2016年又由中国人民大学出版社出版了单行本，即煌煌八册的《中国国家图书馆藏敦煌遗书总目录·馆藏目录卷》。这些目录、图录是了解国图藏敦煌遗书总体状况和单件文献细节的主要依据。

有关国家图书馆收藏整理敦煌遗书的历史，方广锠的一系列论文最为重要：《北京图书馆藏敦煌遗书勘查初记》③首次整体性介绍了国家图书馆藏敦煌遗书的四大组成部分，尤为重要的是，该文首次揭示了京师图书馆写经室的重要成果《敦煌石室写经详目》及其《续编》，并全文转录其编纂凡例；《百年前的一桩公案——关于22卷续交敦煌遗书的考察》④则通过挖掘档案材料，揭示了1910至1911年京师图书馆从学部接收敦煌遗书的经过；《两箱敦煌经卷残片的再发现》⑤叙述了1990年代初北京图书馆库房搬迁过程中重新发现两箱敦煌遗书残片的过程，提供了残片整理过程的重要资料；《国家图书馆藏敦煌遗书北敦00337号小考》⑥考察了BD00337等敦煌遗书的作伪情况，并对相关史实详加考辨。此外，尚林、方广锠、荣新江《中国所藏大谷收集品概况：特别以敦煌写经为中心》⑦，李际宁《"味青斋敦煌

---

① 中华书局2000年出版。

② 全书146册，国家图书馆出版社2005年至2012年出版。

③ 载《敦煌学辑刊》1991年第2期。

④ 载《敦煌研究》2009年第1期。

⑤ 载《南海》1998年第9期，删节稿载2009年8月5日《光明日报》。

⑥ 载《文献》2006年第1期。

⑦ 日本龙谷大学佛教文化研究所西域研究会1991年3月出版。

遗书秘籍佚卷存目"点勘及其史料价值》①，尚林《刘廷琛旧藏敦煌遗书流失考》②，林世田、萨仁高娃《国家图书馆刘廷琛旧藏敦煌遗书》③等文章，揭示了旅顺博物馆大谷文书、味青斋旧藏敦煌遗书、刘廷琛旧藏遗书入藏国家图书馆的史实，都颇具参考价值。

关于国图敦煌遗书的修复，杜伟生、张平、胡玉清等长期在国家图书馆从事敦煌遗书修复工作的专家的论文值得关注。国家图书馆古籍馆编《古籍保护新探索》④一书，收载了杜伟生《敦煌遗书用纸概况及浅析》、张平《中国国家图书馆敦煌遗书的修复与保护》《对于敦煌遗书修复工作规范化问题的思考》、胡玉清《敦煌遗书中常见破损及其修复琐谈》《敦煌遗书"为"86号的特点与修复》等文章，对于了解敦煌遗书修复工艺及其发展有重要参考价值。张倚竹"Eastern and Western Conservation Approaches Reflected on Dunhuang Manuscripts"一文⑤，比较了中国国家图书馆与英国国家图书馆在敦煌遗书修复观念与技术上的异同。

总体性的论述，则有苏莹辉《国立北平图书馆与敦煌学》⑥，简要概括了中华人民共和国成立前国家图书馆对敦煌学的贡献；尚林《北京图书馆与敦煌学：以建馆八十年来收藏保护敦煌文献资料为中心》一文⑦，论述仍较简略。

二、关于国家图书馆历史上对敦煌学有所贡献的人物研究

国家图书馆成立以来，吸纳了一大批学者在馆工作，他们中有多位重要的敦煌学专家。对于他们的生平与敦煌学研究成就，论著较多：

关于陈垣，主要有焦树安《陈垣与中国国家图书馆》⑧、孙玉蓉《为〈陈

---

① 载《敦煌学辑刊》1995 年第 1 期。
② 载《汉学研究》1994 年第 12 卷第 2 期。
③ 载《敦煌吐鲁番研究》第十一卷，上海：上海古籍出版社，2009 年。
④ 浙江古籍出版社 2008 年出版。
⑤ 载《文津学志》第四辑，北京：国家图书馆出版社，2011 年。
⑥ 收入苏莹辉《敦煌论集》，台北：学生书局，1983 年。
⑦ 载《中国敦煌吐鲁番学研究通讯》1993 年第 1 期（总第 24 期），第 1—5 页。
⑧ 载《国家图书馆学刊》2001 年第 3 期。

垣年谱配图长编〉补遗指谬》^①、孙玉蓉《陈垣〈《敦煌劫余录》序〉解疑》^②、高荣《陈垣先生与敦煌学研究》^③ 等论文。此外,《陈垣年谱配图长编》等传记类资料中, 也包含了不少与此相关的资料。

天津社会科学院文学研究所孙玉蓉受俞氏族人之托, 整理俞泽箴日记。她辑录俞泽箴日记中关于整理敦煌遗书的资料, 撰成《俞泽箴整理敦煌写经日记辑录》^④ 一文。此外, 孙玉蓉利用俞泽箴日记中的记载, 或以之为线索并结合其他资料, 撰有《"敦煌经籍辑存会"成立时间探究》^⑤《最早从事敦煌学研究的学术团体——敦煌经籍辑存会》^⑥《关于"敦煌经籍辑存会"的两则日记》^⑦ 等一系列文章, 为陈垣研究、敦煌经籍辑存会研究提供了新的资料, 其中也包含了一些与国图敦煌学史有关的资料。

关于许国霖, 有余欣《许国霖与敦煌学》^⑧、林世田《许国霖与敦煌遗书资料汇编工作》^⑨ 等论文。

关于王重民与向达在欧洲访书的情况, 刘修业《王重民教授生平及学术活动编年》^⑩《王重民1935—1939年英德意诸国访书记》^⑪ 记述了王重民的经历; 吴芳思(Frances Wood)根据英国博物馆、英国国家图书馆的相关档案资料, 撰有"Wang Chongmin and Lionel Giles"^⑫、《向达在英国》^⑬ 等文章。

---

① 载《天津大学学报(哲学社会科学版)》2008年第2期。

② 载《广西社会科学》2008年第7期。

③ 载《河西学院学报》2011年第1期。

④ 载《文献》2009年第1期。

⑤ 载《理论与现代化》2008年第4期。

⑥ 载《文史知识》2009年第6期。

⑦ 载《文献》2010年第1期。

⑧ 载《敦煌吐鲁番研究》第七卷, 北京: 中华书局, 2004年。

⑨ 载《文津流觞》第22期, 2008年。

⑩ 载《冷庐文薮》, 上海: 上海古籍出版社, 1992年。

⑪ 载《文献》1991年第4期。

⑫ 载国家图书馆善本特藏部敦煌吐鲁番学资料研究中心编《敦煌学国际研讨会论文集》, 北京: 北京图书馆出版社, 2005年。

⑬ 载《敦煌文献、考古、艺术综合研究——纪念向达先生诞辰110周年国际学术研讨会论文集》, 北京: 中华书局, 2011年。

王重民、向达在海外期间与胡适、袁同礼的通信，也大量涉及他们的访书活动，如《胡适王重民先生往来书信集》[①]中的少数书信，即对相关情况略有涉及。刘波、林世田《国立北平图书馆拍摄及影印出版敦煌遗书史事钩沉》[②]根据新发现的资料，重建了王重民、向达拍摄英法藏敦煌遗书照片的史事，但相关史料仍有补充的空间。此外，他们的传记资料中，也有对相关事件的记述。

总体上看，整体考察国家图书馆与敦煌学之间关系的研究，目前还不够充分[③]。本书拟在上列论述及相关资料的基础上，结合新发掘的资料，对相关文献进行综合、概括和阐释，推进这一课题的研究。

除参考上述资料及研究成果之外，本书利用的资料还有两大类：

其一，国家图书馆所存档案资料。

档案对于敦煌学研究，尤其是敦煌学学术史研究，具有重要意义[④]。国家图书馆部分老旧档案资料已经公布，主要见于《北京图书馆馆史资料汇编：1909—1949》[⑤]《北京图书馆馆史资料汇编（二）：1949—1966》[⑥]《中国国家图书馆馆史资料长编：1909—2009》[⑦]三书。当然，这三部书中公布的资料并不是国图旧档的全部。国图档案中，还有相当数量的关于敦煌遗书入藏、整理、编目、服务的资料，此前未公布。比如国图所藏的《文选·辩亡论》写卷的入藏经过，留下了完整的档案，可据之复原整个事件的经过，并纠正某些流传在敦煌学界的不够准确的说法。本书利用这些资料，力图尽可能详细地勾勒国图敦煌遗书的收藏史、整理史、研究史与服务史。

其二，相关人物的书信、日记、文集等资料。

---

① 国家图书馆出版社 2009 年出版。

② 载《敦煌研究》2010 年第 2 期。

③ 闻方广锠教授于"敦煌学国际学术研讨会——京都 2015"发表论文《国家图书馆与敦煌遗书》，从标题看似为综合性论述，惜未能寓目。

④ 参阅荣新江《档案与敦煌学研究》，载《档案》1996 年第 5 期，第 12—13 页。

⑤ 书目文献出版社 1992 年出版。

⑥ 北京图书馆出版社 1997 年出版。

⑦ 国家图书馆出版社 2009 年出版。

学者的日记同样是学术史研究的第一手资料。比如俞泽箴日记中关于清点、丈量馆藏敦煌遗书的记载，可据以讨论《敦煌劫余录》的成书过程及陈垣对馆藏敦煌遗书编目的贡献，就是新刊布的重要资料。又如，国家图书馆2003年成立"王重民学术思想史料整理"课题组，整理国家图书馆、美国国会图书馆等机构所藏王重民书信，其中部分涉及王重民在欧美访求敦煌遗书的经过，不失为探讨相关问题的第一手资料。

本书通过挖掘与整理第一手资料，还原历史事实，理清相关问题，全面揭示国家图书馆敦煌遗书收藏、整理、研究与服务的历史，从学术机构与学术发展之间关系的角度，审视国家图书馆与敦煌学的关系。

第二章　敦煌遗书的入藏与保存

国家图书馆藏敦煌遗书的入藏途径，不外政府调拨、书肆采购、藏家捐赠三种，与其他善本古籍文献的情况大致相同。本章以时间先后为序，重点梳理馆藏敦煌遗书的收藏史。

第一节　清末学部调拨敦煌遗书始末

国家图书馆藏敦煌遗书的主体部分，即《敦煌劫余录》著录部分，系清末学部指令甘肃地方官解运京师，拨交京师图书馆收藏。因发生李盛铎、刘廷琛等学部官员监守自盗事件，其拨交过程曾发生一些曲折。兹根据方广锠的考证[①]，联系相关史料，略述其经过如下。

一、1909 年先行呈送样本

敦煌遗书解运京师之前，陕甘总督曾向学部呈送一件敦煌遗书作为样本。宣统二年十一月十二日（1910.12.13）学部片中称："查此项写经，上年曾由陕甘总督送到原样一卷，亦应一并检送收藏。"[②]可知甘肃地方官向学部

---

① 主要参考方广锠《百年前的一桩公案——关于 22 卷续交敦煌遗书的考察》一文，载《敦煌研究》2009 年第 1 期，第 64—73 页。

② 《学部续送京师图书馆敦煌经卷片》，《北京图书馆馆史资料汇编：1909—1949》，第 13 页。该书将该片时间载录为"1910 年 11 月 12 日"，未转换公历，是错误的，本书不取。该文件彩图又载《中国国家图书馆藏敦煌遗书》，南京：江苏古籍出版社，1999 年，第一册卷首；部分黑白图像载敦煌研究院编：《敦煌图史》，上海：上海古籍出版社，2000 年，第 93 页。

呈送样本，时在 1909 年 8 月伯希和向京师学者透露获得敦煌遗书的消息之后不久。

京师图书馆所编《敦煌经卷总目》[①]第 7 册在羽字 25 号注明"样本"字样，表明 BD06825 号吐蕃统治敦煌时期写本《大般若波罗蜜多经》卷一五七即为事先呈送的样本。此件长达 770 厘米，存文字 435 行；首尾完整，首题、尾题俱全；护首存，有破洞，首有竹制天竿，紫色缥带残存 2 厘米；尾轴完整，两端镶嵌亚腰形轴头[②]。此卷比较完整，基本保留了卷轴装书籍的形制，因而被选为样卷，装盒先行送呈学部。

二、1910 年调拨解京敦煌遗书 18 箱

1910 年，甘肃地方官解运的敦煌遗书抵达北京，不幸遭李盛铎、刘廷琛、方尔谦、何震彝等盗窃，然后才交付京师图书馆庋藏。国家图书馆档案中，已经查不到此次拨交的原始文件。宣统二年十一月十二日学部片中称："前据陕甘总督委解敦煌经卷十八箱，业由贵馆派员取运在案。"[③]可知甘肃地方官将敦煌遗书装为 18 箱运往京师。

三、1910 年调拨追缴敦煌遗书 22 件粘片 2 本

李盛铎、刘廷琛等盗窃敦煌遗书的劣迹败露后，学部追缴被盗敦煌遗书，负责押解事务的官员交出部分窝藏写卷交差。宣统二年十一月十二日学部行文京师图书馆，令馆方派人接收"原解委员续行呈到写经二十二卷、粘片二本"。据京师图书馆接收底账，馆方于十一月十四日（1910.12.15）派员接收，同时带回的还有先前已入藏但又因故呈交学部的样本（羽 25）一件。

据方广锠介绍，《敦煌经卷总目》第 7 册羽 25 号天头有注记："以下

---

① 此目的编纂、内容等情况，详见本书第三章第一节。

② 《国家图书馆藏敦煌遗书》第 93 册《条记目录》，北京：国家图书馆出版社，2008 年。

③ 《学部续送京师图书馆敦煌经卷片》，《北京图书馆馆史资料汇编：1909—1949》，第 13 页。

补交 22 卷。又样本一卷带返。"① 这表明羽 26 至 47 号，即 BD06826 至
BD06847 号，即为何彦升缴回的 22 件。据方广锠考证，这些写卷的题记、
勘记均为伪造。

另"粘片二本"，即粘贴成册的敦煌遗书残片，修复时已全部揭下，分
别修整、庋藏，编为 177 号，即 BD15818 到 BD15994。

以上三宗，即为清末学部调拨京师图书馆的全部敦煌遗书，它们构成
了国家图书馆藏敦煌遗书的主体部分，亦即《敦煌劫余录》所著录部分。

第二节　中华人民共和国成立后历次调拨

1950 年代，国家在社会经济领域推行公有制，工商界形成公私合营、
化私为公的浪潮。文化教育领域也深受这种风气的影响，众多收藏家纷纷
将累世所积或毕生所得文物古籍，悉数捐赠国家。藏家捐献国家的古籍文
献，大多经文化部及文物局（或社会文化事业管理局）调拨给北京图书馆。
与此同时，文化部及文物局也有意识地将同类尤其是同种文物古籍聚集在
一起，因此在全国文化机构之间施行了一系列文物文献调拨举措。在这一
背景下，北京图书馆相继入藏了一千余件敦煌遗书。

中华人民共和国成立以后，在较长时期内，北京图书馆以中文采访部
负责中文文献的接收、采购及受赠等工作。这些调拨的敦煌遗书，均通过
中文采访部转入善本部庋藏。中华人民共和国成立之后至"文革"前，比
较重要的调拨有以下数宗：

1954 年 1 月 15 日，文化部社会文化事业管理局调拨旅顺博物馆原藏
敦煌遗书 621 件。这批敦煌遗书本为日本大谷探险队第三次西北探险期间
（1910—1914），队员橘瑞超、吉川小一郎分别从敦煌莫高窟王道士及其他人
手里购得。1914 年，大谷光瑞因财政原因辞去西本愿寺宗主之位，大谷收
集品随后分别寄藏在中国旅顺、韩国汉城、日本京都等地。存于旅顺部分，

---

① 方广锠:《百年前的一桩公案——关于 22 卷续交敦煌遗书的考察》,《敦煌研究》
2009 年第 1 期，第 66 页。

于 1916 年由满铁转交给旅顺博物馆①。1951 年 2 月 1 日，苏联将旅顺博物馆移交中国政府，该馆组织人员对馆藏进行登记造册。负责敦煌遗书登记的人员工作较粗疏，文化部社管局得知后，派王冶秋率工作组前往调查。为使这批文物不再受损失，工作组建议将其调到北京，集中保管。1954 年 1 月 6 日，旅顺博物馆将馆藏大部分敦煌遗书上交文化部社管局，留下 9 件未上交，供展览用。1 月 15 日，文化部社管局通知北京图书馆，调拨这批敦煌遗书。次日，北图派人点交②。据点交记录，所调拨为已装裱者 355 件、未装裱者 57 件、藏文佛经 208 件，共计 621 件③。这批写卷是中华人民共和国成立后文化部向北京图书馆调拨的第一批敦煌遗书，今编号为 BD13801（新 0001）至 BD14221（新 0621），其中的汉文部分大多著录于《敦煌劫余录续编》。

1954 年 2 月 11 日，文化部社管局拨交一批古籍，其中有敦煌遗书 80 件，系刘廷琛旧藏。1910 年劫余敦煌遗书解运京师，李盛铎、刘廷琛等官员窃取其中的精品，刘氏所得写卷数量应不少于 125 件④。刘氏所藏写卷来路不正，因此秘而不宣，外界所知甚少。1932 年刘廷琛去世后，其后人有意将所藏敦煌遗书出售，托董康在日本寻求买主，藏卷目录《刘幼云敦煌卷子目》则由刘家亲戚黄公渚寄给在日本度假的董康。该目著录写卷 80 余件，可能即由黄公渚编成，编目同时用黄绢包裹每件遗书，并附签条。董康《书舶庸谭》卷九 1936 年 9 月 11 日的日记中记载了其中的"佳品"20 件⑤。王重民等所编《敦煌遗书总目索引》散录部分的《刘幼云藏敦煌卷子

---

① 该馆 1917 年 4 月开馆，名为关东都督府满蒙物产博物馆，1918 年 4 月改称关东都督府博物馆，1919 年 4 月改称关东厅博物馆，1934 年 12 月改名旅顺博物馆，1945 年 8 月苏联红军接管后改名旅顺东方文化博物馆，1951 年 2 月 1 日移交中国政府后改名旅顺历史文化博物馆。本书概称之为旅顺博物馆，特此说明。

② 这批敦煌遗书的递藏、调拨经过，见尚林、方广锠、荣新江著《中国所藏大谷收集品概况：特别以敦煌写经为中心》，日本龙谷大学佛教文化研究所西域研究会，1991 年。

③ 当年交接相关文件，今存国家图书馆档案室，多件刊布于尚林、方广锠、荣新江著《中国所藏大谷收集品概况：特别以敦煌写经为中心》卷首。

④ 林世田、萨仁高娃：《国家图书馆刘廷琛旧藏敦煌遗书叙录与研究》，《敦煌吐鲁番研究》第十一卷，第 496—498 页。

⑤ 董康：《董康东游日记》，石家庄：河北教育出版社，2000 年，第 383—385 页。

目录》即据《书舶庸谭》卷九著录。刘廷琛旧藏后大部分为其亲戚张子厚所得。叶恭绰曾记载："近年李、刘皆去世，所藏始分别散出，余曾介南京图书馆购入二百卷。闻刘氏有佳品约百卷归于张子厚，张固刘戚也。"① 张子厚所藏又转入吴瓯之手。吴瓯抗战期间曾服务于伪政府，光复后这些写卷随家产充公，因此得以于1954年拨入北京图书馆。据1952年4月8日《北京市人民政府公逆产清管局报告》，吴瓯曾交代，敦煌写本经卷原收有八十九卷或九十卷，送礼及售出约十卷，当时尚存七十九或八十卷②。这部分写卷，编号为BD14422（新0622）至BD14501（新0701），包括众多珍稀或研究价值较高的文献，如BD14475（新0675）《四分律比丘戒本》卷背裱纸所书为《春秋谷梁传》鲁桓公二年和六年文字；BD14488（新0688）《刘子新论》卷中，为重要的四部书写卷；BD14491（新0691）《问对》，可与BD14650（新0850）缀合，为考察唐初科举制度的重要文献③；BD14422咸亨四年十月二十八日由吾巨言写《金刚般若经》、BD14437（新0637）上元三年十月十日王举写《妙法莲华经》卷第五、BD14453（新0653）四月五日申待征写《金刚般若波罗蜜经》、BD14490（新0690）仪凤元年十一月十五日刘弘珪写《金刚般若波罗蜜经》，均为武后时期官方写经；BD14496（新0696）龙朔二年尉迟宝琳造《阿毗昙毗婆沙》第五十一，为尉迟宝琳等所造大藏经的零本④。

　　1954年6月28日，文化部社管局拨交一批古籍，内有敦煌遗书153卷。今编号BD14502（新0702）至BD14664（新0864）当中，即包含了这一批写卷在内。这部分内有许承尧（BD14504、BD14514、BD14573、BD14635、

---

　　① 叶恭绰：《张谷雏所藏敦煌石室图籍录·序》，载叶恭绰《矩园余墨》，沈阳：辽宁教育出版社，1997年，第171页。

　　② 尚林：《刘廷琛旧藏敦煌遗书流失考》，《汉学研究》第12卷第2期，1994年，第356页。

　　③ 刘波、林世田：《敦煌唐写本〈问对〉笺证》，《文津学志》第三辑，北京：国家图书馆出版社，2010年5月；金滢坤：《敦煌本"策府"与唐初社会——国图藏敦煌本"策府"研究》，《文献》2013年第1期。此件金滢坤拟名为"策府"。

　　④ 写卷概况参林世田、萨仁高娃《国家图书馆刘廷琛旧藏敦煌遗书叙录与研究》，《敦煌吐鲁番研究》第十一卷，第489—498页。

BD14647）、罗振玉（BD14521、BD14523、BD14634）、陈闿（BD14528、BD14560、BD14544）、冯恕（BD14513、BD14543、BD14545、BD14550、BD14567、BD14621、BD14622）、魏忍糙（BD14527、BD14548、BD14571、BD14580、BD14584、BD14587、BD14588、BD14619）等旧藏多件，也有杨守敬（BD14505①）、吴乃琛（BD14514）、庄蕴宽（BD14525）、翁同龢（BD14531②、BD14572③）、宋伯鲁（BD14540）、秦仲文（BD14549）、周肇祥（BD14554、BD14637）、黄宾虹（BD14568）、唐醉石（BD14568）、顾鼇（BD14600）、袁克文（BD14628）、赵钫（BD14633、BD14650）、谭延闿（BD14637、BD14642、BD14643）、盛昱（BD14646）、刘位坦（BD14651）旧藏。同年11月15日，文化部社管局又调拨敦煌遗书5件。

1956年3月26日，文化部文物局拨交敦煌遗书48种。今编号BD14687（新0887）至BD14711（新0911）当中，即包含了这批写卷的一部分。

1965年4月24日，文化部文物局又拨交唐人写经56种。今编号BD15292（新1492）至BD15342（新1542）当中，包含这一批写卷在内。④

除以上诸次调拨以外，国家图书馆中文图书采访档案中还记载了多次调拨，如：1952年4月30日，文化部社会文化事业管理局调拨马叙伦捐赠藏书，内有敦煌遗书2件，即BD14812《大般若波罗蜜多经》卷第一八九、BD14813《天请问经》，后者有马叙伦跋二则；1954年12月10日

---

① 此件为日本写经，卷末有日本天平十二年藤原皇后光明子题记。因北京图书馆将其与敦煌遗书一起庋藏，故在此列出。

② 此件非敦煌藏经洞出土，为传世唐写本佛经。因北京图书馆将其与敦煌遗书一起庋藏，故在此列出。

③ 此件为日本写经，卷末有日本天平十二年藤原皇后光明子题记。因北京图书馆将其与敦煌遗书一起庋藏，故在此列出。

④ 以上历次调拨，见邹文革集辑：《中国国家图书馆百年纪事：1909—2009》，北京：国家图书馆出版社，2009年，第48—68页。

入藏5件，系周定宣[①]捐赠，今编号为 BD14827（新1027）至 BD14831（新1031）；1955年12月入藏22件，今编号为 BD14665（新0865）至 BD14686（新0886），其中有许贞于味青斋旧藏[②]；1959年5月入藏的78件，今编号为 BD14712（新0912）至 BD14743（新0943）、BD14747（新0947）、BD14749（新0949）至 BD14793（新0993），其中包括庄蕴宽（BD14716）、魏忍槎（BD14728、14729）、谭泽闿（BD14737）、叶德辉（BD14737）、许承尧（BD14739）、诸宗元（BD14765）、潘龄皋（BD14789）等人旧藏写卷；1961年9月入藏5件，今编号为 BD14955（新1155）至 BD14959（新1159），其中 BD14955 号系张乃熊旧藏；1963年11月20日入藏271件，编号为 BD14967（新1167）至 BD15237（新1437），其中有多件为罗振玉（BD14973、BD15051—BD15054、BD15056—BD15059、BD15061—BD15065、BD15067—BD15072、BD15166、BD15170）、顾二郎（BD14967—BD14971、BD14983—BD14990、BD15005—BD15021、BD15094—BD15097、BD15159—BD15162、BD15177—BD15183、BD15185—BD15189、BD15191—BD15211、BD15213—BD15216、BD15222—BD15227、BD15231、BD15290、BD15328—BD15330、BD15340—BD15342、BD15394）、冯恕（BD15090、BD15134、BD15135、BD15136、BD15137、BD15138、BD15139、BD15140）旧藏，亦有部分写卷为江瀚（BD14972）、陈闿（BD14996、BD15125）、许承尧（BD15125）、李盛铎（BD15076、BD15154、BD15165）、丁士源（BD15101、BD15102）、陈曾佑（BD15123）、刘宝臣（BD15158[③]）、周铣诒（BD15158）、俞陛云（BD15237）旧藏；1964年，又

---

① 周定宣（？—1956），原名廷元，湖北咸宁人。甘肃法政学堂毕业，同盟会会员。历任甘肃筹办宪政处专员、同盟会甘肃支部总干事、甘肃都督府秘书、兰州光明火柴厂经理、静宁县知事、代理安肃道尹兼嘉峪关监督、宁夏省政府参议、宁夏省建设厅水利秘书等职。1953年被聘为甘肃省文史馆副馆长。著有《甘肃大地震纪略》。

② 萧新祺：《佚名〈味青斋敦煌秘籍佚卷存目〉》，《敦煌研究》1991年第4期；李际宁：《"味青斋敦煌遗书秘籍佚卷存目"点勘及其史料价值》，《敦煌学辑刊》1995年第1期。

③ 此件为吐鲁番文书。已装裱，卷末有王树楠、梁玉书题跋。因北京图书馆将其与敦煌遗书一起庋藏，故在此列出。

入藏高君箴捐赠郑振铎旧藏44件，编号为BD15238（新1438）至BD15281（新1481）。①

第三节　零星购入与捐赠

一、购入

从古籍市场或藏家手中购买敦煌遗书，也是入藏的重要途径之一。以下根据现存资料，举出几宗收购或商洽收购的事例，以略见国家图书馆购求散佚敦煌遗书的努力。

1. 洽购李盛铎藏品

1935年，李盛铎家族有意出售手中的敦煌遗书，委托董康对外接洽。李家开出的售价为15万元，如抵押则为6万元。时任国立北平图书馆委员会委员长胡适②曾就此事致函购书委员会主席陈垣③，商谈采购事宜。8月6日，陈垣致函胡适，表达他的意见："李氏藏敦煌卷，据来目，除大部分佛经外，可取者不过三二十卷。普通写经，精者市价不过百元，次者更不值钱。来目索价太昂，购买殊不相宜。鄙意只可抵押，抵押之数可以到贰万元。惟应要求者一事，应注意者一事：据弟所知，李氏藏有世界仅存之景教《宣元本经》，此目并未列入，恐尚有其他佳卷，此目之外应要求加入吾人所已知或已见过之稀有珍本；又来目不注行数及长短尺寸，此中伸缩力甚大，

---

① 本节所述敦煌遗书旧藏者信息据原卷钤印确定，印鉴情况见：陈红彦《北京图书馆藏敦煌遗书中近现代印鉴印主考》，《敦煌吐鲁番研究》第三卷，北京：北京大学出版社，1998年，第291—308页；陈红彦、林世田《敦煌遗书近现代鉴藏印章辑述》（上），《文献》2007年第2期，第33—52页；陈红彦、林世田《敦煌遗书近现代鉴藏印章辑述》（下），《文献》2007年第3期，第129—142页。

② 胡适于1932年9月接替马叙伦担任国立北平图书馆委员会委员，同年10月当选委员长；1935年10月卸任，由蒋梦麟接替。见《中国国家图书馆馆史（1909—2009）》，北京：国家图书馆出版社，2009年，第64页。

③ 1931年，国立北平图书馆成立购书委员会，陈垣为中文组主席，直至抗战爆发购书委员会无形解散。见《中国国家图书馆馆史（1909—2009）》，第64页。

最易发生弊病，应注意本主或关系人不至将各卷割裂。"①陈垣认为李家要价过高，不可购买，只可抵押；又提醒胡适应防范李家隐藏珍本、割裂写卷。李盛铎旧藏均为敦煌遗书解京时盗得，为掩盖盗窃罪行遂割裂写卷以充数，陈垣提醒胡适防止李家故伎重演，可谓正中其弊。

陈垣函复胡适的当天，亦即 8 月 6 日，胡适主持国立北平图书馆委员会第二十次会议，讨论收购李盛铎旧藏敦煌卷子案。胡适首先报告相关情况，并宣读上揭陈垣书信，委员会最终"议决函请中基会拨款受押，上述李氏收藏之敦煌卷子，最高押款约为三万元，该款将来由图书馆在中文购书费项下分三年或五年扣还中基会"②。委员会遵从陈垣的意见，决定抵押，但抵押款上限定为 3 万元，较陈垣所提 2 万元高出 1 万。

赵万里等北平图书馆馆员，也为将李氏所藏敦煌卷子留在国内而奔走呼吁。赵万里曾就此事致函傅斯年，与之商议处置办法。傅斯年曾回复赵万里："李某盗卖国宝事，弟实为之数日寝食不宁，可谓痴绝，然亦不知所以然也。闻森老另有可图，乞兄便中鼓励一下，如万一有成，亦大不幸后之幸事也。"③

遗憾的是，大约因为双方在价格上无法达成一致，北平图书馆未能入藏李盛铎旧藏敦煌遗书，其他机构也未能筹资购藏，学者们将这批敦煌卷子留在国内的愿望最终落空。李盛铎旧藏后售至日本，现藏武田科学振兴财团杏雨书屋，其藏品图录《敦煌秘笈》2013 年初已出齐 10 册，其中目录册 1 册，影片册 9 册。

2. 购买胡丰叔《药师经》

1952 年 11 月，北京图书馆从一位天津市民胡丰叔手中，购得敦煌遗书《药师经》一件。当时留下的采访档案中，有北京图书馆中文采访组与胡丰

---

① 陈智超编注：《陈垣来往书信集》，上海：上海古籍出版社，1990 年，第 177 页；陈智超编注：《陈垣来往书信集》（增订本），北京：三联书店，2010 年，第 218 页。

② 《委员会会议记录》，《北京图书馆馆史资料汇编：1909—1949》，第 351 页；此份会议记录，又影印于《敦煌图史》，第 93 页。

③ 王汎森、潘光哲、吴政上主编：《傅斯年遗札》，台北："中央研究院"历史语言研究所，2011 年 10 月，第 684 页。

叔的来往函件。胡丰叔 11 月 3 日致北图的函称："关于敦煌写经卷子（《药师经》）贵馆给价拾万元一节，已征得鄙友同意，即请将该款汇下可也。"[①] 可见此卷为胡丰叔受友人委托出售，北图以十万元购入。

3. 购买《文选·辩亡论》写卷

国家图书馆所藏 BD15343 陆机《辩亡论》写本，为《文选》二十七卷古本的零篇，与中国国家博物馆藏陆机《五等论》写本、敦煌研究院藏敦研 269 号与法国国家图书馆藏 P.2648 李萧远《运命论》写本、日本上野本刘孝标《辩命论》写本，割裂自同一个写卷[②]。该卷纸墨俱佳，书写舒朗俊秀，且有较高校勘价值，堪称现存敦煌写本中的精品。其入藏国图的经过，颇为曲折。

徐俊根据启功的回忆，勾稽出的递藏轨迹[③]：此件为早期流散的敦煌遗书，与国博本《五等论》一起，辗转落入活动于京津一带的文物商人方雨楼的手中。方雨楼曾有意将其出售给北平图书馆，但赵万里怀疑是赝品，因而未予购藏。方雨楼又将《五等论》请傅增湘鉴定，傅增湘阅后在写卷之末钤"书潜经眼"印，但对写卷的真伪未置可否。方雨楼又曾有意将《五等论》写卷出售给启功，启功认为写卷是真品，但因价格过高未能购藏。方雨楼死后，这两个写卷分别入藏北京图书馆与中国历史博物馆。

国家图书馆现存当年的采访档案，从中可见《辩亡论》写本入藏国图的经过。1965 年 6 月 15 日，上海古籍书店收购处致函北图中文采访部，告知此卷价格协商结果："65 年中发 119 号信收悉。关于唐写本《辩亡论》价格问题，藏家已同意按你馆出价 2000 元九折出让，我店已有 200 元利润，故不须向你馆再增加手续费了，即售价 2000 元。该写本二三年前我店曾陪同赵万里先生到此藏家看过，因当时索价太大未谈妥。今藏家虽同意出让，

---

① 原函藏国家图书馆档案室。

② 徐俊：《敦煌本〈文选〉拾补》，载中国《文选》研究会编《〈文选〉与〈文选〉学》，北京：学苑出版社，2003 年，第 661 页。

③ 徐俊：《〈敦煌吐鲁番本文选〉〈敦煌本昭明文选研究〉〈敦煌本文选注笺证〉〈文选版本研究〉（书评）》，《敦煌吐鲁番研究》第五卷，北京：北京大学出版社，2001 年，第 371 页。

为了慎重，才寄照片请你馆负责鉴别。你馆决定可以收购，希接到信后，最好来电通知我们，因我店最近（20日）有人去北京，顺便将书带上，比邮寄更较妥当。"6月17日，北图中文采访部即打电报给上海古籍书店收购处，告知《辩亡论》决定收购，即请带京"①。

根据两个单位之间的往来函电，可知1960年代初北京图书馆善本部主任赵万里曾由该店人员陪同，与方家接洽过《辩亡论》写本收购事宜，当时未能购藏的原因，是藏家要价太高。赵万里对此卷的真伪，并没有表示任何疑问，否则北京图书馆不可能在1965年购入此卷。这与启功回忆的内容不合，启功所述大概得自耳闻，并不确切。这些函电还透露，《辩亡论》写本此后不久即由上海古籍书店人员带到北京，入藏北图的时间当在1965年6月下旬。

此外，国图近年还曾通过古籍拍卖会购得敦煌遗书，如2000年拍得的《大乘莲华宝达问答报应沙门经》②。

二、接受捐赠

上节所述文化部文物局（或社管局）调拨北京图书馆的敦煌写卷，除旅顺博物馆藏品等少数几宗之外，其他多为各界人士捐赠给国家的收藏品，政府接收后转交北图收藏。这里仅举少数直接向北图捐赠的例子，以见一斑。

1. 顾子刚捐赠

顾子刚1928年11月由清华大学图书馆转任北平北海图书馆馆员，从此毕生供职于北图。20世纪30年代，担任编纂委员、西文购书委员会委员兼秘书等职；兼任馆方出资设立的大同书店的经理，为北平图书馆采购西文图书，并代美国一些图书馆购买中文书；抗战期间留守北平，维护馆产，备尝艰危；中华人民共和国成立后任阅览部主任、副研究员。顾子刚在经营大同书店期

---

① 北京图书馆与上海古籍书店之间的信函、电报，现存国家图书馆档案室。

② 李际宁：《中国国家图书馆近年入藏的敦煌遗书及其史料价值》，载郝春文主编《敦煌文献论集——纪念敦煌藏经洞发现一百周年国际学术研讨会论文集》，沈阳：辽宁人民出版社，2001年，第33—34页。

间，"以书店盈余另购图书赠送北图"①，1931 年至 1958 年间捐赠《永乐大典》、善本古籍、拓本、舆图等总计达百余种②。其中于 1950 年捐赠敦煌遗书残卷 11 种，除 2 种于 1959 年提赠历史博物馆外（详见下节），尚存馆内者为 9 种：

BD14794 南北朝写本《大方广佛华严经》卷四八、BD14795 南北朝写本《菩萨藏修道众经要》卷一〇、BD14796 唐写本《僧伽吒经》卷四、BD14797 北周保定元年至北齐天统元年（561—565）间写本《四分律略疏》卷一、BD14798 唐写本《法花义记》卷一、BD14799 唐天复二年（902）写本《大佛顶如来放光悉怛多大神力都摄一切咒王陀罗尼经大威德最胜金轮三昧神咒》、BD14800 吐蕃统治时期写本《四分戒疏》卷二、BD14801《后唐同光二年（924）都司金刚锐牒》（拟，卷背为《论第八识》）、BD14840 敦煌遗书残片裱本一册（31 片）。其中，BD14794、BD14795、BD14796、BD14798、BD14800、BD14801、BD14840 等 7 件有魏忍槎藏印③，可知这批写卷曾经魏忍槎收藏。

此外，顾子刚又于 1950 年初，以代贾奚若偿还丢失英文字典一册的名义，向北京图书馆捐赠敦煌文献残片裱本二册，即 BD14811"唐人写经残卷八种"、BD14841"唐写本残道经十三种"④。这两件均为罗振玉旧藏。顾子刚共捐赠敦煌遗书总计 13 件。

2. 丁宝铨捐赠

1955 年 8 月 20 日，丁宝铨致函北京图书馆，称："本人于解放前在兰

① 钱存训：《袁同礼馆长与国际文化交流》，载钱存训《东西文化交流论丛》，北京：商务印书馆，2009 年，第 239 页。

② 顾子刚生平及捐赠文献详目见赵爱学、林世田《顾子刚生平及捐献古籍文献事迹考》，载《国家图书馆学刊》2012 年第 3 期，第 94—101 页。

③ 陈红彦：《北京图书馆藏敦煌遗书中近现代印鉴印主考》，《敦煌吐鲁番研究》第三卷，第 303 页。

④ 相关情况见国家图书馆档案"顾子刚拟以敦煌写本、明刻佛经贾若贵书事"，档号为 1949-&360-039-2-（2）-1-019。后馆方以所捐文献价值远超顾子刚 1947 年代馆员俄国人贾奚若所借并在其离馆后未归还的英文字典，将该字典注销，以接收捐赠名义入藏了顾子刚提供的敦煌残片裱本二册与明洪武刻本《妙法莲华经》一轴。此文件承赵爱学示知，谨致谢忱。

州中国银行服务，曾收集得敦煌出土残经五件，经请识者评定，系属真品，保存多年。兹因此项我国古代文物应为人民所共有，愿即捐赠贵馆，供全国人民欣赏。"原函附有清单。得到北京图书馆欢迎捐赠并允诺代为拍摄照片留念的答复后，丁宝铨于9月5日再次致函北京图书馆："兹即将敦煌残经五件包扎成一捆，由邮局挂号寄奉，至祈查收，作为本人庆祝中华人民共和国六周年之献礼。"北京图书馆则在当年11月14日致函丁宝铨，告知"大函及敦煌残经伍件，已于一九五五年九月十三、十七日先后收到，无任铭感。除原经登记，妥为保藏外，您处所需照片，业经拍好，计壹拾叁张，兹特挂号寄上"①。

丁宝铨捐赠的敦煌遗书，编为新1032至1036号，即：BD14832《药师经》、BD14833《大般若波罗蜜多经》卷第二十三、BD14834《金光明经》、BD14835《楞严经》、BD14836《大宝积经》。

3. 何遂捐赠经帙

早在1930年代初，时任西安绥靖公署参谋长何遂②曾多次向北平图书馆捐赠、寄存瓦当、墓志、铜镜拓本等金石古物。1934年春，又将所寄存的文物全部捐赠，作为其母亲七十寿诞的纪念，北平图书馆于陈列室内特辟一个区域陈列赠品③。

中华人民共和国成立初，何遂所藏文物文献大多捐赠公藏，其中有一件敦煌出土经帙，赠与北京图书馆。1951年10月12日，北京图书馆曾致函何遂，感谢其捐赠经帙："承惠赠敦煌出唐人经帙一个，充实馆藏，至感

---

① 以上所引信函，均藏国家图书馆档案室。

② 何遂（1888—1968），字叙甫，福建闽侯人。1907年加入中国同盟会，1909年毕业于陆军大学。历任护法军政府靖闽军总司令、国民军第三军参谋长、陆军第四师师长、航空署署长、黄埔军校代理校长等职。抗战期间曾任立法院军事委员会委员长，1949年后曾任华东军政委员会委员、司法部部长，是第一、二、三届全国人大代表。酷爱收藏书画、文物，所藏大多于20世纪50年代捐赠北京故宫博物院、上海历史博物馆、南京博物馆和天津图书馆等公藏机构。

③ 国立北平图书馆编：《国立北平图书馆馆务报告（民国二十三年七月至二十四年六月）》，北平：国立北平图书馆，1934年，附录五1—3页。

厚意，谨当珍存，以备参考。"[①] 经帙为古人包裹佛经的用具，虽非文献，但对了解古代书籍保护方法，有一定参考价值。

以上关于购买、捐赠的论述，都只是举例性的。完全勾勒出每一件早期流散敦煌遗书的递藏经历与入藏国家图书馆的过程，还有待于资料的进一步发掘。

中华人民共和国成立以后调拨、受赠、购买的敦煌遗书，主要以"新"为字头编号，编号自新 1 至新 1600 号，相当于现通行新编号 BD13801 至 BD15400，共计 1600 号。另有部分写卷，还使用了"简""善"等字头的编号。现在，这些编号已经统一为北敦（BD）编号。

第四节　赠出与遗失的馆藏敦煌遗书

一、赠出的敦煌遗书

清末，学部曾多次指令京师图书馆，提取敦煌遗书作为礼品赠送中外机构与个人。

1. 赠送奥地利

宣统三年，学部令京师图书馆选择数种敦煌遗书，作为中国古纸的样本，转送奥匈帝国首都维也纳为庆贺奥国皇帝八旬寿诞而特设的实业手艺博物院陈列展览。[②] 宣统三年五月十七日（6.13），馆长缪荃孙在日记中记载："奥国索经卷四去。"[③]《敦煌经卷总目》第七册总目部分记载，羽字"内四八、四九、五十、五一，四卷前清宣统三年送学部，转送奥京博物院"。当时报纸对此事经过，曾有较详细的报道。[④] 国图新编北敦号，将羽 48 至

---

① 此函函稿现藏国家图书馆档案室。

② 《中国国家图书馆馆史资料长编：1909—2008》，第 28 页。

③ 缪荃孙：《艺风老人日记》，北京：北京大学出版社，1986 年，第 2386 页；又见《中国国家图书馆馆史资料长编：1909—2008》，第 35 页。

④ 如宣统三年六月十五日（1911.7.10）《民立报》刊出新闻《古迹流行海外》。参颜廷亮《关于敦煌遗书羽字号中空缺诸卷去向的一件资料》，《敦煌研究》2005 年第 2 期，第 67 页。

羽 51，即 BD06848 至 BD06851，列为空号。这四件现藏地不明。①

2. 赠送历史博物馆

1921 年 6 月 9 日，教育部第 678 号指令核准京师图书馆与历史博物馆交换藏品的办法②。此议由历史博物馆提出，经多次商讨始定议，复将交换办法呈送教育部核准。此次交换，京师图书馆获赠书籍 871 种；赠出"唐经"、碑碣、鹿皮签等共 62 种，其中"唐经"5 件。

《敦煌经卷总目》第一册总目部分记载，宇字"第三十九卷提送历史博物馆，民国十年二月"；宙字"第四十四卷、第六十八卷提"；洪字"第三十卷提赠历史博物馆"；昃字"第六十二卷提赠历史博物馆"。各号天头，又分别注有"提送博物馆""送博物馆"字样，详为注明。国图新编北敦号，将 BD00239（宇 39）、BD00344（宙 44）、BD00368（宙 68）、BD00430（洪30）、BD00962（昃 62）列为空号。这四件敦煌遗书目前的存况，尚待进一步调查。

3. 赠送张謇

《敦煌经卷总目》第七册总目部分记载，羽字"五二、五三、五四、五五，四卷由缪小山手送学部转送张謇君"。缪小山，即指京师图书馆首任监督缪荃孙，"小山"为"筱珊"之异写。国图新编北敦号，将羽 52 至羽55，即 BD06852 至 BD06855，列为空号。

赠送的缘由，据 1911 年 8 月 7 日（闰六月十三日）京师图书馆致学部咨文引述学部总务函，系"教育会长张殿撰謇现办通州图书馆，拟索敦煌经四卷作为陈列品"③。可知此事由张謇向教育部提出，教育部转而致函京师图书馆索取。张謇于宣统三年五月十二日（1911.6.8）北上抵京，三十日学部尚书唐景崇（春卿，1844—1914）敦请出任中央教育会会长；六月初四

---

① 笔者 2012 年底函询奥地利维也纳艺术史博物馆（Kunsthistorisches Museum），据该馆图书馆馆长 AR Beatrix Kriller-Erdrich 回复，这四卷并未藏在该馆。

② 《教育部指令第六百七十八号》，《北京图书馆馆史资料汇编：1909—1949》，第99—100 页。

③ 《1909 年—1949 年北京图书馆纪事》，载袁咏秋、曾季光主编《中国历代国家藏书机构及名家藏读叙传选》，北京：北京大学出版社，1997 年，第 128 页。

离京赴奉天、长春、哈尔滨；十九日回京，参加中央教育会会议；闰六月初十（8.4）出京南归①。张謇提出索取敦煌遗书一事，当在此次赴京参会期间，亦即 1911 年 6 月 8 日至 8 月 4 日之间。

京师图书馆对学部的指令，有过争辩。1911 年 8 月 7 日京师图书馆致学部咨文称："当经监督等议，本馆所存经卷亟应宝存，若任各直省府厅州县开办图书馆纷纷索取，势难应付等情，函请大部查核。"②监督缪荃孙反对教育部的安排，委婉地提出异议。可能是因为教育部对张謇多有借重，仍然坚持原议，京师图书馆不得已，只能遵从教育部指令。《总目》及相关档案未载明赠送的具体时间。据《总目》称此四卷由缪荃孙"手送学部"，则不应晚于缪荃孙离职的 1911 年 11 月③。这四件敦煌遗书的下落，目前尚待进一步调查④。

以上三宗敦煌遗书赠送，均发生于辛亥革命以前。作为全国教育事务主管机构的学部，仍然将敦煌遗书视为"古董"，缺乏现代的文物保护与管理方面的基本意识，其观念之陈旧、做法之轻率令人叹息。只有在民国后，尤其是历经新文化运动、北伐等一系列历史事件的洗礼之后，京师图书馆馆藏书籍的管理，方才走上正轨。

1949 年以来，由于国家文化建设的需要，北京图书馆也曾应其他文化机构的要求，拨赠敦煌遗书，最显著的事件为调拨给中国历史博物馆（今中国国家博物馆前身）。

4. 拨赠中国历史博物馆

1958 年底，北京市文化局致函北京图书馆，转发文化部为支援中国历

---

① 张謇:《张謇全集》第六卷《日记》，南京：江苏古籍出版社，1994 年，第 650—655 页。

② 《1909 年—1949 年北京图书馆纪事》，载袁咏秋、曾季光主编《中国历代国家藏书机构及名家藏读叙传选》，第 128—129 页。

③ 缪荃孙于 1911 年 11 月 4 日请假返回南京，继而举家迁往上海，未再续任京师图书馆监督一职。见《中国国家图书馆馆史（1909—2009）》，第 12 页。

④ 张謇 1912 年创办南通图书馆，并将其个人藏书全数捐为公藏。1914 年南通图书馆印行的《南通图书馆第一次目录》，释家类著录十五种，其中十种为张謇赠书，但这四件敦煌遗书并未在内。今南通市图书馆也没有收藏敦煌遗书的信息披露。

史博物馆征集文物资料的通知①。几经协商，1959年6月19日北图致函历博，答复调拨借用展品事②。7月底，北京图书馆提赠展品，内有敦煌遗书2件。1959年7月30日《北京图书馆调拨历史博物馆图书文物清册》"文物"项下，开列"不带年款的北魏写经"1件、"带年款的唐写经"1件③。所谓"北魏写经"，即《佛说像法决疑经》一卷；"唐写经"，即唐开元十二年写本《佛顶尊胜陀罗尼经》一卷，这两件敦煌遗书均系顾子刚捐赠④。

二、遗失的敦煌遗书

1.魏家骥盗窃案

北洋政府时期，京师图书馆发生过馆藏敦煌遗书被窃事件。被窃者为BD04537（冈37）《法华经》。此件为入馆之初装裱的五件写卷之一，有开元五年题记，当为唐代写经精品。对于此件的被窃，馆藏目录中有多处记载。《敦煌经卷总目》第五册该号处粘浮签一张，载："岗字卅七卷被窃失去，未经追回（空盒收回）。"《敦煌经卷总目》第八册民国七年赵宪曾题记中所谓"去年被魏家骥等盗窃一卷，已送审判厅判罪。教追，尚未追回。"所指即为此卷。《敦煌劫余录》则记载："冈37号已装裱。民国六年被窃，仅存空匣。"

另沈曾植、孙鼎旧藏《唐人写经集锦》一册，卷首有沈曾植跋："丁巳六月，寓五弟南半截衚斋中，王跛持此册来，言是图书馆某君所缀缉，盖自甘肃解馆时竹头木屑也。"⑤据此可知，此件敦煌遗书残片集，可能为京师图书馆某人利用职务之便，将残片携出馆外并装裱成册。沈曾植收入此卷

① 《北京图书馆馆史资料汇编（二）：1949—1966》，北京：北京图书馆出版社，1997年，第919页。

② 同上，第928—932页。

③ 《北京图书馆调拨历史博物馆图书文物清册》，《北京图书馆史资料汇编（二）：1949—1966》，第938—940页。

④ 此二件《中国历史博物馆藏法书大观》第11、12卷均未载录，详情不明。

⑤ 此册及沈曾植题跋图版见"脉望林霄的博客"《沈增植旧藏敦煌写经残片集》一文，网址为：http：//blog.sina.com.cn/s/blog_aff35b1b01016cn4.html。此件承北京大学中国古代史研究中心图书史睿告知，敬致谢忱。

的丁巳系 1917 年，时间上与魏家骥盗窃冈 37 号比较接近，所谓"京师图书馆某君"很可能即魏家骥。此事细节待考。

魏家骥盗窃的冈 37 号，有纪年题记，入馆之初曾经装裱，是当年接待参观常用的一件，一旦遗失比较容易发现。沈曾植旧藏《唐人写经集锦》册，所收 37 件均为残片，馆藏残片尚未登记造册，因而这批残片的流失，长期没有被发现。

2.关于八件馆藏伪卷

馆藏敦煌遗书中，有八件全卷或部分为伪卷：BD00337（宙 37）《维摩诘所说经卷中》、BD02437（成 37）《金刚般若波罗蜜经》、BD02482（成 82）《佛名经》卷九、BD04024（丽 24）《金刚般若波罗蜜经》、BD04453（昆 53）《金刚般若波罗蜜经》、BD04490（昆 90）《妙法莲华经》卷一，及 BD03580（结 80）《金刚般若波罗蜜经》之第二纸、BD04120（水 20）《金刚般若波罗蜜经》第二纸。这些伪卷目前已炭化焦脆，无法展开。杜伟生详细考察它们的纸张、浆糊、界栏、墨迹、书法等方面，指出其作伪之迹[1]。方广锠曾以 BD00337 号为例，比勘《敦煌经卷总目》与《敦煌劫余录》的著录，经过详细考辨，指出它们乃是敦煌遗书入馆之后遭有机会接触敦煌遗书的执事人以偷梁换柱的方法盗走，盗窃时间应晚于 1918 年 8 月底 9 月初赵宪曾等清点之后，而在 1922 年陈垣兼任馆长编纂《敦煌劫余录》之前。[2]

这些敦煌遗书的被窃或流出，表明京师图书馆时期馆藏文献管理措施不够严密，给了不法分子可乘之机。1928 年国民政府北伐战争胜利之后，京师图书馆改组为国立北平图书馆，次年 8 月与北平北海图书馆合并重组为新的国立北平图书馆，由留学美国专攻图书馆学的袁同礼担任副馆长，主持馆务工作，馆藏文献的保护、管理走上正轨，此后再未发生类似事件。

---

① 杜伟生：《北京图书馆藏敦煌遗书赝本八种概述》，《文献》1998 年第 3 期，第 126—137 页。

② 方广锠：《国家图书馆藏敦煌遗书北敦 00337 号小考》，《文献》2006 年第 1 期，第 65—72 页。

第五节　馆藏敦煌遗书的庋藏变迁

国家图书馆成立百年来，馆舍多次变迁，馆藏敦煌遗书随之多次迁移。抗战期间，又曾随馆藏善本南迁避祸，辗转平沪等地十余年。直到最近十余年间，庋藏条件才得到较大幅度的改善。敦煌遗书的庋藏状况，也折射了中国近代史的波澜起伏。

一、入藏之初

馆藏敦煌遗书的首部目录《敦煌经卷总目》①，其每册首叶的《敦煌石室唐人写经总目》，在每个千字文号下均标注"计十束"，这透露了敦煌遗书解运方式的信息：每十件捆扎为一束，每十束装为一箱（或谓麻袋）。入馆之初，它们依然保持十件一束的捆扎状态。千字文号是按照到馆时的捆扎状态，逐一编号。换言之，敦煌遗书入馆之初，是按照千字文号顺序庋藏的。

敦煌遗书到馆之后，庋藏于广化寺馆舍后进正中的善本书库。1912年，庄俞曾前往广化寺京师图书馆参观，其游记详细记载了敦煌遗书的保存状况："入后进，则为善本珍藏室。正中三间，所谓八千余卷之唐人写经在焉。书架十余，有玻璃门，或且无门。每卷束以带，或束以草绳，一若无足爱惜者。"②根据庄俞的描述，当时敦煌遗书庋藏保管条件非常简陋：有的书架没有玻璃门，有的写卷竟以草绳捆扎。

二、民国初年重新排序庋藏

广化寺地址偏僻，房间狭小，条件过于简陋，不适合京师图书馆的运作与发展。1913年10月29日，教育部下令开馆不过一年零两个月的京师图书馆闭馆，另寻馆址。1915年6月，教育部议定以方家胡同的国子监南

---

① 稿本现存国家图书馆古籍馆，详细情况见第三章第一节。

② 庄俞：《我一游记》，上海：商务印书馆，1936年，第92页；又见《中国国家图书馆馆史资料长编：1909—2008》，第35页。

学旧址为新馆址。经过一年半的筹备，新馆于 1917 年 1 月 26 日开馆。

搬迁国子监南学前后，京师图书馆写经室开始编纂较详明的敦煌遗书分类目录，即《敦煌经典目》（详见下文）。考订经名卷次的同时，写经室重新庋藏敦煌遗书。

此次重新庋藏，最大的改革是打破了原有的按千字文号排序的方式，改为分类排序、按经类聚，同一部佛经则以卷次为序。京师图书馆使用《敦煌石室唐人写经庋藏册》[1]，登载庋藏情况。《庋藏册》为印刷表格样式，每行著录一号，分四栏，自上而下依次为经名、序号与长度、原号（千字文号）与柜屉号、起止字（首尾二行各二字）。

此次整理，大幅改善了保管条件。京师图书馆特制了分屉书柜[2]，每屉储存敦煌遗书若干件。据《敦煌石室唐人写经庋藏册》，柜号采用千字文编号，共使用"天"至"玉"共 45 字，即分装 45 柜；屉号多采用八音"金、石、丝、竹、匏、土、革、木"为序。每屉之内，敦煌遗书堆叠放置，并没有彻底解决挤压堆积的问题，存放条件仍然不够宽裕。

此次重新庋藏敦煌遗书，应与《敦煌经典目》的编纂在同一时期完成，亦即 1925 年下半年（详见第三章）。

三、北平图书馆时期两次迁移

1928 年 6 月，国民革命军进驻北京，国民政府完成全国统一，改北京为北平。6 月 24 日，北平的战地接收委员会接收国立京师图书馆，唐人写经室与善本书室等重要部门随即封锁，仅开放部分普通图书供公众阅览。7月，京师图书馆改名国立北平图书馆，大学院聘陈垣等五人组成筹备委员会，负责改组筹备工作[3]。

1928 年 8 月 14 日，国立北平图书馆筹备委员会致函大学院特派员陈述

---

① 稿本存国家图书馆古籍馆。

② 1930 年 10 月成文的《国立北平图书馆第一馆概略》中，介绍国立北平图书馆第一馆（即原京师图书馆）的馆藏情况，内称"唐经则特制箱箧保藏"（《北京图书馆馆史资料汇编：1909—1949》，第 1173 页）。这些"特制箱箧"，即京师图书馆新制的分屉书柜。

③ 《中国国家图书馆馆史（1909—2009）》，第 34 页。

应办的修理、编纂事项，其中修理的第四项为："原藏敦煌写经八千六百余卷及地图、书画、碑拓数百件，向未整理，亟应补缀装潢并载之木匣，以便保存。"[①]可见当时北平图书馆筹备委员会认识到馆藏敦煌遗书的储藏条件仍有必要进一步改善，因此计划制作木匣分装每一件敦煌遗书，彻底解决挤压堆积的问题。遗憾的是，这一计划当时并未执行，直到21世纪初，分匣庋藏的设想才最终实现。

筹备委员会向大学院申请将中南海居仁堂及其周围房间拨给北平图书馆用作馆舍，不久获准。1928年12月底，馆舍搬迁完成。次年1月10日，国立北平图书馆在居仁堂重新开馆。据1928年11月17日教育部核准备案的北平图书馆筹委会测绘居仁堂及附近房地详图，敦煌遗书保藏于居仁堂前楼楼上[②]。

1931年6月，国立北平图书馆文津街新馆舍落成。馆藏敦煌遗书随同其他文献，一起迁移到文津街新馆舍，保藏于前楼一层（半地下）。当时北平图书馆已成立写经组，专职从事敦煌遗书的保管、编目等工作。写经组在原京师图书馆《敦煌石室唐人写经庋藏册》的基础上，编成庋藏目录两种[③]，详见本书第四章第二节，此处略作介绍。

其一为较详细的目录，名为《敦煌石室写经庋藏目录》。此目载明每柜每屉所存敦煌遗书的经名、卷数（即件数）。柜号自"天"字起，至"玉"字止，共45柜；屉号则全部改用数字顺序号，不再采用《敦煌石室唐人写经庋藏册》的八音序号。玉字柜后题"以上总共捌千柒百叁拾肆卷"。末页著录"让"至"朝"号数，系1934年《详目续编》部分1192号整理完成之后所补充。

其二为较简略的目录，名为《本馆写经组藏写经卷子目录》。此目著录每柜所装敦煌遗书的经名与卷数，但未详细著录分屉情况。水字柜、玉字柜并未著录经名，仅以"杂经"通称之。此简目抄有一个副本，封

---

① 《北京图书馆馆史资料汇编：1909—1949》，第236页。
② 同上，第263—265页。
③ 稿本现均存国家图书馆古籍馆。

面题《唐写本庋藏目录》，卷端题《国立北平图书馆写经室唐写本庋藏目录》。

写经组进行整理工作时，为每件敦煌遗书加装了纸质包袱皮，有的还在卷尾衬垫一张厚实的托纸，以避免存取时发生摩擦损伤原卷。包袱皮上，墨笔书写每件敦煌遗书的千字文编号和庋藏柜屉号。这些包袱皮、托纸历经半个多世纪，至今大多完好，依然在保护着馆藏敦煌遗书。

写经组 1932 至 1934 年整理出的残片，即让字号至朝字号 1192 件，也同样装柜保存。共使用四个书柜，每柜六屉。柜编号为"出、崑、冈、剑"四字，每柜 300 号，剑字柜则为 292 号。《本馆写经组藏写经卷子目录》卷末，补"出、崑、冈、剑"字号四柜，著录简单，未记载经名，仅载明每柜每屉存卷的千字文编号。

四、抗战期间南迁上海避祸

1931 年日军在沈阳发动"九一八"事变，随后进占东三省；1932 年又在上海发动"一二八"事变，同年在东北成立伪满洲国，并步步进逼华北。为保护北平各国立学术文化机构所藏珍贵图书文物免遭日军的荼毒，国民政府决定将北平图书馆、故宫博物院等机构所藏文物、古籍南迁京沪。1933 年 1 月 12 日，北平图书馆委员会第八次会议决定，将善本书籍暂时寄存于安全地点，确定需要寄存的善本书包括善本中之罕传本、唐人写经、方志稀见本、四库罕传之本、内阁大库舆图等五类①。3 月 13 日前，北平图书馆即完成第一批装箱，其中包括敦煌遗书 46 箱②。

4 月 19 日，教育部密电北京大学、北平图书馆等机构，指令"重要图书器物簿籍仰将运寄安全地点"③。4 月 27 日，北平图书馆委员会第九次会议再次讨论馆藏文献安全问题，决定"除已装箱者外，再装一百箱送至安全地点保存"④。随后，装箱速度加快，分别于 5 月 6 日、5 月 16 日、5 月

---

① 《委员会会议记录》，《北京图书馆馆史资料汇编：1909—1949》，第 339 页。

② 《北京图书馆馆史资料汇编：1909—1949》，第 374 页。

③ 国家图书馆档案，档采藏 5。

④ 《委员会会议记录》，《北京图书馆馆史资料汇编：1909—1949》，第 339 页。

23 日又装箱三批，其中 5 月 16 日的第三批装敦煌遗书 1 箱[①]。至此，敦煌遗书共装 47 箱，均暂存于北京德华银行保险库。

1935 年，日军挑起华北事变，北平局势更趋紧张。同年 11 月 23 日，教育部密电北平图书馆，指令"贵重书籍希以极机密方法择要移存南方，以策安全"[②]。同日，北平图书馆委员会第二十一次会议决定，按照政府指令南运馆藏珍贵图书[③]。12 月 6 日，北平图书馆密电教育部，请解决善本南运经费，此电附录"装箱数表"一份，其中开列"唐人写经"49 箱[④]，较 1933 年增加 2 箱。1933 年装箱时，残片整理尚未完成，这新增的 2 箱即 1933 年至 1935 年间新整理的残片，为 1192 号残片的一部分。

敦煌遗书所装的箱数，与馆藏敦煌遗书 49 柜的数目恰好一致。有资料表明，敦煌遗书寄存平津及南运上海，乃是连同书柜一起装箱。1949 年 8 月 23 日，上海办事处致函代馆长王重民，报告办事处情况，其中提到敦煌遗书书柜："写经四十九箱，原来的樟木及楠木柜子，几十年了，非常脆弱，有几箱已经碎得不能再移动，必须做套箱，套在原箱之外，如十四年前南运时一样。"[⑤]据这份报告透露的信息，1933 年敦煌遗书装箱时，乃是在原有樟木、楠木书柜外制作套箱，连同书柜一起搬运。

抗战前寄存北平德华银行及南运上海的，并非馆藏敦煌遗书的全部，尚有少数几件敦煌遗书因故滞留北平。《本馆写经组藏写经卷子目录》稿本卷末有题记："以上总共唐写本八千七百三十四卷，除《大[⑥]般涅槃经》一卷、《妙[⑦]法莲华经》三卷、《金[⑧]光明经》一卷、《四[⑨]分律》一卷及杂[⑩]经《贤愚

---

① 《北京图书馆馆史资料汇编：1909—1949》，第 375 页。
② 同上，第 417 页。
③ 《委员会会议记录》，《北京图书馆馆史资料汇编：1909—1949》，第 352 页。
④ 《北京图书馆馆史资料汇编：1909—1949》，第 424—428 页。
⑤ 同上，第 945 页。
⑥ 按：旁侧有铅笔注"成"字，为《大般涅槃经》的所存柜号。
⑦ 按：旁侧有铅笔注"荒"字。
⑧ 按：旁侧有铅笔注"寒"字。
⑨ 按：旁侧有铅笔注"生"字。
⑩ 按：旁侧有铅笔注"水"字。

因缘经》一卷、《投陀经》一卷存馆外，其余八千七百二十六卷均已离馆。"据这条题记，天字柜至玉字柜45箱中，有8号未随柜寄存及南迁。个中原因，由于资料缺乏，我们已经无法得知。

自1935年11月下旬起，北平图书馆与中央研究院化学物理工程研究所等驻宁沪学术机构函电联络，商洽图书寄存事宜。随后，南运善本图书陆续分批启运，至次年4月，北平图书馆所存善本书及西文珍贵图书基本完成南迁。南运图书分别寄存于上海商业储蓄银行、中国科学社、中央研究院化学物理工程研究所、国立中央大学图书馆和故宫博物院南京分院。其中上海商业储蓄银行寄存246箱，先后4批分别于1935年12月5日、6日、10日、12日寄达，存放于该行第一仓库，该行并代为向宝丰保险公司投保火险国币5万元[①]。

值得注意的是，在所有寄存图书中，只有上海商业储蓄银行所存图书曾经投保，可见该行所存皆为最珍贵的文献。寄存该行的图书为246箱，箱数恰好相当于善本甲库（197箱）与敦煌遗书（49箱）的总和。据此笔者推测，敦煌遗书南运之初，可能即与善本甲库图书一起，存放于上海商业储蓄银行第一仓库。

上海及南京相继沦陷之后，上海公共租界的局势也随之紧张，随时可能遭到日本宪兵搜查。因法国与日本尚维系邦交，为安全起见，原存于公共租界的善本书于1938年初陆续迁移到法租界内的震旦大学博物馆存放。到1940年6月，法国向纳粹德国投降，其在远东的权利大半归于日本，上海法国租界开始允许日本宪兵随时搜查。为策万全，存于震旦大学的善本书部分迁入附近租用的民房，分散掩藏。到1941年3月，又转移至公共租界内一家英国人开办的美术艺术公司。迁沪敦煌遗书也随之多次迁移，始终处于颠沛流离的状态。

1941年12月7日珍珠港事件后，美日进入战争状态，汪伪政府一改此前对美国退还庚款维持的国立北平图书馆不予干涉的态度，于1942年1月接收国立北平图书馆在平馆务，改名"国立北京图书馆"。4月，伪华

---

① 《北京图书馆馆史资料汇编：1909—1949》，第433页。

北政务委员会教育总署督办周作人兼任"国立北京图书馆"馆长，委任王钟麟为秘书主任，主持馆务。8月，周作人派王钟麟赴上海探寻南运图书，分别于11月3日、12月16日自上海运回两批南迁藏书，共128箱，主要为中文善本书、西文书，内有敦煌遗书14卷。1943年编印的《"国立北京图书馆"由沪运回中文书籍金石拓本舆图分类清册》，傅增湘序文述及运回书籍中有"敦煌写经十四卷"①，可惜的是，此目正文中亦仅著录"馆藏写经十四卷"②，而没有载明具体卷号；另一份《运回存沪善本文件、清册、西文书清单（1942—1943）》中，则仅著录为"敦煌写经十卷（一木盒）（实点九卷），敦煌写经三轴（一包），六朝写敦煌经二卷（一布盒）"③，可略见这十四件敦煌遗书的保存状况。

抗战胜利之后，北平图书馆复员。1946年，北平图书馆曾调查上海、南京两办事处情况，以备回迁。上海办事处藏书部分，列有"敦煌写经八千数百卷"，标明"存吕班路震旦大学图书馆"④。存在震旦大学图书馆的敦煌遗书，不久又因故部分移往上海办事处，因而分藏两处。据1948年11月编成的《国立北平图书馆上海南京办事处保存重要资产表》⑤，当时存沪敦煌遗书分别保存在两个地点：其一为"上海重庆南路私立震旦大学顶楼"⑥，藏35箱；其二为"上海宝庆路十七号本馆上海办事处"⑦，藏14箱。

---

① 《"国立北京图书馆"由沪运回中文书籍金石拓本舆图分类清册》，"国立北京图书馆"编印，1943年，序第一叶。

② 同上，第三十七叶。

③ 国家图书馆档案1942-※035-采藏7-001。

④ 《北京图书馆馆史资料汇编：1909—1949》，第861页。

⑤ 此文件承美国加州大学伯克利分校中国文学教授Sophie Volpp（袁同礼之外孙女）示知，特此致谢。

⑥ 重庆南路，即今吕班路。

⑦ 国立北平图书馆上海办事处原位于亚尔培路（今陕西南路）中国科学社，抗战胜利后迁往宝庆路17号。该处房屋原为陈群住所，抗战胜利后由国民政府接收，分配给北平图书馆用作办事处办公及书籍存放之所。事见钱存训《北平图书馆善本书古籍运美迁台经过》，载《东西文化交流论丛》，北京：商务印书馆，2009年，第64—78页；又收入《钱存训文集》第三卷，北京：国家图书馆出版社，2012年。

藏于上海办事处的 14 箱，又于 1949 年 8 月重新移回震旦大学图书馆。
1949 年 8 月 23 日上海办事处致函代馆长王重民报告办事处情况，内中提到
当年 7 月 24 日台风之后，办事处"书库略有雨水渗漏之处"，为妥善保存
善本，办事处"将写经完全集中震旦保存"①。据此，1949 年 8 月之后，存
沪敦煌遗书已经集中到震旦大学图书馆，准备启运回馆。回迁装箱清单显
示，敦煌遗书装为 49 箱，与存沪其他图书、仪器一起编号，号码为第 88
至 136 号②。

上海办事处在准备启运存沪图书回馆时，曾为敦煌遗书制作新套箱。
如上文所引，1949 年 8 月 23 日上海办事处致王重民函中，提到制作套箱的
问题："写经四十九箱，原来的樟木及楠木柜子，几十年了，非常脆弱，有
几箱已经碎得不能再移动，必须做套箱，套在原箱之外，如十四年前南运
时一样（十四年前的套箱，更是破烂，现时虽存有十口左右，早不堪再用）。
这四十九口套箱，不在第二项所说二百口之列。"③据这份报告提供的信息，
京师图书馆时期制作的敦煌遗书书柜，经过抗战期间的颠沛流离，已经非
常脆弱；南迁前制作的套箱，则更加破烂不堪。存沪敦煌遗书的保存条件，
可谓非常恶劣。北平图书馆存沪藏书没有在抗战胜利后复员时立即安排运
回北平，箱柜破烂可能是重要原因之一。因此，上海办事处申请重新制作
49 口套箱，以便装运回馆。

这些存沪敦煌遗书，连同北平图书馆存沪其他图书，直到 1949 年底赵
万里参加政务院指导接收委员会华东文化工作团赴沪，结束上海办事处的
工作④，方于次年初运回北京。

---

① 《北京图书馆馆史资料汇编：1909—1949》，第 941 页。
② 《国立北京图书馆上海办事处图书仪器器材装箱清单》，原件存国家图书馆档案室，彩图载《中国国家图书馆藏敦煌遗书》，南京：江苏古籍出版社，1999 年，第一册卷首。
③ 《北京图书馆馆史资料汇编：1909—1949》，第 945 页。
④ 赵芳瑛、赵深：《赵万里先生传略》，载《赵万里文集》第一卷，北京：国家图书馆出版社，2011 年，第 14 页。

五、北京图书馆时期两次重新排序庋藏

敦煌遗书回馆之后，北京图书馆随即于 1950 年 4 月对其进行清点。《本馆写经组藏写经卷子目录》卷末天头存有此次清点的题记："以上四十五匭，共计八千七百二十二卷。一九五〇年四月二十日清点竣事。"自此以后，敦煌遗书长期存放于北京图书馆文津街馆舍地下书库，三十多年没有再进行搬迁。

20 世纪五六十年代，北京图书馆拍摄馆藏敦煌遗书缩微胶卷。80 年代前期再次拍摄缩微胶卷。此次拍摄，按照《敦煌劫余录》的顺序进行，馆方趁机将馆藏敦煌遗书全部按照《敦煌劫余录》次序重新排列庋藏①。陈垣编纂《敦煌劫余录》，没有遵照《敦煌经典目》的编排顺序，而改以《阅藏知津》为主要参照排序（详见本书第三章）。因此，《敦煌劫余录》的编排顺序与俞泽箴等写经室同仁所调整的庋藏顺序有较大的不同。此次重排，完全遵照《敦煌劫余录》排序，实为庋藏方面的一次大调整。

由于原千字文编号有一号多件的情况，因而此次拍摄的缩微胶卷，共编"北"字号共计 8738 号。千字文编号一号多件的，分别编为不同的"北"字号，同时分别庋藏，使得新旧编号不能一一对应，对管理工作造成了不便。

1987 年北京图书馆白石桥新馆舍建成，善本库房于 1989 年冬至 1990 年春完成搬迁入库工作，敦煌遗书随同迁移至新馆地下善本书库。

1990 年代，时任北图善本部副主任方广锠等新编国家图书馆藏敦煌遗书总目录，考虑到管理方便及保存敦煌遗书入馆原貌，以原千字文编号为基础新编了"北敦"（BD）号，并将馆藏遗书按照 BD 号顺序排列②。经过这次重排，庋藏顺序与入馆之初几乎完全一致，这是敦煌遗书庋藏顺序的又

---

① 方广锠：《百年前的一桩公案——关于 22 卷续交敦煌遗书的考察》，《敦煌研究》2009 年第 1 期，第 66 页。

② 同上。

一次重大调整。此次调整意义重大，BD 号成为此后最为通行的国家图书馆藏敦煌遗书编号，同时也是固定不变的庋藏顺序号。

六、庋藏条件的改善

2001 年，国家图书馆申请"敦煌藏经卷盒制作"专项经费[1]，2002 年获得财政部特拨专款。国家图书馆善本部制定了详细的库房方案，其要点有：其一，在现有善本书库内划定区域，建立具有古典风格与敦煌文化气息的敦煌遗书库房，库房兼有展示室功能。其二，新制 120 个双层楠木书柜，每层分七格，以放置卷盒；新制 12000 件敦煌遗书楠木盒，内衬为香樟木板，以达到防虫的效果；结构采用全隐燕尾榫，面板与盒体采用打槽推拉式结构，粘合剂使用动物胶，盒内置可移动支架两个，卷盒正面刻卷号，盒盖外部六面烫蜡；卷盒长度为 35 厘米，正面为正方形，尺寸有 7×7、9×9、13×13 厘米三种，以适合不同尺寸敦煌遗书的庋藏需要。其三，3000 件残片，每 50 件一组，使用 60 个大型纸质书箱分装，放置在书柜内[2]。

经过数年的建设，到 2004 年上半年，新的敦煌遗书库房落成，新制的书柜、书盒也完工。6 月 22 日，国家图书馆举办敦煌遗书特藏库落成典礼，敦煌遗书搬入特制的 144 个楠木柜中[3]。至此，馆藏敦煌遗书的庋藏条件得到根本的改善。新建的敦煌遗书库房、书柜，博得专家学者与各界参观者的好评，成为专藏书库的典范之作。

① 《2001 年工作总结》，《2001 年国家图书馆年报》，第 6 页；此据《中国国家图书馆馆史资料长编：1909—2008》，第 1008 页。

② 李际宁、张平：《善本特藏部敦煌遗书特藏库房设计方案》，《文津流觞》第 6 期，2002 年。

③ 邹文革集辑：《中国国家图书馆百年纪事：1909—2009》，第 215 页。

第三章　馆藏敦煌遗书的初步整理
与对外服务

敦煌遗书入馆之初，京师图书馆就开始了整理编目工作，以便这些珍贵文献能有序庋藏并为学界所用。敦煌遗书的整理编目工作，由目录课负责，目录课下设写经室，是从事这项工作的专责机构。写经室虽然也负责舆图等文献的相关事务^①，但整理敦煌遗书是其主要工作。

第一节　关于《敦煌经卷总目》

《敦煌经卷总目》是敦煌遗书入馆之初京师图书馆组织编纂的目录，全目八册^②。此目第八册的卷末，写有查勘题记多则^③，其中最早的一则时间为1912 年 6 月："实存八千六百六十二卷。中华民国元年六月查讫。已装裱者五卷在内。"可见此目的编成，最晚应在 1912 年 6 月以前，上距敦煌遗书入馆不过一年左右，工作效率堪称迅捷。此目的基本情况，方广锠《北京图书馆藏敦煌遗书勘查初记》一文已有描述，兹再根据原稿本，略作介绍：

此目稿本现存国家图书馆古籍馆。线装，蓝布封面，每半叶 12 行，白口，单鱼尾，朱丝栏。每册封面左上角粘有红纸题签，署"敦煌经卷

---

① 《国立北平图书馆月刊》第 3 卷第 4 号所载《各部之改组成立》一文称："就写经室分出古地图及两馆旧藏舆图，组织舆图部。"可见写经室还主管古地图事务。

② 此目书影彩图载《中国国家图书馆藏敦煌遗书》，南京：江苏古籍出版社，1999年，第一册卷首。

③ 相关题记方广锠《北京图书馆藏敦煌遗书勘查初记》均全文引述，载《敦煌学辑刊》1991 年第 2 期，第 2—3 页。

总目 第 × 册",右下角粘红纸题签"国立北平图书馆"①,封面题签当为1930 年代所补。每册首叶为该册目录,罗列所载千字文编号及该字 100号完缺情况,首行题"敦煌石室唐人写经总目第 × 册";每册次页为目录正文,首行题"敦煌石室唐人写经细目",以下即著录每一号的简况,每一件称为一"卷"。所谓"总目",指的是每册首叶的千字文编号目录;所谓"细目",指的是记载每一号详细情况的目录正文。因此,"敦煌石室唐人写经总目"与"敦煌石室唐人写经细目"都不能作为概括整部目录的书名。为了简便起见,本书使用封面签题"敦煌经卷总目"指称这部目录。

此目以千字文编号,每字 100 号。用字自"地"至"位","天""玄""火"三字空缺未用,计 87 字,其中"位"字编至 79 号,共计 8679 号。每号著录序号、尺寸(苏州码子)、起字(二字)、止字(二字),一号包括两三段者,于止字下以小字说明,并录起止字;止字之下偶有简短说明,如地字第一卷、第十九卷均注"背面有梵字",黄字第八十八卷注"有武后新字";天头注经名简称,如"大般若""莲花经""维摩""观世音""波罗蜜"等,一般仅二三字;地脚注"腾六""霜二""宿竹""月木""张革""天 19"等字样②。

此目地脚所注编号,为庋藏此卷的柜屉号③。京师图书馆庋藏敦煌遗书的书柜亦以千字文编号,用字为"天"至"玉",计 45 柜;除天字柜分 24 屉外,其他每柜分 8 屉,屉编号一般用八音"金、石、丝、竹、匏、土、革、木"为序,或用汉字"一"至"八",天字柜则用阿拉伯数字 1

---

① 方广锠《北京图书馆藏敦煌遗书勘查初记》介绍此目"封面左上之红纸书签上署为'敦煌石室经卷总目,第 × 册',右下有'京师图书馆'字样,亦为书写在红纸上后粉贴于封面上",或为记忆之误,今据原书正之。

② 方广锠《北京图书馆藏敦煌遗书勘查初记》介绍地脚标注经名、天头标注柜屉号,或为记忆之误,今据原书正之。

③ 方广锠《北京图书馆藏敦煌遗书勘查初记》介绍这种编号标注,指出"前一个字均为《千字文》中字",又说"后一个字意义待考,这种注文的意义亦待考",今考定其意义如上。

至 24。核对此目柜屉号与京师图书馆所编《敦煌石室写经疢藏目录》的著录，可知二者是能一一对应的。

正如方广锠所指出的，天头地脚所注的经名、疢藏柜屉号，当为草目编成后所加[①]。此目著录项中，序号的"卷"字，起止字的"起""止"二字，均以朱墨钤盖。大多数条目有苏州码子所记两个尺寸，下方的一个上钤"复查"朱印，仅注一个尺寸的则未钤印；天头经名上钤"复查"朱印，地脚柜屉号上钤"查"字朱印；行格上端亦钤有"查"字朱印；包括两三段的各号，在其说明部分亦钤有"查"字朱印。这些"查""复查"朱印，当为历次清点的标记。查勘题记最晚者为 1919 年 1 月 14 日张宗祥题记[②]，可见在1912 至 1919 年间，此目是京师图书馆管理馆藏敦煌遗书最主要的依据。

卷中部分条目之上，粘有浮签，如"宙字八十八卷另分出一卷"，内容均为一号多卷者另行编号的说明。以浮签标注另行编号者，地脚一般著录两个柜屉号，分别标明疢藏处。

关于《敦煌经卷总目》的性质，方广锠指出"显然是一种防盗式的财产账"[③]，这是很准确的。著录项中，最初并没有列入题名，而仅有编号、尺寸与起止字三项，说明这并不是完整意义上的目录，而只是财产账或登录簿。当然，此目经京师图书馆馆员考证写卷内容后加注经名，并在疢藏格局变更后加注柜屉号，使其内容更趋详明，具备了文献目录的功用。因此，我们将其视为国家图书馆馆藏敦煌遗书的第一份目录。

第二节　《敦煌经典目》的编纂过程
——以俞泽箴日记为中心

如上文所述，敦煌遗书入馆之初编纂的《敦煌经卷总目》乃是一种财

---

① 方广锠:《北京图书馆藏敦煌遗书勘查初记》,《敦煌学辑刊》1991 年第 2 期, 第 2 页。
② 张宗祥题记全文见方广锠:《北京图书馆藏敦煌遗书勘查初记》,《敦煌学辑刊》1991 年第 2 期, 第 3 页。
③ 同①。

产账式的简目，即使在增添经名简称之后，也仍然极为简陋，仅可勉强满足管理馆藏的需要，无法供学界参考、利用。因而，编纂真正意义上的馆藏敦煌遗书目录，是京师图书馆目录工作的重要内容。

1924 年 3 月 29 日教育部指令第 805 号核准的《京师图书馆暂行办事细则》，第二十七条规定目录课下设六组，其第五组职责为"编辑唐人写经目录兼专门研究图书馆学"[①]。这里的第五组，实即写经室。第三十七条"善本书籍保存手续"规定"唐人写经已编查者，应清量各卷尺寸，详记起讫，登入量经细册，分类列号庋藏"[②]。必须说明的是，这份《办事细则》是 1923 年章勤士担任京师图书馆主任时期拟定的。俞泽箴日记[③]记载，1923 年 1 月 11 日"章主任来馆，言将改组，全馆分三科，科设科长、副科长，嘱大众分拟组织大纲"；3 月 22 日"午后主任来，商投票选举各课课长事"；3 月 24 日"午后，主任召集馆中同事，宣布改订新章，定星期选举各课课长"；5 月 26 日"续开会，通过办事细则"。《办事细则》由馆内人士分头草拟，一定程度上乃是既有工作格局与工作方式的确认，而不是另起炉灶。因此，写经室（第五组）的设立要远早于教育部核定《办事细则》的 1924 年 3 月[④]；第三十七条关于敦煌遗书整理庋藏的规定，也只能视为行之有年的工作规范。只有这样理解《办事细则》，才能较准确地解释写经室工作的延续性，才能准确把握相关敦煌遗书目录的编纂过程。

写经室编纂的目录，最主要的一种为《敦煌经典目》。关于此目的编纂过程，俞泽箴日记中有较为详细的记述，我们可以据之了解京师图书馆整理敦煌遗书的工作过程。俞泽箴（1875—1926），字丹石，浙江德清人。早

---

① 《北京图书馆馆史资料汇编：1909—1949》，第 1013 页。

② 同上，第 1016 页。

③ 孙玉蓉：《俞泽箴整理敦煌写经日记辑录》，《文献》2009 年第 1 期，第 10—29 页。本章引用俞泽箴日记原文均出自该文，为避繁琐，一般不另出注，特此说明。

④ 此前关于写经室成立的介绍，有重新评估的必要。比如余欣《许国霖与敦煌学》中说："1924 年 3 月，京师图书馆在目录课下设立第五组，负责编辑唐人写经目录兼专门研究图书馆学。"（《敦煌吐鲁番研究》第七卷，第 67 页）便误读了《办事细则》的产生和作用，从而对写经组的成立时间产生误解。

年毕业于北洋大学，曾任无锡竞志学校教员、厦门集美学校教务长、江苏省立图书馆主任等。1919 年 11 月至 1926 年 7 月任职于京师图书馆[①]，期间1925 年 5 月至 1926 年 5 月受聘兼任燕京大学国文系教职[②]。

1920 年 3 月 24 日，京师图书馆主任张宗祥通知俞泽箴与孙北海对调职务。次日，俞泽箴由皮藏科转入写经室。3 月 26 日，"开始量经"，参加敦煌遗书整理编目工作。据俞泽箴日记，他参与的工作主要有以下几项：

其一，"检点"，可能指清点整理写卷，尤指提取汇总某一特定经名的多个写卷以备进行其他后续工作。如 1924 年 2 月 24 日 "检点《佛名经》"，又如 1921 年 2 月 1 日记载 "原拟赓续检点散叶"。俞泽箴日记中，"检点"也指从原皮藏处提取藏品，如 1925 年 5 月 7 日 "以北京图书馆协会善本展览会将次开会，检点写经二十卷，前往陈列"。

其二，"量经"，即测量敦煌遗书长度、登记起讫字等相关事项。如1920 年 3 月 28 日，"量经十五卷"；又如 1920 年 5 月 28 日 "量《妙法莲华经》二十卷、《金经》一卷"。

其三，"检查"，可能指审定经名、考证版本、校核目录著录等相关事项。1924 年 2 月 24 日日记称："继续检点《佛名经》。按此经与《正藏》诸品及《续藏》续收一种均有异同，大概即《开元·伪妄乱真》中所谓《大乘莲华马头罗刹经》，后附《宝达菩萨问报应沙门经》，《续藏》所收有三十卷，而此本则仅二十卷。下星期检查时，当细校之。"可见 "检查" 包括审定经名、考证版本等工作。随后，2 月 26 日至 3 月 22 日 "检查《佛名经》"。

其四，"整理皮藏"，指卷收包裹敦煌遗书，排列顺序，收入书柜。日记中一般将 "整理" 与 "皮藏" 分开使用，如 1920 年 5 月 2 日 "整理秦译《金刚经》三十卷"，1921 年 5 月 24 日 "整理《法华经》"，1922 年 5 月 20日 "皮藏《金光明经》一百六十卷" 等，1923 年 6 月 2 日 "整理《药师经》，因又得八卷添入，全部移动矣"。不过，也有很多时候二者连用，1920 年 4

① 《工作人员名录》，《北京图书馆馆史资料汇编：1909—1949》，第 1376 页。

② 孙玉蓉：《北洋学子俞箴墀与创建期的燕京大学》，《天津大学学报（社会科学版）》2007 年第 4 期，第 381—384 页。

月 2 日"整理《金刚经》,庋藏新匣,登录卷数",1921 年 4 月 21 日"整理《稻芉经》二十七卷,庋藏新匣",1921 年 5 月 1 日"整理庋藏《维摩经》百卷",这些记载表明,"整理"和"庋藏"是连贯的事务,不妨将其视为一项工作。

俞泽箴的日记,大致透露了当时的工作流程。他在 1921 年 12 月 28 日日记中总结一年的工作:"今岁办公比较上略勤于往岁,计量经二千余卷、庋藏二千八百十二卷、检查一千二百三十六卷,编订普通室新书数百种,职务上似可告无罪。"可见敦煌遗书的整理工作,主要包括量经、检查、庋藏三个环节,检点则为其他环节的准备。

至于这三个环节的前后顺序,也可从俞泽箴日记中关于每种佛经的整理进程中得到一些信息。以《妙法莲华经》为例,1920 年 5 月 27 日至 1921 年 1 月 28 日之间陆陆续续地"量",1921 年 5 月 24 日至 26 日记载"整理《法华经》"。7 月 1 日记载:"《法华经》检查终了。今日开始庋藏一百卷。"7 月 2 日至 17 日均记载"庋藏《法华经》"。可见《法华经》的整理工作,系先完成"量经",其次"检查",最后"庋藏"。

又以《大般若经》为例,1921 年 11 月 8 日起开始"检查",至 1922 年 1 月 21 日"告终",期间仅 1921 年 11 月 25 日、12 月 3 日记载"量"该经;1922 年 1 月 24 日之后,则不再"检查",主要工作转为"量"该经,其间穿插别的工作,至 1923 年 2 月 15 日仍记载"量《大般若经》二十卷"。可见《大般若经》的整理,则是先"检查",其次"量经",且期间偶有交错进行。

据此我们可以大致推定写经室整理馆藏敦煌遗书的一般工作流程:"检点"妥当的经卷,先后进行"检查"与"量经",再行"整理庋藏";"检查"与"量经"两项工作可以交错进行。

北洋政府教育部曾过问写经室编纂敦煌遗书目录的工作进度。1922 年 11 月 3 日俞泽箴日记载:"今晨见教部昨日公文,唐经有'限年终检查终了'之语,伯诚等颇致恐慌。"可见当时敦煌遗书整理编目为京师图书馆最重要的工作之一,以致于教育部严督进度,使从事具体工作的馆员倍感压力。不过,当时政局混乱,京师图书馆馆长、主任一年变更数次,所谓"限年终检查终了"的指令并未严格执行。直到 1925 年,所编目录《敦煌经典目》

方才告成。

1925 年 9 月 3 日俞泽箴日记载："依大正一切经编次馆中所藏敦煌经典。"这是每一部经分别完成检查、量经等程序后，对目录进行汇总编排的工作。值得注意的是，俞泽箴编排目录的依据，是日本佛学界大正年间开始纂修的《大正新修大藏经》。《大正藏》"编纂中引进了西方的学术规范"，"体现了近代编藏理路从宗教性向学术性的演化"[①]，体例方面"力图依据思想的发展与典籍的演变这样的历史线索来安排大藏经的结构"[②]，是现代佛学研究学者使用最为广泛的一部汉文大藏经。《大正藏》的编纂始于 1922 年，当年 11 月的"新修大藏经编纂最高会议"上列出分类部目，次年 3 月完成了"入藏目录"[③]，全部完成则是 1934 年。俞泽箴编排整理馆藏敦煌遗书目录时，《大正藏》尚在编辑过程中，此时选择《大正藏》作为参照，显示了俞泽箴等编纂者对国际佛学界动态的准确把握。

俞泽箴的编排工作很快完成。9 月 15 日俞泽箴日记记载："今日写经室添一书记傅润田万春，宛平人，以将结束写经。"9 月 17 日记载："今日傅润田到馆抄写经目。"可知 1925 年 9 月中旬，《敦煌经典目》即已交付誊抄。两个月后的 11 月 22 日，俞泽箴日记中记载"校《敦煌经典目》"。据孙玉蓉介绍，1925 年 11 月以后，俞泽箴日记中就很少出现关于整理馆藏敦煌遗书的记载了，这意味着《敦煌经典目》的编纂工作即完成于这一时期[④]。

通观俞泽箴日记中关于整理馆藏敦煌遗书的记载，可知对每一部经的"检查""量经""庋藏"等几个环节的工作，俞泽箴本人极少全程参与，这说明另有其他同仁与他一起工作，多人分工合作。见于日记的，有孙初超、

---

① 方广锠:《略谈汉文大藏经的编藏理路及其演变》,《世界宗教研究》2012 年第 1 期, 第 38—39 页。

② 方广锠:《〈大正新修大藏经〉评述》,《随缘做去　直道行之: 方广锠序跋杂文集》, 北京: 国家图书馆出版社, 2012 年, 第 67 页。

③ 同上, 第 72 页。

④ 孙玉蓉:《俞泽箴整理敦煌写经日记辑录》,《文献》2009 年第 1 期, 第 29 页。

江味农、张书勋、邓高镜四人。

孙初超,字北海,1916 年 10 月 5 日至 1923 年任职于京师图书馆[①]。曾于 1918 年 8 月底至 9 月初,与主任赵宪曾等共同检查馆藏敦煌遗书[②]。1919 年 1 月,协同主任张宗祥清理敦煌写经残片[③]。因与善本室同仁关系不睦,1920 年 3 月下旬与俞泽箴互换工作岗位,调往庋藏科[④]。

江味农(1872—1938),名忠业,又名杜,法号妙煦,别署胜观、幻住,江苏江宁(今南京)人。清光绪二十八年举人,1918 年受菩萨戒,同年到北方参加佛教赈筹会放赈工作,在北京结识时任教育部参事的蒋维乔[⑤]。同年经蒋维乔推荐,受聘入京师图书馆整理馆藏敦煌遗书,任职时间为 1918 年 5 月至 1921 年 2 月[⑥]。俞泽箴 1920 年 4 月 4 日日记载:"而味农、尹民乞假,唐经室亦早加封锁。"1931 年与蒋维乔等在上海组织省心莲社,被推为社长。1934 年在省心莲社讲《金刚经》[⑦]。著有《金刚般若波罗蜜经讲义》五卷[⑧],辑有《佛说大乘稻芉经(附随听疏)》一卷[⑨]、

① 《工作人员名录》,《北京图书馆馆史资料汇编:1909—1949》,第 1367 页。

② 事见《敦煌经卷总目》卷末赵宪曾 1918 年 10 月 15 日题记。题记全文载方广锠《北京图书馆藏敦煌遗书勘查初记》,《敦煌学辑刊》1991 年第 2 期,第 3 页。

③ 同上。

④ 孙玉蓉:《俞泽箴整理敦煌写经日记辑录》,《文献》2009 年第 1 期,第 10 页。

⑤ 蒋维乔(1873—1958),江苏武进人,字竹庄,号因是子。1902 参加中国教育会,曾任爱国女校校长、商务印书馆编辑所编辑。辛亥革命后任南京临时政府教育部秘书长,不久赴北京任教育部参事,协助蔡元培进行教育改革。1913 年 10 月辞职南归,重返上海商务印书馆。1917 年 9 月,复任教育部参事,随后转而研究佛学。1922 年 7 月任江苏省教育厅厅长,其后历任东南大学校长、上海光华大学教授。著有《学校管理法》《佛学大要》《孔子与释迦》《道教概说》《中国佛教史》《佛教概论》《中国近三百年哲学史》等。

⑥ 《工作人员名录》,《北京图书馆馆史资料汇编:1909—1949》,第 1366 页。

⑦ 任继愈主编:《佛教大辞典》,南京:江苏古籍出版社,2002 年,第 913 页;蒋维乔:《江味农居士传》,载江味农《金刚经讲义》,合肥:黄山书社,2006 年,第 559—562 页。

⑧ 1940 年上海省心莲社铅印,署"江妙煦撰";黄山书社 2005 年《藏外佛经》第八册影印;黄山书社 2006 年出版余晋、阮添愉点校本《金刚经讲义》,为该社所出《中国近现代佛学大师著述系列》之一。

⑨ 1919 年上海商务印书馆铅印,署"江杜辑"。

《净名经集解关中疏》二卷①，整理有谛闲述《圆觉亲闻记》②《大乘止观述记》③二种。

张书勋，字尹民，1918年12月至1927年8月任职于京师图书馆④。1921年2月17日俞泽箴日记载："连日尹民等不事检查经文，安坐一室补读上年未经读过杂志，颇得乐趣。"

邓高镜，字伯诚，又作博诚，湖南宁远人。1921年4月至1925年在京师图书馆工作⑤。曾任教于北京大学，对《墨子》及佛学颇有研究，著有《墨经新释》⑥，论文有《释摩诃衍论考》⑦等。俞泽箴日记1921年5月20日载："为伯诚检查《摩诃般若菠萝蜜经》五卷。"1922年11月3日载："今晨见教部昨日公文，唐经有'限年终检查终了'之语，伯诚等颇致恐慌。"

以上所述，仅为见于俞泽箴日记的京师图书馆写经室馆员。在此前后，必定还有其他馆员参与了写经室整理敦煌遗书的工作，由于文献不足，我们无法一一列出。从上述五人来看，京师图书馆写经室的馆员中，俞泽箴、邓高镜曾任大学教职，江味农、邓高镜在佛学方面颇有造诣，整体学术水平不俗。也正因为这一点，写经室才能在短短数年内完成馆藏敦煌遗书的整理校核，编成《敦煌经典目》。

《敦煌经典目》稿本现存国家图书馆古籍馆。据《写经室目录次序表》⑧，此目全四十五册，写卷件数较多的佛经每部一册或多册，如《妙法莲华经》分四册，《金刚经》《金光明经》各分二册，《维摩经》《楞伽经》《大般涅槃

---

① 1929年上海商务印书馆铅印，署"释幻住辑"。

② 1918年北京法轮星记印刷局铅印出版，署"妙煦等手录"。

③ 民国间大藏经会铅印，署"江胜观演述"。1995年台北新文丰出版股份有限公司重版。

④ 《工作人员名录》，《北京图书馆馆史资料汇编：1909—1949》，第1371页。

⑤ 同上，第1364页。

⑥ 商务印书馆1931年出版。此书首列《经上》《经下》《经说上》《经说下》四篇原文，次将《经上》《经下》旁行排列，引《说》就《经》，略加注释。北京大学出版部曾铅印邓高镜注《墨经》一卷，盖邓高镜曾以此书为北大讲义。

⑦ 载《师大国学丛刊》第一卷第一期（1931）。

⑧ 稿本一册现存国家图书馆古籍馆。

经》《药师经》等各为一册；写卷件数较少的则多种合为一册。

此目开本宏朗，版面为表格式。每半叶六列，每列分八栏，版框、行格、栏线及各著录项的"尺""寸""行""纸""起""讫""号"等字，均为印制。版心题"敦煌经典目"，每册首叶题部类、经名。

正文每列著录一号，每号著录八项，自上而下依次为：书名、尺寸、行数、纸数、起讫、原号、号次、备注。其中，"书名"载录经名、卷次及品名；"起讫"分别著录首二行起字各二字、尾二行止字各二字；"原号"指千字文号；"号次"则指该条目在该经目录中的顺序号（流水号）；"备注"主要记载破损情况，如"首行微损""卷中碎损五行"等。册内部分条目贴有浮签，内容为经名及起句、止句文字。

与《敦煌经卷总目》相比，《敦煌经典目》著录更为详细，考订了经名，结构上不再以千字文编号为序而改以文献类聚，同一部经则以品次为序，更便于检索与研究参考。总体上看，《敦煌经典目》是一部体例严谨、著录详明、学术性较强的馆藏敦煌遗书目录。

《敦煌经典目》编成后，即有学者或学术机构要求抄录。如 1925 年 10 月 31 日，日本学者加地哲定托俞泽箴抄此目[1]；1926 年 9 月 3 日，教育部指令京师图书馆，暂借敦煌遗书目录予历史博物馆，录副后交还[2]。可见此目虽未正式出版，但也通过一定渠道，在文献整理、读者服务、研究参考等方面发挥了一定的作用。

第三节　《敦煌劫余录》及其成书过程

1931 年，中央研究院历史语言研究所印行陈垣校录的《敦煌劫余录》，是第一部正式出版的国家图书馆藏敦煌遗书目录，影响巨大且深

---

① 孙玉蓉：《俞泽箴整理敦煌写经日记辑录》，《文献》2009 年第 1 期，第 29 页。
② 《教育部训令第 205 号》，《北京图书馆馆史资料汇编：1909—1949》，第 149—151 页。按：敦煌经籍辑存会成立后，其事务所即设在历史博物馆。因此，此次录副很有可能与敦煌经籍辑存会及陈垣编《敦煌劫余录》有关。不过，目前还没有明确的资料证明这一点，其中的关联还有待进一步考证。

远。陈寅恪在序文中称该书为"治敦煌学者不可缺之工具也"①。白化文指出："从敦煌学发展史的角度来观察，《敦煌劫余录》是世界上公布的第一个馆藏敦煌汉文文书目录，是一个创举。从图书馆学的角度来观察，它也是世界上公布的第一个敦煌汉文文书的分类目录。"②林家平等认为该书"是我国学者编撰的第一部大规模的关于敦煌文献的目录书，同时也是敦煌遗书整理编目工作进行最早、最好的目录，在参考阅读上起了很大的作用"③。

长期以来，《敦煌劫余录》一直是学界了解国图藏敦煌遗书的主要工具。1960 年代初，王重民等编纂《敦煌遗书总目索引》，北京图书馆藏卷部分，主要摘录《敦煌劫余录》千字文号、经名等信息，吸收周叔迦等人的新考证成果，汇总改编成书，并注出《劫余录》页数。《总目索引》删去了《劫余录》的其他著录项，虽然简便易查，但要了解更多的信息，仍然不得不翻阅《敦煌劫余录》。1990 年代，施萍婷等增补修订《总目索引》，编成《敦煌遗书总目索引新编》一书，总体上没有超出王重民原书的范畴，因而北图藏卷部分目录依然无法代替《敦煌劫余录》。直到 21 世纪初，方广锠等新编的"条记目录"陆续随图录《国家图书馆藏敦煌遗书》出版，国图藏卷才有了更为详细的目录。《敦煌劫余录》七十余年行用不衰，其学术影响之深远由此可见一斑。

关于《敦煌劫余录》的成书过程，陈垣在该书序文中有详细说明。此外，他还在与史语所同人的通信中谈到过编纂经过。据陈垣自述，此目成书经历了三个时期：

其一为 1922 年春兼任京师图书馆馆长时，翻阅、考订经卷。序称："十一年春，予兼长馆事。时掌写经者为德清俞君泽箴，乃与俞君约，尽阅

　　① 陈寅恪：《敦煌劫余录·序》，载《敦煌劫余录》，中央研究院历史语言研究所，1931 年。

　　② 白化文：《简评〈敦煌劫余录〉和〈敦煌遗书总目索引〉》，《社会科学战线》1989年第 1 期，第 324 页。

　　③ 林家平、宁强、罗华庆：《中国敦煌学史》，北京：北京语言学院出版社，1992 年，第 95—96 页。

馆中所藏，日以百轴为度，凡三越月而八千轴毕。"①1929 年 1 月 30 日陈垣致陈寅恪、刘半农函中称："民十一年，弟长该馆时，曾费数月之力，按日逐卷翻检一过。"②

其二为 1925 年 ③ 从京师图书馆录副编排。序称："十三年夏，都人士有'敦煌经籍辑存会'之设，假午门历史博物馆为会所，予被推为采访部长。金拟征集公私所藏，汇为一目，登报匝月，应者寥寥。予遂先就馆中录其副目，按部排比。……稿成，名曰《敦煌劫余录》。未及刊行，会又停顿。"1929 年 1 月 30 日陈垣致陈寅恪、刘半农函中称："民十五，同人组织敦皇经籍辑存会，弟被推为采访部主任，曾登报征求私家所藏，应者绝少。乃就馆录存其目，名《敦煌劫余录》，凡十余册。会现停顿，稿亦搁置。"④ 这两段文字说明，此目的编辑，与陈垣参加敦煌经籍辑存会并被推为采访部长有关，而此目实为该会所催生的最为重要的成果。

其三为 1929 至 1930 年增删改定全书。序称："十八年春，中央研究院历史语言研究所属编北平图书馆敦煌写经目录，予乃重理旧稿，删其复出，补其漏载，正其误考，又越年余，今始写定。……第十四帙中并有续考诸经，为近日秋浦周君叔迦所考定，并依编入。"

1929 年初，中研院史语所聘定所设八组主任⑤，敦煌材料研究组以陈垣担任①，首要工作即为编辑敦煌文献目录。1929 年 1 月 30 日陈垣致陈寅恪、刘半农函中称，"现拟从二月起继续校录无名经卷"②，可知重启编纂工作的时间在 1929 年初。史语所 1928—1929 年度工作报告于在广州工作中即提及由陈垣主持敦煌材料研究组，迁移北平后工作部分则明确记载："敦煌材料目录，研究员陈垣旧稿已就，但须改定清缮。"③

一年之后，陈垣 1930 年 1 月 30 日致函傅斯年，谈及"《元典章》甫毕，即着手发《敦煌录》稿，一二日后即可送上"④，可知此书重编工作历时一年，于 1930 年初已完稿并交与傅斯年出版。同年 10 月 22 日陈垣致傅斯年函，详谈印刷、校改事务⑤，可见当时此书已经付印。与之相应，史语所 1929—1930 年度报告载："特约研究员陈垣所撰《敦煌劫余录》已写定，即将付印。"⑥

不过，围绕陈垣这篇序文及《敦煌劫余录》的编纂过程，长期以来学术界有一些误解，需要在新资料的基础上加以辨析。

---

① 聘陈垣担任敦煌材料研究组主任的磋商过程，1928 年至 1929 年初傅斯年致蔡元培、陈寅恪等函札中具体可见，各函均见《傅斯年遗札》一书。又，陈寅恪 1929 年 1 月 31 日致傅斯年函谓："援庵先生函附上，乞察阅。其所拟办法想无不可行，因敦煌组非援庵担任不可。一因渠现为北平图书馆之负责任者；二为渠已先下过工夫，他人若从事于此，尚须重费与陈前所费过之工夫，太不经济；三陈君学问确是可靠，且时时努力求进，非其他国学教员之身以多教钟点而绝无新发明者同也。"（陈寅恪：《陈寅恪集·书信集》，北京：三联书店，2001 年，第 28 页。）陈函中称"援庵先生函"，即同年 1 月 30 日陈垣致陈寅恪、刘半农函，今收入《陈垣往来书信集》（增订本）第 395 页；"渠现为北平图书馆之负责任者"，指陈垣时任北平图书馆筹备委员会主席；"渠已先下过工夫"，即指历年校阅写经及录副馆目而言。

② 陈智超编注：《陈垣往来书信集》（增订本），第 395 页。

③ 傅斯年：《国立中央研究院历史语言研究所十七年度报告》，载《傅斯年全集》第六卷，长沙：湖南教育出版社，2003 年，第 17 页。按，中央研究院工作报告所谓"年度"，似指当年八月至次年七月；此十七年度报告纪事至 1929 年夏秋，可证。其他年度仿此。

④ 同②，第 408 页。

⑤ 同上。

⑥ 傅斯年：《国立中央研究院历史语言研究所十八年度报告》，载《傅斯年全集》第六卷，第 61 页。

一、关于陈垣是否在馆长任期内完整翻阅了京师图书馆藏敦煌遗书的问题

长期以来，敦煌学史的研究者一般认为，陈垣在俞泽箴的协助下，于1922年翻阅了馆藏所有八千余卷敦煌遗书。王重民在《敦煌遗书总目索引·后记》中说："1922年又由陈援庵先生（由俞泽箴协助）作了一次全面的检阅、考订，并详细的纪录下了编目上所需要的各种条件和资料。"[1] 林家平等《中国敦煌学史》这样记述这段经过："1922年，复由陈垣和俞泽箴作了一次全面的检阅、改订，陈、俞二人阅尽全部卷子，认为其中遗文异文足资考证者甚多。"[2] 郝春文《二十世纪的敦煌学》一文则说："1928年，京师图书馆更名北平图书馆，邀请陈垣先生对所藏敦煌文献进行系统整理，于1930年完成了详细记载每卷起讫、纸数、行数、题记和残缺情况的《敦煌劫余录》。"[3] 这些论述都是根据陈垣《敦煌劫余录·序》关于1922年检阅考订敦煌遗书的记载，加以阐释、演绎的。

遗憾的是，这些说法不同程度地误解了陈垣的序文。孙玉蓉根据俞泽箴日记关于陈垣到馆考订敦煌遗书的相关记载，指出三月尽阅的说法与事实有一定出入[4] 笔者大体上同意孙玉蓉的意见。主要原因有如下几个方面：

其一，陈垣称"与俞君约，尽阅馆中所藏"，"约"字表明这段话所述乃是一种工作计划，而并非实际执行的情况。方广锠认为"这既是陈垣交待给写经组的工作，同时陈垣本人也部分参与了阅经活动"[5]，是很贴近实际情况的论述。

其二，从工作进度上推测，如果每日展阅百卷，必然只能粗略地翻过，

① 王重民主编：《敦煌遗书总目索引》，北京：商务印书馆，1962年，第548页。
② 林家平、宁强、罗华庆：《中国敦煌学史》，北京：北京语言学院出版社，1992年，第94页。
③ 郝春文：《二十世纪的敦煌学》，上海：上海古籍出版社，2006年，第45页。
④ 孙玉蓉：《陈垣〈敦煌劫余录·序〉解疑》，《广西社会科学》2008年第7期，第121—122页。
⑤ 方广锠：《中国国家图书馆藏敦煌遗书六种目录述略》，《上海师范大学学报（哲学社会科学版）》2013年第4期，第40页。

难以同时进行考订工作并记录编目所需的资料。从俞泽箴日记中可以看到，"量经"一般每日可完成三四十卷，多者可达六十卷；"检查"则一般每日二十余卷，极少几天能完成四十卷以上；"庋藏"则最多时一天可完成二百余卷。同时进行"检查""量经"等工作而能一日完成百卷，实在是难以做到的事。

其三，从陈垣担任馆长的时间来看，也不容许他从容地尽阅所有馆藏敦煌遗书。陈垣自 1921 年 12 月 27 日署理教育次长，暂代理部务，同时兼任京师图书馆馆长①，1922 年 1 月 4 日到馆②，至 5 月 27 日辞去教育次长，历时仅不足五个月。当时京师图书馆的馆长例由教育次长兼任，而日常馆务则由主任负责。这五个月中，京师图书馆馆长只是陈垣的兼职，他并不实际主持馆务，也不必每日莅馆视事，处理教育部部务当是其主要精力所系。因此，陈垣在任职教育次长的五个月中，抽出三个月的工作时间来馆翻阅敦煌遗书，可能性恐怕是较低的。

当然，身为优秀学者的陈垣，并非空谈无实的官僚。在其任职的五个月内，曾多次来馆考订敦煌遗书。俞泽箴日记中所记，有以下数则：1922 年 4 月 11 日"午后，馆长陈援庵垣来馆检查俟考各经及道经"；12 日"佐援庵馆长续查景教经，无所获"；13 日"佐馆长查经"；14 日"续查经，今日告藏事"③。这次到馆查经历时四天，始告结束。俞泽箴日记所载陈垣到馆工作的次数并不多，即便他的记载很有可能不完整，但也不至于遗漏太多。根据这些有限的记载可知，陈垣在任职期间多次前往京师图书馆，在俞泽箴协助下考证此前未查出经名的佛经，亲自从事考订、编目工作。

---

① 刘乃和等：《陈垣年谱配图长编》，沈阳：辽海出版社，2000 年，第 108 页。

② 孙玉蓉：《俞泽箴整理敦煌写经日记辑录》，《文献》2009 年第 1 期，第 19 页；孙玉蓉：《为〈陈垣年谱配图长编〉补遗指谬》，《天津大学学报（社会科学版）》2008 年第 2 期，第 143—144 页。

③ 孙玉蓉：《俞泽箴整理敦煌写经日记辑录》，《文献》2009 年第 1 期，第 20 页；孙玉蓉：《为〈陈垣年谱配图长编〉补遗指谬》，《天津大学学报（社会科学版）》2008 年第 2 期，第 144 页。

那么，陈垣 1929 年 1 月 30 日致陈寅恪、刘半农函中所称 1922 年担任馆长期间"曾费数月之力，按日逐卷翻检一过"一语，指的并非全部由他本人亲自翻检，而是以馆长身份组织俞泽箴等写经组同人共同完成"翻检一过"的过程。这样理解陈垣的叙述，应该更接近历史真实。

必须说明的是，陈垣长期在京任职任教，与京师图书馆、国立北平图书馆的关系始终颇为密切。他不仅经常在馆查阅文献，而且在 1928 年 7 月至 1929 年 5 月间担任国立北平图书馆筹备委员会主席，1929 年至 1931 年 10 月担任国立北平图书馆委员会委员长，此后至抗战前继续以国立北平图书馆委员会委员、购书委员会主席的身份指导馆务工作。在担任馆长的五个月之外，陈垣完全有可能大量查阅馆藏敦煌遗书，进行编目工作。因此，仅仅根据俞泽箴日记简单地否定陈垣通阅全部馆藏敦煌遗书的可能性，显然也是论据不足的。

相反，根据《敦煌劫余录》对此前目录的大幅修改、补充（详见下文），我们有理由相信，陈垣应当通览了绝大部分馆藏敦煌遗书，现存陈垣"敦煌文书清查手稿"有民国十八年、十九年的查阅记录，可为明证[①]；只是完成通览的时间不限于任馆长的五个月，而可能长达数年。

二、关于《敦煌劫余录》的编纂基础

陈垣在序中说明，民国十三年因敦煌经籍辑存会的推动，他"就馆中录其副目，按部排比"，编成《敦煌劫余录》的初稿。这段记载中有两个问题，值得我们深究。

其一是时间。敦煌经籍辑存会的成立时间，历来有 1921 年、1924 年等不同说法，但主要根据均为当事人的回忆性记述，很少使用直接记载。孙玉蓉根据俞泽箴日记中关于参加辑存会成立典礼的记载，考定其成立时间

---

① 此手稿现为陈智超所藏，曾于 2010 年 11 月 15 日至 29 日在"史学巨擘，一国之宝——陈垣先生诞辰一百三十周年纪念展"中展出，书影见该次展览图册《史学巨擘，一国之宝——陈垣先生诞辰一百三十周年纪念展》，国家图书馆编印，2010 年，第 79 页。

为 1925 年 9 月 1 日①。这一考证立足于新发现的当事人第一手记载，比其他当事人的回忆更为确切，是可以信从的。此后，黄晓燕又从《图书馆学季刊》《北京大学研究所国学门周刊》中找到另外两条资料，为这一考证提供了坚实的旁证②。1926 年《国立历史博物馆丛刊》第一年第一册所刊《海外所存敦煌经籍分类目录》，小引中也提到"客岁番禺叶玉虎氏曾与国内学者有敦煌经籍辑存会之设"③，所谓"客岁"即去年，这段话也是 1925 年说的旁证。根据陈垣序中"登报匝月，应者寥寥"一语，我们可以推定，陈垣从京师图书馆抄录敦煌遗书目录副本的时间，当不早于 1925 年 10 月。

上文已提及，1926 年 9 月 3 日教育部曾指令京师图书馆将敦煌遗书目录借予历史博物馆录副，其目的为"与海外所存共相稽核"④，亦即整理编目。考虑到敦煌经籍辑存会事务所即设在历史博物馆，而陈垣为该会采访部长，此次录副极有可能与敦煌经籍辑存会、与陈垣有直接关系。如果此论不误，则陈垣抄录目录的时间有可能尚在 1926 年 9 月以后。

其二，陈垣所抄录用作《敦煌劫余录》底本的目录，究竟是哪一种目录。方广锠早年指出，《劫余录》是陈垣先生在《敦煌石室经卷总目》的基础上创造性劳动的成果"⑤。白化文认为："其工作基础，是一九一〇年学部咨甘肃有司，将藏经洞中残卷'悉数运京，移藏部隶京师图书馆'的那份草目。"⑥他们都曾认为《敦煌劫余录》的底本是敦煌遗书入馆之初编成的《敦煌经卷总目》，这是敦煌学史研究者中颇具代表性的一种看法。

---

① 孙玉蓉：《"敦煌经籍辑存会"成立时间探究》，《理论与现代化》2008 年第 4 期，第 106—109 页；孙玉蓉：《最早从事敦煌学研究的学术团体——敦煌经籍辑存会》，《文史知识》2009 年第 6 期，第 126—129 页。

② 黄晓燕：《敦煌经籍辑存会研究》，《大学图书馆学报》2011 年第 3 期，第 112 页。

③ 《海外所存敦煌经籍分类目录》，载《国立历史博物馆丛刊》第一年第一册，该文第 1 页。

④ 《教育部训令第 205 号》，《北京图书馆史资料汇编：1909—1949》，第 150 页。

⑤ 方广锠：《北京图书馆藏敦煌遗书勘查初记》，《敦煌学辑刊》1991 年第 2 期，第 4 页。这是方教授早年的看法，近年已提出新的见解，详见《中国国家图书馆藏敦煌遗书六种目录述略》一文。

⑥ 白化文：《敦煌文物目录导论》，台北：新文丰出版公司，1992 年，第 4 页。

近年来，孙玉蓉[①]、黄晓燕[②]、方广锠[③]先后刊文指出，陈垣所录副的不是入藏之初编成的《敦煌经卷总目》，而是写经室所编《敦煌经典目》或其未定稿，这是正确的。从时间上看，1925年9月中旬《敦煌经典目》已编成并交付誊抄，写经室新添书记傅润田从事抄写工作，而陈垣录副的时间不早于1925年10月，甚至不早于1926年9月，恰好在该目完成以后。陈垣绝不会置自己曾参与编纂且已经完成的《敦煌经典目》于不顾，转而抄录十余年前编成的财产账式的《敦煌经卷总目》，作为自己编目的基础。

其三，比对《敦煌劫余录》与《敦煌经典目》《敦煌经卷总目》的结构与内容，我们能清楚地看到这三部目录之间的关系。

总体结构方面，《敦煌劫余录》以经名为纲，与《敦煌经典目》相同。条目结构方面，《敦煌劫余录》每行为一个条目，著录一号，自上而下著录原号、起、止、纸、行、卷次、品次、附记八项。所谓"原号"，即千字文号及号次；"起"著录首二行首二字，"止"著录尾二行末二字；"纸""行"则分别著录纸数、行数；不分卷或不分品的佛经及其他文献，酌情取消"卷次""品次"项；"附记"记录残损情况、迻录题记、说明卷背文字等。

将《敦煌劫余录》与《敦煌经典目》对比，可见其条目结构上的相似性："原号""起止""纸""行"即《敦煌经典目》的"原号""起讫""纸数""行数"四项；"品次"则摘取《敦煌经典目》"书名"项的品名部分；"附记"约当《敦煌经典目》的"备注"项。《敦煌劫余录》不著录"尺寸""号次"二项，这是二者在条目结构上的最大差别。可见《敦煌劫余录》的条目结构与著录内容，完全脱胎于《敦煌经典目》，而著录项排列顺序方面则作了调整。

---

① 孙玉蓉：《陈垣〈敦煌劫余录·序〉解疑》，《广西社会科学》2008年第7期，第121—122页。

② 黄晓燕：《敦煌经籍辑存会研究》，《大学图书馆学报》2011年第3期，第115页。黄晓燕该文准确指出了这一点，但由于时间判断疏忽，误认为陈垣所录为"当时还未完全成书"的稿本。事实上，陈垣录副时间为1925年10月以后，其时《敦煌经典目》稿本已经完成，这是需要特别指出的。

③ 方广锠：《中国国家图书馆藏敦煌遗书六种目录述略》，《上海师范大学学报（哲学社会科学版）》2013年第4期，第40页。

为了更明确地了解二者之间的关系，我们不妨进一步考察具体的著录内容。以《大般若波罗蜜多经》为例，《敦煌经典目》著录鳞87至咸90共1409号，此1409号《敦煌劫余录》全部著录且顺序与之相同；《敦煌劫余录》在此之外另增羽23、推64、宇90、鳞47等4号（详见下文）。

《敦煌经典目》著录的《大般若波罗蜜多经》前三条为[①]：

书名	尺寸	行数	纸数	起讫		原号	号次	备注
大般若波罗蜜多经第一卷初分缘起品一之一	二四尺七寸	四五七行	一六纸	大般大唐 起	一面第一 讫	鳞字八七号	壹号	首五行碎损
大般若波罗蜜多经第一卷初分缘起品一之一	一尺五寸	二八行	一纸	我皇御制 起	处无俱 讫	李字四三号	贰号	
大般若波罗蜜多经第一卷初分缘起品一之一	一尺五寸	二六行	一纸	者得诸有 起	饰纷西方 讫	致字五三号	叁号	

《敦煌劫余录》著录的《大般若波罗蜜多经》前三条[②]为：

原号	起	止	纸	行	卷次	品次	附记
鳞87	大般大唐	一面第一	17	457	1	三藏圣教序初分缘起品一之一	首五行碎损。尾署"勘了"。
李43	我皇御制	处无俱胝	1	28	1	三藏圣教序初分缘起品一之一	
致53	者得诸有	饰纷西方	1	26	1	初分缘起品一之一	

---

① 原表格为竖行，本书为排版方便，改为横行，特此说明。

② 原文为竖行，本书改为横行，以便排版；又原书无横栏线，为便于比较，本书增加栏线，改为表格式。

比较两种目录所著录的《大般若波罗蜜多经》前三条，《敦煌劫余录》著录的内容，绝大部分都能在《敦煌经典目》中找到依据，可见《敦煌劫余录》与《敦煌经典目》的密切关系。

综上所述，《敦煌劫余录》的结构、内容均与《敦煌经典目》非常接近，《敦煌劫余录》无疑是在《敦煌经典目》的基础上编成的。俞泽箴、江味农等写经室馆员长达数年的细致工作，奠定了《敦煌劫余录》的基础，他们对《敦煌劫余录》的成书居功至伟。

三、《敦煌劫余录》与《敦煌经卷总目》及"数据目录"

返观《敦煌经卷总目》，则与《敦煌劫余录》有较大差别。首先，《敦煌经卷总目》按照千字文号排序，其总体结构与按经类聚的分类目录《敦煌劫余录》有着根本的差别。其次，著录项多寡悬殊，《敦煌劫余录》著录经名、卷次、品次、纸数、行数、千字文号、起讫、附记等项，较为详细；而《敦煌经卷总目》每号仅著录序号、尺寸、起字、止字等项，连经名简称都是后补的，极为简略。最后，著录项的详略方面有较大差异，如经名，《敦煌劫余录》著录经名、卷次与品名，而《敦煌经卷总目》后补的经名均为两三个字的简称；《敦煌劫余录》著录起止字，均分别录首尾各两行的每行各两个字，而《敦煌经卷总目》则只著录首尾各两行的每行各一个字。

通过以上对比，可知《敦煌经卷总目》与《敦煌劫余录》在结构、内容上差别较大，不具备在其基础上编纂《敦煌劫余录》的基本条件。因此，认为《敦煌劫余录》是以《敦煌经卷总目》为基础编纂的目录，是不符合史实的。

当然，这并不是说《敦煌劫余录》与《敦煌经卷总目》二者毫无关系。经过比勘，我们发现，《敦煌劫余录》参考《敦煌经卷总目》著录了部分写卷。

仍以《大般若波罗蜜多经》为例，《敦煌劫余录》在咸 90 号之后，列有羽 23、推 64、宇 90、鳞 47 等四号，均仅著录馆藏号、起止字、纸数、行数及附记，卷次、品次空缺。前三号附记均注"馆旧目注是大般若经"，鳞 47 附记注"此卷系节抄大般若经卷四十六、卷一六五、卷三六一、卷

三六二、卷三六三"①。这里所称的"馆旧目",即《敦煌经卷总目》。

查勘《敦煌经卷总目》,第一册宇90号天头注"般若",地脚注有柜屉号"结三";第七册鳞47号天头注"节抄大般若经",地脚未标庋藏柜屉号;第七册羽23号天头注"大般若经,阿吒薄柏大元师法",地脚未注庋藏柜屉号;第八册推64号天头注"大般若",地脚未注庋藏柜屉号。

比对二者可知,《敦煌劫余录》将《敦煌经卷总目》标注为《大般若经》而未能查出卷次品名的羽23、推64、宇90等三号附录在该经的最后,这表明了二者之间的关系:《敦煌劫余录》编纂时参考了《敦煌经卷总目》。

最近,方广锠揭示出京师图书馆写经室另编有"庋藏册"与"数据目录"②,并指出"就遗书的起字、止字两项而言,因《敦煌石室经卷总目》每项仅著录1行2字,而'数据目录'每项著录2行4字,故'数据目录'不可能照抄《敦煌石室经卷总目》中的起止字,必须依据原卷重新采集。其工作量之大,亦可想而知"③。这份"数据目录"著录每件敦煌遗书的经名卷次、在本类文献中序号、纸数、行数、首字尾字、首尾残况等6项,并撰有解题。兹依照原格式迻录首二条如下:

敦煌石室写经无著世亲菩萨所造金刚般若波罗蜜经论

重字第九十八卷

如是心等 起群生卷下 止　长四丈五尺三寸,共三十三纸,九百四十八行。

此卷分为两种,一系隋译无著菩萨所造《金刚般若论》,自卷上"为随形好身具足故经言须菩提于意云何应以色身成就见如来不如是"等句之"不"字起,至卷下止;一系元魏译世亲菩萨所造《金刚般若波罗蜜经论》,

① 陈垣校录:《敦煌劫余录》,中央研究院历史语言研究所,1931年,第206页。
② 此目现藏国家图书馆古籍馆,仅存1册,封面有序号"28"。原无书名,"数据目录"系方广锠教授拟名,为便讨论,兹沿用之。
③ 方广锠:《中国国家图书馆藏敦煌遗书总目录·总序》,载方广锠、李际宁、黄霞《中国国家图书馆藏敦煌遗书总目录·馆藏目录卷》,北京:中国人民大学出版社,2016年,第13—14页。

三卷完具。

巨字第四十六卷

^{非说}^{离我}起^{有乐}止　长一丈六尺七寸，共十一纸，三百七行^{首三行尾}^{二行碎损}

此卷亦系天亲菩萨所造《金刚般若波罗蜜经论》，自"又释迦牟尼名为佛者此为化佛句"之"又"字起，至"是故为得第一法此苦行胜彼舍身"句之"是"字断。

比对《敦煌劫余录》，起止字、纸数等此目所著录者一致。更重要的是，如"首三行尾二行碎损"等关于残缺状况的说明，《敦煌劫余录》作"首尾三行碎损"，基本为其所继承；而此类说明恰好是《敦煌经典目》所不具备的。这表明，《敦煌劫余录》与此目录有一定关系。

方广锠认定，陈垣录副的便是这份"数据目录"①。拙见以为，这个观点仍有待更多资料的支持。

如上文所引，此"数据目录"的格式与《敦煌劫余录》有较大差异；而《敦煌经典目》与《敦煌劫余录》均采用表格式，结构、格式几乎一致。从这个角度看，《敦煌劫余录》与《敦煌经典目》之间的关系是显而易见的。此"数据目录"的残损情况等说明为《敦煌劫余录》所沿用，或许表明，陈垣编目时参考了此目。

此外，"数据目录"的编纂时间、完成与否等问题，我们未能看到更多资料，难以做出结论。因此，我们暂且将之视为《敦煌劫余录》的参考资料之一，而不能遽然认定其为《敦煌劫余录》的编纂基础。

四、陈垣对《敦煌劫余录》的贡献

上文所述，厘清了《敦煌劫余录》编纂过程中的某些问题。但笔者无意否定陈垣对《敦煌劫余录》的贡献，相反，陈垣的创造性工作在该书编纂中起着决定性作用。陈垣1922年兼任京师图书馆馆长时期，多次到馆从

---

① 方广锠：《中国国家图书馆藏敦煌遗书总目录·总序》，载方广锠、李际宁、黄霞《中国国家图书馆藏敦煌遗书总目录·馆藏目录卷》，第15—16页。

事馆藏敦煌遗书的考订工作，详情已见上文，兹不赘述。在此主要从《敦煌劫余录》本身，来看陈垣的贡献。

首先，编排方面。据 1925 年 9 月 3 日俞泽箴日记所载"依大正一切经编次馆中所藏敦煌经典"，可知《敦煌经典目》的总体结构是参照《大正藏》确定的。以经藏为例，《敦煌经典目》以阿含部、本缘部、般若部、法华部、华严部、宝积部、涅槃部、大集部、经集部、密教部分部；《敦煌劫余录》大体以华严部、方等部、般若部、法华部、涅槃部、阿含部的顺序排列，与清顺治年间智旭所撰《阅藏知津》结构比较接近。二者在总体结构上，有较显著的差别。可见陈垣在《敦煌经典目》的基础上，对全目结构作了幅度较大的调整。

其次，是著录内容的修正、完善与提升。即以前列《大般若波罗蜜多经》前三个条目为例，其著录项有如下几处修订与补充：（1）鳞 87 号纸数由 16 纸修正为 17 纸；（2）李 43 号末行止字由"俱"增补为"俱胝"；（3）鳞 87、李 43 品名均增补"三藏圣教序"。经过修订之后，著录更为完整准确。类似的修正、增补，卷中俯拾皆是，不胜枚举。

陈垣的增补工作在"附记"项表现得尤为突出。《敦煌经典目》的"备注"项非常简单，主要内容为写卷残损情况，已见前述。《敦煌劫余录》的"附记"项的内容则相对较为丰富，除残损情况外，还包括题记、背面文字等。仍以《大般若波罗蜜多经》为例，举出数例，列表对比如下：

千字文号	《敦煌经典目》"备注"项	《敦煌劫余录》"附记"项
鳞 87 号	首五行碎损。	首五行碎损。尾署"勘了"。
腾 30 号	首四十七行碎损。	首四十七行碎损。尾署"智照写"。
阙 56 号	卷多碎损。	卷多碎损。首有武后新字。
调 34 号	——	后两行系杂写，非本卷经文。
荒 63 号	——	劝学品末重二十四行。
黄 32 号	——	卷首有小绸带一根，约三寸许。字亦工楷。

千字文号	《敦煌经典目》"备注"项	《敦煌劫余录》"附记"项
生 29 号	——	书法颇佳。
裳 81 号	——	尾署"寅年三月二十九日已后欠经十八卷"十四字。
露 16 号	——	卷末两行非本卷经文。背有字。
列 3 号	——	背面有字。
生 97 号	全卷碎损	全卷碎损。下端火烧。
鸟 28 号	——	背后《六门陀罗尼》。

这几个例子中,《敦煌经典目》"备注"项的内容全部见于《敦煌劫余录》"附记"项,表明了二者的沿袭关系;鳞 87 号、腾 30 号、裳 81 号,《敦煌劫余录》"附记"项均补充了卷末题记;阙 56 号,补充了卷中有武周新字这一信息,可作为年代考订的重要依据;调 34 号、荒 63 号、露 16 号等,均记录了校勘经文的结论,揭示了文献的内容;黄 32 号,记录了卷首褾带的情况;黄 32 号、生 29 号,记录了书法情况;露 16 号、列 3 号、鸟 28 号,均记载了卷背文字;生 97 号,记载了火烧痕迹。这些记载揭示了敦煌遗书的文物、文献特征,便于学者全面了解其信息与文献价值,对文献研究而言有非常重要的参考意义。

以上所述,就是陈垣序中所说"重理旧稿,删其复出,补其漏载,正其误考"的工作。陈垣补充的这些信息,无论是来自目验,抑或取自《敦煌经卷总目》、"数据目录"等其他资料,都包含了他大量的考辨、综合、识断等学术工作。据陈垣自述,这部分工作历时年余,方才完成。

再次,吸收最新的研究成果。陈垣在序中说明:"第十四帙中并有续考诸经,为近日秋浦周君叔迦所考定,并依编入。"第十四帙著录佛经 85 种 302 号,其经名为周叔迦所考定。周叔迦应邀入馆考订敦煌遗书,始于 1929 至 1930 年度,当年《馆务报告》载:"至《总目》中未注经名者之二百余卷,亦有急速整理之必要。馆中特约周叔迦先生详加审查,已经查出十分之八。"[1]1930 至 1931 年度，此项工作继续进行，当年《馆务报告》将"考定未经查明之经卷"列为"唐人写经之整理"工作的第二项[2]。可见周叔迦完成考订工作，大致应在 1930 年下半年。这与陈垣编定《敦煌劫余录》的时间，正好是相合的。也就是说，《敦煌劫余录》吸收了当时国立北平图书馆敦煌遗书整理工作的最新成果。《敦煌劫余录》第十四帙的编排方式与正文主体不一致，并未将各卷散入各经，而是将周叔迦所考定的部分集中在一起。这种编排方式，可能由于时间仓促，未能划一体例，也有可能是出于表彰周叔迦工作成绩的缘故，有意为之。周叔迦的参与，也表明从京师图书馆到北平图书馆的敦煌文献整理编目工作，本身就是一个集合多位学者集体智慧的学术活动，敦煌学者与图书馆的互动互助，是这一工作得以高水准推进的保证。

综上所述，《敦煌劫余录》虽然是在《敦煌经典目》的基础上编成的，但陈垣不仅参与了早年的基础工作，而且设计了全目的总体结构，充实了著录的内容，提升了整部目录的学术水准，使其成为中国敦煌学兴起时代的代表性著作。《敦煌劫余录》之所以能获得崇高的学术地位、得到学界的高度评价，陈垣大量且卓越的整编、修订、增补工作，是其中至关重要的因素。因此，将陈垣视为此目的主要编者，是理所当然的。然而，陈垣在序言中说："予于此录，始终碌碌，因人成事而已。"他并没有在书前署"陈垣撰""陈垣著"或"陈垣编"，而署曰"新会陈垣校录"。这充分表达了陈垣对写经室人员与周叔迦先前工作的肯定，展现了一位学者尊重他人研究成果、不事掠美的学术品格与谦逊的人格。

---

① 《国立北平图书馆馆务报告（民国十八年七月至十九年六月）》，北平：国立北平图书馆，1930 年，第 34 页。

② 《国立北平图书馆馆务报告（民国十九年七月至二十年六月）》，北平：国立北平图书馆，1931 年，第 33 页。

第四节　京师图书馆学者对敦煌学的贡献

京师图书馆时期，馆内聚集了一批学者（包括馆员与周叔迦等馆外学者），从事馆务管理、文献整理、目录编订等工作。整理敦煌遗书是专业性较强的工作，由于佛经居多，进行整理需要具备一定的佛学基础，因此从事这项工作的以佛学专家为多。主要由学者承担的敦煌遗书整理、编目工作，按照学术研究的要求和规范进行，本身就是一个学术研究过程，所产生的目录、校本等成果，是中国敦煌学发展初期的重要成就。这些学者本人，因参与此项工作进入敦煌学的研究领域。他们或编纂目录，或整理文献，为中国敦煌学的发展贡献了力量。俞泽箴、邓高镜等学者的工作，主要体现在《敦煌经典目》中，此目已见前述，兹不赘述，本节主要阐述其他几位学者的工作与贡献。

一、李翊灼

李翊灼，字证刚，江西临川人。早年师从杨仁山研习佛学，与欧阳竟无、桂伯华并称"江西三杰"。后曾执教于东北大学、清华大学、中央大学。著作有《西藏佛教史》《佛说摩诃般若波罗蜜多心经密义述》《劝发菩提心论》《佛家哲学》《佛学伪书辩略》《维摩诘经集注》《庄子内篇通谊》等。

1910 年敦煌遗书入馆之后，京师图书馆邀李翊灼来馆编目。缪荃孙日记宣统二年十二月二十六日（1911 年 1 月 16 日）载"到图书馆，回拜李证刚"，宣统三年五月二十七日载"李证刚来"，五月二十四日载"李证刚来"[1]，屡有过从。缪荃孙是否与其谈到馆藏敦煌遗书的编目问题，日记中记载不详，无从悬揣。但当时李翊灼已经在馆工作，应是毫无疑问的。

李翊灼在馆编目，完成了二千余卷的详目[2]。他在馆工作的详情，我们迄今没有见到详细的资料。他所编纂的目录，不可能为财产账式的清单，而应

① 以上日记分别见缪荃孙《艺风老人日记》，第 2348 页、第 2386 页、第 2388 页。
② 王重民：《敦煌遗书总目索引·后记》，载《敦煌遗书总目索引》，第 548 页。

该是类似于《敦煌经典目》或方广锠提示的"数据目录"那样的更为详明的目录。写经室完成的《敦煌经典目》，可能吸收了李翊灼的部分工作成果。

李翊灼以其深厚的佛学造诣，注意到馆藏敦煌佛典中最有价值的部分，即藏外典籍，撰成《敦煌石室经卷中未入藏经论著述目录》一卷。此目最初载于上海国粹学报社1912年铅印出版的邓实编《古学汇刊》第一集，又载1913年10月《佛学丛报》第八期，后收入《大正藏》卷五十五目录部。

此目分大乘经藏、大乘律藏、大乘论藏、大乘秘密藏、大乘杂藏、小乘六类；另有附录，所收为疑伪经、道经及摩尼教经典①。李翊灼在卷首序言中批评历来佛经目录中在经律论三藏下复分大小乘的做法，然后申述自己的分类方法："兹准《涅槃经》六波罗蜜多经定例，分为大乘、小乘，大乘中分经藏、律藏、论藏、秘密藏、杂藏五类；小乘中不分，庶统绪朗然而易于寻揽。"②

此目每个条目列四项：首列经名，次列千字文号，再次为该经写卷件数统计，最后为李翊灼按语。全目载录佛、道、摩尼等宗教文献159种，著录京师图书馆藏敦煌遗书339号。

李翊灼的按语内容丰富，包括以下内容：（1）迻录题记。如《融即相无相论》："又题沙弥库狐纯酢写。"③（2）考订或说明文献撰著者。如《金刚仙论》按语云："此论日本《续藏》收，题为'金刚仙菩萨造'，《开元释教录》则云《金刚仙论》十卷。寻阅文理，乃是元魏三藏菩提留支撰、释天亲论者，未知孰是？"④（3）说明文献作者及其内容的宗派倾向。如《起信论义述》按语云："此二种皆贤首宗人著述，而义述尤与贤首义记大同，或即义

---

① 此目著录最后一种为宇56号（BD00256），李翊灼按语云："翊灼以种种考证，证明此为景教之经。"今按：此件为摩尼教残经。《古学汇刊》本此条下有邓实按语，谓"今秋晤法人欧卢梭君于沪，出视法人伯希和氏所译此经，据云此为摩尼教经，而绝非景教"，已经指出这一误考。《佛学丛报》本未载邓实按语。

② 此据《民国佛教期刊文献集成》，北京：全国图书馆文献缩微复制中心，2006年，第3卷第205页。

③ 同上，第3卷第209页。

④ 同上，第212页。

记之初稿欤？"① 又如《涅槃经疏》按语云："此疏残佚太多，不可考为何人著作，文义旨趣则性宗也。"②（4）载录品题，揭示文献内容。如《圆明论》载："又题目云：明心色因果品第一、要门方便品第二、辨明修道择因果品第三、辨明三乘逆顺观品第四、简异外道缘生本品第五、入邪正五门辨因果品第六、自心现量品第七、简妄想品第八、辨明声体品第九。"③（5）阐释文献要旨。如《维摩经集解关中疏》按语云："此疏融会性空义旨甚精，可宝也。"④ 又如《天请问经疏》按语云："此疏发明四谛等义甚精，小乘中最要之典也。"⑤（6）说明文献著录情况。如《要行舍身经》按语云："此经见《开元录》伪妄类。"⑥

此目所著录的均为失传已久、文献价值颇高的藏外佛典，不仅关注目录著录方面须注重的客观信息，更着力探讨佛典的宗派属性、内容要旨，因而在佛学研究及佛典整理等方面均极有参考价值。白化文指出："此书篇幅虽少，却是一部功力甚深的考证、研究性著作。它可称作敦煌学的第一部研究目录，开此后敦煌学目录工作中考订之先河。"⑦《大正藏》收入此目，世界佛学界对它的肯定可见一斑。

此目更重要的意义，在于其首次揭示了敦煌古佚佛典的文献价值，促使佛学界开始注意到敦煌遗书中保存的藏外佛教文献，推进了佛学文献的整理工作。王重民指出："这一目录打开了我国研究敦煌佛经的门径。随后，日本的佛教团体和佛学专家就在这一目录的指导意义下，利用伦敦、巴黎和日本国内收藏家所藏的敦煌遗书，经过十多年的努力，校订出了 200 种以上的古逸经和疑似经，在 1924—8 年间，编入《大正新修大藏经》的第

① 《民国佛教期刊文献集成》，第 3 卷第 211 页。
② 同上，第 219 页。
③ 同上，第 212 页。
④ 同上，第 207 页。
⑤ 同上，第 223 页。
⑥ 同上，第 224 页。
⑦ 白化文：《敦煌文物目录导论》，台北：新文丰出版公司，1992 年，第 3 页。

八十五卷内，给佛藏注入了新的资料，引起了佛学研究者极大的注意。"① 这份目录虽然简略，影响却颇为深远，是中国敦煌学发轫时期"敦煌文献研究的重要成就之一"②。

李翊灼还曾辑录馆藏敦煌遗书中的佛教文献为《敦煌逸经》一书。王国维 1912 年 4 月 10 日自日本致函缪荃孙，询及此书："尊致叔蕴书已交，渠即作覆，而忘却一事，嘱达左右，即李振刚兄近在何处。渠所钞《敦煌逸经》全分，此间大学诸君欲印入《续藏经》中，不知代钞一分需费若干，其费叔翁拟任之。如能流布，功德不细，当亦振翁所乐为也。拟请台端致书振翁，如有写生，请其即行动手，并先赐一音为盼。"③ 此函中提及的叔蕴、叔翁即罗振玉；《续藏经》即前田慧云、中野达慧于 1905 至 1912 年间刊印的《卍续藏经》④。

王国维函透露了几个重要的信息：其一，李翊灼在编纂目录的同时，即已着手辑录古佚佛教文献，并有《敦煌逸经》之成，他堪称敦煌佛教文献整理工作的拓荒者；其二，日本佛学界了解到李翊灼的工作，委托罗振玉设法与之联系，拟全文收入《卍续藏经》，可见他的工作在学界有积极反响。可惜的是，此书未曾出版，稿本也至今下落不明，我们仅能通过王国维的书信了解到些微信息。

二、陈垣

陈垣是中国现代最杰出的历史学家之一，在宗教史、元史、历史文献学等方面都有卓越的贡献。他也是重要的敦煌学家，最为突出的贡献，即是编纂《敦煌劫余录》。此目的编纂及其成就，已见上文，在此不再赘述。

---

① 王重民：《敦煌遗书总目索引·后记》，载《敦煌遗书总目索引》，第 551 页。

② 林家平、宁强、罗华庆：《中国敦煌学史》，北京：北京语言学院出版社，1992 年，第 5 页。

③ 王国维：《王国维全集》第十五卷，杭州：浙江教育出版社；广州：广东教育出版社，2009 年，第 40 页。

④ 杨之峰：《〈卍续藏经〉的编纂及其文献价值》，《图书馆理论与实践》2009 年第 3 期，第 53—55 页。

在敦煌学专题研究方面，陈垣撰有《火祆教入中国考》①《跋西凉户籍残卷》②等重要论文，其中《摩尼教入中国考》③与京师图书馆关系最深。该文撰成于 1922 年 6 月④，时间虽略晚于辞去教育部次长的 5 月 27 日⑤，资料搜集、撰写成文的过程则贯穿京师图书馆馆长任期。据俞泽箴日记记载，1922 年 4 月 12 日 "佐援庵馆长续查景教经，无所获"；5 月 21 日，"援庵次长来，借去景教经一卷"⑥。这里所谓的景教经，即指 BD00256（宇 56）摩尼教残经，俞泽箴盖沿袭李翊灼之误⑦。可见当时陈垣到馆查此经，正为撰写此文搜罗资料，《国学季刊》第 1 卷第 3 号（1923 年 7 月）刊载的《摩尼教残经一》，即是陈垣对 BD00256 的录文，也是该卷的首次校录。

《摩尼教入中国考》全文 16 章，综合京师图书馆所藏 BD00256 号汉文摩尼教经与传世文献、碑刻史料，系统论述摩尼教起源、教义、入华时间、盛衰变化及其与回鹘、佛教、道教和各种秘密教派的关系等一系列重要问题。传世汉文摩尼教经典均出自敦煌，陈垣指出，基督教史传所引述的摩尼教教义均见于 BD00256 摩尼教经，且 BD00256 所论比基督教史传更为明晰而完备，因而推定该经乃是流通极广的经典，即《佛祖统纪》所记载的《二宗经》。据 BD00256 中出现 "拂多诞" 这一名词，考定《佛祖统纪》所记 "延载元年（694）波斯国人拂多诞持《二宗经》伪教来朝"，为摩尼教始入中国的记载。又据 BD00256 所记，考定汉文史籍中的 "慕阇" "拂多诞" 均为摩尼教僧职，即 "大摩尼" "小摩尼"，前者职位高于后者。该文以 BD00256 为依据，解开了佛教史籍、碑刻文献中的众多难以索解的问题，

① 撰成于 1922 年 4 月 25 日，载《国学季刊》第 1 卷第 1 号，1923 年。
② 载《北京师范大学学报（社会科学版）》1963 年第 2 期。
③ 载《国学季刊》第 1 卷第 2 号，1923 年。
④ 刘乃和等：《陈垣年谱配图长编》，第 124—125 页。
⑤ 同上，第 123 页。
⑥ 孙玉蓉：《俞泽箴整理敦煌写经日记辑录》，《文献》2009 年第 1 期，第 20 页。
⑦ 李翊灼《敦煌石室经卷中未入藏经论著述目录》最后一条即为此卷，著录为 "景教经一卷"，解题称："翊灼以种种考证，证明此为景教之经，会当别制考证文以质通士，兹不具赘。" 李目《古学汇刊》本有邓实附记一则，已指出此卷当为摩尼教经，详见上文注。俞泽箴所见李翊灼目录当为《佛学丛报》本，遂沿袭了李翊灼的观点，指其为景教经。

打开了中国摩尼教史研究的大门。

《摩尼教入中国考》是陈垣"古教四考"之一[①]，堪称利用敦煌文献探求宗教史的代表作。此文发表不久，刘铭恕即在《北平晨报》发表书评《书陈垣〈摩尼教入中国考〉后》，称摩尼教研究"具体之解决者，只有陈援庵先生一人，陈氏著《摩尼教入中国考》一文，折衷旧说，附益新知，体大思精，得未曾有"，可谓推崇备至[②]。陈寅恪指出："严格言之，中国乙部之中，几无完善之宗教史。然其有之，实自近岁新会陈援庵先生之著述始。"[③]陈垣开创"完善之宗教史"的著述之林中，《摩尼教入中国考》是其中的重要一种。许殿才也认为，此文"依据敦煌出土经卷等汉文材料及基督教史传中有关材料，系统考察了摩尼教的起源、始通中国时间、在中国流传情况、不同时代与佛道等教的关系、教徒遭遇以及演变及灭绝过程等，用精湛的考据成果勾勒出一部摩尼教在华简史"[④]。

经过近一个世纪的研究，陈垣此文的某些具体结论，已经被后来的学者补充或改订，或提出新的观点，如林悟殊就 BD00256 的原名、慕阇的涵义与职位、摩尼教传入中国时间等问题，都有重要的推进[⑤]。不过，相关的研究工作，无不是在陈垣此文的基础上进行的，其开拓之力、奠基之功，不可磨灭。

三、江味农

1918 年，江味农以佛学专家的身份，受聘入京师图书馆整理敦煌遗书。蒋维乔《江味农居士传》简略地记述了江味农受聘京师图书馆的过程："时京师图书馆搜藏敦煌石室写经八千余卷，中多秘笈，需专家校理，余乃献

① 其他三种为《元也里可温教考》(1917)、《开封一赐乐业教考》(1919)、《火祆教入中国考》(1922)。

② 刘乃和等：《陈垣年谱配图长编》，第 125 页。

③ 陈寅恪：《陈垣〈明季滇黔佛教考〉序》，此据《金明馆丛稿二编》，北京：三联书店，2001 年，第 272—273 页。

④ 许殿才：《陈垣在近代史学领域的开拓》，《史学集刊》2004 年第 2 期，第 23 页。

⑤ 参《林悟殊敦煌文书与夷教研究》(上海：上海古籍出版社，2011 年) 所收《〈摩尼教残经一〉原名之我见》《"慕阇"考》《摩尼教入华年代质疑》等系列论文。

议于教育部，请居士任校理之职。"①据蒋维乔日记，他在 1918 年 5 月 14 日向教育部次长兼京师图书馆馆长袁希涛引荐江味农②，江味农入馆时间当在此后不久。于此可见，其时教育部及京师图书馆对于馆藏敦煌遗书整理人才的寻访，着眼于佛学素养，这是切合实际工作需要的。

江味农在馆的主要工作，当与俞泽箴日记中所载类似，主要为"检查""量经""庋藏"等。作为佛教学者，经名考订之类的工作，江味农应有相当的贡献。国家图书馆古籍馆现存有京师图书馆时期所编《写经经名目录》一种，其凡例末条谓："又江君杜编内有一册，种类不一，兹以附入杂类部内。"③可略见其考订成绩。

此外，他还积极从事敦煌遗书中古佚佛典的整理，颇有建树。据蒋维乔记载："自戊午迄己未，先后二年，居士于残乱卷帙中，辑成《大乘稻芉经随听疏》一卷、《净名经集解关中疏》二卷。"④戊午即 1918 年，己未为 1919 年，亦即江味农入馆任职的前两年。

《大乘稻芉经随听疏》为唐代僧人法成撰集的《大乘稻芉经》注本，是研究法成思想的重要资料，历代藏经未收。江味农辑出《大乘稻芉经随听疏》，并查实此疏所释之经，校录为《佛说大乘稻芉经（附随听疏）》一书，1919 年 10 月由商务印书馆出版。江味农此书跋记载成书经过颇详："曩闻敦煌经卷中有《稻芉经疏》十余卷，为大藏所佚，心向往之久矣。去岁来图书馆任编校之役，亟取而阅之，芜乱讹脱，几不可读。为之爬梳剔抉，排比联缀，并取重复之卷互勘异同，亦有援据他书以校补者，其不可考者则存疑焉。积八阅月之力，录成一卷，仍阙首尾。会傅沅叔先生得一残卷，所缺疏文悉在其中。于是千年秘著，遂成完书。然此疏所依之经，亦非大

---

① 蒋维乔:《江味农居士传》,载《金刚经讲义》,合肥:黄山书社,2006 年,第 559—560 页。
② 蒋维乔:《蒋维乔日记》,北京:中华书局,2014 年,第 7 册第 525 页。
③ 此目稿本字迹与方广锠教授揭示之"数据目录"相同,当即该目之"总目"。其编写时间当不早于江味农入馆的 1918 年。详情待考。
④ 同②,第 559—560 页。

藏译本，复于八千余卷中穷搜遍觅，而竟获之。"①据此，此书所根据的资料，主要为京师图书馆藏卷，另使用了傅增湘所藏的一个残卷。此跋作于"夏历己未春暮"，可知此疏辑成于1919年春；跋称"积八阅月之力"，可知江味农辑此书，开始于1918年秋，亦即其入馆工作之后不久。江味农校辑此书，也得到过蒋维乔的帮助。蒋维乔1919年1月8日至1月29日间的日记，有八天记载"校《稻芉经疏》"②，并略述其缘由："此疏藏经中所无，江君味农在京师图书馆由敦煌写经卷中搜辑而成，然缺首数行及末段，适傅总长新购得残卷，有首尾而缺中段，合成完璧。江君因母病南归，余为代校之。"③

江味农所辑的另一部书为《净名经集解关中疏》。《净名经》即《维摩诘经》，此疏为唐中京资圣寺沙门道液撰集，以僧肇《注维摩经》为依据，释文简明扼要，是研究唐代佛教思想的重要资料，历代藏经未收。江味农《净名经集解关中疏·序》详述成书经过："岁戊午己未间，余在京师图书馆检校敦煌经卷。既辑订《稻芉经疏》成书，复睹此疏一轴，读之神怡，因向丛残万卷中重事搜辑。载更寒暑，竟得勘订成书，首尾完具。只中间阙一小段，不碍大体也。"④据此可知，此书之辑晚于《大乘稻芉经随听疏》，亦成书于1919年，但出版较晚，迟至1929年才由商务印书馆出版。馆藏敦煌遗书盖有藏章者非常少，而《净名经集解关中疏》写本大多有"京师图书馆收藏之印"阳文长方印，或许便是江味农整理时所钤。

江味农所辑的两部书，在中国敦煌学史上具有重要意义。首先，这两部书早于日本《大正藏》校录敦煌佛教佚籍，不仅是校辑京师图书馆所藏敦煌遗书的最早著作，也是从事敦煌汉文佛教文献整理的最早著作，凿空之功，不可磨灭。中国学者辑录敦煌遗书的著作，有王仁俊《敦煌石室真迹录》（1909），罗振玉、蒋斧《敦煌石室遗书》（1909），罗福葆《沙州文录补》

---

① 江味农：《佛说大乘稻芉经（附随听疏）·跋》，载《佛说大乘稻芉经（附随听疏）》，上海：商务印书馆，1919年。

② 蒋维乔：《蒋维乔日记》，第8册第237—249页。

③ 同上，第239页。

④ 江味农：《净名经集解关中疏·序》，载《净名经集解关中疏》，上海：商务印书馆，1929年。

（1924）、刘复《敦煌掇琐》（1925）等。这两部书无疑可以厕身中国敦煌学早期重要成果之林。王仁俊、罗振玉、蒋斧、罗福葆等的辑录，主要对象为四部书及世俗文书，很少注意到古佚佛教文献。江味农的工作，将敦煌文献整理的范围扩展到佛经，开启了占敦煌遗书 90% 以上的佛教文献整理的大门。

其次，江味农的辑本较为完整，质量上亦有可称道之处。《大乘稻芉经随听疏》辑本不仅利用了京师图书馆藏本，还访得傅增湘藏卷，以缀成完帙；不仅辑录了《随听疏》，还觅得此疏所注释的经本，一并校录。此书在资料搜集方面，可称完备。《净名经集解关中疏》虽然仍缺一小段，并非完整无缺，但相比日本《大正藏》所收矢吹庆辉辑录的《净名经集解关中疏》所据底本有一万余字的缺漏[1]，其成绩实有过之。

复次，这两部书的出版，提出了一些富有研究旨趣的问题，因而进入了国内敦煌学家的视野。陈寅恪撰有《大乘稻芉经随听疏跋》一文[2]，综合各种资料，考证《大乘稻芉经随听疏》著者法成为吐蕃沙门，生活于唐文宗时期，译经于沙州、甘州；指出北京版丹珠尔（陈跋称"续藏"）《深微宗旨确释广大疏》译者答哩麻悉谛即梵文 Dharma-Siddhi，藏文作 Chos-grab，亦即中文"法成"的意译，该书为玄奘弟子圆测之《解深密经疏》之藏文译本；又比勘法成此疏部分章节与藏文丹珠尔中的部分篇章，认定它们内容相近，因而推测署名法成的著述均实为译自藏文[3]。江味农的辑本引发了陈寅恪对法成生平及其著述的考辨，对相关问题的研究起到了推动作用，江辑本的学术意义也通过陈跋得以彰显。

江味农还利用京师图书馆藏敦煌遗书中的《金刚经》写卷，校勘该经通行本，并用作讲经的底本。《金刚经校正本跋》："继而应聘校理北平图书馆所藏敦煌石室唐人写经。其中《金刚经》最多，大抵与柳书同。乃深慨夫沿讹袭谬，由来盖远。今幸获古人真迹及古注疏，千余年淆误因得证明。

① 方广锠:《日本对敦煌佛教文献之研究（1909—1954）》，载《方广锠敦煌遗书散论》，上海：上海古籍出版社，2010 年，第 351 页、第 357 页。
② 需要说明的是，陈跋为以"跋"为题名的研究论文，而不是刊刻时附载书后的跋文。
③ 陈寅恪:《大乘稻芉经随听疏跋》，清华学校国学研究院《国学论丛》第一卷第二号，1927 年；此据陈寅恪《金明馆丛稿二编》，第 287—289 页。

奈何不锓布于世以匡之乎？……壬申之秋，应诸友夙约为说此经，悉依唐人写本，而融通诸论及古注义蕴以说之。大众欢喜踊跃，请以校正本印布之，欲使共知确有依据，孰正孰伪大明于世也。"① 所谓柳书，即 P.4503 唐拓本柳公权书《金刚般若波罗蜜经》。该卷首尾完整，工楷书就，拓工上乘，为举世罕见的唐拓珍本之一。1909 年 10 月王仁俊刊行《敦煌石室真迹录（甲上）》，首次刊布此卷，使其得为国内学界人士所用；江味农所使用的，则是罗振玉《石室秘宝》（1910）影印本。江味农比勘京师图书馆藏敦煌写本与此拓本，见敦煌写本文字与此拓本基本一致，认定敦煌本为古善本，足以矫正历代沿袭的《金刚经》文字讹误。因此 1934 年（壬申）在上海省心莲社讲《金刚经》，即以敦煌本为底本，并据古佚注疏发挥义理，所讲整理成《金刚经讲义》一书。此书的主要工作虽然完成于 1934 年前后，但其校勘工作的基础，部分源自江味农在京师图书馆工作时的所得，因此我们也将其视为江味农在馆工作的成果之一，在此加以论列。江味农校勘《金刚经》，较早地将敦煌遗书用于佛经校勘，在敦煌学术史上具有标志性意义。

　　需要指出的是，江味农的辑录与校注工作也有其历史的局限。江味农本人为佛教居士，辑录、注释此三书意在传承古佚佛典、弘扬佛教义理，与现代敦煌学者从事文献整理在旨趣与方法上有着显著的差异。他没有在序跋中介绍其依据的卷号，缺乏对辑录、校注底本的必要说明，也没有采用校勘记的形式列出不同写本的异文，因此其他学者想要在其基础上进行下一步工作，就比较困难。当然，我们也不能以当代学术规范苛求早期的敦煌学者，王仁俊《敦煌石室真迹录》，罗振玉、蒋斧《敦煌石室遗书》等早期辑录著作，均仅迻录文本，而较少顾及敦煌遗书作为文物的属性。

　　20 世纪初叶，正处于初创期的中国敦煌学界，主要关注点在于古佚四部书，对佛教文献也主要关注其有助于历史考证、富有史料意义的部分，对佛经及其注疏缺乏注意。江味农也没有在这三部书的书名中，标举"敦煌本"之类字样。学界使用最广的《大正藏》，收入了《大乘稻芉经随听疏》

---

① 　江味农：《金刚经校正本跋》，载《金刚经讲义》，合肥：黄山书社，2006 年，第575—576 页。

《净名经集解关中疏》，一般学者进行研究即取资于此。由于这些原因，江味农及其著作的影响一直局限于佛教界，较少为后来的敦煌学界，甚至敦煌佛教文献研究者们所了解，这是十分遗憾，也是亟应加以表彰的。

第五节　接待借阅、参观与参与文献展览

图书馆作为学术服务机构，将所藏文献提供学界及公众阅览、复制、利用，乃是天职所在。京师图书馆时期馆藏敦煌遗书的借阅、摄抄等方面的情况，并没有留下详细的系统记录。不过，我们可以从某些零星的资料，看到相关情况的一角。

一、接待借阅

这一时期比较重要的阅览接待有京都大学学者团队。1910年8月，日本京都大学派出狩野直喜、内藤虎次郎、小川琢治教授与富冈谦藏、滨田耕作讲师等五人赴北京，调查由敦煌押运到京的敦煌遗书。他们在9月19至23日五天内，调查敦煌遗书共约800件，拍摄了部分写卷的照片[1]。他们还编制了《清国学部所藏敦煌石室写经缮阅目录》，著录敦煌写卷700件，各条著录编号、经名及纸张、书法，部分写卷判断了年代，也注意到卷背文书、题记等，可谓简明扼要。据该目，他们一行是以按号逐一检阅的方式通览馆藏，所见主要为"地""黄""宇""宙""洪""荒""日"等七个千字文号的写卷[2]，即BD00001至BD00700号。这些写卷几乎全部都是佛经，松本文三郎《敦煌石室古写经の研究》一文研究了其中比较重要的佛典[3]。考察结束回到日本

---

① ［日］高田时雄：《明治四十三年（1911）京都文科大学清国派遣员北京访书始末》，《敦煌吐鲁番研究》第七卷，北京：北京大学出版社，2004年1月，第13—27页。所编目录近由玄幸子、高田时雄二位教授整理出版。

② ［日］玄幸子、高田时雄编著：《内藤湖南敦煌遗书调查记录》，大阪：关西大学，2015年。

③ 荣新江：《狩野直喜与王国维——早期敦煌学史上的一段佳话》，《敦煌学辑刊》2003年第2期，第124页。

后，他们在京都大学举办了盛大的展览、报告会，使日本学术界对敦煌遗书有了更进一步的了解[①]，对日本敦煌学的兴起有积极推动作用。

俞泽箴日记中，记载了 1921 至 1925 年间来馆借阅敦煌遗书的人士。如 1921 年 5 月 31 日，"社会教育司司长高君来借阅小乘《阿含经》"[②]，高君即高步瀛；1922 年 5 月 21 日，"援庵次长来，借去景教经一卷"，援庵次长即陈垣。陈垣所借阅的，乃是 BD00256 号摩尼教经，当时他正撰写《摩尼教入中国考》，此卷是其依据的重要文献之一。

1929 年夏，中央研究院历史语言研究所迁至北平，其原因之一即是北平图书馆可以提供研究参考上的便利。该所移平后，北平图书馆确实在文献支持方面发挥了积极的作用，多个研究项目依托馆藏逐步推进。敦煌文献为其中重要方面，除陈垣《敦煌劫余录》校订成书外，该所研究人员也经常利用敦煌遗书开展研究，如研究员陈寅恪在 1929 年度曾"按日检阅北平图书馆所藏敦煌卷子，为研究敦煌史迹之预备"[③]；1930 年度"又检阅北平图书馆所藏敦煌卷子，为研究敦煌史籍之预备"[④]。《陈寅恪先生遗墨》所载《敦煌研究》手稿，实即研读北图藏敦煌遗书的笔记，涉及写卷二十余件[⑤]；陈寅恪 1930 年在清华大学讲授"敦煌小说选读"讲义，也涉及北图藏卷多件[⑥]。这些资料都表明，陈寅恪在 1930 年前后曾大量借阅北平图书馆所

① 方广锠：《日本对敦煌佛教文献之研究（1909—1954）》，载《方广锠敦煌遗书散论》，第 351 页。

② 本节所引俞泽箴日记，均出自孙玉蓉《俞泽箴整理敦煌写经日记辑录》一文（载《文献》2009 年第 1 期第 10—29 页），避免繁琐起见，不再一一出注。

③ 傅斯年：《国立中央研究院历史语言研究所十九年度报告》，载《傅斯年全集》第六卷，第 61 页。

④ 同上，第 188 页。

⑤ 陈寅恪著，陈美延编：《陈寅恪先生遗墨》，广州：岭南美术出版社，2005 年，第 19—24 页。

⑥ 张求会：《陈寅恪佚文〈敦煌本《太公家教》书后〉考释》《陈寅恪讲义〈敦煌小说选读〉相关问题续探》，载张求会《陈寅恪丛考》，杭州：浙江大学出版社，2012 年，第 163—201 页；[日] 永田知之：《陈寅恪论及敦煌文献续记——遗墨'敦煌研究'と讲义'敦煌小说选读'》，载《敦煌写本研究年报》第八号，京都大学人文科学研究所中国中世写本研究班，2014 年，第 83—104 页。

藏敦煌遗书，并用于研究与授课。

湖南籍书画家翁廉在吴宝炜旧藏《北凉以来写经残卷》题跋中写道："予于京师图书馆见晋人写经卷，气体遒逸，在六朝唐经生所书之上。"[①] 可见翁廉也曾往京师图书馆借阅敦煌古写本，作为研习书法的参考。

二、举办展览

京师图书馆时期，馆藏敦煌遗书曾多次参加文献展览。如 1924 年 7 月 1 日（夏历五月三十日），中华教育改进社在南京召开年会，并在贡院旧址开全国教育品展览会，提请教育部调京师图书馆善本书籍参展。京师图书馆派谭新嘉"赍宋元古籍并晋唐写经及古本图画又满、蒙、藏、唐古忒文字，暨《四库》中之最精摹绘，各种共数十件住南京"[②]。所谓晋唐写经，亦即敦煌遗书，是展品中的重要一类。此次展览六月三日（7.4）开幕，十日（7.11）结束，历时八天。

1925 年 5 月 30 日，北京图书馆协会为欢迎来华考察的鲍士伟博士，在中央公园（即今中山公园）举办"京师图书馆展览会"。此次展览历时四天，展出金元明刊本约二百余种、敦煌遗书三千轴[③]，展品二十分之十九为京师图书馆藏品[④]。敦煌遗书是此次展览的主要展品，写经室为此次展览作了充分的准备。俞泽箴日记记载，1925 年 5 月 6 日"检点提送善本展览会写经"；5 月 7 日"以北京图书馆协会善本展览会将次开会，检点写经二十卷前往陈列，撰成说明书二十条"；5 月 28 日"将《四库》、唐经装箱，以备明日运往公园"；5 月 29 日"晨起押运《四库》、唐经赴会，即在公园午膳，午后陈列书籍"。

1929 年 10 月 10 日至 13 日，北平图书馆在居仁堂前楼下举行图书展

① 此题跋影印本载杨文和主编：《中国历史博物馆藏法书大观》第十一卷《晋唐写经·晋唐文书》，京都：柳原书店，1999 年，第 207 页。跋文书写时间为 1928 年。
② 谭新嘉：《梦怀录》，《文献》1982 年第 4 期，第 239 页。
③ 张锦郎、胡渊泉编：《中国近六十年来图书馆事业大事记》，台北：台湾商务印书馆，1974 年，第 44 页。
④ 同②，第 239—240 页。

览会。"展览书籍分唐及唐以前写本、宋刻本、宋钞本、金刻本、元刻本、明刻本、明钞本、清刻本、清钞本、稿本、批校本、满蒙回藏文书籍、方志、词曲小说、清禁书、古器物拓本、舆图等十七部，琳琅满目，美不胜收。开幕之日，参观者竟达两千五百人，名宿云集，极称一时之盛云。连日来馆参观者约五千人，颇极一时之盛云。"①此次展览中的"唐及唐以前写本"，即馆藏敦煌遗书，计 17 种，包括：晋写本《摩诃般若波罗蜜经》，北魏写本《大智度论》《大般涅槃经》（3 种）、《净名经科要》（2 种）、《道经》，西魏写本《维摩经义记》，隋写本《大般涅槃经》，唐杨颙写本《般若波罗蜜多心经》，唐写本《佛说大乘稻芉经》《道德经》《摩尼经》《西番文无量寿经》《妙法莲华经》《维摩经解》等②。

　　1935 年 11 月 28 日至 1936 年 3 月 7 日在伦敦举办的"伦敦中国艺术国际展览会"，是民国时期规模最大、展品最丰富、最重要的中国艺术品展览③。此次展览的"珍本古书"部分，展出善本古籍 50 种，全部为国立北平图书馆藏书，其中有敦煌遗书 2 件：BD04949（阙 49）东晋佛陀跋陀罗译本《大方广佛华严经》卷第三十一、BD06588（淡 88）南北朝写本《大般涅槃经》卷第四④。国民政府决定筹办此次展览，时间为 1934 年 10 月，当时馆藏善本古籍、敦煌遗书已装箱寄存，此次送展的展品，可能大多是从寄存拟南运的书箱中开箱取出的。

　　北平图书馆内，则在善本阅览室门口放置常设展橱。1930 年代曾前往北平图书馆游览的庄俞，虽未能进入善本阅览室，但见"于善本阅览室门，酌择宋元明刊本写本及晋唐六朝写经等，陈列于玻璃橱内"⑤。这一记载虽然

　　①　《图书展览会》，《中华图书馆协会会报》第五卷第一、二期，第 46 页。

　　②　《国立北平图书馆图书展览会陈列目录》，国立北平图书馆编印，1929 年，第 1 页。

　　③　郭卉：《国宝之旅：1935—1936 年伦敦中国艺术国际展览会及其上海预展》，《国际博物馆》全球中文版 2011 年第 1 期，第 84—91 页。

　　④　伦敦中国艺术国际展览会筹备委员会：《参加伦敦中国艺术国际展览会出品图说》第四册《其他类》，上海：商务印书馆，1936 年，第 157—158 页。图录未标卷号，此据图录所载照片比勘《敦煌劫余录》考定。BD06588 卷首钤有"伦敦中国艺展上海预展会第二组印"。

　　⑤　庄俞：《我一游记》，上海：商务印书馆，1936 年，第 151 页。

简略，却也可见当时北平图书馆在善本阅览室长期陈列敦煌遗书等珍贵古籍，以便各界人士略为观览。

三、接待参观

敦煌遗书入馆之初，便常有各界人士慕名而来参观。如张元济宣统二年游历英法时得见斯坦因、伯希和收集品，1911 年赴京期间即前往京师图书馆参观。他在所撰梁启超、徐新六旧藏《摩诃般若波罗蜜经》卷第八的跋文中说："次年，余至京师，闻已设图书馆，且萃敦煌遗书至，庋藏于中。余往观之，仅唐人写经寥寥数箧而已。"[①] 张元济此次所见到的，恐怕不是京师图书馆藏敦煌遗书的全部，因而有"仅唐人写经寥寥数箧而已"的感慨。

又如：1912 年，庄俞曾前往广化寺参观京师图书馆，馆长江瀚接待，庄俞在游记中详细记载了保存敦煌遗书的善本珍藏室[②]。1925 年 8 月 23 日，杨树达前往方家胡同京师图书馆馆舍参观，在日记中感慨"有唐人写经八十余卷，可谓富矣"[③]。

俞泽箴日记中，也记载了众多人士来馆"参观"写经。1921 年 11 月 12 日，"有两法国人来参观唐人写经"。1922 年 8 月 2 日，"主任偕友四人来参观写经"，主任即时任京师图书馆主任的洪逵[④]；11 月 16 日，"午后有

---

① 此件系梁启超、徐振飞旧藏，见于深圳市艺术品拍卖行 2003 年冬季拍卖会，拍品编号第 230 号，名为"鸣沙石室唐人写经卷"。张元济跋文影本见深圳市艺术品拍卖行编印：《深圳市艺术品拍卖行 2003 冬季拍卖会：中国书画·古董珍玩》，2003 年（图录无页码）。

② 庄俞：《我一游记》，第 92 页；又见《中国国家图书馆馆史资料长编：1909—2008》，第 35 页。

③ 杨树达：《积微翁回忆录》，上海：上海古籍出版社，2013 年，第 27 页。按：引文"八十余卷"当作"八千余卷"。此系《积微翁回忆录》排字之误。

④ 洪逵（1885—？），字莄舲，安徽怀宁人。早年留学英国，毕业于伦敦大学政治经济科。回国后执教于安徽高等学堂，转任教育部科员、佥事、参事、专门教育司长，1922 年 7 月至 9 月任京师图书馆主任。后历任北京师范大学及国立北京法政大学教授、安徽教育厅厅长、国立中央大学文学院代理院长、上海市图书馆馆长。生平见徐友春主编：《民国人物大辞典》，石家庄：河北人民出版社，1991 年，第 618 页。

日人二来参观写经"。1923 年 8 月 4 日，"上午，森玉偕项微尘^①来参观写经"；9 月 4 日，"日本文部省支那视察学生胁本寿泉、大谷大学研究科学生名畑应顺来参观写经"^②；10 月 11 日，"午后有日人二来参观唐人写经"。1924 年 1 月 17 日，"有鄂人王君来参观写经"；9 月 17 日，"午后森玉偕友人来参观写经"。1925 年 1 月 28 日，"午后季明^③偕美国人黄奴来参观写经"；8 月 6 日，"上午，李振纲来参观"^④；8 月 23 日，"午后森玉偕叶德辉、薛大可、席启驷^⑤参观写经"。1921 至 1925 年五年间，俞泽箴记载的"参观"有 11 次，这应当不是接待"参观"的全部，可见京师图书馆接待参观敦煌遗书之一斑。

这些参观，大多应当是泛泛观览，没有太多的学术研究的成分。不过，参观者当中有不少对敦煌文献有所研究或兴趣浓厚者，如版本学家叶德辉，所著《书林清话》中，有四处提及敦煌遗书，并称"吾尝戏作三恨诗：恨不读《永乐大典》、恨不读敦煌石室藏书、恨不读《道藏》。……敦煌石室藏书，上虞罗叔蕴振玉、吴县王干臣同年仁俊有影摹本数种行世，惜不得

---

① 项骧（1880—1944），字微尘，浙江瑞安人。清末进士。早年留学美国，毕业于哥伦比亚大学，获硕士学位。回国后授编修、参议厅行走，1912 至 1921 年任北洋政府财政参事，兼中国银行监督。1922 年 5 月兼代财政部次长，12 月兼财政部次长、盐务署署长、盐务稽核总所总办、财政讨论委员会主任。1924 年 11 月解职。生平见徐友春主编：《民国人物大辞典》，第 1085 页。

② 胁本寿泉，生平不详。名畑应顺（1895—1977），日本学者，校注有《亲鸾和赞集》《亲鸾集》等。

③ 马鉴（1882—1959），字季明，祖籍浙江鄞县，出生于江苏宝山。早年留学美国，获得哥伦比亚大学研究教育学硕士学位。回国后，长期任燕京大学国文系教授、主任。1951 年任香港大学中文系主任。其兄马裕藻、马衡、马准、马廉均为知名文史学者。

④ 此李振纲可能即撰《敦煌石室经卷中未入藏经论著述目录》的李翊灼（证刚）。

⑤ 薛大可（1881—1960），字子奇，湖南益阳人。同盟会会员，民国初年曾任众议院议员，后投身报界，先后主持《亚细亚日报》《黄报》《东华日报》等。支持袁世凯称帝，参与张勋复辟，政治态度趋向保守。席启驷（1869—1966），字鲁思，湖南东安人。曾师从叶德辉。民国初年随其父国会议员席业居留北京，与学界名流交往颇多，当时陈垣、杨树达、吴承仕、高步瀛、尹炎武、孙人和等成立思辨社，席启驷为该社最年轻的社员。抗战期间任安化国立师范学院教授，抗战胜利后转任武汉大学教授。

其全"①。1924年的参观，在《书林清话》初版印行之后，略偿其夙愿而已。

四、摄抄与出版

1917年5月29日教育部核定的《京师图书馆藏书流布暂行规则》，其第一条规定："本馆为流布藏书起见，拟将所藏善本书籍及文津阁《四库全书》、敦煌石室唐人写经，均允许人摄影及转抄。"②其第三条为关于经费的规定，其中敦煌石室唐人写经摄影费用为一卷二元，转抄费用为一卷五角。第四条为摄抄数量的规定，其中敦煌石室唐人写经数量限定为四十卷③。

1919年1月11日，教育部核准京师图书馆改订的《藏书流布暂行规则》，对前述规定有几处修改：其一是将敦煌石室写经的转抄费用从五角提高到一元；其二是将摄抄敦煌石室写经的数量限制改为每次"一卷至十卷"④。此次《规则》修订，提高了摄抄费用，并减少了每次提阅的卷数，在服务及开放性方面有所倒退，这是令人遗憾的事情。无论如何，这两份《规则》至少说明，京师图书馆所藏敦煌遗书当时毕竟可供阅览、抄录、拍摄，这一定程度上满足了学界的需要。

摄抄文献的收费，一定条件下可以免交。这方面最显著的例子，就是1919年1月27日教育部指令第182号核准京师图书馆与商务印书馆所订《印书免费契约》。该契约第一条即规定："京师图书馆为亟欲流布藏书，以期提倡学术、促进国家文化起见，故特许商务印书馆免纳《藏书流布暂行规则》第三条之费额，得随时请求印行所收藏之书。"⑤依据这份协议刊布文献，其例并不鲜见。江味农所辑《大乘稻芉经随听疏》卷末有牌记："《佛说大乘稻芉经》及《随听疏》，系敦煌石室写经秘本，由本馆依据《京师图书馆藏书流布规则》及本馆与京师图书馆所订特约影抄印行。中华民国八年十

① 叶德辉：《书林清话　书林余话》，长沙：岳麓书社，1999年，第190页。

② 同上，第974页。

③ 同上，第975—976页。

④ 同上，第979—980页。

⑤ 同上，第94—96页。

月初版印成。"① 所谓"特约"，指的就是这份《印书免费契约》。透过此牌记，可见学界利用馆藏敦煌遗书之一斑。

据俞泽箴日记，1923 至 1925 年间，有多位读者来馆摄抄敦煌遗书。如 1923 年 3 月 23 日，"午后日人丸山来参观，摄《尊胜咒》一卷而去"。1924 年 12 月 28 日，"上午胡适之来访，嘱为代抄写经中俗文各卷"。1925 年 8 月 6 日，"王凤喈② 来摄取写经及善本、《四库》照片，以充其《中国教育史》中资料，午后始去"。王凤喈所拍的资料，用于其所著《中国教育史大纲》，该书插图"晋人写佛经""北魏人写佛经""唐人写道经""五代人写佛经"等四幅为摄自京师图书馆藏敦煌遗书。他在该书自序中，说明部分材料搜集影照自京师图书馆，并向徐森玉等致谢③。

俞泽箴所记载的摄抄者中，尤以日本学者加地哲定（1890—？）摄抄最勤，计有 1924 年 5 月 13 日 "来访密宗经典"；1925 年 2 月 13 日、14 日、15 日均 "来抄俗文经"，10 月 31 日 "摄《维摩诘经俗文》及《目连救母变文》各一卷去，且托余抄《敦煌经典目》"。加地哲定摄抄的资料，以俗文学和密宗文献为主，正是他撰写《中国仏教文学研究》④《敦煌本密教系文献について》⑤ 等学术论著的资料准备。

---

① 江杜辑：《佛说大乘稻芊经（附随听疏）》，上海：商务印书馆，1919 年。

② 王凤喈（1896—1965），湖南湘潭人。1916 年考入北京高等师范学校，1921 年起先后任教于湖南私立明德中学、湖南省立第一师范学校、长沙私立晨光大学、上海国立劳动大学。1930 年赴美国芝加哥大学留学，专攻教育心理学，获哲学博士学位。1934 年返国，先后任国立中央大学教育系教授、中央政治学校教授兼教育系主任、湖南省政府委员兼教育厅厅长。1950 年 9 月去台湾，继梁实秋之后任编译馆馆长。1951 年与程天放等成立孔孟学会，一度主编《孔孟月刊》，并在台湾政治大学、台湾师范大学教育系及教育研究所兼任教育学教职。著有《中国教育史大纲》（1926）、《中国教育史》（1943）、《教育心理》（1946）等。生平见徐友春主编《民国人物大辞典》，第 94 页。

③ 王凤喈：《中国教育史大纲》，上海：商务印书馆，1926 年，第 12 页。

④ 此为大正大学 1965 年博士论文；日本和歌山县高野山大学文学部中国哲学研究室 1965 年出版，京都同朋舍 1979 年出版增补本；有刘卫星中文译本，书名改为《中国佛教文学》，高雄佛光出版社 1993 年出版，北京今日中国出版社 1990 年 12 月再版。

⑤ 密教学密教史论文集编集委员会编：《密教学密教史论文集》，和歌山县：高野山大学，1965 年。

以上据零星资料，列举了京师图书馆藏敦煌遗书对学界与公众提供服务的情况，虽一鳞半爪，不足以见其全貌，但窥豹一斑，可以粗见其概略。其中某些读者所获资料应用于学术研究，如王凤喈撰《中国教育史》时查阅了敦煌文献，并摄制书影用作插图，表明京师图书馆所藏敦煌遗书已开始服务于古代中国研究的其他领域，这是值得一提的。

第四章　写经组的工作及其成绩

1929年6月，中华教育文化基金会董事会第五届年会决定将北平北海图书馆与国立北平图书馆合并，改组为新的国立北平图书馆。7月，国民政府教育部与中基会董事会议定《合组国立北平图书馆办法》和《国立北平图书馆委员会组织大纲》[①]。8月，国立北平图书馆委员会成立，由蔡元培、袁同礼、马叙伦、陈垣、傅斯年、刘复、任鸿隽、周诒春、孙洪芬等九人担任委员。8月31日，委员会接收两馆，合组至此完成[②]。

根据1929年11月28日教育部指令第3066号核准的《国立北平图书馆组织大纲》[③]，合组后的国立北平图书馆大幅调整内设机构。馆长之下，设总务、采访、编目、阅览、期刊、善本、舆图、金石八部，其中善本部下设考订、写经二组。写经组即为主管敦煌遗书事务的专门机构。

第一节　写经组建制与职员

写经组的建制，沿袭自京师图书馆时期的写经室，延续至抗战时期。从1929年合组至抗战期间，共有胡鸣盛等七人先后供职于写经组。写经组

---

① 《北京图书馆馆史资料汇编：1909—1949》，北京：书目文献出版社，1992年，第1051—1053页。又分别见《中国国家图书馆馆史资料长编：1909—2008》，北京：国家图书馆出版社，第93页、第115页。

② 李致忠主编：《中国国家图书馆馆史（1909—2009）》，北京：国家图书馆出版社，2009年，第41—42页。

③ 此《组织大纲》见《国立北平图书馆馆务报告（民国十八年七月至十九年六月）》，国立北平图书馆编印，1930年，第44—46页；《北京图书馆馆史资料汇编：1909—1949》，第1054—1061页；《中国国家图书馆馆史资料长编：1909—2008》，第127—129页。

历年职员表列如下 ①：

年度	组长	馆员	书记	备注
1930.6	胡鸣盛	——	——	胡鸣盛兼任编纂委员
1931.6	胡鸣盛		许国霖	同上
1932.6	胡鸣盛		许国霖	同上
1933.6	胡鸣盛		许国霖、李柄寅	同上
1934.6	胡鸣盛	许国霖	李柄寅	同上
1935.6	胡鸣盛	许国霖	李柄寅	
1936.6	孙楷第	许国霖	李柄寅	
1937.6	孙楷第	朱福荣	——	
1938.6	孙楷第	朱福荣	王廷燮	本年暑假期间朱正枢暂调入 ②；12 月王少春调入 ③。
1943	祝博			

　　胡鸣盛（1886—1971），又名文玉，湖北应城人。1911 年考入江汉大学。1913 年 7 月考入北京大学文科中国哲学门，师从章太炎研习经史百家之学。1918 年 7 月毕业，受聘于北大国学研究所，协助整理明、清两朝档案，兼任国史编纂处湖北省名誉征集员。1921 年改任北京医科专门学校教授。1927 年弃职返回应城，被推选为县民大会副主席兼总工会秘书，后出任县教育局长，不久辞职，再赴北平从事学术活动。1929 年 8 月，被聘为国立北平图书馆编纂委员会委员兼写经组组长。1935 年 7

---

　　① 本表数据均采自 1929 至 1943 年《馆务报告》所附职员表。抗战前职员表所记录的职员名单，概为当年 6 月的情况；1943 年则为当年年底的情况。现无馆务报告的数年，无法查实写经组工作人员名氏，兹从略。
　　② 据《国立北平图书馆在平行政委员会会议记录》，该委员会于 1938 年 7 月 7 日议决："写经组缮写需人，在暑假期内调朱正枢暂在写经组办事。"（《北京图书馆馆史资料汇编：1909—1949》，北京：书目文献出版社，1992 年，第 634 页）
　　③ 据《国立北平图书馆在平行政委员会会议记录》，该委员会于 1938 年 12 月 24 日议决："王少春调写经组工作。"（《北京图书馆馆史资料汇编：1909—1949》，第 640 页）

月，应邀赴青岛出任山东大学文学院教授兼图书馆主任。次年返北平，任故宫博物院特询委员会委员。"七七事变"后返回应城。1938年10月，县城沦陷，举家迁居黄滩，栖身小楼，终年闭门不出。抗战胜利后，主持应城县文献征集委员会，搜集整理"应城抗战史料"初稿。1949年后，当选湖北省政协委员。1955年任应城县副县长，主管文教卫生工作长达13年。胡鸣盛精通经史、小学，长于版本、目录、校勘之学，著述有《扁鹊仓公列传注》《韦庄词注》《安定先生年谱》《陈士元先生年谱》《故宫杂钞》《四库荟要目录索引》《敦煌写本佛经草目》《唐诗选读》等数十种。①

孙楷第（1898—1986），字子书，河北沧县人。1922年考入北京高等师范学校（今北京师范大学前身）国文系，1928年毕业，留校任国文系助教，兼《中国大辞典》编纂处编辑。1931年，改任北平图书馆编纂委员，同时兼任北平师范大学、辅仁大学、北京大学等校讲师。1931年9月，由北平图书馆委派东渡日本调查小说戏曲书籍，回国途中又在大连满铁图书馆调查日本人大谷氏捐赠的中国旧小说，撰成《日本东京所见小说书目提要》六卷、《大连图书馆所见小说书目提要》一卷。1935年10月2日，国立北平图书馆委员会第十九次会议通过袁同礼提案，派孙楷第任写经组组长②。1937年夏，他受聘为北京大学国文系副教授，"七七事变"后北平各国立大学不能开学，而北平图书馆因系美国退还庚子赔款维持，仍然开馆办公，于是回到北平图书馆，继续担任写经组组长。1942年初，日伪强行接管北平图书馆，孙楷第出于义愤，弃职家居。同年受聘为辅仁大学讲师。1945年任北京大学国文系教授，1948年转任燕京大学国文系教授。1953年调入北京大学文学研究所（后改为中国社会科学院文学研究所），任研究员。著有《韩非子校正》《刘子新论校释》《中国通俗小说书目》《日本东京所见小说书目提要》及论文集《沧州集》《沧

① 高荣华：《廉洁奉公胡文玉》，载《仰望群山》，应城市纪委、监察局、文体局编2006年印。

② 《委员会会议记录》，《北京图书馆史资料汇编：1909—1949》，第351页。

州后集》等。①

祝博，字文约，1943年9月入馆任职②。生平不详。据抗战胜利之后国立北平图书馆复员接收办法，1941年12月8日日伪接管北平图书馆之前到馆的馆员、工役继续在馆工作，之后到馆的人员立即离馆③，因此祝博离开北平图书馆的时间不会晚于1945年10月。国家图书馆古籍馆所存《伦敦博物院藏敦煌本照片目录》《法国巴黎图书馆藏敦煌本照片目录》之后，均有祝博、潘祥和、刘福春三人分别于1943年10月、1944年6月、1945年3月清点馆藏敦煌遗书照片的记录，祝博清点照片的时间在其上任一个月左右，可能为保管人更换之际的例行清点。那么1944年6月潘祥和的清点，也可能是出于同样的原因。如果这个推测不误，那么祝博可能于1944年6月即已离馆，在馆工作时间不足一年。

许国霖（1903④—1943），字雨新，湖南湘阴人。国图所存《敦煌石室写经题记汇编》底稿间的一个夹叶，载有许国霖的个人信息："许国霖，字雨新，湖南湘阴人，北平平民大学毕业，曾任国史编纂处征料员、湘阴县乡村教育筹办委员会委员，现任国立北平图书馆馆员，编有《佛学论文索引》《越缦堂东都事略札记》。"⑤《北京图书馆馆史资料汇编：1909—1949》所附《工作人员名录》记载其在馆工作时间为1929年10月至1937年，但1929—1930年度《国立北平图书馆馆务报告》所附《本馆职员一览》查不到他的名字。1929至1933年度，许国霖任写经组书记，实即抄写员。自1934年度至1936年度，许国霖升任写经组馆员（或称组员），从事专业工作。

---

① 孙楷第生平参见杨镰：《孙楷第传略》，《晋阳学刊》1985年第1期，第63—67页；杨镰：《孙楷第传略》，《文献》1988年第2期，第160—170页；季羡林主编：《敦煌学大辞典》，上海：上海辞书出版社，1998年，第898页。

② 《工作人员名录》，《北京图书馆馆史资料汇编：1909—1949》，第1376页。

③ 《北京图书馆馆史资料汇编：1909—1949》，第801页。

④ 许国霖及下文朱福荣、李柄寅、王廷燮、刘福春等人生年，系据民国二十五年一月编印的《国立北平图书馆职员录》所载各人年龄推算。

⑤ 余欣：《许国霖与敦煌学》，《敦煌吐鲁番研究》第七卷，北京：中华书局，2004年，第67页。

1935年6月组长胡鸣盛离馆，许国霖代管原胡鸣盛所掌敦煌遗书目录①。最晚到1937年6月，他调离写经组，任阅览部参考组组员②。1937—1938年度的《馆务报告》所附《本馆职员一览（二十七年六月）》已经查不到他的名字，1943年《馆务报告》的职员名录中也没有许国霖，可见最晚到1938年6月，他已离开北平图书馆。1943年，许国霖"因患伤寒在贵阳病故"③。另据余欣《许国霖与敦煌学》一文记载，张秀民曾回忆，许国霖"数十年都在北图，没有离开过，解放后还在那里工作过十多年"④，这恐怕是记忆有误。许国霖在馆期间，纂辑有《敦煌石室写经题记》《敦煌杂录》《敦煌石室写经题记汇编》《佛学论文索引》等。

朱福荣（1914—？），江苏江阴人，辅仁高中部毕业。《北京图书馆馆史资料汇编：1909—1949》所附《工作人员名录》记载其到馆工作时间为1933年7月，离馆时间为1934年1月⑤，当有遗漏。朱福荣在馆期间参与编纂《博野蒋氏寄存书目》四卷，为主要编纂人员之一。此目由北平图书馆于1934年铅印出版，著录河北博野人蒋秀五寄存北平图书馆藏书870余种。这批书本为河北深泽人王勤生洗心精舍所藏，1933年春寄存北平图书馆，次年王勤生将所寄存图书转让给蒋秀五，蒋氏继续将所有图书寄存，北平图书馆遂为之编印目录。1935年7月再次入馆⑥，1935—1936年度《馆务报告》所附职员表载其职务为编目部中文编目组组员⑦。《国立北京图书馆馆务报告（三十二年度）》所附《三十二年年终全体职员题名》没有列朱福

① 国家图书馆古籍馆所藏《敦煌石室写经庋藏目录》末页有题记："右目各经卷由胡鸣盛谨交许君国霖代管。以上由许国霖查收。"

② 《本馆职员一览（二十六年六月）》，《国立北平图书馆馆务报告（民国二十五年七月至二十六年六月）》，国立北平图书馆编印，1937年，第8页。

③ 《会员消息》，《中华图书馆协会会报》第18卷第2期（1943），第21页。此资料承国家图书馆蔡成普、赵爱学惠示，特此致谢。

④ 余欣：《许国霖与敦煌学》，《敦煌吐鲁番研究》第七卷，第68页。

⑤ 《工作人员名录》，《北京图书馆馆史资料汇编：1909—1949》，第1366页。

⑥ 《国立北平图书馆职员录（三十年十月制）》，载王余光主编、范凡等选辑《清末民国图书馆史料汇编》，北京：国家图书馆出版社，2014年，第七册第113页。

⑦ 《本馆职员一览（二十五年六月）》，《国立北平图书馆馆务报告（民国二十四年七月至二十五年六月）》，国立北平图书馆编印，1936年，第4页。

荣的名字①, 可见他在 1940 至 1943 年间离开北平图书馆。朱福荣在馆期间, 还曾从事戏曲史料的搜集, 孙楷第晚年回忆:"明、清曲家事迹, 是我和我的朋友朱福荣先生在北平图书馆共同搜集的。"②

李柄寅 (1913—?), 字敬忱, 北平市人, 北平燕冀中学毕业③。1933 年 3 月入馆工作④。1935 年 6 月组长胡鸣盛离馆, 李柄寅代管原胡鸣盛所掌写经组藏佛经单行本⑤。1943 年时其职务为编目部中文编目组组员⑥。1947 年 7 月 4 日北平图书馆上呈教育部的《国立北平图书馆复员情形报告》所录抗战期间留守北平职员名单中, 李柄寅名列 "保管采访编目之各种目录卡片及未编目之图书杂志、金石拓片、古器物模型等……十八员" 之一⑦, 可见抗战胜利后尚在馆工作。但《北京图书馆馆史资料汇编 (二): 1949—1966》所附《工作人员名录》中没有他的名字, 据此, 李柄寅应在抗战胜利后至 1949 年间离开国立北平图书馆。

王廷燮 (1894—?), 字树仁, 河北宛平人, 四中肄业⑧。1930 年 11 月入馆工作⑨。1943 年时其职务为总务部文书组助理⑩。1947 年 7 月 4 日北平图书馆上呈教育部的《国立北平图书馆复员情形报告》所录抗战期间留守北平职员名单中, 王廷燮名列 "保管关防、文书、案卷者" 三人之一⑪。1949

---

① 《国立北京图书馆馆务报告 (三十二年度)》, 国立北京图书馆编印, 1944 年, 第 24—27 页。

② 黄克:《建立科学的中国小说史学——孙楷第先生晚年 "自述" 及其他》,《文学遗产》2008 年第 4 期, 第 156 页。

③ 《国立北平图书馆职员录 (三十年十月制)》, 载王余光主编、范凡等选辑《清末民国图书馆史料汇编》, 第七册第 110 页。

④ 《工作人员名录》,《北京图书馆馆史资料汇编: 1909—1949》, 第 1369 页。

⑤ 国家图书馆古籍馆所藏《写经室入藏明清单行本佛教书籍目录索引》等一册末页有题记:"右目各经卷由胡鸣盛谨交李君柄寅代管。以上由李柄寅查收。"

⑥ 同①, 第 25 页。

⑦ 《北京图书馆馆史资料汇编: 1909—1949》, 第 893 页。

⑧ 同③, 第 114 页。

⑨ 同④。

⑩ 同①, 第 24 页。

⑪ 同⑦。

年后，继续在馆工作至 1960 年①。

　　除上列《馆务报告》中明确记载的写经组职员外，尚有多位职员曾短期在写经组工作。1938 年 7 月 7 日，国立北平图书馆在平行政委员会第十九次会议议决："写经组缮写需人，在暑假期内，调朱正枢暂在写经组办事，所遗期刊事务暂由刘树楷负责办理。"②朱正枢在写经组专职工作的时间并不长，当年 11 月 17 日，国立北平图书馆在平行政委员会第三十次会议议决："调期刊组刘树楷在杂志阅览室工作，所遗职务归朱正枢兼管。"③

　　胡鸣盛《敦煌石室写经详目总目凡例》中，记载了誊清目录的工作人员："誊清此目以北平李君柄寅用力最久，次则湘阴许君国霖，次则北平李兴辉，特此申明，用昭三君之勤劳。"④可知李兴辉也曾参与写经组的工作。李兴辉，字镜波，1931 年 7 月入馆工作，1992 年退休。初入馆时任书记，经过刻苦自学，逐步成长为文献分类编目领域的专家。

　　如前所述，国家图书馆古籍馆所存《伦敦博物院藏敦煌本照片目录》《法国巴黎图书馆藏敦煌本照片目录》稿本之末，均有祝博、潘祥和、刘福春三人的清点记录。可知抗战期间在北平参与写经组工作的，还有潘祥和、刘福春二人。

　　潘祥和，《北京图书馆馆史资料汇编：1909—1949》所附《工作人员名录》载其 1945 年入馆工作，"曾任组长"⑤。但据《伦敦博物院藏敦煌本照片目录》《法国巴黎图书馆藏敦煌本照片目录》稿本的点勘记录，潘祥和入馆工作的时间不晚于 1944 年 6 月。另据《国立北京图书馆馆务报告（三十二年度）》所附《三十二年年终全体职员题名》没有列潘祥和的名字⑥，可知其

---

① 《工作人员名录》，《北京图书馆馆史资料汇编（二）：1949—1966》，第 1746 页。

② 《北京图书馆馆史资料汇编：1909—1966》，第 634 页。

③ 同上，第 639 页。

④ 方广锠：《北京图书馆藏敦煌遗书勘查初记》，《敦煌学辑刊》1991 年第 2 期，第 5 页。

⑤ 《工作人员名录》，《北京图书馆馆史资料汇编：1909—1949》，第 1382 页。

⑥ 《国立北京图书馆馆务报告（三十二年度）》，第 24—27 页。

入馆时间当在 1943 年年终之后。综合上述，可知潘祥和入馆时间当在 1944 年上半年，《北京图书馆馆史资料汇编》关于其任职时间的记载必定有误。根据抗战胜利之后国立北平图书馆复员接收办法，潘祥和最晚当于 1945 年 10 月离馆，综计其在馆时间不到两年。他曾任组长，很可能即为继祝博之后任写经组组长。

刘福春（1900—？），字震东，天津人，京师私立河南中学校毕业[①]。1931 年 3 月至 1965 年 8 月在馆工作[②]。1931 至 1938 年为编目部中文编目组书记[③]，1943 年年终时为善本部考订组助理[④]，1947 年 7 月 4 日北平图书馆上呈教育部的《国立北平图书馆复员情形报告》所录抗战期间留守北平职员名单中名列"保管甲乙库善本书籍者"五员之一[⑤]。1950 年代，编有《馆藏海外敦煌照片"变文"书名索引》一册[⑥]。

以上所述为现知曾在写经组任职的职员。综言之，胡鸣盛、孙楷第是写经组工作的主要组织者，也是相关目录的主要编纂者；许国霖、李柄寅、李兴辉、朱福荣、王廷燮、朱正枢等，为辅助工作人员；抗战期间则有祝博、潘祥和、刘福春等从事写经组的相关工作。

因《馆务报告》在抗战期间中断，且每年《馆务报告》所载录职员名单均为该年 6 月的情况，没有记载上年 7 月至下年 5 月之间短期在写经组工作的人员姓名，因此，上文所列应当不是写经组所有职员的完整名单，仅可视为写经组主要成员名单。

方广锠《北京图书馆藏敦煌遗书勘查初记》一文，根据写经组工作报告等各种档案资料，列出了 1929 年至抗战前参与写经组工作的人员名单，除上举诸位之外，尚有徐鸿宝、于道泉、王少云、徐声聪、张书勋、陈熙贤、

① 《国立北平图书馆职员录（三十年十月制）》，载王余光主编、范凡等选辑《清末民国图书馆史料汇编》，第七册第 113 页。
② 《工作人员名录》，《北京图书馆馆史资料汇编（二）：1949—1966》，第 1749 页。
③ 见各年度《馆务报告》所附《本馆职员一览》。
④ 《国立北京图书馆馆务报告（三十二年度）》，第 26 页。
⑤ 《北京图书馆馆史资料汇编：1909—1949》，第 892 页。
⑥ 稿本现存国家图书馆古籍馆。

马准六位①。徐鸿宝时任善本部主任，写经组的工作由其主管。于道泉1926年起供职于北京图书馆（北平北海图书馆前身），从事满蒙藏文图书的采访、编目、整理工作，1929年合组之后任职编纂部中文编目组满蒙藏文编目室馆员，1934年由教育部派往欧洲留学，至1949年回国②。于道泉参与敦煌遗书的整理工作，可能主要协助写经组审定藏文等民族文字写本。王少云于1934年2月到馆工作③，1936年6月时任阅览组书记④，次年的《馆务报告》即没有载录他的姓名，可能抗战前即已离开北平图书馆。徐声聪（字知远）在馆时间为1926年8月至1928年11月⑤、张书勋（字尹民）在馆时间为1918年12月至1927年8月⑥、陈熙贤（字君左）在馆时间为1926年10月至1929年6月⑦，均在写经组成立之前，他们应参与了京师图书馆时期《写经详目》的编纂誊抄工作。马准曾两度入馆，第一次为1924年4月至1927年8月，第二次为1933年9月至1935年3月⑧任中文编目组馆员⑨，参与敦煌遗书目录编纂，可能是在第一次在馆期间。

第二节 写经组的主要工作

《国立北平图书馆组织大纲》对善本部执掌的规定中，有两条与敦煌遗书直接相关，即第四条"关于写经之考订编目事项"与第七条"关于善本

---

① 方广锠：《北京图书馆藏敦煌遗书勘查初记》，《敦煌学辑刊》1991年第2期，第4页。

② 于道泉生平见耿予方：《藏学泰斗于道泉教授》，《民族教育研究》1994年第2期，第103—136页。

③ 《工作人员名录》，《北京图书馆馆史资料汇编：1909—1949》，第1364页。

④ 《本馆职员一览（二十五年六月）》，《国立北平图书馆馆务报告（民国二十四年七月至二十五年六月）》，第5页。

⑤ 同③，第1378页。

⑥ 同上，第1371页。

⑦ 同上，第1373页。

⑧ 同上，第1362页。

⑨ 《本馆职员一览（二十三年六月）》，《国立北平图书馆馆务报告（民国二十二年七月至二十三年六月）》，国立北平图书馆编印，1934年，第5页。

图书及写经之装潢修补事项"①。此外，第五条"关于陈列展览事项"与第六条"关于善本书库及陈列室之保管事项"②，也有可能与馆藏敦煌遗书有关。这四条所提到的有关敦煌遗书的保管、考订编目、装潢修补、陈列展览等事务，即为写经组的主要职责，其中又以考订编目最为重要。现将写经组各项工作分述如下：

一、保管馆藏敦煌遗书

庋藏、保管馆藏敦煌遗书，是写经组的主要工作之一。为方便庋藏与管理，写经组编成《敦煌石室写经庋藏目录》③，载明每件敦煌遗书所存的柜号屉号。每柜每屉均著录存卷经名及卷数。柜号自"天"字起，至"玉"字止，共45柜。此目末页著录"让"至"朝"号数，系《详目续编》部分1192号整理完成之后所补充。卷末有题记二行："右目各经卷由胡鸣盛谨交许君国霖代管。以上由许国霖查收。"④可见写经组负责敦煌遗书保管工作的，前期为胡鸣盛，胡辞职后转由许国霖负责。

此外，写经组还编有《敦煌石室写经庋藏目录》的简目，即《本馆写经组藏写经卷子目录》⑤。此目著录每柜所装经名与卷数，未详细著录分屉情况；卷末补"出、崐、冈、剑"字号四柜，著录《详目续编》部分1192号；另有点勘记录及题记。《本馆写经组藏写经卷子目录》抄有一个副本⑥，此本封面题《唐写本庋藏目录》，卷端题《国立北平图书馆写经室唐写本庋藏目录》。除"出、崐、冈、剑"字号四柜未补出外，二书内容一致，但无题记及点勘记录。

---

① 《北京图书馆馆史资料汇编：1909—1949》，第1059—1060页；《国立北平图书馆馆务报告（民国十八年七月至十九年六月）》，第45页；《中国国家图书馆馆史资料长编：1909—2008》，第128—129页。

② 同上。

③ 稿本现存国家图书馆古籍馆。

④ 此题记余欣《许国霖与敦煌学》一文曾引述，见《敦煌吐鲁番研究》第七卷第87页注19。

⑤ 稿本现存国家图书馆古籍馆。

⑥ 此副本现存国家图书馆古籍馆。

二、编订《敦煌石室写经详目》

编目为文物文献典藏、整理的首要工作，它不仅是管理与服务的基础，也是研究水平的集中体现，因此馆藏目录往往随着整理、研究工作的进展而不断增补修订。前章已述及京师图书馆时期《敦煌经典目》的编纂，以及在此基础上编纂《敦煌劫余录》的成书过程，这两部目录代表了当时的敦煌文献研究水平。在1925年《敦煌经典目》编成之后，写经室继续着手编纂更为详细的目录，编成馆藏敦煌遗书的《总目》与《详目》各一份。

关于《总目》与《详目》的初编，目前所见资料不多。上节所引方广锠《北京图书馆藏敦煌遗书勘查初记》一文中，据写经组工作报告列出参与《详目》编纂的工作人员名单，其中徐声聪、张书勋、陈熙贤、马准等从事此项工作的时间均在1929年两馆合组之前，已见上文考辨。也就是说，他们即是1925年至1929年间京师图书馆写经室编纂《总目》与《详目》的部分工作人员。他们之外是否还有其他人参与工作，现在已难以详考。

另外，1929年合组后第一年的馆务报告在记载馆藏敦煌遗书编目情况时说："唐人写经馆藏约八千余卷，旧有《总目》《详目》各一。"[1] 所谓"旧有"，即指此目为京师图书馆时期所编。

写经组成立之后，胡鸣盛等审阅京师图书馆时期编纂的《总目》与《详目》，发现该目有明显的缺陷：其一，庋藏柜屉号数标注不完整，《详目》全部未标，《总目》间有标明者，但大部分未标，保管存放极为不便；其二，《详目》由多人编纂，体例不一致；其三，《详目》中错误层见叠出，有误以品名为经名者，有误以藏文为梵文者，亟待修正[2]。编纂更为准确、详实的目录，实为写经组的当务之急。合组之后，写经组全力整理馆藏、审定并编纂目录。

---

① 《国立北平图书馆馆务报告（民国十八年七月至十九年六月）》，第34页。
② 同上。

写经组首先编纂的是庋藏目录。将《详目》《总目》一一注明庋藏号，编出庋藏目录，以便检寻[①]。此项工作在 1929 至 1930 年度即已完成。

在完成庋藏目录的基础上，写经组着手审定、完善《详目》[②]。主要做了以下几方面工作：

1.增补《详目》条目。《总目》所著录的敦煌遗书，有三百余卷仅标经名，尚未编入《详目》，其中有的仅标部类，有的误标经名，有的误以品名为经名，写经组一一为之考正，编入《详目》。至 1930 年 6 月，此项工作已完成十分之九[③]。

2.考证部分经卷的经名。旧有《总目》中有二百余卷未注经名，特约请佛学专家周叔迦考证经名。周叔迦从事此项工作，不取酬劳，纯尽义务。至 1930 年 6 月，此项工作已完成十分之八[④]，1930 至 1931 年度，继续审定完成[⑤]。

3.审核校订《详目》。如上所述，增补条目、考订经名的工作，在 1930 年已基本完成。此后，写经组重新审查、校核《详目》条目，取敦煌遗书与《详目》一一校对，此项工作由胡鸣盛承担。1931 年 6 月前，即已校完二千余卷[⑥]；至 1932 年 6 月，又审定四千五百余卷，完成此项工作[⑦]。审定完毕的目录，交由书记誊清，至 1934 年 6 月，已缮钞四分之三[⑧]；至 1936 年 6 月，《详目》及《续编》誊清稿已完成 23 册，其他各册仍在校勘中[⑨]。

---

① 《国立北平图书馆馆务报告（民国十八年七月至十九年六月）》，第 34 页。

② 此目书影彩图载《中国国家图书馆藏敦煌遗书》，南京：江苏古籍出版社，1999 年，第一册卷首。

③ 同①。

④ 同上。

⑤ 《国立北平图书馆馆务报告（民国十九年七月至二十年六月）》，国立北平图书馆编印，1931 年，第 33 页。

⑥ 同上。

⑦ 《国立北平图书馆馆务报告（民国二十年七月至二十一年六月）》，国立北平图书馆编印，1932 年，第 26 页。

⑧ 《国立北平图书馆馆务报告（民国二十二年七月至二十三年六月）》，国立北平图书馆编印，1934 年，第 16 页。

⑨ 《国立北平图书馆馆务报告（民国二十四年七月至二十五年六月）》，第 9 页。

《敦煌石室写经详目》结构参照《大正新修大藏经》《卍续藏》，分为阿含、本缘、般若、法华、华严、宝积、涅槃、大集、经集、密教、律部、释经论、毗昙、中观、瑜伽、论集、经疏、律疏、论疏、诸宗、史传、音义、法数、杂著、目录等部，附道教、摩尼教、谱录、杂类、待考等部。共著录馆藏敦煌遗书 8679 号 8738 件，每号著录千字文编号、起讫字、长度、纸数、行数、起止卷品和题记、内容提要、考订说明等内容。与之配套，还编有《总目》《检目》《索引》等。此目卷首有胡鸣盛撰写于 1935 年 1 月的《凡例》，详述收录范围、体例、编辑过程等，全文载方广锠《北京图书馆藏敦煌遗书勘查初记》①，兹不具引。

三、整理敦煌遗书残片，编纂《详目续编》

馆藏敦煌遗书除较为完整、卷幅较长者已著录在案外，尚有不少断卷残片，其中颇有价值较高的资料。《详目》审定工作基本就绪后，写经组即着手整理这部分资料。1932 至 1933 年度，"审定写经残卷共千余件，已审得半数以上，并检出唐刊印佛像、唐五代彩画、番文账目、《论语》注释、《礼记音义》等各残页，亦颇名贵"②；1933 至 1934 年度，"又审得四百余卷"③。这批残片依然使用千字文编号，计使用"让、国、有、虞、陶、唐、周、发、殷、汤、坐、朝"等十二个字，每字 100 个号，最后的"朝"字只编了 92 个号，共计 1192 号。

这批残片的整理，是写经组的胡鸣盛、许国霖等完成的。方广锠认为"是 1929 年北京图书馆写经组成立之前完成的"④，恐不确。许国霖在《敦煌石室写经题记》的小序中写道："民国十八年，国立北平图书馆成立，设

① 方广锠：《北京图书馆藏敦煌遗书勘查初记》，《敦煌学辑刊》1991 年第 2 期，第 5 页。

② 《国立北平图书馆馆务报告（民国二十一年七月至二十二年六月）》，国立北平图书馆编印，1933 年，第 21—22 页。

③ 《国立北平图书馆馆务报告（民国二十二年七月至二十三年六月）》，第 16 页。

④ 方广锠：《北京图书馆藏敦煌遗书勘查初记》，《敦煌学辑刊》1991 年第 2 期，第 5 页。

写经组，聘请胡文玉先生整理编目；将未登记之残叶，检阅续编，又增一千一百九十二号；国霖亦躬预其役。"①可见这1192件残片的整理，是在写经组成立之后胡鸣盛组织完成的。

审定完毕，即编纂这批敦煌遗书的目录，包括三种：《总目续编》《详目续编》及《敦煌写经索引续编》。1933至1934年度，"已编有详细续目五百则、总目续编五百则、目录索引续编二百则"②；至1935年6月，三种目录编纂、缮写均告完成。《敦煌石室写经详目续编》体例与《敦煌石室写经详目》相同，计收写经1192卷③。方广锠《北京图书馆藏敦煌遗书勘查初记》载录《敦煌石室写经详目续编总目》全文④，可见其结构与内容之一斑，兹不具引。

四、编纂分类索引

配合《详目》及《详目续编》，写经组编纂了分类索引。至1930年6月，索引目录已完成三分之一⑤。1930—1931年度，继续编制写经索引，已编成者有法华部各经、《金刚般若经》《大般若波罗蜜多经》《金光明经》目录的索引⑥。1931—1932年度，又由许国霖编成《写经目录索引》《佛说无量寿经索引》《维摩诘所说经索引》《大般涅槃经索引》《佛说阿弥陀经索引》《大方广佛华严经索引》《佛说药师经索引》共七种⑦。写经索引于1932—1933年度编纂完成⑧，并全部誊清⑨。

---

① 许国霖：《敦煌石室写经题记》，《国立北平图书馆馆刊》第九卷第六号，第43页。此序文字与商务印书馆1937年印行的《敦煌石室写经题记与敦煌杂录》一书卷前许国霖自序有所不同，商务版小序删去了"国霖亦躬预其役"等文字。

② 《国立北平图书馆馆务报告（民国二十二年七月至二十三年六月）》，第16页。

③ 《国立北平图书馆馆务报告（民国二十三年七月至二十四年六月）》，第17页。

④ 方广锠：《北京图书馆藏敦煌遗书勘查初记》，《敦煌学辑刊》1991年第2期，第5页。

⑤ 《国立北平图书馆馆务报告（民国十八年七月至十九年六月）》，第34页。

⑥ 《国立北平图书馆馆务报告（民国十九年七月至二十年六月）》，第33页。

⑦ 《国立北平图书馆馆务报告（民国二十年七月至二十一年六月）》，第26页。

⑧ 《国立北平图书馆馆务报告（民国二十一年七月至二十二年六月）》，第24页。

⑨ 同上，第21—22页。

1932—1933 年度，写经组还着手编辑《敦煌学书籍论文索引》。这部索引收录关于敦煌学的书籍与论文，供学术界研究参考之需。当年所得条目"已逾千数"[①]。这是我国第一部以敦煌学为中心的论著索引，可惜未能完成。

五、保管并整理馆藏敦煌照片

1934 年，国立北平图书馆派王重民前往法国国家图书馆，为法藏敦煌遗书编目，并将重要资料拍摄照片。1935 年，又派向达前往英国牛津大学鲍德利图书馆整理该馆中文图书，次年秋转赴伦敦，在英国博物馆研究太平天国文献和敦煌遗书，并拍摄重要资料。王重民与向达的工作情况，另见本书第五章。他们所摄敦煌遗书照片，陆续分批寄回国内，由写经组加以整理并编目。

1936—1937 年度，写经组着手编辑敦煌遗书照片综合分类目录。此目采用传统的四部分类，将同一书的不同写本照片汇集在一起，并注明每一件写本的起讫[②]。1937—1938 年度，写经组继续进行这项编纂工作，完成经部，其余仍在继续进行中[③]。由于抗战期间馆藏敦煌遗书避祸南迁，敦煌遗书照片的庋藏、整理、编目，恐怕就是写经组当时最主要的业务工作了。

六、整理敦煌遗书文献资料

1935 年，许国霖抄录馆藏敦煌遗书的题记及其他文字资料，编为《敦煌石室写经题记》《敦煌杂录》二书。此二书的编辑简况，载于 1935—1936 年度《馆务报告》[④]，其出版情况载 1936—1937 年度《馆务报告》[⑤]。

值得一提的是，许国霖纂辑此二书，是在写经组同仁的协助下完成的。《敦煌石室写经题记汇编》的底稿及誊清稿现存国家图书馆古籍馆，据余欣

---

① 《国立北平图书馆馆务报告（民国二十一年七月至二十二年六月）》，第 24 页。
② 《国立北平图书馆馆务报告（民国二十五年七月至二十六年六月）》，第 8—9 页。
③ 《国立北平图书馆馆务报告（民国二十六年七月至二十七年六月）》，第 7 页。
④ 《国立北平图书馆馆务报告（民国二十四年七月至二十五年六月）》，第 13 页。
⑤ 同②，第 16 页。

研究，"其原稿笔迹似出自李柄寅之手，而增订部分之笔迹则出于许国霖亲笔无疑"①。许国霖纂辑此书时，职务是馆员，而李柄寅则为书记，誊抄缮写的工作，是交由李柄寅来完成的。

《敦煌石室写经题记》最初发表于《国立北平图书馆馆刊》第九卷第六号（1935 年 11 月）。此书校录写经题记，依馆藏写经目录为序，分经汇编，后附年代表。收录写经题记及抄写者题名 464 则，附录印鉴 3 则，共收有纪年的写卷 44 件，上起北魏太安四年（458），下迄北宋太平兴国二年（977）。

《敦煌杂录》辑录北平图书馆藏敦煌遗书中的非佛教文献，分八类：所录文献大致可以分为五类：其一是"变文"类，收有《目连救母变文》《八相成道变文》《太子变文》《维摩诘所说经变文》《阿弥陀经变文》等 12 篇；其二为"偈赞"类，收《五更转》《十恩德》《归去来》《散花乐》《悉昙颂》等佛曲俚词 35 篇，以上两类均为俗文学作品；其三为"音韵"类，收有《礼记音义》《论语音义》等；其四为"文疏"类，收有《母故临圹追福文》《挽歌》《祭文程式》《祝文》《社文》等 14 篇，为世俗应酬文字的范式；其五为"契约"类，如借麦种牒、雇作儿契、典儿契、卖地契等，属民间经济往来文书；其六为"传记"类，录《佛说诸经杂缘喻因由记》等；其七为"目录"类，收点检勘经录，如《点检藏经内现有部帙数目（拟）》等；其八为"杂类"，录不能列入以上七类的其他文献，如《太公家教》《百行章》等蒙书，《至道元年僧道猷往西天取经牒》《讨蕃开路》等史料及《杂诗》等。许国霖的工作，延续了蒋斧、罗振玉、罗福葆、刘复、羽田亨等人的敦煌文献辑录工作，为学者利用敦煌文献开展专题研究提供了便利②。

许国霖将《敦煌石室写经题记》与《敦煌杂录》交上海商务印书馆出版，二书合刊，书名署《敦煌石室写经题记与敦煌杂录》，1937 年 6 月印行。卷首有胡适序。此书出版一年后，《燕京学报》刊发容媛的书评，对其内容、

---

① 余欣：《许国霖与敦煌学》，《敦煌吐鲁番·研究》第七卷，第 71 页。
② 胡适：《敦煌石室写经题记与敦煌杂录·序》，载《敦煌石室写经题记与敦煌杂录》卷首，上海：商务印书馆，1937 年。

价值加以介绍①。

《敦煌石室写经题记》经补充之后，又以《敦煌石室写经题记汇编》为名，连载于《微妙声》第1至第4期（1936年11月至1937年2月），《敦煌石室写经年代表》刊于第5期（1937年3月），第6期（1937年4月）则刊登《敦煌石室写经题记汇编补遗》。1937年6月，佛学书局印行《敦煌石室写经题记汇编》单行本②。

《敦煌石室写经题记汇编》较之《敦煌石室写经题记》，有大幅补充。最为重要的一点是，它所辑录的资料，不仅以北平图书馆所藏为范围，而广及英法所藏敦煌佛典的题记。此书正文共著录佛经157种，题记645则（内有11则并非出自敦煌）；每则题记均标明馆藏编号，转录者则注明出处。北图馆藏之外的题记，主要来源有罗福苌《古写经尾题录存》（《永丰乡人杂著续编》本）、《伦敦大学东方研究院报告》（即翟林奈《斯坦因收集品中的汉文纪年写本》）、矢吹庆辉《鸣沙余韵》，其中"影印本"则主要指王重民所摄法藏敦煌遗书照片、李盛铎旧藏照片、罗振玉旧藏照片等。《补遗》增补题记137则，分别来自《昭和法宝总目录·敦煌本古逸经论章疏并古写经目录》《海外所存敦煌经籍目录》（《国立历史博物馆丛刊》第一年第一至三册）、《德化李盛铎所藏敦煌写经目录》《大正新修大藏经》卷八五等。附录《敦煌石室写经年代表》增补达164则。

七、保管并整理馆藏佛道教书籍

除上述敦煌遗书保管、整理工作之外，写经组还承担管理馆藏佛道教文献的职责。1932—1933年度，"编辑写经室佛道教单行本索引目录，已经脱稿，尚待整理缮写"③。国家图书馆古籍馆现存稿本《写经室入藏明清单行本佛教书籍目录索引》（著录120种）、《写经室入藏明清单行本道教书籍

---

① 《国内学术界消息》，《燕京学报》第23期，1938年，第318—319页。
② 关于许国霖论著的刊刻发表情况，余欣《许国霖与敦煌学》一文有详细介绍。
③ 《国立北平图书馆馆务报告（民国二十一年七月至二十二年六月）》，第21—22页。

目录索引》（44种）、《写经室入藏明清单行本宝卷目录》（9种）三种，连同附录合订一册。这三种索引的条目排列以题名首字汉字笔画为序，著录简洁，每条著录文献题名、版刻年代及册数等三项，实即写经室所藏佛道教书籍简目。此册末页有题记："右目各经卷由胡鸣盛谨交李君柄寅代管。以上由李柄寅查收。"可知1930年代，这批书籍的保管事项先后由胡鸣盛、李柄寅二人承担。

八、接待参观、阅览与筹备文献展览

接待各界参观与读者阅览，也是写经组的工作任务之一。遗憾的是，这一时期所接待的参观、阅览，没有留下较详细的记载。不过，我们仍然能从中国敦煌学者的论著中，看到学者们前往北平图书馆查阅馆藏敦煌遗书的点滴讯息，以下兹举数例，以见一斑。

陈寅恪是来馆借阅敦煌遗书的学者之一，他的多篇重要论文，研究或引述了北平图书馆所藏敦煌遗书。比如《莲花色尼出家因缘跋》一文[①]，据巴利文涕利伽陀第四六莲花色尼篇第二二四、二二五偈等文献，考证腾29（BD03129）第一篇《莲花色尼出家因缘》文中七种咒誓恶缘仅载六种，所漏略的一种为莲花尼与其女共嫁其子，与中国传统观念严重冲突，抄写人因此将其删去，而未将经文"七"改为"六"，造成所举恶报数与所叙之事不符。此文不仅解释了《莲花色尼出家因缘》的疑窦，更重要的是揭示了中华文化在接受佛教时所进行的改造与选择。又如《吐蕃彝泰赞普名号年代考》一文，文末附记中称"寅恪近检北平图书馆所藏敦煌写本，见《八婆罗夷经》附载当日吐蕃诏书"[②]，将其与文中所述彝泰赞普新史料互证。又如《敦煌本维摩诘经文殊师利问疾品演义跋》一文，文末指出"北京图书馆藏敦煌卷子中有《维摩诘经·菩萨品》持世菩萨对佛不任问疾一

---

① 陈寅恪：《莲花色尼出家因缘跋》，原载《清华学报》第七卷第一期，1932年；此据《寒柳堂集》，北京：三联书店，2001年，第169—175页。

② 陈寅恪：《吐蕃彝泰赞普名号年代考》，原载《中央研究院历史语言研究所集刊》第二本第二分，1930年；此据《金明馆丛稿二编》，第119页。

节俗文一卷及维摩诘经颂一卷"①，并简略介绍其内容。陈寅恪的这些论文，或考证文献，或援引为据，都是他在北平图书馆查阅所得。透过这些论文的叙述，我们可以看到北平图书馆写经组接待学者查阅敦煌遗书工作的一个侧面。

作为年代最为久远的馆藏文献之一，敦煌遗书是各种文献展览的重要展品。1929 年 10 月 10 日至 13 日，国立北平图书馆在中南海居仁堂馆舍举办图书展览会，共展出各类文献813种②，其第一部分为"唐及唐以前写本"，全部 17 件展品均为馆藏敦煌遗书。1933 年 10 月 10 日至 12 日，北平图书馆举办舆图版画展览会，展出 818 种，内有四种敦煌文献，分别为唐写本《佛说佛名经》二种、唐绘本彩画一幅、唐刻本佛像一幅③。这些涉及敦煌遗书的文献展览，写经组均参与筹备、组织工作。

第三节　写经组学者对敦煌学的贡献

一、胡鸣盛

胡鸣盛擅长文史考证，对佛教目录学也有所涉猎，编有《十五种正藏目录索引（附校文）》八卷、《卍字续藏目录索引》四卷④。自 1929 年 8 月至 1935 年 8 月，在馆任编纂兼写经组组长，其主要工作即为整理馆藏敦煌遗书、编订敦煌遗书目录。

可惜的是，由于抗战影响，已经成书的《敦煌石室写经详目》及其《续编》，未能付印。而随着北图敦煌遗书管理机构的压缩，相关工作没有继续推进，目录稿本几乎被人忘却。胡鸣盛的工作没能得到应有

① 陈寅恪：《敦煌本维摩诘经文殊师利问疾品演义跋》，原载《中央研究院历史语言研究所集刊》第二本第一分，1930 年；此据《金明馆丛稿二编》，第 210 页。
② 王致翔：《国家图书馆早期（1929—1936）举办的文献展览》，《国家图书馆学刊》2005 年第 2 期，第 78 页。
③ 《国立北平图书馆舆图版画展览目录》，国立北平图书馆编印，1933 年，第 55 页。
④ 《胡鸣盛著作一览表》，《考古》第 1 期，1934 年，第 61 页。

的表彰，他的主要工作成果也没能在敦煌学界产生影响，令人扼腕叹息。直到 1990 年 8 月，方广锠等北图善本特藏部同仁清理写经组遗物，才被重新发现。方广锠评论这部目录"从现在看来仍属世界高水平的成果"①。

胡鸣盛正式发表的敦煌学论著，只有《敦煌写本佛经草目（国立北平图书馆庋藏）》。此目 1933 年 5 月由北京中央刻经院②排印出版③，次年《康健杂志》④转载⑤。据范成法师⑥所撰《弁言》："今春释以征访宋藏赴平，过胡居士见之，亟以持校宋元明清各藏目，并求日本、高丽二藏详勘，实有数十种为人间孤本，懿哉懿哉，贡献于法界者洵重且巨哉！"⑦可知此目经以征法师推介表彰，颇受当时佛教文献整理学者的重视。

《敦煌写本佛经草目》为北图所藏敦煌遗书品种目录，著录佛经 410 种，未标明部类，亦不标明每经卷号、件数；每个条目一般仅著录经名、译者二项，译者不详的则仅录经名；少数条目有简短的附注，如"大般若波罗蜜多经"条注"节钞本"，"佛说无量寿经"条注"蕃文"，"大方广华严十

---

① 方广锠：《北京图书馆藏敦煌遗书勘查初记》，《敦煌学辑刊》1991 年第 2 期，第 4 页。

② 该院系无锡人万钧（字叔豪）1913 年创立于北京宣武门外，主要出版佛经，也印行治家格言、诗歌、医药卫生类书籍。

③ 此本未见，此据冯国栋《佛教目录学年表稿》。

④ 此杂志为综合性医药保健类期刊，主要介绍医药卫生、起居饮食、生理心理保健、武术、体育等方面的知识与信息，还报道现代科学新闻，并辟有诗坛、小说栏。中华康健会 1933 年创刊于上海，1939 年停刊，共出六卷六期（参见伍杰主编《中文期刊大词典》，北京：北京大学出版社，2000 年，第 903 页）。

⑤ 胡文玉（鸣盛）：《敦煌写本佛经草目（国立北平图书馆庋藏）》，《康健杂志》第 2 卷第 3 期，1934 年，第 51—56 页；收入《中国敦煌学百年文库·宗教卷 2》，兰州：甘肃文化出版社，1999 年，第 3—9 页。

⑥ 范成法师（1884—1958），江苏如皋人，俗姓李。1930 年代访得赵城广胜寺藏《金藏》，又与叶恭绰、蒋维乔等人发起影印宋版《碛砂藏经》，并编辑《宋藏遗珍》，对佛教文献保护传承有巨大贡献。生平见孔勤《范成法师行状》，《法音》2011 年第 2 期，第 44—48 页。

⑦ 此据《中国敦煌学百年文库·宗教卷 2》，第 3 页。

恶品经""佛说佛名经"（二则）、"十方千五百佛名经"等条并注"佚本"，"佛说大乘稻竿经"条注"唐译佚本"等。此目与《敦煌石室写经详目总目》极为近似。

《总目》稿本现存国家图书馆古籍馆。此目参照《大正藏》《卍续藏》的体例，分阿含部、本缘部、般若部、法华部（附疑伪）、华严部、宝积部、涅槃部、大集部、经集部（附疑伪）、密教部、律部、释经论部、毗昙部、中观部、瑜伽部、论集部、经疏部、律疏部、论疏部、诸宗部、史传部、音义部、法数部、杂著部、目录部、附等二十六类，著录 8434 号。《总目》稿本结构简单，每类之下罗列各条目；每条著录经名、卷次、著者，极少条目有简短说明；另于天头注明每经件数。《总目》书写工整，行款整齐，显然是编成后经缮抄的清本。《总目》曾经进行过修订，稿中粘贴有不少签条，每则签条补充一个条目，计有 19 条之多；此外，稿中还有多处铅笔修改的痕迹。

持《敦煌写本佛经草目》与《敦煌石室写经详目总目》稿本比勘，可知：《敦煌写本佛经草目》虽未标明部类，但其条目顺序完全与《总目》稿本相同；条目内容仅保留经名、著者二项，而删除了经名后的卷次信息和馆藏该经的件数；《草目》仅著录至密教部唐般剌蜜帝译《大佛顶如来蜜因修证了义诸菩萨万行首楞严经》，缺《楞严咒》以下诸条，篇幅约为全目的一半；《草目》也未著录签条增补的条目。经比较可知，《敦煌写本佛经草目》实为《总目》初稿前半部分的节本，谓之"草目"，理固宜然。

胡鸣盛为何未将《总目》全部付刊，而只发表了一半，其原因不得而知，也许《康健杂志》本拟连载，但因故改变计划，未能全部刊出。无论如何，此目虽不完整，但得到当时佛教文献整理学者的重视，为他们整理佛经提供了线索，无疑仍是值得称道的。

二、孙楷第

孙楷第在小说、戏曲、楚辞研究方面造诣精湛，学界誉为中国小说目录学的创立者，对于敦煌俗文学研究，尤其是变文的研究，有着开创性贡献。孙楷第最早对"俗讲"和变文进行系统研究，这方面的代表作首推

1933 年开始撰写[1]而于 1937 年发表于北京大学《国学季刊》第六卷第二号的《唐代俗讲轨范与其本之体裁》一文，仅完成第一部分《讲唱经文》，而计划中的《变文》《唱导文》《俗讲与后世伎乐之关系》三部分未能最后完成。该文分五节，即唱经、吟词、吟唱与说解之人、押座文与开题、表白。该文首先关注唐代俗讲的仪式及底本体裁问题，对唐代俗讲的讲经仪式、职司分配、讲唱方法及讲唱底本的结构形式，进行了系统而详细的研究。

该文是继向达《唐代俗讲考》之后敦煌变文研究的重要论文，对于讲唱程式、职掌及其内部关系等方面的揭示，缜密详实，堪称精当；该文虽未最后完成，但其对俗讲的分类，总体上是比较合理的，对讲唱经文、变文的区分具有启发意义；文中对某些俗文学概念的解析，如"押座""表白""都讲"等，也颇为精到。该文对此后的变文研究影响深远。向达曾说："孙子书先生……所著《唐代俗讲轨范与其本之体裁》，体大思精，发明甚多。俗讲的研究至是逐渐露出一线光明。"[2]高度肯定了该文与其自著《唐代俗讲考》一文在俗讲研究方面的开拓之功。

集中论述变文之得名由来及体制的，有《读变文》一文[3]。该文分两节。第一节《变文变字之解》在详细考究"变"字涵义的基础上，提出"变文"的释义："盖人物事迹以文字描写之则谓之变文，省称曰变；以图像描写之则谓之变相，省称亦曰变；其义一也。然则变文得名，当由于其文述佛诸菩萨神变及经中所载变异之事。"[4]第二节《唱经题之变文》，分析 P.2187《破魔变》、绩溪胡氏藏《降魔变》及北图藏潜八十号（BD06780）"演佛出生

[1] 撰写时间见《沧州集》所收《唐代俗讲轨范与其本之体裁》一文之附记。孙楷第：《沧州集》，北京：中华书局，2009 年，第 43 页。

[2] 向达：《补说唐代俗讲二三事——兼答周一良、关德栋两先生》，1947 年 5 月 9 日《大公报·图书周刊》第 18 期；收入白化文、周绍良编：《敦煌变文论文录》，台北：明文书局，1985 年，第 171—177 页。

[3] 该文最初为 1935 年北京大学讲义，后载于《现代佛学》第一卷第十期，1951 年，标题为《读变文杂识》。1965 年收入《沧州集》时标题改为《读变文》。

[4] 孙楷第：《沧州集》，北京：中华书局，2009 年，第 47—48 页。

成道之失名变文"① 三件变文的内容与结构。孙楷第关于"变文"的释义，突破了此前对"变文"的"佛的说法神变""佛经中的神变故事"的理解②。这一解释得到王重民的赞同："从汉语释义的，以孙楷第的《变文之解》为最好。""我认为孙楷第先生的释义是正确的。他使用的文字虽说简略，对于基本意义已有足够的说明。"③

　　孙楷第还撰有两篇研究讲史类变文的跋文：其一为《敦煌写本〈张议潮变文〉跋》④，考证变文所涉及的吐浑、吐蕃、回鹘及王端章册封回鹘史事；《敦煌写本〈张淮深变文〉跋》⑤一文，分《咸通间凉州之克复》《唐末甘州回鹘与安西回鹘》《唐大中以来沙州与安西陇右之关系》三节，考证归义军史事及其与周边民族、周边地区的关系。虽然这两篇文章的研究对象为一般视为通俗文学作品的变文，但其主旨却是历史研究，而几乎没有涉及文学研究。这两篇跋不仅是"研究敦煌变文的重要篇章"⑥，更与罗振玉《补唐书张议潮传》⑦、王重民《金山国坠事零拾》⑧等论文一起，是归义军史研究，特别是归义军与周边地区与民族关系史研究的早期成果，推进了归义军史、西北民族关系等相关问题的探讨。孙楷第的这两篇跋，采用以文学作品证史的方法，利用变文提供的信息，补充史料的缺漏，纠正史书的错误，扩大了历史研究的空间，开拓了新的学术方法，

---

　　① 此卷王重民主编《敦煌遗书总目索引》拟题为《佛本行集经俗文》；施萍婷等编《敦煌遗书总目索引新编》拟题为《佛本行集经变文》。

　　② 曲金良：《敦煌"变文"研究史述论》，《烟台师范学院学报》（哲社版）1990年第4期，第41—42页。

　　③ 王重民：《敦煌变文研究》，《中华文史论丛》1981年第2期，第212—213页；又见白化文、周绍良编：《敦煌变文论文录》，第285—286页。

　　④ 原载1936年8月27日《大公报·图书副刊》第145期；收入《沧州集》，第333—341页。

　　⑤ 原载《国立中央研究院历史语言研究所集刊》第七本第三分，1937年；收入孙楷第《沧州集》，第342—361页。

　　⑥ 郑阿财：《二十世纪敦煌学的回顾与展望——中国大陆篇》，《汉学研究通讯》第19卷第2期（2000年5月），第169—177页。

　　⑦ 收入《永丰乡人杂著》，1922年罗振玉自刻本。

　　⑧ 载《北平图书馆馆刊》第9卷第6号，1935年。

这与陈寅恪首倡的"以诗证史"的方法有异曲同工之妙，具有方法论意义上的示范价值。

孙楷第关于变文的主要论文，均撰写于在馆工作期间。此后，他还在有关古代小说的系列论文中，进一步发挥了关于变文的观点。如《中国短篇白话小说的发展》（1951）[①]一文，以"转变""说话"、短篇小说为中国古代短篇白话小说发展的三个阶段，在文学史的大背景下考察变文对中国文学发展的影响。

三、许国霖

许国霖著作的学术史意义，余欣《许国霖与敦煌学》有详细阐述，本书不拟赘述，略叙之如下。

《敦煌石室写经题记与敦煌杂录》《敦煌石室写经题记汇编》二书，均为资料汇编性质，但并不能因此忽略其文献价值与学术史意义。国立北平图书馆所藏敦煌文献为斯坦因、伯希和挑选之后的遗存部分，且多为佛经，从中鉴别出富有研究旨趣的资料，是一件考验学术眼光的工作。同时，敦煌社会经济文献大多书写不够规整，俗字多见，校录不易。许国霖能从中摘录为数众多的社会经济史料，实属不易。

此前，北图所藏敦煌遗书有《敦煌劫余录》等目录行世，学者可以从中了解北图藏品的概貌，但《敦煌劫余录》不著录卷背文献、缺少解题、未迻录原卷题记，在揭示文献价值方面不无遗憾。许国霖在《敦煌石室写经题记与敦煌杂录》的自序中写道："吾国所藏，以编目未竣，未能公之于世，宝韫珠藏，良可惜也。"[②]感慨编目未完成，文献公布不完整，致使珍贵文献有深藏之弊。他辑录的资料，一定程度上弥补了这一遗憾，推动了北图藏卷的利用与俗文学研究等领域的进展。由于种种原因，北图藏卷长期没有完整公布，尤其是让字号至朝字号著录的 1192 件残片，长期没

---

① 原载《文艺报》第四卷第三期，1951 年；收入《沧州集》，第 53—56 页。

② 许国霖：《敦煌石室写经题记与敦煌杂录·序》，载《敦煌石室写经题记与敦煌杂录》卷首，上海：商务印书馆，1937 年。

有拍摄缩微胶卷，由于有些卷子纸质较脆，需进行技术处理，迟至 2011 年才刊布于《国家图书馆藏敦煌遗书》第 111、112 两册。在很长一段时间里，学界引证这些资料，不得不依赖许国霖的辑录。由此也可见许国霖贡献之一斑。

　　写经题记较早引起学者的注意，中村不折《禹域出土墨宝书法源流考》（1927）、矢吹庆辉《鸣沙余韵》（1930）、陈垣《敦煌劫余录》（1931）、翟林奈《斯坦因搜集的汉文纪年写本》（1935—1943）等目录与研究著作中，都校录了为数不少的题记。不过，汇集写经题记的专书，当以罗福苌所辑《古写经尾题录存》及其弟罗福葆所辑《补遗》为开山之作，共集录 147 件，1923 年印行。《敦煌石室写经题记汇编》延续了这一工作，网罗了当时所能见到的写经题记，汇为一编。池田温推崇该书"网罗了无纪年的、简单的署名、校记等各种题记，被认为是本来意义上的题记集录的专书"，"此汇编因将内容完全相同的题记算为一则，所收题记总数约 630 件，加上补遗约 140 件，合计共 700 件左右，在当时是最丰富的集录"①。池田温汇编中国古代写本题记的集大成之作《中国古代写本识语集录》，其中北图藏卷的部分条目，即为据该书转录。许国霖的辑录也为各专门领域的研究者所取资，如仁井田升所撰《许氏敦煌杂录与所收の法律史料——附说敦煌石室写经题记》一文②，就是以许书为基本史料的专论。

　　当然，这两部书有着共同的缺点，即文字校录不无错误。池田温评价《敦煌石室写经题记汇编》说："但遗憾的是，许君著录的北京本和陈垣的《劫余录》相比，准确性稍差。而其他部分藏品大部分是转引自罗福苌、矢吹、翟理斯等人的录文以及从《大正藏经》和《昭和法宝目录》等处转引的，其中脱落和误记、误植等情况有所增加，整体性可信程度

---

　　① 池田温：《中国古代写本识语集录·解说》，载《中国古代写本识语集录》，东京大学东洋文化研究所，1990 年，第 17 页；池田温著，李德范译，孙晓林校：《〈中国古代写本识语集录〉解说（上）》，《北京图书馆馆刊》1994 年第 3、4 期合刊，第 96 页。
　　② 载《东洋学报》第 26 卷第 1 号，1938 年，第 165—171 页。

较差。"① 虽然录文有所缺陷，但许国霖毕竟为学术界提供了一份经过初步整理的资料，其推进中国敦煌学研究的功绩，仍然是不可抹杀的。诚如余欣所言："许国霖虽然一生的所有学术工作只是资料整理，从未写过任何研究著作，但是他的劳绩，推动了北京图书馆藏敦煌写本的利用，向学术界传播了国内外最新的学术信息，对于三四十年代，乃至至今的敦煌学研究的发展，作出了贡献，功不可没。"②

许国霖另编有《佛学论文索引》，分三篇连载于《微妙声》第七期（1937年5月）、第八期（1937年6月）、卷二之一（1940年1月）。此索引不见于北平图书馆历年《馆务报告》的索引与编纂部分，似乎不是写经组的工作成果，也许更多的是许国霖个人的作为。袁同礼主持北平北海图书馆和国立北平图书馆时期，将编纂索引视为揭示馆藏、服务学界的一项重要工作，合组后的国立北平图书馆在编纂部下专设索引组，由袁同礼的得意门生王重民担任组长，专职从事索引编纂。1930年代，索引组及馆内其他部门编制出版的索引有《文学论文索引》（1932）及其《续编》（1933）、《三编》（1936），《国学论文索引》（1929）及其《续编》（1931）、《三编》（1934）、《四编》（1936）以及《中国地学论文索引》（1934）、《清代文集篇目分类索引》（1935）、《历史地理论文索引》（1936）、《铁路工程论文索引》（1937）、《康藏论文索引》（1937）、《石刻题跋索引》（1941）等十余种；已编成但未出版的有《西藏名人生地及生卒年月表索引》（1934）、《清代文史笔记子目分类索引》第一辑（1937）、《医学论文索引》（1937）、《历史书籍论文目录稿》（1937）等多种③。许国霖编《佛学论文索引》，恐怕或多或少是在这一工作风气的影响下进行的。

此索引搜集范围较广，除佛学期刊外，还广及各学科专业期刊、综合性刊物和大学学报。其中不少条目涉及敦煌文献，比如著录了胡鸣盛《敦

---

① 池田温：《中国古代写本识语集录·解说》，载《中国古代写本识语集录》，第17页；池田温著，李德范译，孙晓林校：《〈中国古代写本识语集录〉解说（上）》，《北京图书馆馆刊》1994年第3、4期合刊，第96页。

② 余欣：《许国霖与敦煌学》，《敦煌吐鲁番研究》第七卷，第84页。

③ 李致忠主编《中国国家图书馆馆史（1909—2009）》，北京：国家图书馆出版社，2009年，第85—87页。

煌写本佛经草目》《海外所存敦煌经籍分类目录》、罗福苌《巴黎图书馆敦煌书目》《伦敦博物馆敦煌书目》、向达《敦煌丛钞》、叶恭绰《旅顺关东厅博物馆所存敦煌出土之佛教经典》等目录与文章①，为佛学研究界了解敦煌佛典搭建津梁。

---

① 余欣：《许国霖与敦煌学》，《敦煌吐鲁番研究》第七卷，第72—73页。

第五章　拍摄英法藏敦煌遗书并服务国内敦煌学界

　　英法两国所藏大量敦煌文献，乃是最先接触藏经洞的外国探险家斯坦因、伯希和挑选的精品，价值之高不言而喻，由于远隔重洋，中国学者难有亲眼查验的机会。20世纪之初中国敦煌学落后于国际，材料获取困难为重要原因之一。因而，获得这些文献的影本，供学术界探讨研究，乃是推进中国敦煌学发展的必要途径。

　　1909年9月4日，京师学者宴请伯希和，席间恽毓鼎致词，要求伯希和"择精要之本照出，大小一如原式，寄还中国"[①]。伯希和表示，敦煌卷子虽为法国政府所得，但学问为天地公器，国内学术界如欲摄影誊写，自可照办。中国学者也曾组织一会，筹集资金作为拍照费用[②]。伯希和归国后，履行承诺，代为拍摄石室遗书，拍得照片千张左右[③]。罗振玉所编《石室秘宝》《佚籍丛残初编》《鸣沙石室佚书》《鸣沙石室佚书续编》《鸣沙石室古籍丛残》《敦煌零拾》《敦煌石室遗书三种》《敦煌石室碎金》等书，大多据伯希和所提供的照片编成[④]。不幸的是，伯希和代为拍摄照片之事因故中断，未能最后完成。

　　1910年，罗振玉计划影印伯希和所得敦煌遗书，经端方介绍，委托商

---

　　① 沈纮译：《伯希和氏演说》，载《流沙访古记》，此据《敦煌丛刊初集》第7册，台北：新文丰出版公司，1985年，第208页。

　　② 同上。

　　③ 《艺风堂友朋书札》所录罗振玉函称："已代照千纸，亦于三月内当可寄到。"上海：上海古籍出版社，1981年，第1000页。

　　④ 荣新江：《中国敦煌学研究与国际视野》，《历史研究》2005年第4期，第167页。

务印书馆董事会主席张元济办理此事。同年，张元济访欧，在巴黎与伯希和商妥影印事宜，又转赴伦敦与斯坦因协商影印英藏敦煌四部书写卷。遗憾的是，影印事宜此后并未实际展开[①]。

为获取基本的研究资料，系统地调查并摄照英法藏敦煌遗书，此后一直是中国学术界的殷切期盼。20 世纪 30 年代，国立北平图书馆为这一意义重大的事业进行过详细的规划与不懈的努力。1933 年底，北平图书馆曾委托浦江清拍摄英国博物馆藏非佛经敦煌文献，遭到拒绝[②]。

1930 年代北平图书馆以交换馆员名义派往英法的王重民、向达，是首先系统地收集英法所藏敦煌文献的中国学者，他们所拍摄的上万张照片"成为此后中国学者研究敦煌文献的主要依据"[③]，推动了中国敦煌学的发展。

第一节　拍摄英法藏敦煌遗书的经费筹措

1930 年代，国立北平图书馆与欧美一些大图书馆有学术交流的协议，北平图书馆多次以交换馆员形式，派遣人员前往欧美访书或深造。1934 年 8 月，王重民获教育部委派[④]，以交换馆员身份前往巴黎的法国国立图书馆。王重民在法国的工作，主要是为伯希和所得敦煌遗书编目，所编目录即收入《敦煌遗书总目索引》的《伯希和劫经录》[⑤]。同时，北平图书馆派向达前往英国，工作内容之一即为考察英国博物馆所藏斯坦因所得敦煌遗书。

王重民文献学功底扎实，工作废寝忘食，很快便全面掌握了法藏敦煌遗书的概况。北平图书馆决定利用这一有利时机，委托王重民拍摄巴黎所

① 刘诗平、孟宪实：《敦煌百年》，广州：广东教育出版社，2000 年，第 157—159 页。

② 金维诺：《光辉的一生：敦煌学的先行者向达先生》，《美术研究》2011 年第 1 期，第 10—11 页。

③ 荣新江：《敦煌学十八讲》，北京：北京大学出版社，2001 年，第 173 页。

④ 1934 年 8 月 8 日教育部指令第 9614 号，见《北京图书馆馆史资料汇编：1909—1949》，第 399—400 页。

⑤ 刘修业：《王重民教授生平及学术活动年表》，《图书馆学研究》1985 年第 5 期，第 32 页。

藏敦煌遗书中的重要文献，以便利国内学术界。但拍摄所需经费巨大，北平图书馆遂寻求与国内学术机构的合作，希望共同出资完成这一事业。北平图书馆寻求合作的对象，最终选定国立清华大学①。之所以寻求清华大学开展合作，可能是基于以下考虑：一是清华大学在国内学术界有崇高声誉，校内教授如陈寅恪等，对敦煌文献的价值有很深的理解，容易就此事达成一致。事实上，在其后的合作中，陈寅恪教授等发挥了重要作用。其二，袁同礼馆长曾任清华大学图书馆馆长，这一经历可能对促成此事有一定的积极推动作用。

1935年1月17日，北平图书馆致函清华大学，商议共同出资拍照敦煌古写本一事，函称："查法国巴黎国立图书馆藏有敦煌古写本甚多，于我国文史关系极巨。敝馆现拟影照其中关于中土已佚之部份，由馆委托王重民、邵循正、刁汝钧三君代为审定。照相费用约计五千元，贵校愿否分得一份？如承同意影存一份，可担任照相费之半数，或一次付下，或分作二个月陆续给付。请与贵校国文系商酌示复，以便遵行。"②据此函，当时计划拍照的敦煌遗书，主要为"中土已佚"且"于我国文史关系极巨"之部分，亦即四部佚籍；而担当审定任务的，则为王重民、邵循正③、刁汝钧④三位。合作条件为：两家共同出资，各承担一半照相费用；照片则各得一份。

1935年1月26日，清华大学函复国立北平图书馆，称："敝校对于此

---

① 国家图书馆所藏国立北平图书馆档案中，有"商照巴黎图书馆所藏敦煌古写本事函"一件，为公文拟稿，发函日期为1935年1月17日，该函稿尾之致送机关，先题"中央研究院历史语言研究所"，后抹去该行，改题"清华大学"。这显示北平图书馆在考虑合作机关时，曾有一番斟酌过程。

② 国立北平图书馆档案，第二集校字第四案第特一卷，国立北平图书馆发文第四九号。

③ 邵循正（1909—1972），字心恒，福建侯官（今福州市）人。历史学家。1926年入北平国立清华大学政治学系，攻读国际法和国际关系。1930年入清华大学研究院，改习历史。1934年初赴欧洲留学，在法国巴黎法兰西学院东方语言学院从伯希和攻读蒙古史，学习古波斯文；次年转入德国柏林大学，继续研究蒙古史。1936年由法回国。

④ 刁汝钧（1907—1994），字士衡，河北邯郸人。1930年毕业于上海暨南大学中国语言文学系，1931年毕业于北平燕京大学中文系研究班，同年赴法国巴黎大学学习文学、戏剧，并在法国国立图书馆继续研究、收集敦煌变文等资料。1935年回国。

举，甚表同意。惟经向文史各系商酌结果，以购书费预算所余均属无几，担任照费半数，非力所能逮。如能以壹千元之代价，得影片一份（照相底片统归贵馆），则当勉力购存一套。"① 因购书经费紧张，清华大学仅能出资一千元。

当年 5 月 2 日，北平图书馆再次致函清华大学，商议增加拍摄经费事宜。函称："查影照巴黎图书馆所藏敦煌卷子一案，前由陈寅恪教授交来应照清单一份，业经寄法，照单开始影摄，惟原拟款项数目有限，若再增加国币四千元，即可将其中重要之件悉数照全。此项增加款项，拟由贵大学与敝馆各认半数，如承同意，请于本年七月初旬将款拨付过馆，以便寄法应用。"② 据此函，当年 1 月份商议拍照之后，北平图书馆与清华大学即已开始进行实际的合作，拍摄何种文献等具体事务亦由两机构共同商定，陈寅恪教授曾提出一部分应拍照清单，王重民在法国照单拍摄。此后，王重民主要依照袁同礼所指示的拍摄宗旨，选择有价值者拍照③。

5 月 7 日，清华大学复函北平图书馆，表示"经与文学院暨文史等系商酌，可照来示办理，本校认担该项增款半数计洋二千元，容于七月初旬拨付。"④ 据此清华大学同意北平图书馆的意见，答应于当年 7 月初增拨 2000 元，作为拍摄费用。

伦敦所藏敦煌遗书也列入北平图书馆的拍摄计划中。早在 1933 年底，北平图书馆便委托清华大学教授浦江清与英国博物馆东方部商议，拍摄该馆所藏敦煌遗书中的佛经以外写本，但遭到拒绝⑤。1935 年初，北平图书馆向管理中英庚款董事会申请经费资助向达赴英，董事会 4 月 24 日函复北平

---

① 国立北平图书馆档案，第二集校字第四案第特一卷，国立北平图书馆到文第二一四号。

② 同上，国立北平图书馆发文第三四〇号。

③ 据下文所引王重民 1937 年 6 月致袁同礼函。

④ 国立北平图书馆档案，第二集校字第四案第特一卷，国立北平图书馆到文第一〇七九号。

⑤ 刘诗平、孟宪实：《敦煌百年》，广州：广东教育出版社，2000 年，第 208 页。

图书馆，因申请时限已过，且董事会经费紧张，未能列入资助计划①。

随后，北平图书馆继续与清华大学协商合作拍摄伦敦所藏敦煌遗书。1935年5月30日，北平图书馆致函清华大学，商议再次合作："查伦敦大不列颠博物馆所藏我国敦煌唐人写本甚多，敝馆乘编纂向达君留英之便，拟从事影照，藉供参考。兹拟仿影照巴黎敦煌写本前例，仍由贵大学与敝馆合作，择要影照两套，预计用费约须国币八千元，各任半数，于本年七月一日及二十六年一月一日分两期交付，每期各付二千元。事关搜罗国粹，谅荷赞同。"②合作条件完全依照前次成例。同年6月4日，清华大学即函复北平图书馆，表示同意合作的意向："经本校与相关系部商定，此事可与贵馆合作，用费各任半数。"③此后，北平图书馆于当年秋派向达赴英国牛津大学图书馆工作，次年转赴伦敦，在英国博物馆整理拍摄敦煌文献。

清华大学之外，北平图书馆另于1936年向管理中英庚款董事会申请补助拍摄并影印出版英藏敦煌遗书。当年9月18日，管理中英庚款董事会致北平图书馆的公函，称将"提交保存国内固有文化史迹古物委员会汇案讨论"④。9月29日，北平图书馆再次致函管理中英庚款董事会，补齐相应手续，并附呈《整理及选印敦煌经卷计划书》与预算草案。预算草案列三项：（一）编辑总目录费一万元，包括编辑人向达留英一年之生活费及派人赴日调查日本所藏卷子等；（二）影印费一万八千元，拟照之经卷共六千卷，每卷需洋三元；（三）考订费二千元。共计三万元。⑤

---

① 《北京图书馆馆史资料汇编：1909—1949》，第413—414页。

② 国立北平图书馆档案，第二集校字第四案第特副一卷，国立北平图书馆发文第五四六号。

③ 国立北平图书馆档案，第二集校字第四案第特一卷，国立北平图书馆到文第一〇五〇号。

④ 国立北平图书馆档案，第二集专字第四十二案第一卷，国立北平图书馆到文第一四六二号。

⑤ 同上，国立北平图书馆发文第八六六号。

据上引二函，北平图书馆向管理中英庚款董事会申请补助一事，最晚在 1936 年 9 月即已在进行当中。北平图书馆制定了《整理及选印敦煌经卷计划书》①与预算草案，作为申请补助公函之附件致送董事会。

管理中英庚款董事会于 1937 年 3 月 19 日函复北平图书馆，称："贵馆函送《整理及选印敦煌经卷计划》及预算，嘱补助经费三万元；又为馆员向达赴英整理敦煌石经，请补助英金一百五十磅两案，均经分别函复在案。兹经将两案编定甲乙，交由保存国内固有文化史迹古物委员会第一次会议并案审议，随据审议结果，拟就本会本年度补助保存古物案内第二类专款修理防护史迹古物三万元项下补助甲案整理选印敦煌经费八千元，并已报告第四十四次董事会议议决通过。"②据此，管理中英庚款董事会同意补助北平图书馆拍摄影印英法藏敦煌遗书，资助金额为八千元，并要求北平图书馆据此额度重新拟定补助费用途，送董事会审查；而向达生活费补助一案，则未予承诺。

3 月 25 日，北平图书馆函复董事会，开列补助费用途，随函附新拟《选印敦煌经卷预算及说明书》，并附以《敦煌古籍丛残》第一集目录。预算开列三项：（一）影照经卷费，每张约需一元，英法两国各照二千五百张，各费二千五百元；（二）丛书制版费二千元，拟编印"敦煌古籍丛残"，次年出版，首先从法国所摄中选出十五种或二十种，在巴黎制成玻璃版，制版费每叶六元，共三百余叶，需二千元；（三）职员补助费一千元，补助王重民本年三至六月生活费每月二百五十元。共八千元③。管理中英庚款董事会 4 月 28 日函复北平图书馆，称"补助费可以照拨"④，核准了经费预算。5 月 10 日，北平图书馆致函管理中英庚款董事会，报告收到汇拨经费，并寄呈

---

① 《计划书》即后文所引《整理及选印敦煌经卷计划书》，因这一文件并非为单纯的公文附件，且较为重要，故专节揭示。

② 国立北平图书馆档案，第二集专字第四二案第一卷，国立北平图书馆到文第四五七号。

③ 同上，国立北平图书馆发文第三二六号。

④ 同上，国立北平图书馆到文第六六一号。

收据①。

此后，中英庚款董事会的拨款陆续汇寄巴黎王重民处。1938 年 3 月 31 日，袁同礼致函留驻北平的王访渔、宋紫佩，通报有关账目，其中第三项为"中英补助"，金额为"三〇五五.六一"，注明"此款已全数汇寄王重民"②。因有经费保证，王重民在巴黎的拍摄事务得以按计划渐次进行。

1938 年春，北平图书馆根据写卷拍摄的实际情况，对经费使用计划作出调整，并于 1938 年 3 月 19 日致函董事会，汇报调整方案："自上年六月开始工作以来，迄本年二月，法国部分大致告竣，惟陆续发现重要资料，故影照费因之增加，预计四千元方能敷用。英国部分自本年起开始影照，预计一年以后始能竣事，参照在法经验，复经详细估计，此项影照费至少需三千元。用特函达，拟请准予将原拟定之出版费三千元移作此项之用。"③为保证拍摄的正常进行，北平图书馆不得不将原拟用于影印出版的 3000 元，转用于拍摄。

同时，由于抗战开始之后北平图书馆经费短缺，无力负担王重民在英法的生活费用，因此申请董事会的资助。此函称："又经管人王重民君之国外生活费，每年需国币三千元，上年除由贵会在补助费内拨付一千元外，余数则由敝馆担任。自北平沦陷以来，敝馆经费锐减，下年度王君生活费已无力担任。拟请贵会在救济科学研究机关及工作人员专款内予以补助，俾能继续维持其工作，而收驾轻就熟之效。"④这一申请的后续公文现已无从查找。不过，1942 年 3 月 23 日北平图书馆致管理中英庚款董事会事务所的函中提到，"查王君重民现在美京，刻以交通困难，函件往还颇需时日。兹将代发王君印照敦煌写本生活费国币式千元正副两联收据加盖馆章

---

① 国立北平图书馆档案，第二集专字第四二案第一卷，国立北平图书馆发文第四九四号。

② 《北京图书馆馆史资料汇编：1909—1949》，第 573 页。

③ 同上，第 568—569 页。

④ 同上。

附缴"[1]，据此，管理中英庚款董事会抗战期间确曾资助王重民在英法拍摄敦煌遗书的生活费用。

除清华大学与中英庚款董事会外，北平图书馆还曾向中华教育文化基金会申请影印经费。此前北平图书馆与中央研究院拟于 1937 年春合作进行洛阳东汉太学遗址的发掘，并已向中基会申请经费。但 1936 年底发生西安事变，"洛阳在地理上成为军事重镇，在时局上实不宜于作学术上之发掘工作"，被迫中止；又因影印敦煌遗书的重要性，转而拟先完成此项工作[2]。不过，由于不久之后日本发动全面侵华战争，向中基会申请的影印经费，实际上并未使用。

第二节　照片拍摄、入藏过程

1935 年初开始，王重民运用北平图书馆与清华大学共同筹措的经费，进行拍摄工作。1935 年 6 月以前，"先后已摄照数十种，皆为国人所未得见之秘籍"[3]；至 1936 年 6 月，"共收到者自第一至第十九辑，共一千八十二种一千零二十七帙"[4]。财务方面，王重民分别制作清单与报告书，于 1937 年 5 月 20 日寄回国内，呈送北平图书馆会计科[5]。

1937 年 3 月，管理中英庚款董事会资助 8000 元，用于英法藏敦煌遗书的拍摄。王重民"自接到汇款后，略事准备，即订好合同，开始拍照"。王重民所聘照相师为一失业犹太人，此前已有合作，进展较为顺利。照相师"专作此项工作，上午来馆摄影，下午在家洗晒，……每周可作出一百余张"王重民则"每日约有半小时时间，亲加指挥与监视，以冀更能减少错误"[6]。

---

① 《北京图书馆馆史资料汇编：1909—1949》，第 735 页。

② 《国立北平图书馆将影印敦煌遗书》，《学觚》1937 年第 3 期，第 8 页。

③ 《国立北平图书馆馆务报告（民国二十三年七月至二十四年六月）》，第 6—7 页。

④ 《国立北平图书馆馆务报告（民国二十四年七月至二十五年六月）》，第 5 页。

⑤ 1937 年 8 月 2 日王重民致袁同礼函。原函存国家图书馆档案室，附于"国立北平图书馆发文第四九号"之后。

⑥ 以上王重民工作情况均见 1937 年 6 月 18 日王重民致袁同礼函。原函存国家图书馆档案室，附于"国立北平图书馆到文第一〇七九号"之后。

拍摄遗书的选择，由王重民承袁同礼之命斟酌决定。3 月 29 日，国立北平图书馆委员会第二十五次会议议决，"应尽量影照"①。袁同礼馆长曾指示王重民，尽可能全数拍摄。实际操作中，由于经费与时间均感紧张，不得不选择"于我国文史关系极巨"且"有影印价值者"拍照②。所摄四部书与佛典各约占一半，"巴黎所藏佛经卷子均甚长，伯希和编目时概因忙未及打开，便说不知名，殊不知卷尾实有书名也。故日本印大正藏经时，在巴黎校写之人只依伯氏目而失收重要之卷子颇多"，王重民"参考《敦煌劫余录》，又知吾馆亦未藏，兹将其最重要者摄影"③。对于"一切石本及一切刻本，不论片纸只字，则拟摄一份。因石本均系唐拓，刻本则最迟亦在北宋初年，均系稀世之珍故也"④。此外，又将伯希和手稿 *Les grottes de Touen-houang* 拍摄一份，以备日后研究。

中英庚款资助的此项拍摄，始于 1937 年 6 月，至当年 10 月共摄得3066 片。11 月起，继续整理藏在伯希和家的三百五十余卷，继续摄影，至1938 年 1 月，又拍摄近千片。照片每张高 30 厘米，宽 24 厘米，均上玻璃板放光，可随时上版影印。总计"在巴黎所照已及四千片，用款三千数十元"，此外尚有不少有价值的写卷值得拍摄⑤。

与此同时，向达在英国伦敦的工作进展却不够顺利。当时，英国博物馆藏敦煌遗书除回鹘文写卷编有目录外，其他并未编目，须由管理者翟林奈亲自检出交给东方部阅览室，方可借阅，无法按号通览。由于翟林奈不够友好，向达在伦敦期间，总共阅览的敦煌遗书不过五百余卷。向达每阅一卷，都用卡片记录其书名、尺寸、行数，并抄录首五行与末五行，富有研究旨趣的文献用方格抄本过录，重要文献则用 photostat 拍摄正片、负片

---

① 《委员会会议记录》，《北京图书馆馆史资料汇编：1909—1949》，第 354 页。
② 1937 年 6 月 18 日王重民致袁同礼函。
③ 1937 年 8 月 2 日王重民致袁同礼函。
④ 同②。
⑤ 王重民：《影摄巴黎敦煌写本工作报告》，《国立北平图书馆馆务报告（民国二十六年七月至二十七年六月）》，附录第 5—8 页。

各一份①。回鹘文、突厥文部分，向达商请英国博物馆照相部拍摄。"照相部职员只有两人，工作甚忙"，因此汉文部分由博物馆介绍 R. B. Fleming 照相馆承担。

王重民 1936 年 4 月 4 日致向达函中提到，"Giles 又许照像，更是开一大恩，于敦煌学之流通，尤开亘古未有之盛"；6 月 13 日函中又说，"Giles 如此大方，实堪庆幸，'尽量看，尽量照'，则吾兄地狱出来，即可升天堂矣！"②可知向达开始拍摄，大约即在 1936 年 3 月底前后；至 6 月时，拍摄工作进展尚称顺利。至 1937 年 7 月，"照相费已支六十三镑零，照片正负两份共计在一千二百张左右"。向达使用的经费，仍系北平图书馆与清华大学共同筹集，向达于 1937 年 2 月底，将"照相付费收据"寄回馆内③。向达在英国的查阅、拍摄工作，到 1937 年秋结束。

1938 年初，王重民获管理中英庚款董事会的资助，在完成巴黎的工作后赶赴伦敦，与向达一起查阅、整理、拍摄英国博物馆藏敦煌遗书。1939 年，"共摄数千张"④。向达也将其之前所摄伦敦藏敦煌遗书及柏林藏吐鲁番文献照片约 2000 张，连同在英国博物馆所抄卡片资料，全部交王重民保管⑤。

为了尽可能多地拍摄英藏敦煌遗书，北平图书馆副馆长袁同礼还曾反复与美国国会图书馆东方部主任恒慕义通信磋商，推迟王重民赴美的行程。1938 年 2 月，美国国会图书馆决定接受袁同礼的推荐，聘请王重民审查该

①　向达:《影摄伦敦敦煌写本工作报告》,《国立北平图书馆馆务报告（民国二十六年七月至二十七年六月）》,附录第 1—4 页。

②　原函藏北京大学图书馆"北大文库"。转引自孟昭晋《读王重民致向达书信》,《图书情报工作》2001 年第 4 期, 第 93 页。

③　向达的工作情况, 均见 1937 年 2 月 21 日向达致袁同礼函。原函存国家图书馆档案室 1949 年前档案"外事"卷内。

④　《本馆二十八年度馆务概况》,《北京图书馆馆史资料汇编: 1909—1966》, 第 704—705 页。

⑤　向达:《影摄伦敦敦煌写本工作报告》,《国立北平图书馆馆务报告（民国二十六年七月至二十七年六月）》,附录第 2—3 页。

馆所藏中文善本。同年 5 月 21 日，袁同礼致函恒慕义称："有关我馆在大英博物馆拍摄敦煌遗书的工作，我希望报告，由于涉及的工作量巨大，还需要花费 12 个月才能完成。我已经安排王重民先生在伦敦停留到 1939 年 8 月。考虑到我们圆满完成这项工作的愿望，您能友好地同意王先生到明年 9 月再加入贵馆吗？"[①] 这一建议得到恒慕义的理解，王重民得以在伦敦继续拍摄敦煌遗书一年，至 1939 年秋离英赴美。

王重民、向达都还曾拍摄普鲁士学士院所存勒柯克收集品吐鲁番文书。1935 年夏，王重民赴柏林时，用 photostat 拍摄三十余种。1938 年 1 月，向达赴柏林，途中与王重民商议，完成此前的未竟之业。到柏林后，因民族学博物馆雷兴女士（Fraulein Dr. Lessing）的介绍，在普鲁士学士院翻检吐鲁番文书为时一星期，用 photostat 拍摄八十余种。另普鲁士国立图书馆所藏《女真译语》，也征得同意拍摄两份。又民族学博物馆所藏吐鲁番墓志，亦选择三种，委托该馆拍摄[②]。

除王重民、向达所摄之外，北平图书馆还委托于道泉在伦敦、巴黎拍摄敦煌遗书照片。于道泉 1934 年奉派赴欧留学，1949 年 6 月回国。他所摄"敦煌古书胶影片一箱"，连同北平图书馆购买的西文书四箱，随行押运，于当年 6 月 6 日到馆[③]。国家图书馆古籍馆所藏《国立北平图书馆藏海外敦煌遗籍照片目录》稿本[④]，其"凡例"第一条说明照片来源，其第 4、第 5 项分别为："于道泉先生摄自巴黎国立图书馆，每叶前题'敦煌遗书'，后

---

① 此函存国家图书馆档案。原文为："Regarding our work of photostating the Tung Huang MSS preserved in the British Museum I wish to report that owing to the amount of work involved, it will take another twelve months before the work is completed. I have therefore arranged to have Mr. Wang Chung-min to stay in London until August 1939. In view of the desirability of bringing the work to a successful conclusion, will you kindly allow Mr. Wang to join you until next September？"上引中文函件为笔者所译。

② 向达：《影摄伦敦敦煌写本工作报告》，《国立北平图书馆馆务报告（民国二十六年七月至二十七年六月）》，附录第 2—3 页。

③ 《北平图书馆被接管后大事表》，《北京图书馆馆史资料汇编（二）：1949—1966》，第 878 页。

④ 此为此目卷端题名，封面另题"海外敦煌遗籍目"。

题伯希和编号。9×12 英寸。""于道泉先生摄自伦敦大英博物院。9×12 英寸。"可知于道泉贡献的梗概。

此外，北平图书馆还藏有董康所摄照片。《国立北平图书馆藏海外敦煌遗籍照片目录》稿本凡例第一条第 6 项载："董康先生摄自巴黎国立图书馆，皆玻璃底片，可以翻印。9×12 英寸。"董康于 1922 年 8 月受命赴日、美、法、英等国考察商务与司法，途中在法国停留约 2 个月，在英国停留约 20 天。在这两处公务之余，董康均留意调查敦煌文献。在法阅览的敦煌遗书，当不少于《敦煌书录》著录的 167 号，拍摄数量有 50 种之多。在英期间，得翟林奈接待，阅览约 500 卷，据史睿、王楠推测，大约拍摄了 10 种[①]。这批照片系 1934 年董康捐赠北平图书馆。

到 1950 年代，北京图书馆还陆续新收少量敦煌遗书照片。据《法国巴黎图书馆藏敦煌本照片目录》稿本[②]卷末粘页上曾毅公 1955 年 2 月 5 日题记，当日新收《毛诗笺注残卷（何人斯）》照片 1 页、魏和平二年写经残卷照片 2 页。

第三节　英法藏敦煌遗书照片的保管与编目

王重民、向达所摄照片，经二人略加整理后，即陆续寄回国内。王重民分辑邮寄，至 1936 年 6 月，北平图书馆"共收到者自第一至第十九辑，共一千八十二种一千零二十七帙"[③]。至 1937 年 6 月，又"寄到多种"[④]。向达也应清华大学的催促，于 1937 年春寄回七十余种敦煌遗书的照片，他在给袁同礼的报告中说："现在正负两份俱齐，存在达处者凡七十卷。其所以迟迟未寄者，拟待《切韵》诸重要卷子摄齐，即一并寄回，以快国内学术界心目。今清华方面既迫不及待，当从下周起即将已齐者先行陆续寄回。其

---

① 史睿、王楠：《董康〈敦煌书录〉的初步研究》，载《敦煌文献、考古、艺术综合研究——纪念向达先生诞辰 110 周年国际学术研讨会论文集》，第 593—595 页。
② 稿本存国家图书馆古籍馆。
③ 《国立北平图书馆馆务报告（民国二十四年七月至二十五年六月）》，第 5 页。
④ 《国立北平图书馆馆务报告（民国二十五年七月至二十六年六月）》，第 8—9 页。

余已经请求摄照尚未照齐者，尚有五十卷左右。"①

这些先行寄回的照片，由写经组管理并编目。1936—1937 年度，写经组将收到的照片"编辑一综合分类目录，略以四部为纲、书名为目，凡同属一书者，悉汇集而连书之。每片之章句起讫并为注明，以便检查。"② 国家图书馆古籍馆现存《伦敦博物院藏敦煌本照片目录》《法国巴黎图书馆藏敦煌本照片目录》稿本各一种，著录馆藏号、文献题名及照片页数（张数）。

《法国巴黎图书馆藏敦煌本照片目录》著录三十九辑；另有"另辑"，为大照片。其中第三十七辑与第三十六辑内容完全相同，上粘签条："查第三十七辑重页原系代清华所摄影之照片，另行提出。"据此，法藏部分照片实有三十九辑。将《法国巴黎图书馆藏敦煌本照片目录》与现存王重民与袁同礼及馆方通信中所附的几张邮寄照片清单对照，二者的编号、内容完全一致，由此可知，这一目录即按照王重民所寄照片编辑，邮寄一包，编为一辑。

抗战期间，北平图书馆继续整理这批照片，编纂目录。1939 年 7 月 17 日王重民致袁同礼函，提到"唯'敦煌相片目'生不能作，八月一日寄不出，只好再推一期"。9 月 30 日王重民致袁同礼函，又提到："夏间寄来之敦煌影片目录，嘱生补充，预备付印，至今尚未动手。固然携来之照片箱，直至今日，尚未收到（Hummel 说图书馆秘书处已接到海关消息，不久可到）。即收到后，似亦很难实时编入。依生之意，此目或可先发表，生当另开一极简略之目，预备向中英庚款会作报告如何？"11 月 17 日王重民致袁同礼函，再次提到照片目录："前寄北平之敦煌影片目录。生仅稍稍改其差误，并弁一短序，请先发表。带来此间者，候编好目录后，再继续发表。"③ 据此数函，袁同礼于 1939 年夏请王重民编纂所有敦煌遗书照片目录，但由于随

---

① 见 1937 年 2 月 21 日向达致袁同礼函。

② 《国立北平图书馆馆务报告（民国二十五年七月至二十六年六月）》，第 8—9 页。

③ 此三函原件均藏国家图书馆档案室。由国家图书馆"王重民学术思想史料整理"课题组加以整理，整理成果待刊。

身携往美国的照片箱久久未到，没能及时增补，因而仅就卢沟桥事变前寄回馆内者编目。

稍后，袁同礼在王重民所编目录的基础上，重加整理排比，编定《国立北平图书馆现藏海外敦煌遗籍照片总目》，载于《图书季刊》新二卷第四期（1940）。此目著录馆藏号、文献题名、卷次、页数及文献著者、抄写年代，间或迻录原卷题记，并有对照片的说明。此目按四部分类，附录民族文字文献，共著录英藏部分 50 种，法藏部分 352 种，共计 402 种 3145 页。

抗战前，北平图书馆即奉命将善本南迁宁沪，敦煌遗书也在南迁之列。因此，抗战期间写经组的主要工作，乃是保管、整理英法藏敦煌遗书照片。国图现存的档案资料，保留了当年写经组保管敦煌遗书照片的一些工作记录。1940 年 1 月 19 日，袁同礼致函王访渔、顾子刚，指示馆务事宜，内中提到请派人向周祖谟取回 1937 年所借《切韵》照片，"交写经组点收"[①]。

1941 年 12 月日伪接管北平图书馆在平馆务之后，写经组继续从事敦煌遗书照片的管理工作。《伦敦博物院藏敦煌本照片目录》稿本卷末有题记三则："三十二年十月十五日清点竣事。祝博。""三十三年六月六日清点无误。潘祥和。""三十四年三月清点无误。刘福春。"《法国巴黎图书馆藏敦煌本照片目录》稿本卷末亦有题记三则："三十二年十月二十八日清点竣事。祝博。""三十三年六月十一日清点无误。潘祥和。""三十四年三月清点无误。刘福春。"这三条题记表明，日伪接管时期写经组曾于 1943 年 10 月、1944 年 6 月、1945 年 3 月三次清点所有照片，三次清点均未发现异常情况，说明这批照片保存良好。

抗战爆发后，王重民在巴黎所拍摄的照片，"暂存巴黎东方语言学校，旋又在欧战爆发前，运往美国国会图书馆寄存"[②]。1938 年以后王重

---

① 《北京图书馆馆史资料汇编：1909—1966》，第 708 页。

② 袁同礼：《国立北平图书馆现藏海外敦煌遗籍照片总目》，《图书季刊》新二卷第四期，1940 年，第 624 页。

民等在英拍摄照片，也"寄往美国"，"由国会图书馆代为储藏"①。这些照片于 1947 年初王重民回国时，随身携带回馆。另有少量照片，由王重民留用，至 1950 年代交还。《法国巴黎图书馆藏敦煌本照片目录》稿本②卷末粘页上曾毅公题记记载，"一九五三年十月十三日由张馆长送来敦煌照片五种二十四页"，张馆长③称"是王重民先生顷由家中返还者"，计 P.3244 佛经（《论五辛》）照片 2 页、P.3395 杂文照片 1 页、P.《佛说三厨经法》照片 12 页、P.3874 佛经（有符）照片 7 页、P.3770 杂抄照片 2 页。

多种渠道获得的照片集中馆内后，北京图书馆组织编纂了《国立北平图书馆藏海外敦煌遗籍照片目录》④，此目著录馆藏王重民、于道泉、董康摄自巴黎国立图书馆及王重民、向达、于道泉摄自英国博物馆的所有敦煌遗书照片。按经史子集四部类编，分为四卷，附录古外族文字、伯希和手稿、吐鲁番出土卷子照片。每条著录题名、著者、附注、馆藏号及照片数。卷首"凡例"，对编辑体例有总体说明。关于文献题名："每卷之书名、著者，其可知者则题原名；其不可知者，或按内容暂加拟名，或题类名，或题失名，以待考定。"关于附注："每卷之内容、起讫及行数，附以简短说明，以便与今行印本比勘。其卷尾有年月日及书写生名者，均录出，藉可考知书写年代。"此目稿本屡有修改痕迹，每条上方均加盖红圈，又有毛笔、铅笔所画"×""√"等符号，为清点标记。

据卷末统计表，此目共著录经部 221 卷 1883 页，复本 43 卷 256 页，共计 264 卷 2139 页；史部 189 卷 1473 页，复本 43 卷 76 页，共计 232 卷 1549 页；子部 889 卷 6896 页，复本 91 卷 250 页，共计 980 卷 7146 页；集部 183 卷 1456 页，复本 35 卷 100 页，共计 218 卷 1556 页；古外族文字 14

---

① 《本馆二十八年度馆务概况》，《北京图书馆馆史资料汇编：1909—1966》，第 704—705 页。

② 此目约为 1950 年代编纂。稿本存国家图书馆古籍馆。

③ 指张全新，1953 年 4 月至 1963 年 11 月任北京图书馆副馆长。参：《副馆长任职年表》，《中国国家图书馆馆史（1909—2009）》，第 470 页。

④ 稿本存国家图书馆古籍馆。下文此目引文及统计，均出自此稿本，不再另注。

卷 412 页，复本 1 卷 5 页，共计 15 卷 417 页；吐鲁番出土 21 卷 19 页，复本 9 卷 12 页，共计 30 卷 31 页；法文伯希和手稿 1 种 300 页；佛像幡 184 卷 238 页，复本 17 卷 104 页，共计 201 卷 342 页：总计 1941 卷 13480 页。从这个统计可见北图所藏敦煌遗书照片总量的概貌。

令人痛心的是，北平图书馆与清华大学合作拍摄的法藏敦煌遗书照片中，清华大学的一份抗战期间转移到南方，在长沙遭日军炸毁[①]。

第四节　《敦煌古籍丛编》编印计划

国立北平图书馆筹划拍摄英法藏敦煌遗书照片之初，就将影印出版列为计划的一部分，照片也按照出版的要求来进行拍摄。1936 年 9 月 29 日北平图书馆向管理中英庚款董事会申请 3 万元拍摄资助，同时附呈《整理及选印敦煌经卷计划书》与预算草案。《计划书》指出："敦煌卷轴既有三万余卷之多，且散漫错杂，全无部伍，其事宏大而艰巨，决非普通整理工作可比，亟应筹集专款，延聘专员，以司其事。并须与国内学术机关分工合作，负责整理，然后人有专责，事功可集。"整理分为三个步骤，即总目、辑印、考校。首先编辑总目，"裒合中外官私之藏，辑为联合总目。分列部居，标列名目。凡散卷零帙应归某书者，悉列于一名之下，而注其现存之处。如是览此目而众本毕集，阅一书而篇章具在，庶敦煌古本可网罗无遗矣。"在总目的基础上，"各从其类选为若干集，陆续出版"。至于辑印的方式，又分三种："一曰辑佚，凡孤本失传及古注古本今时所无者，次其篇第，辑为一书而存之。二曰汇存，凡零碎文书册籍、词文歌赞、小曲杂品，皆因其类而汇存之。三曰录旧，凡书为今时所有，而传录不同，可与今本互校者，则亦裒集成帙而并存之。"编辑此丛书，须加以择别考订："其复本重出则辨其善否，或以别本并行，或去彼存此。其名目失题，则考其来历。"经过编选，"悉复古人之旧，蔚为一大丛书，使人人得因其所好循览披读，庶几

---

① 荣新江：《〈王重民向达所摄敦煌西域文献照片合集〉序》，见：《王重民向达所摄敦煌西域文献照片合集》，北京：北京图书馆出版社，2008 年，第 1 页。

千余年前希有古籍不虚存于今日。"所谓考校，指的是编纂叙录，揭示写卷学术价值，考辨学术源流，考证具体学术问题，这样的考校文字"分隶各书则为题记，汇为一编则为专书"①。《计划书》提出了规模宏大的敦煌遗书整理计划，我们推测，这份文件的主要思想，应当来自王重民。在几十年的敦煌文献整理工作中，王重民部分地实现这一规划，他所主编的《敦煌遗书总目索引》即《计划书》的"总目"，所撰《敦煌古籍叙录》即"考校"，"辑印"则指《敦煌古籍丛编》而言。

9月29日北平图书馆提出的预算草案中，列有影印费18000元，计划印行6000卷，每卷约花费3元②。1937年3月，获悉中英庚款决定资助8000元之后，北平图书馆于3月25日重新拟定经费预算，其中开列"敦煌古籍丛残"制版费2000元，计划从法国所摄中选出15或20种300余页，在巴黎制玻璃板，单价为每页6元③；同时呈送《敦煌古籍丛残第一集目录》。

管理中英庚款董事会1937年4月28日函复北平图书馆，核准了经费预算，并提出建议："至该项古籍选印成书，如名之为'敦煌古籍丛编'，似较妥切；并希在卷首载明本会助印字样，尤为欣盼。"④董事会建议丛书改名为"敦煌古籍丛编"，得到北平图书馆方面的采纳。

1937年3月29日，国立北平图书馆委员会第二十五次会议讨论运用中英庚款补助影印敦煌遗书照片事宜，议决"关于选印之古佚书，由馆先拟一书目，再请专家审核"⑤。此前3月25日北平图书馆呈送管理中英庚款委员会的"敦煌古籍丛残第一集目录"，即王重民拟出并由馆方送专家审核

---

① 原件为油印，存国立北平图书馆旧档，第二集专字第四十二案第一卷，国立北平图书馆发文第八六六号。

② 国立北平图书馆档案，第二集专字第四十二案第一卷，国立北平图书馆发文第八六六号。

③ 同上，国立北平图书馆发文第三二六号。

④ 同上，国立北平图书馆到文第六六一号。

⑤ 《委员会会议记录》，《北京图书馆馆史资料汇编：1909—1949》，北京：书目文献出版社，1992年，第354页。

的目录。此目包括古籍十五种:《毛诗音》(P.3382)、《论语义疏》(P.3573)、《尔雅郭注》(P.2661、3775)、《汉书刑法志》(P.3669)、《帝王略论》(P.3636)、《瑞应图》(P.2683)、《类林》(P.2635)、《还冤记》(P.3126)、《历代法宝记》(P.3739、4673)、《楚辞音》(P.2494)、《东皋子集》(P.2819)、《故陈子昂遗集》(P.3590)、《文选音》(P.2833)、《季布传》(P. 3197)、《韩朋赋》(P.2653)①。这份选目以四部书为主,兼顾了俗文学作品。

国家图书馆旧档中,还存有《敦煌古籍丛编》照片清单三份②:其一较上列目录增 P. 3454《原本六韬》与 P. 3382《孝经疏》二种,而缺《季布传》《韩朋赋》两种俗文学文献与《尔雅郭注》二号;其二缺《论语义疏》《历代三宝记》《韩朋赋》;其三选目与上列完全一样,但注明《韩朋赋》《历代三宝记》二件“平馆尚未收到”。这三份清单,显示了选目商讨的过程与照片邮寄情况。在此后反复函商的过程中,王重民重申过这份选目。1937 年 6 月 18 日王重民致袁同礼函后,附有一纸,为“敦煌古籍丛残第一集目录”的征求意见稿,所列选目 15 种与之完全相同;另申明“拟加《七曜吉凶推》《贞观六年格》”。王重民在此函中解释其选择的标准:“选择应付影印之敦煌卷子,其困难之点,不在估量其价值,而在求其卷子之完备与否。今因多数分藏英法两京,散在私家者亦不少,欲知某书今确存若干卷,藏在何处,因目录不完,实为难事。又如《古文尚书》《春秋后语》之类,同书不仅一卷,同卷不仅一种写本,则应先求其全,后择其最善者而影印之。故选择方法,第一次愿以孤本而卷帙较少,且略能意其此外不易再发见者为准则。第二次再集如《古文尚书》《春秋后语》之类,一面求其全,而又一面选其精者。”③王重民充分认识到敦煌遗书的散藏局面,因此在各国藏品未全面掌握之前,第一辑的选目中尽

---

① 国立北平图书馆档案,第二集专字第四十二案第一卷,国立北平图书馆发文第三二六号。馆藏号为笔者所加。

② 《敦煌古籍丛编》照片清单三件为王重民手书,与 1937 年 6 月 18 日王重民致袁同礼函等文件同附于“国立北平图书馆到文第一○七九号”之后。

③ 原件存国家图书馆档案室,与 1937 年 6 月 18 日王重民致袁同礼函等同附于“国立北平图书馆到文第一○七九号”之后。

量避开了《古文尚书》等存卷较多的文献，而选择那些孤本、卷帙较少且推测难以再发现异本的文献。王重民的意图，是要使《敦煌古籍丛编》囊括最为精要的敦煌遗书写本，且尽可能将同一文献的不同写本集中出版，不致于零散混乱，故而确立以上选目原则，其态度之审慎、标准之高，足为后来者之楷则。

作为北平图书馆委员会及购书委员会的委员，陈垣是当时馆方请益的专家之一。4 月 1 日，袁同礼致函陈垣："兹送上敦煌照片十四种（见附单），何者可印，何者应删，请审定示复，俾有遵循。"①4 月 17 日，再次致函陈垣，又提到审定选目事："又前寄上之敦煌照片，何者可印，何者不印，并请赐示，俾有遵循为感。"②4 月 20 日，陈垣复函袁同礼："守和先生大鉴，手教并敦煌照片十五种久收到，病未能细阅，除《季布传》二种本来是下里巴人之曲，自有好者。又《尔雅》二种、《还冤记》一种底子不甚清楚，未识能印否。其余各种皆佳，尤以《瑞应图》之图为精，唐讳'渊'字、'治'字皆不避。《论语疏》亦好。此等写本，若无近日影印之法，亦不能取信，因常有一点一画之微，差之毫厘，谬以千里也。"③陈垣认为，《季布传》《韩朋赋》两种俗文学作品不宜入选，《尔雅》《还冤记》照片不够清晰，其他十种皆佳，可以选印。

陈垣以外，此目是否曾向其他专家征求意见，目前尚没有见到其他资料。经过王重民、袁同礼等反复商议，并吸收陈垣等专家意见，北平图书馆确定了《敦煌古籍丛编》第一辑的选目，"计有《毛诗音》《尔雅注》《汉书·刑法志》《瑞应图》《故陈子昂遗集》《还冤记》《帝王略论》《楚辞音》

---

① 陈智超编注：《陈垣来往书信集》，上海：上海古籍出版社，1990 年，第 443—444 页；陈智超编注：《陈垣来往书信集》（增订本），第 619 页。此函及下函原书均未注明年代，据函中所述审定敦煌遗书照片影印目录事，可考定为 1937 年。

② 陈智超编注：《陈垣来往书信集》，第 444 页；陈智超编注：《陈垣来往书信集》（增订本），第 619—620 页。

③ 原函现藏国家图书馆，彩图载《中国国家图书馆藏敦煌遗书》，南京：江苏古籍出版社，1999 年，第一册卷首。

《文选音》《论语义疏》十种"①。这一目录没有选入陈垣建议剔除的《季布传文》《韩朋赋》两种俗文学作品，照片较晚寄到的《历代法宝记》也没有选入，此外剔除了《东皋子集》《类林》二种。总体上看，最终的选目更侧重四部书。

《敦煌古籍丛编》第一辑的序跋，由王重民草拟。王重民8月2日致袁同礼函中说："第一辑序跋因终日编目，太有兴趣，直到今日尚未肯牺牲一日来写好。然材料大致已预备齐全，不久即可动笔，草讫寄上也。"②8月8日函中又说："序跋等项两周内定能寄上。"③

王重民致袁同礼的信函中，还多次提到影印的技术问题。比如行款与排版问题，6月18日函中说："颇悔上次相片之未加审慎，以之付印，实有不宜。现在只请命人详细检查一过，再与商务函商，请不要惜工钱，最好是重加剪贴与排比，把行款与篇幅弄得整整齐齐。且从此以后相片大小均能一律，则前次之窄一行者务要加出，冀将来此《敦煌古籍丛编》第一编与第二、第……等编均一律。"④8月8日函又说："再说就是纸幅大小、宽狭方面可任意割配，俾较美观；高低方面不要减缩。"

更重要的是影印底本的描润问题，因商务印书馆影印《四部丛刊》，不少书经过描润，学界颇有讥评⑤，故而王重民在8月8日函中反复强调不可描润："委托商务影印敦煌古籍丛编石印，既能便宜数倍，为流通学术及畅销起见，自应以用石印法印行为宜，唯原来照片如有模糊不清之处，请商务主事人千万不要用墨笔描绘，因图清晰反而致误，这一点是

---

① 《国立北平图书馆馆务报告（民国二十五年七月至二十六年六月）》，第17页。

② 原函存国家图书馆档案室，附于"国立北平图书馆发文第四九号"之后。

③ 同上。

④ 原函存国家图书馆档案室，附于"国立北平图书馆到文第一〇七九号"之后。此函撰写于1937年。档案原件首页上方标"1934年"，显然为档案整理人员的误记。

⑤ 赵万里所撰书评《论商务印书馆出版之〈四部丛刊〉》，其第五节专论"印刷时多描改致失原本面目"，首先述及日本学者内藤湖南"尝疑《四部丛刊》非影印乃写印"，继而指出"其所以有违异者，盖旧本不甚明晰，印刷时随意添改故也"。赵文原载1928年3月26日《大公报·文学副刊》第12期，收入《赵万里文集》第二卷，国家图书馆出版社2012年出版。

商务的通病，印别的可以不管他，印此书请他千万不要犯此毛病，况说我们既有胶片，即有不清之处，若有别种问题可向吾馆要求洗照。……所以这次为便宜而采用石印，千万请商务不要犯了这种毛病。"王重民又举出罗振玉的例子："即以罗振玉而论，因为描改，亦误人不浅。罗氏于一九一七年用珂罗版印《古籍丛残》，当然印得很好，到一九二八年又印《鸣沙石室佚书》，改用石印，任意描改。生今得持与原卷相对，弄错的实在很多。"[①] 这些讨论显示，《敦煌古籍丛编》第一辑的编辑工作 1937 年 8 月以前业已完成，即将制版印刷。1936—1937 年度的《馆务报告》也记载，《敦煌古籍丛编》第一辑在 1937 年 6 月以前"已委托商务印书馆印行"[②]。

影印《敦煌古籍丛编》第一辑既已有眉目，王重民等即开始筹备第二辑。国家图书馆旧档中存有王重民手书"影印敦煌遗书第二辑选目"一份，开列 10 种，并有说明：其一为 P.3456 原本《六韬》，"此为宋元丰未刊定以前之原本，较今本几多一倍，清孙同元、马国翰、严可均诸家所辑佚文，亦不及此本完备"。此件王重民"曾稍校写，并附一跋，已寄吾馆赵效孟先生"。照片在寄回馆内第 24 辑内[③]。其二为 P.3627a、P.3867、P.3627b、S.5473《王陵变文》，巴黎所藏三卷曾刊载于《国立北平图书馆馆刊》第十卷第六号，"Dr. Giles 见之，又寄来 S.5473 一卷，巴黎所缺者适可补全，且重一段，足资校勘。"照片在第 17 辑内。其三为 P.2578《开蒙要训》，其四为 P.3403《雍熙三年具注历日》，这二卷刘半农《敦煌掇琐》收有录文，拟再据原本影印。其五为 P.2504《唐代职官表》。其六为 P.3595《苏武李陵执别词》，"此卷似为唐代大曲同类之作品"。其七为 P.5542《白香山诗集》，存新乐府一部分，与通行本异文甚多，王重民"曾作一校记，邮交贺昌群先生"。其八为 P.2627

---

① 原函存国家图书馆档案室，附于"国立北平图书馆发文第四九号"之后。

② 《国立北平图书馆馆务报告（民国二十五年七月至二十六年六月）》，第 17 页。

③ 此处"24 辑"及下文的"17 辑""1、2 辑""3 辑"，均指王重民自巴黎寄回北图书馆的照片批次，其编号与后文所述《法国巴黎图书馆藏敦煌本照片目录》的记录完全吻合。P.3456《六韬》见于该目第二十四辑，P.3627、3867《王陵变文》见该目第十七辑，P.2546《刘子新论》见该目第一、二合辑，P.3562《刘子新论》见该目第三辑。

《史记集解》。其九为 P.2546、P.3562《刘子新论》，P.2546 照片见第 1、2 辑，P.3562 照片见第 3 辑。其十为《常何墓志》，"董授经先生已有影印寄吾馆，按此志《全唐文》不载"①。这份目录仅为草目，王重民 1937 年 8 月 2 日致袁同礼函中，曾说"第二辑因偏于佚书之选择，故较贫乏，若为投国人嗜好，或再加入一些经书诸子之类，容稍后再选一目邮呈"②，可见他有修订此目的计划。

　　遗憾的是，由于 1937 年 7 月日军发动全面侵华战争，战事很快波及上海，商务印书馆业务遭受重创，几乎停顿，"因经济及时局关系，各项刊物均暂停顿，委托商务印书馆发行之（一）国藏善本丛书、（二）敦煌古籍丛编、（三）清代文史笔记索引，……均商得本馆同意，暂行停印"③。日本帝国主义的铁蹄，无情地打断了《敦煌古籍丛编》的出版进程，造成了难以弥补的损失。这些珍贵文献的图像，直到 1970 年代末，北京图书馆和中国科学院购得法藏敦煌遗书的缩微胶卷，甚至 1990 年代《法藏敦煌西域文献》的出版，中国敦煌学者才能比较容易地读到，这不能不说是一件无比遗憾的事情。

第五节　英法藏敦煌遗书照片对中国敦煌学的推动

　　王重民、向达等所摄英法藏敦煌遗书照片寄回馆内之后，即开始为学术界提供服务，很多学者和学术著作曾受惠于这些照片。兹举数例如下：

　　北平图书馆的敦煌学者最先接触到这批照片，并以此为资料开展研究。时任写经组组长的孙楷第，于 1936 年撰成《敦煌写本〈张议潮变文〉跋》④

---

　　①　原件存国家图书馆档案室。与 1937 年 6 月 18 日王重民致袁同礼函等同附于"国立北平图书馆到文第一〇七九号"之后。

　　②　原函存国家图书馆档案室，附于"国立北平图书馆发文第四九号"之后。

　　③　《国立北平图书馆馆务报告（民国二十六年七月至二十七年六月）》，第 8 页。

　　④　原载 1936 年 8 月 27 日《大公报·图书副刊》第 145 期；收入《沧州集》，第 333—341 页。

一文，他在录文之后说明所据为"北平图书馆藏影本"①，说明此项研究是利用王重民寄回的 P.2962《张议潮变文》照片进行的。

馆外学者利用照片进行研究的，例子更多。1937 年，周祖谟经赵万里联系，借阅 P.2011《刊谬补缺切韵》残卷照片②。王重民寄回国内的"第五包照片目"③，著录 P.2011《切韵》70 页、P.3573《论语疏》38 页两种，共计108 页，右上角注"请交赵斐云先生"。据此可知，赵万里曾要求王重民拍摄这一件敦煌遗书的照片，因此王重民寄回照片时，注明将其交给赵万里。周祖谟校勘、研究《广韵》，得到赵万里的指点和帮助。他在《广韵校勘记》一书的序中说："本书所用宋刻《广韵》及唐人韵书残本照片，皆赵斐云先生一人惠示，又承恺切指示，实可钦感。"④ 1960 年中华书局将《广韵校本》与《广韵校勘记》合璧影印，周祖谟改订序言，其中说："校勘时复承斐云先生恳切指示，惠借资料，受益实多。"⑤ 这里所说的"惠借资料"，包括赵万里提供的自校本，也包括《广韵》宋刻本、英法藏敦煌唐人韵书照片。

周祖谟借走的照片，抗战期间尚未归还，当时远在昆明的袁同礼还亲自过问此事。1940 年 1 月 19 日，袁同礼致函王访渔、顾子刚指示馆务，其中提到此事："二十六年赵斐云先生经手由中央研究院历史语言研究所借去敦煌卷子《刊谬补缺切韵》照片计七十叶，日前致函该所，即予收回。嗣得覆云，'此项照片前敝所系为助理员周祖谟君所借，现仍存周君手。周君住北平前门外茶儿胡同三号，请派人设法向周君收回'云云。查此项照片既仍在平，拟请尊处即派人前往周君处将该片取回，即交写经组点收见覆为荷。"⑥《法国巴黎图书馆藏敦煌本照片目录》稿本"另辑"（大照片）之后，

---

① 孙楷第：《沧州集》，第 335 页。
② 周祖谟《广韵校勘记》未标明此卷的馆藏号，而以"法国巴黎国家图书馆所藏得自敦煌之王仁昫《刊谬补缺切韵》"称之，简称为"敦煌王韵"。
③ 此件为王重民手书，现藏国家图书馆古籍馆。
④ 序载周祖谟《广韵校勘记》卷端，长沙：商务印书馆，1938 年。
⑤ 周祖谟此序作于 1937 年 3 月。此据《广韵校本》，北京：中华书局，1960 年，第 5—6 页。
⑥《北京图书馆馆史资料汇编：1909—1966》，第 708 页。

有写于 1947 年之后的点勘记录："尚欠周祖谟所借《刊谬补缺切韵》一种七十页。"约编纂于 1950 年代的《国立北平图书馆藏海外敦煌遗籍照片目录》，著录 P.2011《刊谬补缺切韵》照片二份，其一 114 页著录在案，另一份 70 页注"中央研究院久借未还"。这些资料表明，这些照片为周祖谟长期留用研究。

周祖谟在《唐五代韵书集存》[①]中，刊布了多种敦煌吐鲁番出土韵书的照片，其中包括 P.2011 等。他在序中说："所幸北京图书馆经过多年的努力，大部分的材料都有了照片。王重民先生在这方面尽了很大的力量。"[②]该书所用照片，包括 P.2011 等敦煌本韵书及德藏吐鲁番出土韵书，都来自北图馆藏。

1930 年代顾颉刚、顾廷龙编纂《尚书文字合编》时，曾通过王重民、向达利用其中的《尚书》写本照片。对于他们的帮助，顾廷龙颇为感怀："犹忆一九三二年，吾家颉刚教授与余从事《尚书文字合编》之纂辑，需求敦煌写本《尚书》，时适君（指王重民——笔者按）访法，向君觉明赴英，即托访致国外景本。未几，两君先后以照片见惠，感不能忘。"[③]顾廷龙笔记载："1932 年秋，……时向达先生赴英、王重民先生赴法了解敦煌古籍，颉刚先生即恳托两君将所见《尚书》照片相示。"[④]1941 年 2 月 27 日，顾廷龙重理《尚书》写本时，日记载："余所得者，较日本京都研究所缺两段，……然余亦有《大禹谟》及《蔡仲之命》，觉明所赠，为彼所未有者。"[⑤]

抗战期间，傅斯年曾要求北平图书馆提供敦煌遗书中谶纬文献的照片。1940 年 3 月 20 日，已在美国国会图书馆的王重民致函袁同礼，汇报奉命办理的事项，其中第一条谓："语言历史研究所欲从敦煌卷子辑古谶纬事，

---

① 据周祖谟序，此书编纂始于 1945 年，成书后搁置二十多年，方才于 1983 年由中华书局出版。

② 周祖谟：《唐五代韵书集存·序》，载《唐五代韵书集存》，北京：中华书局，1983 年，第 2 页。

③ 顾廷龙：《中国目录学史论丛·跋》，载王重民《中国目录学史论丛》，北京：中华书局，1984 年，第 341 页。

④ 沈津：《顾廷龙年谱》，上海：上海古籍出版社，2004 年，第 28 页。

⑤ 同上，第 167 页。

生已开一详目，并附一信，请转傅孟真。生所带来者，不久要稍稍整理，即顺便将此类相片拣出，为其制复本。"同函中又说："傅孟真是否也在昆明？关于伦敦所藏敦煌谶纬书史料，现尚未开清目录，但不久当查明，再奉上。"①可知当时袁同礼将此事托付王重民办理。4月8日，王重民再次汇报："为傅孟真所选敦煌纬书片，今日亦送照相部复制，俟照出后再详报告，并直寄昆明。"②4月11日则报告："为傅孟真选敦煌相片，正在复制，制好寄昆明。"③5月14日，又一次报告："为傅孟真所照相片，已制讫，即别件挂号寄吾师，再转傅先生。"④同日，王重民致函傅斯年，开列已为其复制的文献目录，据此可知当时复制的为S.5614《日暝占》、S.6015《易三备》、S.3326《解梦及电经》、S.1339、S.6261《白泽精怪图》、S.612等六号⑤。

1940年5月14日王重民致傅斯年函中，指出"其已寄北平者，请依向觉明先生所编目，选出后仍可在北平设法"⑥。因此，袁同礼曾从昆明致函写经组组长孙楷第："子书吾兄，孟真借抄敦煌卷子关于古谶纬之部分，因上次寄来目录已送沪，手下无书可查，拟请查明在平者究有几种，如有请录副寄下为荷。孟真所开五种(二六八三号、二六三五号、二六八二号、二九六一号、三六三六号，皆据伯希和写本目)仅一部分，当不只此五种也。"⑦通过这些函件可知，当时散在昆明、北平、华盛顿三处的北平图书馆馆员，多次联络，为中央研究院史语所提供了谶纬类文献的照片，辅助其研究。

这些谶纬类文献照片，傅斯年交予史语所陈槃进行研究。陈槃《古谶纬书录解题》附录所收S.6015、S.6349《敦煌唐咸通钞本〈三备〉残卷》，

① 1940年3月20日王重民致袁同礼函，原函藏国家图书馆档案室。
② 1940年4月8日王重民致袁同礼函，原函藏国家图书馆档案室。
③ 1940年4月11日王重民致袁同礼函，原函藏国家图书馆档案室。
④ 1940年5月14日王重民致袁同礼函，原函藏国家图书馆档案室。
⑤ 1940年5月14日王重民致傅斯年函，原函藏国家图书馆档案室。
⑥ 同上。
⑦ 原函藏国家图书馆，彩图载《中国国家图书馆藏敦煌遗书》，南京：江苏古籍出版社，1999年，第一册卷首。原函以铅笔圈"二九六一号""三六三六号"二处，并在其一侧画圈做标记，当为孙楷第核查馆藏敦煌卷子照片时的记录。原函未署年份，据上述王重民函，可知其作于1940年。

即为王重民提供，陈槃在其后撰有《补记》，叙述这一经过："前列伦敦大英博物院藏敦煌钞本《三备》残卷、斯坦因编目两种，系中央研究院历史语言研究所于抗战期间函托北平图书馆王重民先生所迻录，原件底本该院当时尚未以照片公开流布。"①

1941年，傅增湘经赵万里、孙楷第之手，借出北平图书馆藏王重民拍摄法藏唐卷子本《刘子》影片，以之校勘清光绪元年崇文书局刊本。傅增湘校勘该书，历时三十年，所用敦煌本有何邕威、刘希亮藏本，董康手抄法藏P.3704号，以及王重民所摄照片②。1941年11月3日，傅增湘致函赵万里："前者承君钞示燉煌本《刘子》存卷表，中有馆藏影本，自《韬光》第四至《法术》十四，又《鄙名》十七至《托附》二十一。此十六篇弟未曾校过，颇拟得此卷一校，不知尚存否？或君有临校本亦可，祈示及为幸。"③此事最终由写经组组长孙楷第经手办理。傅增湘在跋文中记述这一经过："至于敦煌卷子本，……其在英伦者，王重民留学于彼，展转访得两本，一大字卷，三百零二行，一小字卷，七十八行，摄影寄归，藏于北平图书馆。余近日甫从门人孙子书借观，因得传校。"④所谓王重民所摄"在英伦者"，实即法国国家图书馆藏P.3562、P.2546两号。

燕京大学也曾借用这批照片。《法国巴黎图书馆藏敦煌本照片目录》稿本"另辑"（大照片）之后，有题记："燕大所借敦煌写经照片贰拾伍种共计乙百四十八页，于三十六年二月中旬全数交还，已收讫归入原辑中。"

医学史专家范行准抗战期间通过赵万里，翻拍了P.3655《明堂五脏论》、P.3930《药方》等医学文献的照片53张。⑤

① 陈槃:《古谶纬研讨及其书录解题》，台北：编译馆，1991年2月，第608页。此承史睿告知，特此致谢。
② 王菡:《藏园校书所用敦煌遗书、吐鲁番文书》，《中国典籍与文化》2008年第4期，第97页。
③ 此函承赵深先生惠示，特此致谢。
④ 傅增湘:《藏园群书题记》，上海：上海古籍出版社，1989年，第347页。
⑤ 冯远主编:《尺素情怀：清华学人手札展》，北京：清华大学出版社，2016年，第244—245页。

以上为照片摄回之初的抗战期间，为学术界服务的些许事例。1949 年后，虽然照片的完整目录没有公布，这批照片依然在一定范围内为学术研究服务。《敦煌变文集》的编纂就是其中一例。

《敦煌变文集》是王重民、王庆菽、向达、周一良、启功、曾毅公六位学者共同辑校的敦煌俗文学文献合集。该书的编纂，较多地利用了北图所存英法藏敦煌遗书照片。向达所撰《〈敦煌变文集〉引言》中说："一九三四年以后，王重民先生到了巴黎和伦敦，周览了伯希和、斯坦因劫去的敦煌石室藏书，大量摄照了变文之类的作品。这些照片现在都藏在北京图书馆，清华大学图书馆也收藏了一部分。……本书所收伦敦、巴黎藏的变文一类作品，主要的是根据两位王先生的照片和抄本。"① 此书编者之间的通信，也透露了使用北图所藏照片进行校录的信息，王重民某日致启功函中说："同时亦寄毅公兄一批，请他在北京图书馆校原卷或原相片。弟本礼拜二在北京图书馆工作一天，深知提高我们的工作，还必须多校原卷。"② 可知核对原照片的工作，主要由时在北图工作的曾毅公来做，王重民也时而去北图查阅原卷或照片。

国家图书馆古籍馆藏有《馆藏海外敦煌照片"变文"书名索引》稿本一册，由刘福春编纂，书前序文所署时间为 1958 年 12 月，编辑时间当在此之前。此索引以题名首字母笔画排序，收录 90 号，每号著录馆藏号、题名、著者、说明、页数；末附本馆藏敦煌变文写本简目，收录 11 号，每号著录馆藏号与题名。此书名为"索引"，实即馆藏敦煌变文文献简目。书前序文说明了编辑体例的一些细节："索引中有用朱笔标注页数者，系与前面书合卷的总页数，以清眉目；又末有附录，则系馆藏敦煌写经卷子本的变文，并为列出，以便参考。至于《搜神记》，亦与变文有关系的资料，所以列入索引中。"此目列入古小说《搜神记》及俗赋等，与《敦煌变文集》的收录范围一致，可见此目当与该书的编纂有一定关系。

---

① 王重民、王庆菽、向达、周一良、启功、曾毅公编：《敦煌变文集》，北京：人民文学出版社，1957 年，第 6—7 页。

② 萨仁高娃：《王重民等有关〈敦煌变文集〉的信函二十四通》，《文献》2009 年第 2 期，第 157 页。

1959 年中国历史博物馆筹备阶段，曾借用这批照片，用于"拍片"。据国家图书馆所存借阅档案①，中国历史博物馆派当时借调在馆筹备中国通史展览的中国科学院历史研究所实习员杨讷，前往北图借用敦煌遗书照片，借期为一个月。所借照片为《唐律疏议》《军律》《景教三威蒙度赞》《刑部格》《茶酒》《白居易诗集》《张议潮变文》《云谣集》《周秦行纪》《兔园册府》《蒙求》《张淮深变文》《贞元十道录》《沙州图经》《摩尼教经典》《吴庆顺典身契》《社司转帖》《天宝五年户籍》《开元户籍》等 19 种，均为极富文献价值与研究旨趣的非佛教文献。

改革开放以来，中国敦煌学研究复兴，收藏在北京图书馆的英法藏敦煌遗书照片，再次得到学术界的重视。

1993 年初，柴剑虹等应法兰西学院苏远鸣之邀，前往巴黎考察法藏敦煌写本，曾请北京图书馆敦煌吐鲁番学资料研究中心初步清点这批照片，将资料中心提供的清单与《敦煌遗书总目索引》作了对照，列出了部分不同之处②。这是改革开放以来较早利用这批照片进行研究的一个事例。

荣新江也曾利用这些照片进行研究，据之核对了《读史编年诗》录文中缩微胶卷和《敦煌宝藏》无法见到的不少文字③。

王重民、向达所摄的德藏吐鲁番文书照片，由于部分原卷在二战期间被毁，显得更为珍贵。1996 年，荣新江为赴德国访问作准备，在北图敦煌吐鲁番资料中心查阅了这些照片，并在德国与现存资料进行了比对和考证："笔者赴德前，曾详细调查收集前人有关柏林吐鲁番汉文文献的研究成果，有幸在北京图书馆找到一些王重民先生于二战前从德国摄回的照片，计 21 张（除去重复），……周祖谟《唐五代韵书辑存》曾发表了其中的韵书资料。

---

① 借用介绍信原件存国家图书馆档案室，所署日期为 1959 年 4 月 22 日，有时任善本部主任赵万里签批。

② 柴剑虹：《〈敦煌西域文献旧照片合校〉序》，见《敦煌西域文献旧照片合校》，北京：国家图书馆出版社，2007 年；收入柴剑虹《品书录》（增订本），兰州：甘肃教育出版社，2011 年，第 335—336 页。

③ 荣新江：《〈王重民向达所摄敦煌西域文献照片合集〉序》，载《王重民向达所摄敦煌西域文献照片合集》，第 1—2 页。

这些旧照片只有考古学编号，长时间没人注意。这次在柏林，笔者查出了大部分照片的新编号，重新确认了这些照片的价值。有些照片所摄的残卷，现已不知所在；还有 3 张照片所示的卷子，比原卷多少不等地长出了一截，如 Ch/U.6782d《一切经音义》写本，现仅存 6 行文字的上半，但照片不仅有其下半，还有前后 48 行文字，现已残失。"①

随着时间的推移，这些照片的学术价值日益凸显。荣新江指出："一些具有学术价值的写本被反复借阅，千年的纸张经不住人们翻过来、倒过去地折腾，一些带有文字的纸块已经脱落而不知所在，比如巴黎藏的《沙州图经》《张淮深变文》，就是如此。收藏的馆方为了保护原卷，有的（英图）托裱，不经意把一些重要的文字糊在里面；有的（法图）用丝网固定纸张，但架不住学者的多次翻阅，丝网和纸张脱离，由于隔着一层丝网，于是后来拍摄的照片自然模糊不清，这种情况越是有学术价值的写本越是如此。"②这些照片比较完整地保存了写卷未经现代保护处理与未过度使用时的状态，保留了某些现存原卷所无法看到的信息。因此，虽然《法藏敦煌西域文献》（上海古籍出版社,1994—2005）、《英藏敦煌文献（汉文佛经以外部分）》（四川人民出版社,1990—1995）已经出版，但这批照片依然有重要的学术价值。有鉴于此，国家图书馆敦煌吐鲁番资料中心组编《王重民向达所摄敦煌西域文献照片合集》一书，将所有照片影印出版。此书 2008 年由北京图书馆出版社出版，精装三十大册。实现了王重民、袁同礼等编印《敦煌古籍丛编》的计划。

北平图书馆拍摄英法藏敦煌遗书照片，对敦煌学的另一个重要影响，就是培养、造就了 20 世纪中期中国敦煌学的两位中坚人物——王重民与向达，关于他们的敦煌学研究贡献，将在下章论述。

---

① 荣新江:《德国"吐鲁番收集品"中的汉文典籍与文书》,《华学》第三辑，北京：紫禁城出版社，1998 年，第 311 页。荣新江早先致徐文堪函也有相关论述，载《柏林通讯》，《学术集林》卷十，上海：上海远东出版社，1997 年，第 394 页。

② 荣新江:《〈王重民向达所摄敦煌西域文献照片合集〉序》,见:《王重民向达所摄敦煌西域文献照片合集》,第 1—2 页。

第六章　北平图书馆时期的敦煌学研究

国立北平图书馆时期，袁同礼馆长高瞻远瞩，认识到敦煌文献的学术价值，注重敦煌研究资料的搜集与敦煌学研究。1930 年 7 月 7 日，北平图书馆礼聘伯希和为通讯员 [1]，就是与国际敦煌学界建立学术联系的一个显著事例。

上章比较详细地论述了国立北平图书馆派遣王重民、向达等前往英法调查、拍照敦煌遗书的史事，他们的调查、整理、研究，所得甚丰，推动中国敦煌学向前大步迈进，而他们本人也都成为优秀的敦煌学家。王、向二人之外，馆内也不乏关注敦煌学的学者。其中写经组成员的研究成绩已见本书第四章，本章主要论述写经组以外的学者们对敦煌学的贡献。

第一节　王重民的敦煌学研究（附刘修业）

一、王重民在馆任职及赴欧美访书经历

王重民（1903—1975）在北京高等师范学校（今北京师范大学前身）求学时，获知于任教目录学的袁同礼，经其介绍，课余到北海图书馆兼职。1929 年毕业后，转往北平图书馆工作，任编纂委员兼索引组组长。1934 年8 月，王重民获教育部批准，以交换馆员名义前往巴黎法国国家图书馆，编纂伯希和所获敦煌遗书的目录。1935 年开始为北平图书馆、清华大学拍摄敦煌遗书照片。同年夏，趁休假访问德国柏林普鲁士图书馆，搜集古佚书及太平天国文献，撰有《柏林访书记》。1936 年秋，赴罗马梵蒂冈图书

---

① 《北京图书馆馆史资料汇编：1909—1949》，第 324 页。

馆访求明清来华天主教士著作，撰有《罗马访书记》。1938 年 4 月至 6 月间，赴伦敦摄取英国博物馆藏敦煌遗书照片。

王重民旅欧访书，最为注意的是四个方面的文献，一为敦煌遗书，二为明清间天主教士华文著述，三为太平天国史料，四为古刻旧抄四部书罕传本，而其中"第一步所最致力者，厥在敦煌佚书"[1]。白化文《〈冷庐文薮〉序》指出王重民在"这五年多时间里，大量地接触了伯希和与斯坦因盗去的遗书材料，所得甚丰，从材料搜集等方面奠定了以后研究的基础。这段时间，不但对王先生个人，即便对于国际和我国敦煌学界来说，都可说是一个高潮时期、黄金时代"[2]。

1939 年 8 月，因法德战事影响，王重民携眷离开巴黎前往华盛顿，整理美国国会图书馆所藏中文善本书，撰有《美国国会图书馆所藏善本书录》。期间于 1941 年 2 月至 5 月回沪，协同徐森玉挑选北平图书馆南运善本，装为 100 箱，准备运往美国国会图书馆寄存避祸。这批书运抵华盛顿后，王重民即加以整理，撰写提要，并由国会馆拍摄缩微胶卷，至 1946 年完成。在美国期间，他还整理了旅法所获部分敦煌文献。

1947 年 2 月，王重民回国，任北平图书馆参考组主任，兼任北京大学图书馆学专科教职，所开课程有"敦煌俗文学"[3]"敦煌文学史料"[4]等。1948 年

---

[1] 王重民：《〈巴黎敦煌残卷叙录〉（第一辑）自记》，原载《巴黎敦煌残卷叙录》第一辑卷首，此据王重民《冷庐文薮》，第 777 页。

[2] 白化文：《〈冷庐文薮〉序》，载王重民《冷庐文薮》，第 4 页。

[3] 1947 年王重民致美国国会图书馆东方部主任恒慕义（Arthur William Hummel, 1884—1975）函中称："I am teaching three courses in Peita : (1) literary materials from Tun-huang, (2) Chinese bibliography, (3) Special studies on Chinese bibliographical books. I like the first one, because it gives me a chance to study, and to prepare for writing a book." 这段文字大意为："我现在北大执教三门课程：（1）敦煌文学文献；（2）中国目录学；（3）中国目录学书籍专题研究。我喜欢第一门课程，它给了我开展研究并准备撰写一部书的机会。"这里所说的"敦煌文学文献"课程，当即"敦煌俗文学"；所提到的准备撰写的一部书，即《敦煌古籍叙录》。原函藏美国国会图书馆档案，由居蜜博士提供国家图书馆"王重民学术思想史料整理"课题组加以整理，整理成果待刊。

[4] 见《国立北京大学文学院各学系课程一览》（1947.12），此文件藏北京大学档案馆（档号 BD1947502）。

底，袁同礼离平，王重民受命代理馆务。1949 年 1 月 31 日北平和平解放，3月 5 日北平军事管制委员会文化接管委员会任命王重民为副馆长；同年，北京大学成立图书馆学专科，王重民担任主任。1952 年 8 月，辞去副馆长职务，专任北大图书馆学专科主任、教授，直至 1975 年 4 月含冤自尽 [①]。

二、王重民的敦煌文献目录编纂成就

王重民奉派前往巴黎，其工作任务即为编纂伯希和所得汉文敦煌遗书目录。所阅卷子，随手做成卡片。这部目录当年未能编定出版，直至 1950年代后期，才重新董理，编定为《敦煌遗书总目索引》中的《伯希和劫经录》。这些卡片后由刘修业捐赠给敦煌研究院，白化文"曾抽取若干与《敦煌遗书总目索引》比对，发现几乎没有改动，说明王先生这方面的功夫实在到家" [②]。

《敦煌遗书总目索引》署名"商务印书馆编"，实则为王重民主编，由商务印书馆 1962 年出版。全书由总目、索引、附录三部分组成。总目是该书的核心部分，包括《北京图书馆藏敦煌遗书简目》《伯希和劫经录》《斯坦因劫经录》《敦煌遗书散录》等四项。

《北京图书馆藏敦煌遗书简目》录自《敦煌劫余录》，实际相当于《劫余录》的简编。此目改变《劫余录》分类编排的方式，改用千字文编号排列，从地 01 至位 79 号，共计 8679 号。每号著录题名，后附《敦煌劫余录》页码，以便查询。

《斯坦因劫经录》由刘铭恕利用中国科学院图书馆所获英藏敦煌遗书缩微胶卷编著而成，依斯坦因编号排列，著录 6980 卷。此目在著录题名外，还迻录原卷题记，校录较简短的文书、诗词的文本，并对一些写卷撰写富有学术价值的说明，颇具参考价值。此目是英藏敦煌遗书首部完备的目录。

《伯希和劫经录》著录法国国家图书馆藏敦煌汉文写卷 3579 号，按伯

---

① 刘修业：《王重民教授生平及学术活动编年》，载《冷庐文薮》，第 878—916 页。

② 白化文：《王重民先生的敦煌遗书研究工作》，《北京图书馆馆刊》1997 年第 3 期，第 73 页。

希和编号排列。此目纠正了法藏原目录的差误，并在一些重要卷子之下撰有提要，为深入研究提供线索和启示。此目是法藏汉文敦煌遗书首部完备的目录。

《敦煌遗书散录》收录 19 种公私收藏及分类目录，包括前中央图书馆藏、国内地方馆藏、日本馆藏、专题目录以及个人收藏的目录，其中《敦煌曲子词残卷目录》《敦煌四部遗书目录》两种目录系王重民所编。散录博采众家目录，某些专题目录虽重复著录北京、伦敦、巴黎三大馆藏，但无碍其参考价值。

索引部分将总目所收全部敦煌遗书题名相同者集中在一起，依书名首字排列，按笔画顺序编成索引，极便于检索。

全书之末，附录翟林奈《英国博物馆所藏敦煌汉文写本注记目录》的分类总目、新旧编号对照表。最后是王重民所撰《后记》，简明而深刻地回顾、总结了汉文敦煌遗书的编目工作。

此目的贡献，概括说来有三个方面；

其一，它是世界各收藏机构所存敦煌遗书的第一部总目录，比较完备，著录总量达 22000 余件。除俄藏部分当时尚未公布外，其他大馆藏的主体部分已经基本包罗在内。

其二，检索便利，一册在手，可以方便地查询当时已公布的所有敦煌遗书的信息，对于敦煌文献研究者来说，不啻为按图索骥的指南。

其三，著录较为准确，北图所藏以《敦煌劫余录》为基础，又加上周叔迦后续考定的 89 种；英藏部分，系刘铭恕根据缩微胶卷编定；法藏部分，则为王重民手定。

此目是世界敦煌学史上里程碑式的著作，标志着敦煌遗书研究已经进入新的阶段。自出版以来，即成为敦煌文献研究的必备工具书，半个世纪以来行用不衰，"世界上敦煌学界受此书嘉惠不少，其沾溉学人，恐非一代"[①]，对敦煌遗书研究有巨大的推动作用。

---

① 白化文:《王重民先生的敦煌遗书研究工作》,《北京图书馆馆刊》1997 年第 3 期,第 75 页。

三、王重民的敦煌文献校录整理成就

王重民个人或组织学者录文、校勘并刊布的敦煌文献为数甚丰，主要有《补全唐诗》《敦煌曲子词集》和《敦煌变文集》，都是敦煌文学文献整理方面的力作。

1.《补全唐诗》等

王重民在法国调查敦煌遗书时，即留意敦煌遗书中的佚诗，对《全唐诗》进行补遗，陆续发表有《补全唐诗》《敦煌唐人诗集残卷》《补全唐诗拾遗》三种。

1937年刘修业赴法，即协助王重民抄录敦煌卷子中的诗词①。1939年赴美之后，陆续抽空整理所抄唐代佚诗。1940年8月2日王重民致袁同礼函称："再有暇，拟写定《全唐诗拾补》。"②1942年，刘修业又协助王重民，将在法国时抄录的唐诗与《全唐诗》互校③，编成《补全唐诗》一稿，至1954年编定，载于《中华文史论丛》1963年第3辑。此文补出诗作104首，包括完整的97首、残诗3首、附录4首；收入作者共50人，其中19人《全唐诗》未著录。

《补全唐诗拾遗》④由刘修业在王重民去世后整理成编。收录124首，其中52首为《全唐诗外编》未收。除李翔《涉道诗》二十八首、马云奇诗一首外，均为无名氏作品。

《敦煌唐人诗集残卷》⑤辑录P.2555号唐人诗72首，系唐中期奉使吐蕃被俘的两位诗人所作，《全唐诗》均未收录。王重民在巴黎时录出，以后又曾整理加工，但未定稿。王重民生前，曾将稿子交给王尧校阅，王尧据北京图书馆所藏照片进行校勘整理，方才发表。

---

① 刘修业：《王重民教授生平及学术活动编年》，载《冷庐文薮》，第894页。
② 原函藏国家图书馆档案室。由国家图书馆"王重民学术思想史料整理"课题组加以整理，整理成果待刊。
③ 同①，第896页。
④ 载《中华文史论丛》1981年第4辑。
⑤ 载《文物资料丛刊》第1期，1977年。

王重民的这三种辑补《全唐诗》之作，基本囊括了敦煌遗书所载唐代非宗教诗歌作品的主体部分，校订细致，有较高的资料价值，为此后的唐诗整理者所重视。1982 年中华书局出版《全唐诗外编》，收录了《补全唐诗》《敦煌唐人诗集残卷》二种；1992 年中华书局出版陈尚君辑校的《全唐诗补编》，收入全部三种。

王重民整理敦煌唐诗写本，所采取的角度是补《全唐诗》之遗佚，虽有别于全面的、紧密结合写本学方法的整理工作，但对于后者的开展富有启发意义。徐俊指出，王重民是"最早有计划地从事敦煌唐诗写本辑录的中国学者"，"从《补全唐诗》《补全唐诗拾遗》看，王先生的辑录、考辨工作极为审慎，以此为代表的初步成果，至今仍不失为敦煌诗歌辑校的典范之作"①。从文献整理的角度看，王重民的辑补工作为敦煌文学文献此后更全面的整理、更深入的考校、更细致的写本学考察奠定了基础。

2.《敦煌曲子词集》

曲子词是王重民着意辑录的另一类敦煌文学作品。此书编定于 1940 年夏，当年 8 月 2 日王重民致袁同礼函称："此二十余日中，将所抄敦煌词写定。《全唐文》附辑唐末五代人所作词，仅得八百余首；生共钞出二百余首，去重复，共得 151 首，几可比旧有者多五分之一，亦可算一收获。"②此后，王重民又曾对其进行增补，1950 年方由上海商务印书馆出版。

出版之后，王重民继续听取各方意见，对全书进行整理、修订，增补校记。王重民 1955 年 11 月 29 日致启功函称："兄对《敦煌曲子词集》的意见，请早日提出，或以原校本见示，弟再迻录。因弟计划在下礼拜内作校理工作，十五日前需交稿也。"又某星期五致函启功："想忙还未解除，我又催请惠寄尊校曲子词了。请不必另写，将原校本寄下即可。"1956 年 3 月 6 日再致函启功，内称："尊校《敦煌曲子词集》弟已校完交商务。此

---

① 徐俊：《敦煌诗集残卷辑考·前言》，载《敦煌诗集残卷辑考》，北京：中华书局，2000 年，第 5—6 页。

② 原函藏国家图书馆档案室。由国家图书馆"王重民学术思想史料整理"课题组加以整理，整理成果待刊。

次重编，赖兄与盼老及北大孙贯文同志校本，增补新校颇多。嗣有见面机会，再将校本奉还，先此致谢。"①据此，启功、刘盼遂、孙贯文都曾校过该书，并将自己的校本提供王重民修订之用。王重民在商务印书馆1956年再版《敦煌曲子词集》的"再版叙例"中说："第一版出版时得到周一良、孙楷第、赵万里、阴法鲁、万斯年、曾毅公、杨殿珣七位同志的校正；现在二版，又获得刘盼遂、启功、孙贯文三同志的校本。"②指的正是此事。在再版的校注中，常见"用刘启校""孙校作""刘云""孙云""启云"等字样，标明所出，显示了王重民尊重他人的宽广胸襟和不掠美的崇高学术品格。

《敦煌曲子词集》为当时辑录敦煌遗书中曲子词的集大成之作，上卷为长短句107首，中卷为《云谣集杂曲子》30首，下卷为词24首，计161首；出自32件敦煌遗书，其中法藏17卷，英藏11卷，罗振玉旧藏3卷，日本人桥川所藏1卷。1956年修订再版，增入1首，总计162首。此外，"此书的叙录中还论述曲子词的内容特色，也对曲子词的概念、起源提出了颇具参考价值的见解与看法"③。

此书出版前，学界所知的敦煌词作，有S.1441、P.2838《云谣集》三十首，以及周泳先辑《唐宋金元词钩沉》中据罗振玉、刘复、傅惜华等所公布材料辑成的《敦煌词掇》一卷11首。此书纂辑之富，远过前人，标志着敦煌曲子词的整理与研究进入了一个新时期。任半塘在《敦煌曲初探·弁言》中说，"自王重民编《敦煌曲子词集》载曲词百六十一首以来，国内外之敦煌曲，似已作总结集，若从事研讨，应足依据"④，肯定了此书的纂辑成果。此后，任半塘《敦煌曲校录》⑤、饶宗颐《敦煌

① 以上三函原件均藏国家图书馆名家手稿文库。此处转引自萨仁高娃整理《王重民等有关〈敦煌变文集〉的信函二十四通》，《文献》2009年第2期，第151—163页。

② 王重民辑：《敦煌曲子词集》（修订本），北京：商务印书馆，1956年，第21页。

③ 朱凤玉：《敦煌曲子词研究述评与研究方法之考察》，载朱凤玉《百年来敦煌文学研究之考察》，北京：民族出版社，2012年5月，第60—61页。

④ 任半塘：《敦煌曲初探·弁言》，上海：上海文艺联合出版社，1954年，第1页。

⑤ 上海文艺联合出版社1955年5月出版。

曲》①、任半塘《敦煌歌辞总编》② 相继出版，敦煌词曲的整理与研究，逐步达到比较完备的境界。王重民的考校成果，也为后起的著作所吸收，如任半塘《敦煌歌辞总编》即大量引述王重民的校语。

3.《敦煌变文集》

汇录敦煌变文的首部著作，当推周绍良的《敦煌变文汇录》。此书1954年由上海出版公司出版，汇辑变文36篇；1955年出版增订本，又增收了2种变文；收录写本78件。周绍良未曾出国访求英法所藏，在没有缩微胶卷和影印本可系统浏览的当时，所见自然不够全面。有鉴于此，王重民、王庆菽1954年发起编纂敦煌变文校录本，并邀请向达、周一良、启功、曾毅公合作，共同编纂了《敦煌变文集》。此书1957年由人民文学出版社出版，根据187件写本校录78种俗文学作品。

向达所撰《引言》中说："1934年以后，王重民先生到了巴黎伦敦，周览了伯希和、斯坦因劫去的敦煌石室藏书，大量摄照了变文之类的作品。这些照片现在都藏在北京图书馆，清华大学图书馆也收藏了一部分。1948年，王庆菽先生留学伦敦，后来又去了巴黎，她特别注意俗讲文学和其他的通俗文学作品，一面抄录，一面摄照了一大批显微照片。本书所收伦敦、巴黎藏的变文一类作品，主要的是根据两位王先生的照片和钞本。"③ 据此可知，《敦煌变文集》的校录底本，乃是王重民、王庆菽所抄录的资料与拍摄的照片。

编校过程中王重民、启功、王庆菽之间的通信29通，现藏国家图书馆古籍馆名家手稿文库。这批信件保存了此书编纂过程的丰富信息，包括"传观传校"过程、校勘中所遇到的问题及解决方式、编纂进度等。这些信函中，王重民多次约集开会商议编纂事宜，多次约定校稿与传阅的进度，又屡次预先安排下一步应进行何种事务，表明编纂事宜乃是以他为中心展开的；1956年4月26日函又提到，此书出版合同为王重民代表六人签字；卷

---

① 法国国家科研中心1971年出版。

② 上海古籍出版社1987年出版。

③ 王重民、王庆菽、向达、周一良、启功、曾毅公编：《敦煌变文集》，北京：人民文学出版社，1957年，第6—7页。

首"叙例"由王重民在启功所拟底本上完成[①]。又计全书78篇中，有30篇由王重民校录，所占比例最大。据这些信息可知，王重民实为此书编纂的中心人物。

此书的编纂，采用六人传观传校的方式。每篇作品先由一人主校，然后依次交给其余五人传观传校，提出校勘意见，最后由主校者汇总各人的校勘意见，写成校记附于篇末。这种工作方式，起到了汇集众人之智的良好效果，保证了此书的编纂质量。据王重民、启功通信，大约在1955年7、8月间，六人商定校勘体例；当年11月底，传校工作基本过半；1956年3月底全书交稿；6月份，人民文学出版社即提出修改意见，反馈给编者修改。

此书收集写卷178件，校定作品78种。除变文外，还收录了一些词文、话本、俗赋等俗文学作品，可谓敦煌讲唱类俗文学作品汇录。全书分八卷，依类编排：首先将所有作品分为历史故事与佛教故事两大类；历史故事部分，又依有说有唱、有说无唱和对话体等文体特征，分为三卷，每卷内以历史时代先后顺序排列；佛教故事部分，则按照释迦故事、佛经讲唱文和佛家故事分为三卷；另将押座文及其他短文编为一卷，将包含有变文原始资料的《搜神记》《孝子传》合编为一卷。书后附曾毅公辑录《敦煌变文论文目录》，收1920至1950年代的论著106种，颇便于研究参考。

此书是当时最为精要的敦煌讲唱文学作品校录成果，其成就体现在以下四个方面：

其一，搜罗广泛。首次汇集了英法中所藏敦煌遗书中的大部分变文资料，由于文献未公布等原因未能收录的敦煌讲唱文学资料已为数不多，这不仅大大超越了此前成书的《敦煌变文录》，为敦煌俗文学研究提供了丰富资料，更奠定了该书敦煌俗文学研究基本资料集的学术地位。

其二，校录底本搜集齐备。尽可能地利用了原卷、照片、抄本等当时所能找到的资料，有的资料为校录者在英国博物馆、法国国家图书馆亲自抄录，有的据原件照片核对，有的核对了北图所藏原卷，资料方面较为齐

---

① 这批信件由萨仁高娃整理，撰成《王重民等有关〈敦煌变文集〉的信函二十四通》一文，刊于《文献》2009年第2期第151—163页。

备，这为该书的资料完备性提供了保证。

其三，校勘审慎。变文卷子大多书写潦草，脱字、讹字、别字及疑难字满纸皆是，编者详加校勘，又以校记详加说明，既保存写卷原貌，又为研究者、阅读者提供方便；对每篇的校勘底本选择、题名拟定的依据，都有比较详细的说明。

其四，附有《敦煌变文论文目录》，提供了进一步研究的参考。

毋庸讳言，受敦煌学整体水平的制约，及众多国外收藏写本无法核对原卷等客观条件的限制，此书在文字辨别、校勘方面存在大量疏漏。对此书的校勘、整理、辨析，促进了语言学界对敦煌俗字、俗语词的研究，产生了一大批研究成果，相关商榷论文达二百余篇，这一方面反映了该书校录方面的问题，另一方面也反映了该书受学界重视的程度。

相关研究著作，主要有蒋礼鸿《敦煌变文字义通释》[①]，潘重规《敦煌变文集新书》[②]，周绍良、白化文、李鼎霞编《敦煌变文集补编》[③]，项楚《敦煌变文选注》[④]，郭在贻、张涌泉、黄征《敦煌变文集校议》[⑤]，黄征、张涌泉《敦煌变文校注》[⑥] 等。后出的这些著作，或改编、或校勘、或考订、或注释、或补充该书，或以该书提供的资料进行俗字、俗语词的研究，在相关问题的研究水平上有大幅提升，但都没有越出该书所开创的园地。正如高国藩所说，"新一代成长起来的敦煌文学研究者，没有一个不在这两册巨著里接受敦煌文学最初的迷人的熏陶，没有一个不以此两册巨著为起点，对敦煌文学各种领域作新的探索"[⑦]。这充分体现了该书的学术价值与学术影响。

除上述三种校录整理成果之外，王重民还曾计划撰写《敦煌群书校记》

---

① 中华书局 1959 年出版，1960 年增订本，1962 年三版增订本；1988 年上海古籍出版社二版增订本，1997 年新三版增补定本。

② 台北中国文化大学中文研究所 1983 年、1984 年分别出版上下二册。

③ 北京大学出版社 1989 年出版。

④ 巴蜀书社 1990 年出版。

⑤ 岳麓书社 1990 年出版。

⑥ 中华书局 1997 年出版。

⑦ 高国藩：《敦煌学百年史述要》，台北：台湾商务印书馆，2003 年，第 111 页。

《敦煌群书校补》二稿，但因二战初期离开巴黎，未能完成①。

四、王重民的敦煌文献研究成果

1.《巴黎敦煌残卷叙录》第一辑与第二辑

王重民在法国国家图书馆编纂敦煌写本目录，遇到重要的四部佚书，则详加考订，撰写叙录。这些篇章陆续寄回国内，刊于《大公报·图书副刊》《图书季刊》等刊物。

1935年4月至1935年12月间所撰叙录41篇，原分载1935年5月23日、30日，6月6日、20日、27日，7月4日、11日、18日，8月22日，9月5日、12日，10月3日、10日《大公报·图书副刊》及《图书季刊》第二卷第二、三期（1935年6月），后汇编成《巴黎敦煌残卷叙录》第一辑，分为四卷，后附《英伦所藏敦煌经卷访问记》，1936年9月由北平图书馆印行。

1936年5月21日至1938年9月28日间所撰叙录45篇，部分刊于1936年1月30日，2月6日、12日，6月4日、11日、25日，7月30日，8月13日；1937年1月14日，3月4日，4月8日、22日《大公报·图书副刊》；部分汇为《巴黎伦敦所藏敦煌残卷叙录十二篇》一文，刊于《图书季刊》新第一卷第一期（1939年3月）；部分汇为《巴黎敦煌残卷叙录》，刊于《图书季刊》新第二卷第二（1940年6月）、三期（1940年9月）。后汇编为《巴黎敦煌残卷叙录》第二辑，1941年由国立北平图书馆出版。45篇中，大部分为巴黎藏卷；少数为伦敦藏卷，系1938年4至6月王重民前往伦敦期间所阅敦煌遗书的提要②。

这些刊发于学术报刊的敦煌四部书叙录，略记写卷起讫及内容，及时地报道了王重民在法访书的成果，并就某些具体学术问题加以考订，"考证多出新意"③，给国内学界提供了丰富的信息。后来，王重民在《巴黎敦煌残卷叙录》的基础上，补充大量新资料，编成《敦煌古籍叙录》。

---

① 刘修业：《王重民教授生平及学术活动编年》，载《冷庐文薮》，第890—891页。

② 王重民：《〈巴黎敦煌残卷叙录〉（第二辑）自记》，原载《巴黎敦煌残卷叙录》第二辑卷首，此据王重民《冷庐文薮》，第779页。

③ 高国藩：《敦煌学百年史述要》，第109页。

2.《敦煌古籍叙录》

基于中国学术传统的深厚影响，关于敦煌四部书的研究、考证，始终是中国敦煌学者最为关注且最为擅长的学术领域。自敦煌学兴起以来，罗振玉、王国维、陈寅恪、刘师培、向达等中国学者在各学术刊物上发表了为数众多的四部古籍研究论文，记述卷子形式、内容，考订其篇目、作者、年代，并论证其学术价值。这些论文颇为零散，参考不易。王重民广泛搜集 1909 年以来发表的敦煌四部书题记和参考资料，与他 1934 年以后在巴黎、伦敦访书时所撰叙录汇集在一起，按四部分类法排列，编为《敦煌古籍叙录》一书，1958 年由商务印书馆出版。

此书所收的王重民所撰提要，巴黎部分大多此前已发表，又曾收入《巴黎残卷叙录》第一辑、第二辑，伦敦部分则大多此前未发表。

此书收录范围以四部佚书为限，有关敦煌韵书、佛经、道经、单篇诗文、金石拓本的叙录，不在收录范围内。全书分五卷：卷一经部，收《周易》《尚书》《毛诗》《礼记》《春秋》《论语》等写卷；卷二史部，为《史记》《汉书》《晋书》《春秋后语》《大唐西域记》等史籍的提要；卷三、四子部，收《孔子家语》《六韬》《鹖冠子》《刘子》《老子》《庄子》《列子》《抱朴子》等；卷五集部，收《楚辞音》《王梵志诗》《东皋子集》《高适诗集》《陈子昂遗集》《甘棠集》《文选》以及唐人选唐诗、变文等写卷叙录。每件文献著录书名（篇名）、撰著者姓氏、馆藏号、文献影印本或排印本，然后全录或节选与该卷有关的论文、序跋、题记，最后载明出处。

此书汇编了 20 世纪前期中国学者关于敦煌四部书写本的代表性研究成果，包含了对写卷形态、收藏情况、文献内容等方面的详细信息，可谓集敦煌古籍研究之大成，对于敦煌古籍研究的推进，具有重要的参考价值。

此书出版二十余年后，台湾学者黄永武辑《敦煌古籍叙录新编》，补充近年来中日学者对敦煌古籍的新研究成果，并附文献目录。该书以王重民原书为范围，实为《敦煌古籍叙录》的增补本，由此亦可见该书学术影响之一斑。

3. 敦煌遗书专题研究论文

王重民所撰敦煌学论文，多收入《敦煌遗书论文集》①中。此书是王重民研究敦煌文献的主要成果，收录 1935 至 1963 年间所撰敦煌遗书研究论文，其中《跋太公家教》《敦煌四部书 60 年（1900—1959）提纲》两篇之前未曾公开发表。全书分两部分：上编为通论性的文章及敦煌学专著序跋；下编为专题论文和单篇敦煌文献研究论文。书后附录参考资料，包括和朋友讨论敦煌古籍及调查敦煌遗书收藏情况的通信等。

这些论文中，有代表性的如：

《金山国坠事零拾》②一文，是利用敦煌文献补史、证史的重要作品。关于张承奉称金山国事，仅在新旧《五代史·吐蕃传》中有“沙州梁开平中有节度使张奉自号金山国白衣天子”一句话的简单记载，王重民在法藏敦煌遗书中，发现《白雀歌》《龙泉神剑歌》各一首，《沙州百姓上回鹘天可汗书》一件，《曹义金上回鹘宰相状》，以及其他文件五篇，校录其文并加以考证，张承奉称金山国史事始大白于世。此文是系统地研究“金山国”历史的第一篇论文，也是后人继续探讨相关问题的首要参考论文。

《敦煌本历日之研究》③，对敦煌遗书中的历日类文献作了系统介绍和研究，在敦煌本历日研究领域，被称为“真正揭开研究序幕”④的开山之作。

《敦煌变文研究》⑤为王重民研究敦煌变文的总结性论文，此文从敦煌变文分类入手，考述“变文”释义，研究变文的发生、发展和转变，探讨变文讲唱的仪式和方法等问题，自成体系且富有新见，代表了王重民“对变文理论体系的建构”⑥。

---

① 中华书局 1984 年出版。

② 原载《北平图书馆馆刊》第九卷第六号，1935 年。

③ 原载《东方杂志》第 34 卷第 9 期，1937 年。

④ 邓文宽：《敦煌吐鲁番历日的整理研究与展望》，载邓文宽《敦煌吐鲁番天文历法研究》，兰州：甘肃教育出版社，2002 年，第 123 页。

⑤ 原载《中华文史论丛》1981 年第 2 期。

⑥ 朱凤玉：《王重民（1903—1975）与敦煌文学研究》，载朱凤玉《百年来敦煌文学研究之考察》，第 164 页。

此外，变文方面关于《董永变文》《王陵变文》《捉季布传文》写卷，四部书方面关于《尚书》《文选》《太公家教》写卷等，王重民都有专文研究，兹不赘述。

五、王重民对中国敦煌学发展的贡献

在中国敦煌学发展史上，王重民与向达、姜亮夫、常书鸿、段文杰等20世纪三四十年代投身敦煌研究的学者，被称为第二代敦煌学者的中坚人物。他们继承王国维、罗振玉、陈垣、陈寅恪等第一代敦煌学者开拓的事业，更为系统地整理文献，开展研究，拓展敦煌学的研究领域。在第二代敦煌学者中，王重民堪称领袖人物。他的敦煌学贡献，表现在以下三个方面。

首先，撰著或组编的著作数量庞大，涵盖面广。如上文所述，王重民在敦煌遗书目录编纂、敦煌文献校录、敦煌文学与史学研究等领域，都著述宏富，其数量远超同时代的学者。

其次，撰著或组编了《敦煌遗书总目索引》《敦煌古籍叙录》《敦煌变文集》等多部集大成式的著作，总结了20世纪上半叶中国敦煌学的成就，树立了敦煌学研究进程的里程碑。这些著作，至今仍为学界所重视、所常用，具有长久的学术生命力。

第三，他是1949年以后至"文革"前中国敦煌文献研究的领导者和组织者，这主要体现在组织编纂《敦煌遗书总目索引》《敦煌变文集》等多部重要著作上。王重民"具有学术带头人的恢宏气度、广阔胸怀，能够慧眼识人，与人为善，理解和阐明作具体工作的人员的甘苦，明确指出他们的贡献，即使单从这一点上看，他也够得上难得的专业帅才"[①]。他在《敦煌遗书总目索引》的后记中对周叔迦、刘铭恕的学术贡献的评述，就很具体地体现了这一点。

王重民投身敦煌文献的调查、整理、研究，影响、带动了其他学者从事敦煌学研究，姜亮夫即为其中重要的一位。姜亮夫1930年代自费留法，

---

① 白化文:《王重民先生的敦煌遗书研究工作》,《北京图书馆馆刊》1997年第3期,第31页。

受王重民的影响，放弃在巴黎大学攻读博士学位的机会，"听从王重民先生的话，加入他们的行列"，转而致力于敦煌文献整理研究。姜亮夫回忆说："王重民先生分我搞汉语音韵，我自己稍微扩大了一点，也搞儒家经典、道家经典等卷子"①。姜亮夫后来在敦煌韵书整理研究方面成就卓著，所培养的多位弟子在敦煌语言文学研究方面，都有重要成就。

总之，综观世界敦煌学史，在敦煌文献整理、研究方面，"合中外学人综合来看，其中无疑以王重民先生的成就最大"②。王重民的敦煌学事业，根基于 1934 至 1939 年受北平图书馆委派赴法访书；他的敦煌学成就，一方面归因于勤奋刻苦与方法得当，另一方面也是北平图书馆把握学术发展大势、着意搜求学术资料与造就研究人才的成果。

六、附述刘修业的敦煌学研究

刘修业（1910—1993）是王重民的夫人，1931 年毕业于燕京大学中文系，次年入北平图书馆索引组工作，编辑《国学论文索引》《文学论文索引》等。1936 年由北平图书馆委派赴欧，1937 年在巴黎与王重民结婚，随后前往伦敦大学图书馆专科进修。1939 年随王重民赴美，至 1947 年回国，继续任职于北平图书馆，担任索引编纂工作。1953 年调往中国社会科学院历史研究所，主编《中国史学论文索引》。刘修业主要学术成就为古代小说、戏曲研究，在吴承恩研究方面有显著成绩。③

刘修业旅法期间，协助王重民抄录、整理了不少敦煌文学文献；旅美期间又协助王重民对其中部分资料加以整理，如 1942 年将在法国搜集的敦煌本唐诗与《全唐诗》互校。可以说，王重民的《敦煌曲子词集》《补全唐

---

① 姜亮夫：《敦煌学概论》，北京：北京出版社，2004 年，第 2 页。姜亮夫《忆王重民》一文对这一经过有更详细的记述，见《姜亮夫全集》第 24 卷，昆明：云南人民出版社，2002 年，第 336—337 页。

② 荣新江：《敦煌文献：新材料与新问题》，《中国典籍与文化》2000 年第 1 期，第 16 页。

③ 李鼎霞：《老一代女学者刘修业先生》，《文史知识》2000 年第 3 期，第 116—118 页。

诗》等敦煌文学文献整理作品中，包含了刘修业的不少贡献。在王重民去世后，刘修业又以惊人的毅力，整理出版了他的大批遗稿，出版了《中国善本书提要》《中国善本书提要补编》及《敦煌遗书论文集》《冷庐文薮》《中国目录学史论丛》等三部论文集，论文集中与敦煌遗书有关的论文占有相当大的比重，另撰有介绍其敦煌学成就的《王重民与敦煌遗书研究工作》一文①。白化文评议道，"刘老和王先生同治索引学、目录学、敦煌学，王先生的学术著作中，莫不闪耀着刘老的身影"②，并将他们二人比作李清照与赵明诚合撰《金石录》，堪称的评。

在王重民直接影响下，刘修业撰写了一些敦煌文献整理与研究的论文。变文研究方面，有《敦煌本〈伍子胥变文〉之研究》一文③。该文就 P.2974 号加以研究，考证了伍子胥故事早期演变的历史，是 20 世纪上半叶敦煌变文研究的重要论文之一。

文学文献校勘方面，有《秦妇吟校勘续记》一文④。此文就王重民在巴黎所藏敦煌卷子中发现的韦庄《秦妇吟》写卷进行整理校勘，综述了此前《秦妇吟》研究史，重点介绍 P.3780、3953 两个卷子，合此前已发现的五个卷子，共得七本，"于各本文字之异同，又做了一次校勘，其中不乏超越罗（振玉）、王（国维）之处"⑤。

文史考证方面，有《敦煌本〈读史编年诗〉与明代小类书〈大千生鉴〉》一文⑥。《读史编年诗》为赵甙之作，与胡曾《咏史诗》、周昙《咏史诗》等

---

① 载《文史知识》1988 年第 8 期。

② 白化文：《〈冷庐文薮〉序》，载王重民《冷庐文薮》，第 6 页。

③ 载 1937 年 6 月 30 日天津《大公报·图书副刊》；收入白化文、周绍良编《敦煌变文论文录》（下），台北：明文书局，1985 年，第 527—532 页；又收入《中国敦煌学百年文库·文学卷》（一），甘肃文化出版社，1999 年，第 212—215 页。

④ 原载《学原》第一卷第七期，1947 年 11 月。因英国学者翟理斯（L. Giles）此前撰有的《秦妇吟考证与校释》（张荫麟译，载《燕京学报》第一卷第一期），故而以"续记"名篇。

⑤ 杜晓勤：《隋唐五代文学研究》，北京：北京出版社，2001 年，第 642 页。

⑥ 载中国敦煌吐鲁番学会语言文学分会编《敦煌语言文学研究》，北京：北京大学出版社，1988 年，第 222—239 页。

同为中晚唐文人大型咏史组诗。此文据王重民在法抄录资料，校录 S.619号《读史编年诗》，将之与内容近似的明代类书《大千生鉴》进行比较，并考证所咏的部分史事。此文为研究 S.619 号的第一篇专文，发表之后敦煌本《读史编年诗》才引起学界的注意，为此后一系列论著[1]的先导。

1984 年 2 月，刘修业将王重民和她所存的敦煌学资料，包括《伯希和劫经录》的全部手稿卡片等，委托柴剑虹全部捐赠给敦煌研究院[2]，供学者研究参考。

第二节　向达的敦煌学研究

一、向达在馆任职及赴欧访书经历[3]

1924 年向达（1900—1966）自东南高等师范学校（现为南京大学）毕业后，考入上海商务印书馆，任编译员。在商务印书馆工作期间，向达翻译了多种外国探险家在华考察著作，同时开始敦煌学与中外关系史的研究，发表了一系列论文。

1930 年秋，经大学同学赵万里介绍[4]，向达转任国立北平图书馆编纂委员，同时参与《国立北平图书馆馆刊》的编辑工作。1934 年兼任北京大学历史系讲师。

1935 年 12 月，国立北平图书馆派向达赴英国牛津大学鲍德利图书馆整

---

① 如谢巍《敦煌本〈读史编年诗〉作者佚名考及其他》（《江海学刊》1989 年第 6 期）、陶敏《敦煌写本〈读史编年诗〉的内容与作者》（《咸宁师专学报》1996 年第 2 期）、徐俊《敦煌诗集残卷辑考》（北京：中华书局，2000 年，第 520—534 页）；赵望秦《赵嘏〈读史编年诗〉论》[《陕西师范大学学报（哲学社会科学版）》2004 年第 4 期]。

② 柴剑虹：《魂归敦煌——我送王重民先生的敦煌研究资料回敦煌》，载柴剑虹《敦煌学与敦煌文化》，上海：上海古籍出版社，2007 年，第 174—181 页。

③ 向达生平参见：向达《向达自传》，载沙知编《向达学记》，北京：三联书店，2010 年，第 1—4 页；孟彦弘《一位偓僸的历史学家——向达别传》，载《敦煌文献、考古、艺术综合研究——纪念向达先生诞辰 110 周年国际学术研讨会论文集》，第 110—145 页。

④ 群忠：《赴英德法图书馆抄书的向达》，《图书馆界》1995 年第 4 期，第 56 页。

理中文图书，此项工作于 1936 年秋结束后，又转往英国博物馆研究太平天国文书和斯坦因所获敦煌遗书。由于该馆负责敦煌遗书管理工作的翟林奈有意刁难[①]，从 1936 年 9 月至 1937 年 8 月的近一年时间里，寓目汉文、回鹘文卷子仅不到 500 卷[②]。对所有看到的卷子，均作了详细记录，抄录了大批稀见文献，并拍摄照片。

1937 年冬，向达转赴德国柏林，研究普鲁士科学院图书馆所藏勒柯克得自新疆的文书。年底又转往法国巴黎，研究法国国家图书馆所藏敦煌遗书及明清之际天主教在华活动文献。1938 年秋回国，随身携带四年间所抄录的多达几百万字的资料，可谓满载而归。他在欧洲访求、抄录的史料主要有三类，一是敦煌遗书，二是太平天国史料，三是明清之际来华耶稣会士资料。

回国后，向达先后任浙江大学、西南联大教授，兼任北京大学文科研究所导师。1941 年，中央研究院组织西北史地考察团，向达为历史考古组成员，于 1942 年 9 月至次年 7 月考查莫高窟、万佛峡等，1943 年在重庆《大公报》发表《论敦煌千佛洞的管理、研究及其连带的几个问题》，提议将莫高窟收归国有，由学术机关进行管理、开展研究工作，对敦煌艺术研究所（今敦煌研究院前身）的成立有很大的推动作用。1943 年 7 月至 1944 年，向达担任西北科学考察团历史考古组组长，再次赴河西考察。

抗战胜利后，向达任北京大学历史系教授兼图书馆馆长；1949 年后，又兼任中国科学院学部委员、历史研究所第二所副所长。"文革"初期，受迫害含冤辞世。

二、向达的西域行纪译介

向达在商务印书馆任编译员期间，主要工作之一为翻译、编译西域考

---

① 关于翟林奈刁难中国学者的原因，吴芳思（Frances Wood）"推测他是出于嫉妒而守着这批收藏品，以便将来自己编目"。见吴芳思《向达在英国》，载《敦煌文献、考古、艺术综合研究——纪念向达先生诞辰 110 周年国际学术研讨会论文集》，第 20 页。

② 向达阅读写卷，曾得到姜亮夫的帮助。因向达建议，姜亮夫请伯希和为他写了一封介绍信，因而得到翟林奈的善待，取阅不受限制，所取写卷部分由向达来看。事见姜亮夫《忆向觉明》一文，载《姜亮夫全集》第 24 卷，第 345—346 页。

察与探险行纪，同时撰写相关介绍文章，并由此踏入中外关系史、敦煌学的研究领域。这一时期开始着手进行的部分翻译作品，进入北平图书馆之后方才完成或发表。主要有以下数种：

《俄国科斯洛夫探险队外蒙考古发现纪略》①，此文据考察队报告书，介绍其在塞楞格河上源一处古墓遗址中发现的织物、漆器、陶器等有关艺术史的文物，而以织物为多。

《勒柯克高昌考古记》，完成于 1929 年，未刊。

《斯坦因黑水获古纪略》②，此文后附《斯坦因氏黑水所获西夏文书略目》，详细介绍了 1914 年斯坦因第三次西域探险期间在黑水城考察所见遗址与所得文物、文书的情况。

翻译《斯坦因敦煌获书记》③，介绍斯坦因从王道士手中获取敦煌遗书的经过及相关情况。

《斯坦因第三次中亚考古略记》④，介绍 1914 年斯坦因第三次西域探险经过及收集品。

《斯坦因西域考古记》⑤。此书翻译过程，向达致舒新城书信中屡有提及，如 1934 年 9 月 4 日函中说："今夏无事，着手译英国斯坦因著《中国西北考古记》(M. A. Stein: *On Ancient Central-Asian Tracks*, 1933) 一书，因半途中教上了北大两点钟课，至今译成三分之二（原书三四二页，约十五万言）。"⑥1935 年 3 月 30 日函称，"弟所译《斯坦因西域记》(M. Aurel Stein: *On Ancient Central-Asian Tracks*) 一书现已脱稿，今遵命寄上求教"⑦。可知此书之翻译，着手于 1934 年夏，定稿于 1935 年初。此书并非向达承担

---

① 载《东方杂志》第二十四卷第十五号（1928）。

② 载《国立北平图书馆馆刊》第四卷第三号（1930 年 6 月）。

③ 载《图书馆学季刊》第四卷第三、四期合刊（1930 年 12 月）。

④ 载《大公报·文学副刊》第 159—163 期（1931 年 1 月 26 日至 2 月 23 日）。

⑤ 上海中华书局 1936 年出版，2010 年新疆人民出版社将其收入"西域探险考察大系"再版。

⑥ 中华书局编辑部编：《中华书局收藏现代名人书信手迹》，北京：中华书局，1992 年，第 107 页。

⑦ 同上，第 108 页。

的翻译工作任务，而是他出于推进学术研究考虑而选择翻译的作品。向达
1934年9月4日致舒新城函中说："斯坦因四次探测新疆甘肃，其经过和
成绩的大概，都归纳在这一部小书之内。西北研究高唱入云，而真实的作
品，不见一部。这一册小书对于西北的地理同历史都有很深刻的叙述和报
告。我打算在教课的余暇，仍然译完，并加一些附录，以备研究西北问题
的人参考。"[1] 全书21章，综合介绍斯坦因三次探险的经过与收集品，对西
北史地有深刻的观察与记述，颇富参考价值。书后附《斯坦因第三次中亚
考古略记》《斯坦因黑水考古纪略》《俄国科斯洛夫探险队外蒙考古发现纪
略》《十九世纪后半期西域探险略表》四篇，其中前三篇为向达旧稿。

以上多种译介之作，比较全面地向国内学界介绍了斯坦因的西域探险
经过及其收集品，旁及科兹洛夫、勒柯克的西域探险，对于我国学者了解
相关事件、文物文献概貌等提供了参考资料。

三、向达的敦煌遗书目录编纂成就

向达调查英国博物馆所藏敦煌遗书，虽所阅仅约500件，但收获甚丰。
所编《伦敦所藏敦煌卷子经眼目录》[2]，简要记载每一件的馆藏编号、文献
题名、所存文字行数。向达是较早大规模阅览英藏敦煌文献的学者，他的
这一目录提供了大量重要信息，比如，此目收录S.799、801、2074、5626、
5745、6017、6259等《尚书》写卷7种，收录S.5474、5796等王梵志诗写
本2种，虽然著录简单，但为相关领域的研究者提供了探寻的线索。值得
称道的是，此目注重卷背文字的著录，从中发掘出了不少珍贵的文献，比
如S.133背《秋胡小说》、S.1156背《大汉三年季布骂阵词文》、S.2056背《大
汉三年楚将季布骂阵汉王羞耻群臣娆骂收军词文》等等，均为重要的俗文
学资料；S.514背《沙州敦煌县悬泉乡宜禾里大历四年手实》、S.545背《僧
惠照牒》、S.766背《太平兴国六年百姓贷绢契》等，均为社会经济文书；
S.541背《毛诗故训传》、S.2593背《沙州图经》、S.2729背《毛诗音》等则

---

① 《中华书局收藏现代名人书信手迹》，第107页。
② 载《图书季刊》新一卷第四期，1939年，第19—25页。

为四部书写本，对于后来的研究者大有裨益。对于不清楚的地方，都用"？"标出，体现了严谨的学风。王重民曾评论道："吾兄所阅目，精详之至，非弟献谀，弟刻编之目，仅能举其大略，至求行数与卷之长短，不能及也。"①推崇可谓备至。

《记伦敦所藏的敦煌俗文学》②一文，是首部敦煌文学专题目录。此目著录英国博物馆所藏敦煌遗书中的四十余件俗文学作品，每号著录卷号、题名、行数。编排方面，并未按卷号简单罗列，而是按照作品内容进行归类，堪称"敦煌文学研究史上较早对俗文学进行分类的尝试"③。简目之后，分变文、词文、故事、白话诗、俗赋等五类，对每一类都有比较详细的说明和评述，并校录了《汉将王陵变》《秋胡小说》《叹百岁诗》等作品的全文或片段，最后的总论部分归纳俗文学资料在题材和词汇两方面对中国俗文学史的贡献。

《唐代俗讲考》一文之后，附有《现存敦煌所出俗讲文学作品目录》。该目录收录伦敦、巴黎、北平图书馆及罗振玉、郑振铎等私人收藏敦煌遗书中的俗文学作品 55 种，每件著录收藏地、馆藏号，并记录该号的刊布、校录情况，颇便参考。

四、向达的敦煌学研究

1940 年 10 月 12 日、11 月 16 日，向达在北京大学文科研究所作题为《敦煌学导论》的学术演讲，内容分五节：第一节绪言，述殷墟甲骨、明清档案、汉晋简牍、西域考古等近四十年中国史学上的新发现，作为敦煌学的背景；第二节"敦煌之历史及其地理"；第三节"敦煌石室藏书之发见"；第四节"敦煌学研究梗概"，由陈寅恪首先提出"敦煌学"一词说起，然后分"敦煌古籍之流传""敦煌遗书对于我国校勘学之贡献""通俗文学之新

---

① 1937 年 8 月 4 日王重民致向达函，转引自孟昭晋《读王重民致向达书信》，《图书情报工作》2001 年第 4 期，第 94 页。

② 载《新中华》第 5 卷第 13 期（1937）。署名方回。

③ 伏俊琏、冷江山：《向达先生的敦煌文学研究——纪念向达先生诞辰 110 周年》，《敦煌学辑刊》2011 年第 2 期，第 176 页。

资料""敦煌遗书在宗教史研究方面之贡献""敦煌所见之美术工艺""敦煌所出之非汉语文学"六个方面详加阐述;第五节"赘论西洋考古学者固多为学术之士,然有时其所考察,亦可以发生一种作用——在一国国防上发生严重之影响"[①]。《图书季刊》以学术消息的形式,登载了此次演讲的记录稿,虽然这并不是向达以此标题发表的论文,不过篇幅较长,记录比较详细,系统地阐述了敦煌学的背景、性质、内容、学科结构及研究方法,是值得重视的一篇文章。"敦煌学"这一名词系由石滨纯太郎、陈寅恪1925至1930年间先后提出[②],但作为一个学术领域,中国敦煌学在抗战时期正处于发展的初期,对其性质、内容、结构的探讨尚未真正开始。向达1940年修订《唐代俗讲考》时,沿用了陈寅恪在《〈敦煌劫余录〉序》中首倡的"敦煌学"一词,说"时贤因为之特创一'敦煌学'之新名辞"[③],表明访欧归来的向达其时已清晰地具备了"敦煌学"之为"学"的意识。这篇演讲稿更是在向达本人的敦煌文献整理与研究实践的基础上,对敦煌学进行理论阐释的首次尝试,在中国敦煌学发展史上有开创性意义。此前讨论敦煌学理论研究史的论著,大多没有注意到向达此文,故在此特为表出。

向达对敦煌俗文学研究有重要贡献。早在1926年,向达发表《龟兹苏祗婆琵琶七调考原》一文[④],考证《隋书·音乐志》所载苏祗婆传来琵琶七调相当于中国羽声的般赡调,纯为梵音,出自印度北宗音乐中的一派。在此基础上,向达搜集更多史料,加以考证,撰成《论唐代佛曲》一文[⑤]。该文从《隋书·音乐志》、唐南卓《羯鼓录》、宋陈旸《乐书》等文献中勾稽出有关佛曲的记载,考定佛曲是西方传入中国的一种乐曲,有宫调可以入

---

① 《国立北京大学文科研究所第三第四两次公开学术演讲》,《图书季刊》新三卷第一、二期合刊,1941年,第136—142页。

② 参王冀青《论"敦煌学"一词的词源》,《敦煌学辑刊》2000年第2期,第110—132页。

③ 向达:《唐代俗讲考》,收入向达《唐代长安与西域文明》,石家庄:河北教育出版社,2001年,第287页。

④ 载《学衡》第54期,1926年。

⑤ 载《小说月报》第20卷第10期,1929年。

乐；进而考证佛曲的来源，乃是苏祇婆七调及印度北宗音乐体系，从而厘清了罗振玉《敦煌拾零》（1924）将敦煌俗文学作品拟名为佛曲的错误。此文准确辨析佛曲和俗文的名义，"从此以后，对于'变文'的研究，在范围、内容和体裁等方面，又深入了一步"①，对通俗文学研究的推展影响重大；此文熟练运用中外大量可靠材料，证据确凿，论证有力，没有早期敦煌研究中常见的主观臆测之词，学风方面有典范意义。

《唐代俗讲考》是向达敦煌俗文学研究方面的又一力作②。此文依据《高僧传》《入唐求法巡礼行记》《因话录》等文献中保存的唐代寺院俗讲史料，说明俗讲盛行于唐代，源于佛教，为佛家化俗讲法之用；引证宋元照《四分律行事抄资持记》、日本僧圆仁《入唐求法巡礼行记》等文献中记载的佛教讲经仪式，与P.2849号所记载的《维摩经》俗讲仪式进行比较，考证俗讲仪式大体上与讲经一致，唯有"说押座"为俗讲所特有；将俗讲分为三类，即押座文或缘起、变文、讲经文，这一分类"辨近人一律称变文之误，尤具卓识"③，有力地推动了敦煌变文研究向更细致、更深入的方向发展；关于俗讲的起源，采用分类讨论的方法，认为押座文、因缘、讲经文等源自佛家转读唱导，而《舜子变》《昭君变》等变文的来源与南朝清商旧乐有关；演变方面，指出宋代说话人"四科"多可溯源于敦煌俗讲，俗讲对宋词小序、诸宫调也有影响，弹词宝卷则是俗讲文学的"直系子孙"；此文还用页下注的方式，提示唐代变文不仅可以被诸管弦，而且是有图画与之配合的，这对于变文与变相关系、变文性质的探讨很有启发作用。此文通过严密考证，阐明了俗讲的结构、性质、分类、源流等一系列问题，对俗讲文学作品的各个方面均有深入探讨，"贯穿旧闻，辅以新知，原原本本，对唐代俗讲问题，可称阐发无遗"④，发表之后影响广泛，引来众多学者参加

---

① 王重民：《敦煌变文研究》，载王重民《敦煌遗书论文集》，北京：中华书局，1984年，第184—185页。

② 初载《燕京学报》第一卷第十三期，1934年，经增补修改后再刊于《文史杂志》第三卷第九、十期，1944年。

③ 周一良：《读〈唐代俗讲考〉》，见《敦煌变文论文录》，第157页。

④ 同上。

讨论①，大大推动了敦煌俗文学研究的进展。

此文初次发表于1934年，1940年在昆明据英法所得材料重写，1944年再次发表。相对于初稿，重写稿不仅补充了新的材料，在某些重要观点上亦有所修正。比如初稿"僧人之唱小曲"一节，过录并探讨BD02496（成96）唱衣文书，认为这件文书的性质为僧人为人唱曲所得布施的分配账目，并将文书中"唱"字所紧跟的衣饰布帛类词汇认定为所唱小曲的名目。重写稿中，将此节完全删除，这表明向达虽然未能正确指出唱衣类似于拍卖的性质，但已经对原观点持否定意见。这无疑是正确而审慎的，体现了向达敏锐的思考与严谨的学风。遗憾的是，众多文学研究者没有注意到向达重写稿的重要修正与观点转变，更没有注意到杨联陞、谢和耐（Jacques Gernet）②等关于唱衣的正确解释，而在此后的半个多世纪中，依然引证、沿用向达此文初稿关于唱衣的论述，甚至以之为基础大加发挥，如任二北《唐戏弄》③、叶嘉莹《论词之起源》④等，均以此为基本资料阐述俗文学史上的重要问题，是学术研究中不应有的疏忽⑤。

在利用敦煌文献开展史学研究方面，向达有着更为突出的成就。1933年发表的《唐代长安与西域文明》一文⑥，以丰富的史料讨论"流寓长安的西域人""西市胡店与胡姬""开元前后长安的胡化""西域传来的画派与

---

① 相关论文有：周一良《读〈唐代俗讲考〉》（1947年2月8日《大公报·图书周刊》第6期）、关德栋《读〈唐代俗讲考〉的商榷》（1947年4月12日《大公报·图书周刊》第15期）、向达《补说唐代俗讲二三事——兼答周一良、关德栋两先生》（1947年5月9日《大公报·图书周刊》第18期）、周一良《关于〈俗讲考〉再说几句话》（1947年7月20日《大公报·图书周刊》第21期）。诸文并收入《敦煌变文论文录》，第157—184页。

② 杨联陞《佛教寺院与国史上四种筹措金钱的制度》，英文原文载《哈佛亚洲学报》第13卷第2期（1950），中译文载杨联陞《国史探微》，辽宁教育出版社1998年出版；谢和耐《中国五—十世纪的寺院经济》，原为完成于1956年的博士论文，中译本由耿昇翻译，甘肃人民出版社1987年初版，上海古籍出版社2004年再版。

③ 上海古籍出版社1984年出版。

④ 载《中国社会科学》1984年第6期。

⑤ 刘进宝：《从"唱衣"研究看学术研究的困难》，载刘进宝主编《百年敦煌学：历史 现状 趋势》，第386—396页。

⑥ 哈佛燕京社，1933年出版（《燕京学报》专号之二）。

乐舞""长安的打毬活动""西亚新宗教的传入"等六个方面的问题，论证唐代的音乐、舞蹈、绘画以及日常文化生活与西域民族之间的亲密交往关系，在学术上有重要开拓。荣新江评论此文"是唐代中西文化交流史方面的力作，此文不仅在内容所涉及的范围方面超过了前人，而且也有相当的深度，其所阐释的六个方面，迄今仍不断地被地下层出不穷的考古资料所证明"①。

西北考察之后撰写的《记敦煌石室出晋天福十年写本寿昌县地境》一文②，率先披露敦煌县高级小学校长祁居温（字子厚）所收藏的敦煌本《寿昌县地境》。今原本已不知下落，唐耕耦、陆宏基编《敦煌社会经济文献真迹释录》（第一辑）及郑炳林《敦煌地理文书汇辑校注》，均据向达整理本收入，保存文献，其功不小。这些论著因作于离开北图之后，本书不再赘论。

五、向达的敦煌文献校录整理贡献

在北平图书馆任职期间，向达利用工作之便，校录一批敦煌文献，以《敦煌丛抄》为总题，陆续刊载于《国立北平图书馆馆刊》第五卷第六号（1931 年 12 月）及第六卷第二号（1932 年 4 月）、第六号（1932 年 12 月）。此文收录《目连变文》（丽 85）、《目连变文》（霜 89）、《目连变文》（成 96）、《八相变文》（云 24）、《八相变文》（乃 91）、《地狱变文》（衣 33）、《维摩唱文》（光 94）、《俗文佛本行集经》（潜 80）、《禅门十二时曲》（鸟 10）、《大唐贞观氏族志残卷》（位 79）、《摩尼教残经》（宇 56）等 11 种。文前有学术性叙录，对每一件的残存文字状况、写卷内容予以详细介绍、考订；所录 11 种中的 9 种为俗文学作品，叙录中将其分为变文、唱文、小曲三类，详述其体制、源流。这批俗文学作品，在 1950 年代编纂《敦煌变文集》时，为其中的重要组成部分。

向达校录整理敦煌文献最重要贡献，当为参与《敦煌变文集》的编纂。

---

① 荣新江：《向达〈唐代长安与西域文明〉前言》，此据荣新江《敦煌学新论》，兰州：甘肃教育出版社，2002 年，第 358 页。

② 载《图书季刊》新五卷第四期，1944 年。

书中署名向达校录的，有《长兴四年中兴殿应圣节讲经文》《维摩诘经讲经文·持世菩萨第二》《父母恩重经讲经文》（二种）、《目连变文》《地狱变文》等六篇。书前《引言》由向达执笔撰写，简明扼要地阐述敦煌遗书的发现与概貌、敦煌俗文学资料、唐代俗讲的特点与影响、该书编纂过程等内容，提纲挈领，总领全书，可见他在此书编纂过程中，起着很重要的作用。

第三节　赵万里等学者的敦煌学研究

除王重民、向达外，北平图书馆还有其他学者投身敦煌学的研究，其中有所贡献的还有多人。如 1934 年赴法留学的藏学专家于道泉，不仅为北图带回了大批敦煌藏文文献照片，他本人也是我国"敦煌藏学研究的开拓者"[1]。本节主要论述赵万里、贺昌群的敦煌学贡献。

一、赵万里的敦煌文献校勘与研究

赵万里（1905—1980）自 1928 年起服务于北图，直至逝世。他长期担任善本部主任，主管北图善本古籍采访、编目、整理等相关事务，在古籍版本考订、校勘、辑佚与中国书籍史、版本目录学、文史考证、古典文献整理、词曲学等方面，都有精深的造诣。赵万里受业师王国维的影响，关注西陲出土文献，利用敦煌遗书校勘古籍、考证史事，比如他在 1925 年重阳前后，校过罗振玉辑《敦煌石室碎金》之《毛诗豳风残卷》《汉书匡衡张禹孔光传残卷》《春秋左传昭公残卷》等三篇[2]。长期在北图工作，使赵万里得以较便利地利用馆藏及其他机构所藏敦煌遗书原件或照片等复制品，他也乐于与学者们分享敦煌文献中的稀见资料，如 1928 年 10 月陈寅恪便在致傅斯年函中提及："近闻赵万里言，见敦煌卷子有《抱朴子》，并闻李木

---

① 刘进宝：《敦煌藏学研究的开拓者——于道泉》，载刘进宝《遗响千年：敦煌的影响》，兰州：甘肃教育出版社，2007 年，第 16—21 页。

② 此校本今为嘉德艺术中心李经国藏。承李经国惠示，特此致谢。

斋亦藏有敦煌卷子甚佳者，秘不示人"①。赵万里对敦煌学的贡献主要体现在以下四个方面：

1. 利用敦煌古写本校勘古籍

赵万里"酷嗜校书"②，校书多达数十种③，部分校记整理刊布于各学术期刊。利用敦煌本校勘者，有《文心雕龙》《说苑》二书。

早在清华学校国学院任王国维助教时，赵万里即撰有《唐写本〈文心雕龙〉残卷校记》一文④。文前小序称：该写本"笔势遒劲，盖出中唐学士大夫所书，西陲所出古卷轴，未能或之先也。据以迻校嘉靖本，其胜处殆不可胜数，又与《太平御览》所引及黄注本所改辄合，而黄本妄订臆改之处亦得据以取正。"据小序，该文系以 S.5478《文心雕龙》残卷、《太平御览》、清乾隆六年养素堂刻黄叔琳辑注本校嘉靖本。此所谓"嘉靖本"，实即明万历七年己卯张之象序本，此本商务印书馆影印入《四部丛刊》，书前牌记误署"上海涵芬楼景印明嘉靖刻本"，赵万里据之校勘，而在小序中径称之为"嘉靖本"。全文出校记 475 则，校勘精审，论断明晰，可为读《文心雕龙》者之助。

此文的发表引发了一场小小的波澜。原因是赵万里从容庚处借到的校本、照片，是容庚从黄文弼处借来的；而"黄君此书乃托友人于伦敦博物馆几经交涉，始得摄影"，得来颇不容易。黄文弼本人有对其详加校勘研究的计划，"曾校宋本、元本、明本及何义门、顾千里、谭复堂诸人手校本，与类书所引合校全书，业已脱稿，付印有日，并拟将唐本另用珂罗版影印流传"。赵万里事先并不知悉此卷来历原委，更不知道黄文弼的研究计划，遽然撰成校记并刊出，对黄文弼的研究自然有相当的影响。该文刊出后，黄文弼或容庚可能有所表示，赵万里同月便在《清华周刊》刊登消息一则，

---

① 陈寅恪：《陈寅恪集·书信集》，第 20 页。

② 王国维：《赵万里〈水经注〉临校本跋》，书影刊于《赵万里文集》第一卷，第 4 页。

③ 详笔者所编《赵万里校本批本目录》，载《赵万里文集》第三卷，北京：国家图书馆出版社，2012 年，第 582—592 页。

④ 此文完成于"丙寅花朝"，即 1926 年 3 月 28 日；刊于《清华学报》第三卷第一期，1926 年。

表示"良用歉然",又称"想黄君全书出后,于学术界当更有绝大之贡献也"①,对黄文弼的研究计划表达了期待之情。

遗憾的是,此后不久黄文弼便"参加西北科学考察团的考察活动,长期从事新疆考古及所获资料的整理研究,校勘《文心雕龙》的成果未暇定稿刊布"②。而赵万里此文作为敦煌文献校理方面的代表性作品,长期深得学者们称道,先后收入甘肃文化出版社 1999 年出版的《中国敦煌学百年文库·文学卷(一)》,及国家图书馆出版社 2009 年 4 月出版的《民国期刊资料分类汇编·敦煌学研究》。

《唐写本〈说苑·反质篇〉读后记》③是赵万里用敦煌遗书校勘传世典籍的又一篇力作。此文以敦研 328 号④《说苑·反质篇》校万历年间程荣《汉魏丛书》刻本,有异文 300 余处,文中举出 24 条,其中 12 条与魏征编《群书治要》卷四十三引《说苑》相合,2 条与虞世南编《北堂书钞》引《说苑》相合,2 条与李昉等编《太平御览》引《说苑》相合,2 条与《晏子春秋·杂篇》相合,3 条与《汉书·杨王孙传》相合,2 条与《孔子家语·观周篇》相合,指出"唐写本《说苑》不仅是校订明刻本《说苑》的重要资料,同时也是校订《晏子春秋·杂篇》《汉书·杨王孙传》《孔子家语·观周篇》等书的辅助资料"⑤。此外,又列出佚文四处。这些校勘,彰显了敦煌本的文献价值,纠正了传世本的众多错谬。文末分析了传世本与唐写本之间差异如此巨大的原因:《反质篇》北宋时亡失,后人从高丽本补足,而高丽本曾经后人传写失真,因而造成了众多文字错讹。

赵万里此文并不是敦煌本《说苑·反质篇》的首篇校勘之作。此前,

---

① 《杂闻》,1926 年 6 月 11 日《清华周刊》第 25 卷第 16 号。

② 王世民:《所谓黄文弼先生藏唐写本〈文心雕龙〉究竟是怎么一回事》,原载《文物天地》1990 年第 5 期;又载王世民《商周铜器与考古学史论集》,台北:艺文印书馆股份有限公司,2008 年,第 668—669 页。

③ 载《文物》1961 年第 3 期。

④ 影印本见《甘肃藏敦煌遗书》第二卷,兰州:甘肃人民出版社,1999 年,第 47—51 页。

⑤ 赵万里:《唐写本〈说苑·反质篇〉读后记》,此据《赵万里文集》第二卷,第406 页。

张舜徽 1946 年执教于兰州大学时，曾因冯国瑞介绍，从原收藏者张香冰手中借得该卷，详加校勘，撰成《敦煌古写本〈说苑〉残卷校勘记》一文，收入《积石丛稿》，于 1946 年底由张舜徽壮议轩铅印行世；后收入张舜徽《旧学辑存》（济南：齐鲁书社，1988 年 10 月）、《张舜徽集·旧学辑存》（武汉：华中师范大学出版社，2008 年 12 月）。赵万里撰写《唐写本〈说苑·反质篇〉读后记》一文时，并未参考张文。在此试就张文、赵文做一比较。

其一，张文是敦研 328 号全卷的完整校勘，列出校记 190 余条，主旨在于校勘文本异同；赵万里虽然校出"文字歧异约三百多条"[1]，但并未在该文中详细列出，仅举例式地列出 24 条，主旨在于揭示敦煌写本的"优点"。

其二，张文校勘使用的主要版本，为《四部丛刊》影印平湖葛氏传朴堂藏明抄本、明程荣刻本及坊刻诸本[2]；赵万里所校，除各刻本、抄本外，还广泛利用《群书治要》《北堂书钞》等类书，以及《晏子春秋·杂篇》《汉书·杨王孙传》《孔子家语·观周篇》等文字接近的篇章，校勘的范围更广。

从这两方面看，赵文虽晚于张文，且所涉及的条目张文多已校出，但仍不失为一篇有所发明的学术论文。

赵万里长期关注《说苑》一书，早在 1928 年便于《国学论丛》第一卷第四号发表《〈说苑〉斠补》一文，对《说苑》全书作详细校勘。因此在读到敦研 328 号之后，能提纲挈领，简明扼要地揭示出其价值。

2. 利用敦煌古写本勾稽古佚诗词

辑佚也是赵万里颇为重视的文献整理工作，他所主持的《永乐大典》辑佚工作，积累稿本 242 种 352 册[3]，可惜除《析津志》外极少刊布。在文

---

① 赵万里：《唐写本〈说苑·反质篇〉读后记》，载《赵万里文集》第二卷，第407 页。

② 张舜徽：《敦煌古写本〈说苑〉残卷校勘记》，载《张舜徽集·旧学辑存》，武汉：华中师范大学出版社，2008 年，第 803 页。

③ 张志清《赵万里与〈永乐大典〉》一文之后附有《国立北平图书馆辑佚〈永乐大典〉书目》，见《〈永乐大典〉编纂 600 周年国际研讨会论文集》，北京：北京图书馆出版社，2003 年，第 167—177 页；此目又以《赵万里主持〈永乐大典〉辑佚成果简目》为名，载《赵万里文集》第三卷，第 573—581 页。

献整理、诗词研究的过程中，他也注重从敦煌文献中搜集佚文，试举二例。

《芸盦群书题记·高常侍诗》①系 P.2567+P.2552 号的叙录，主要目的为补正《鸣沙石室古佚书》的遗漏。这两个卷子拼合后，共载高适诗 49 首，与明铜活字本《高常侍诗集》相比，《自武威赴临洮谒大夫不因书即事寄河西陇石幕下诸公》《同李司仓早春宴睢阳东亭》二首为佚文。叙录校录了这两首佚诗，并指出其他 47 首中，敦煌本也有多处异文可以补正传世本的讹误。

1930 年，赵万里在北京大学授 "词史"，编有讲义《词概》，此稿生前并未发表，今收入《赵万里文集》第二卷。稿中论曲子词的起源，引证敦煌文献："至敦煌所出《云谣集杂曲子》及唐写本《春秋后语》背记所记之《望江南》《菩萨蛮》诸词，其用韵与句法，较《花间》《尊前》各异，而词意深峭隐秀，实堪与飞卿、端已抗行。其词律之宽，犹其余事也。"②给予它们较高的评价，并且校录了《凤归云》《天仙子》两首词作。

赵万里多次受聘在清华大学、中法大学服尔德学院讲授目录学，主要为文学目录学。现存讲义大纲三种，其中《目录学十四讲纲目》刊于《赵万里文集》第一卷③。以此为例，可见赵万里对敦煌文献的关注，如第二讲 "丛书与类书"，其第五节为 "敦煌、日本新发现之古类书"；第三讲 "群经"，其第五节为 "敦煌、日本新出之诸经古写本"；第七讲《诗经》与《楚辞》，第四节 "《楚辞》之版本源流"，谈及敦煌本，在另一份《应用目录学大纲》中，此节标题为 "唐写本《楚辞音》及其他"，更以敦煌本为主要讲述内容；第九讲 "唐代文学"，其第七节为 "敦煌唐代文学原料"。可见在赵万里的

---

① 《芸盦群书题记》原载《大公报·图书副刊》创刊号至第 21 期，1933 年 9 月至 1934 年 4 月，又载《国立北平图书馆馆刊》第八卷第三号，1935 年；此据《赵万里文集》第三卷，第 140—142 页。

② 赵万里：《词概》，载《赵万里文集》第二卷，第 19 页。

③ 赵万里目录学讲义现存三种：国立清华大学讲义《目录学十四讲纲目》，载《赵万里文集》第一卷，第 383—386 页；国立清华大学讲义《应用目录学大纲》，国立清华大学铅印，现存赵家；中法大学服尔德学院讲义《应用目录学（文学之部）大纲》，广源印刷局铅印，现存赵家。以上讲义承赵万里之子赵深示知，特此致谢。

目录学体系中，敦煌文献占有重要地位。

　　赵万里通过叙录、讲义等形式介绍了敦煌本高适诗集、《云谣集杂曲子》，并校录部分篇章，虽不是系统整理，但对于后来的学者继续从事这一工作，却不无参考价值。

3. 利用敦煌文献考史

　　这方面的代表作为《魏宗室东阳王荣与敦煌写经》一文[①]。此文据敦煌遗书日本书道博物馆藏本《妙法莲华观世音经》、BD05850（菜50）《大智度论》题记中的东阳王荣，与史籍相印证，考定其人即《魏书·孝庄纪》永安二年封东阳王的瓜州刺史元太荣；复据《王夫人元华光墓志》《元祎墓志》《洛州刺史乐安王元绪墓志》《益州刺史乐安哀王元悦墓志》等石刻史料，考证元荣家族世系；最后据李盛铎旧藏敦煌写经《摩诃衍经》卷第八题记，揭示元荣之婿邓彦夫妇供养佛经的本事。

　　向达1946年6月9日致函赵万里，盛赞该文："大著《论东阳王元荣与敦煌写经》一文，亦已拜读一过，以埋幽之贞珉补伯起之缺佚，证明元荣为乐安王后，确凿无疑，佩服佩服。卅一、卅三两年，弟曾两去敦煌，于元荣事亦曾加以钩稽。当时□《元丕传》'隆超母弟及余庶兄弟皆徙敦煌'之语，臆测元荣为元丕之后。今读大著，鄙说可以覆瓿矣。又邓彦篡弑，弟文推为大统十年左右，大著引彦书《摩诃衍论》在大统八年，则瓜州之乱当在八年或八年以前。"[②]同时告知英国、日本尚有元荣写经多件，可以补充该文。

　　据我们现在的调查，敦煌遗书中有元荣题记的写经共有12件。赵万里撰写此文时，大部分并未公布，因此他没能见到所有资料。仅据有限的资料，此文已经将元荣的生平、家世及其对敦煌佛教的贡献，大体上勾勒出来。半个世纪后，宿白在赵万里论述的基础上，进一步搜集史料，撰成《东阳王与建平公》一文[③]，补充和发展了此文的论述。

---

　　① 原载《中德学志》第五卷第三期，1943年，收入《赵万里文集》第一卷。

　　② 原函存赵府，承赵深先生惠示，特此致谢。

　　③ 原载《敦煌吐鲁番文献研究论集》，北京：中华书局，1988年；收入《中国石窟寺研究》，北京：文物出版社，1996年，第244—259页。

值得注意的是，这篇论文采用石刻材料与敦煌文献互证的方法探究史事，在方法论上具有启发意义。

4. 引证敦煌文献讨论中国古代书籍史

赵万里是我国较早从事书籍史研究的学者之一，他在书史论著当中，谈中国书籍、版刻的起源与历史，往往涉及敦煌文献。早在1928年，赵万里编《北京图书馆月刊》（即《国立北平图书馆馆刊》前身）时，即在第一卷第四期卷首刊出俄藏黑水城出土金刻版画一幅，并为作跋。跋文中说："考传世古雕版之有图象者，莫先于敦煌石室所出晋开运四年刻本之《毗沙天王象》。"① 指出当时所知的最早雕版印刷品，介绍给国内的学术界。

1930年代，赵万里受聘在清华大学兼授版本学课程，清华大学印行《版本学纲目》，作为其课程的讲义。这份"纲目"共列28项内容，其中第一项为"述近世西域及敦煌塞上新出之汉晋简牍"，第二项为"述魏晋迄李唐写本书及其形制"②，将西域与敦煌简牍、敦煌遗书等雕版印刷产生前的写本时代的文献，纳入版本学的范围，扩展了版本学的范畴，对于中国书籍史的研究有启发意义。

1952年，北图举办"中国印本书籍展览"，刊行《中国印本书籍展览目录》，赵万里为之撰写《中国印本书籍展览说明》③。这份说明，内容相当于一部简明的中国书籍史，内中多处引证敦煌遗书，比如谈到卷轴装书籍，指出"现存的大量古卷轴，包括四世纪至十世纪（即东晋后期至北宋初期），绝大多数是1900年前后甘肃敦煌鸣沙山莫高窟发现的"；谈到雕版印刷的起源，指出"现存最古老刊本，除了捺印的佛像之外，就是敦煌出的卷子本《金刚经》。……图和经文，线条劲挺，刀法圆熟，已是成熟期的作品"④，对其工艺成就、历史地位给予了恰如其分的评价，为后来的学者所认可、遵循。

---

① 原载《北京图书馆月刊》第一卷第四号，1928年，卷首；收入《赵万里文集》第二卷，第333页。

② 赵万里：《版本学纲目》，《赵万里文集》第一卷，第191页。

③ 该文以《中国印本书籍发展简史》为题，刊于《文物参考资料》1952年第4期。

④ 此据《赵万里文集》第一卷，第148—150页。

此外，赵万里还曾编过敦煌学论著目录。陈寅恪 1928 年 10 月致傅斯年函中提到："赵万里现编一目录，专搜求关于敦煌著述，如能成书，当可供参考。"[①]可惜的是，这部目录没能成书，稿本的下落也没有什么线索。此后，1932—1933 年度写经组曾编《敦煌学书籍论文索引》，更晚张全新另编有《敦煌学论著简目》，也许赵万里所辑录的资料已为这两部论著目录所吸收。

敦煌以外的其他西北地区考古遗址出土文献，在性质、内容等方面与敦煌遗书均有相似性、互补性，也是赵万里关注的范畴。赵万里负责编辑的《北平北海图书馆月刊》，卷首常登载西域出土文书书影，往往附有跋文，加以考订。如《北京图书馆月刊》第一卷第四号卷首图版为俄国科兹洛夫于黑水城所得金刻版画，附有赵万里跋文[②]。又如《北平北海图书馆月刊》第二卷第一号卷首插图"古写本战国策残卷书影"，系斯文·赫定于楼兰所得书籍写本残片，后附跋文，认定其"殆非晋以后物"，并附有释文[③]。

二、贺昌群的史学研究与翻译

贺昌群（1903—1973），为现代历史学家、中外交通史专家，上海沪江大学肄业，后曾任职于商务印书馆编译所、河北女子师范大学。1933 年任国立北平图书馆编纂委员会委员；1937 年抗战爆发后，南下任浙江大学史地系教授。在馆工作时间为 1933 至 1937 年，为时五年。

在进入北平图书馆之前，贺昌群就发表了一系列论文，鼓吹西北新出土文物文献的研究，呼吁中国学者重视敦煌所发现的古文书及多文种手写经卷的研究，赶上西方和日本敦煌研究的势头。他发表了一系列文章，介绍西北考察的经过及成绩，如《西北的探检事业》[④]《西北的地理环境与探

---

① 陈寅恪：《陈寅恪集·书信集》，第 20 页。
② 赵万里：《金刻版画跋》，《赵万里文集》第二卷，第 333—334 页。
③ 赵万里：《古写本〈战国策〉残卷跋》，《赵万里文集》第二卷，第 336—337 页。
④ 载《中学生杂志》第十三期，1931 年。

检生活》①《近年西北考古的成绩》② 等文章；同时开始系统梳理敦煌佛教艺术，发表了《敦煌佛教艺术的系统》③ 一文，这是"中国学者研究敦煌石窟艺术的第一篇较为全面的专论文章"④；翻译了斯坦因的《敦煌取经记》⑤。

在馆期间，贺昌群从事多个领域的学术研究，如考释汉简等，同时继续从事敦煌学和中外交通史的研究，翻译学术著作，撰写了多篇相关论文、书评。《唐代女子服饰考》⑥ 是其中较重要的一篇。该文首先指出，藉以窥见唐代社会风俗习尚的唐代文物主要有四类，其一即为"敦煌及新疆各处发现的唐人写经、壁画、绢绣及其他关于佛事与日常生活的用具"⑦。文章根据这四类出土文物，结合传世文献，探讨唐代女子的服饰文化。此外，贺昌群还撰有《〈流沙坠简〉校补》⑧《〈流沙坠简〉补正》⑨ 二文，对《流沙坠简》一书的疏误及考证未详之处，均有所补正。

贺昌群翻译了多种敦煌学与西域研究的重要著作。如日本学者羽溪了谛的《西域之佛教》⑩，该书利用中国史籍及敦煌遗书中的资料，详细探讨佛教由印度传入中国所经过的大月氏、安息、于阗、龟兹、疏勒、迦湿弥罗等西域诸国的佛教发展与传播状况，对研究古西域史、中亚史具有重要的参考价值。

贺昌群所撰敦煌西域研究著作的书评，有评论向达《唐代长安与西域文明》、向达译《斯坦因西域考察记》的两篇，分别载于 1934 年 3 月 17 日、1937 年 4 月 1 日《大公报·图书副刊》。

---

① 载《中学生杂志》1931 年 6 月号。

② 载《燕京学报》第十二期，1932 年。

③ 载《东方杂志》第二十八卷第十七号，1931 年。

④ 林家平等：《中国敦煌学史》，第 148 页。

⑤ 载《小说月报》第二十二卷第五号，1931 年。

⑥ 载 1935 年 1 月 12 日《大公报·艺术周刊》第十五期。

⑦ 贺昌群：《唐代女子服饰考》，《贺昌群文集》第一卷《史学丛论》，北京：商务印书馆，2003 年，第 263 页。

⑧ 载《北平图书馆馆刊》第八卷第五号，1934 年。

⑨ 载《图书季刊》第二卷第一期，1935 年。

⑩ 商务印书馆 1933 年 5 月出版，1956 年、1999 年商务印书馆重印。

三、张全新编《敦煌学论著简目》

1948 年 12 月，北京大学五十周年校庆之际，举办"敦煌考古工作展览"，展出张全新①编《敦煌学论著简目》稿本，"俾有欲知国人研究之总成绩者，有所稽考"②。据《展览概要·敦煌经卷、照片及图书目录》介绍，此目收散见于丛书、报章、杂志的敦煌学研究论著 500 余种，分为总论、敦煌史地研究、敦煌写本研究、敦煌美术研究四大类，敦煌写本研究之下，又分通论、语言文字、史学、地学、诸子、科学、政治、经济、社会、宗教、文学等十二门。此目未正式出版。

第四节　馆办刊物对敦煌学的贡献

国立北平图书馆主办的刊物，主要有《国立北平图书馆馆刊》《图书季刊》《天津大公报·图书副刊》等三种，这三种刊物办刊宗旨各不相同，但都关注敦煌文献整理与敦煌学论著，刊登了大批相关文章。

1.《国立北平图书馆馆刊》

《国立北平图书馆馆刊》创刊于 1928 年 5 月，初名《北京图书馆月刊》；因馆名更改，1928 年 9 月第一卷第五号改名《北平北海图书馆月刊》；1929 年北海图书馆与北平图书馆合并改组，该刊于同年 7 月更名为《国立北平图书馆月刊》；自 1931 年 1 月第四卷第一号起，由月刊改为双月刊，刊名相应改为《国立北平图书馆馆刊》，同时增加门类，扩大篇幅；至 1937 年 2 月，出版至第十一卷第一号，因侵华日军步步紧逼，华北局势紧急而停刊。

---

①　张全新（1913—1984），字铁弦。早年曾任汉口《大光报》副刊编辑、国民政府军事委员会政治部敏感厅科员。1944 年 7 月起受聘为北平图书馆馆员，1953 年 4 月至 1963 年 11 月任北京图书馆副馆长。后调任人民文学出版社编译。1940 至 1950 年代译有俄文文学作品多种，如高尔基《鹰之歌》、扎米雅金等《天蓝色的信封》、别克《康庄大道》、纳吉宾《烟斗》、吉谢列夫《吉谢列夫讲演集》、列斯柯夫《左撇子》等，编有《中国外交史书籍简目》等。

②　《北京大学五十周年纪念特刊·敦煌考古工作展览概要》，北京大学，1948 年，第 54 页。

《国立北平图书馆馆刊》改变了此前国内各图书馆馆刊以刊发书目、业务统计为主的模式，关注范围扩展到文史考证、文献学、版本目录学、校勘学、古籍整理、图书馆学等学术领域，发表各种文史论著，成为当时国内一流的学术期刊。敦煌学作为20世纪初兴起的显学，同时也是北平图书馆锐意进取的学术领域，相关论著在《馆刊》中占据了相当的篇幅。

《馆刊》登载的敦煌学重要论著，文献目录有伯希和编、陆翔译《巴黎图书馆敦煌写本书目》（第七卷第六号、第八卷第一号）等；

敦煌遗书流散史料有伯希和著、陆翔译《敦煌石室访书记》（第九卷第五号），斯坦因著、王竹书译《斯坦因千佛洞取经始末记》（第九卷第五号）等；

研究论文有陈寅恪《敦煌本〈十诵比丘尼波罗提木叉〉跋》（第二卷第五号）、《〈忏悔灭罪金光明经冥报传〉跋》（第一卷第二号），傅增湘《跋唐人写〈鹖冠子〉上卷卷子》（第三卷第六号），吴承仕《唐写本〈尚书舜典释文〉笺》（第一卷第六号），李俨《敦煌石室〈算经一卷并序〉》（第九卷第一号），王重民《金山国坠事零拾》（第九卷第六号）、《敦煌本〈尚书〉六跋》（第九卷第四号）、《敦煌本〈捉季布传文〉》（第十卷第一号）、《敦煌本〈王陵变文〉》（第十卷第六号），贺昌群《〈流沙坠简〉校补》（第八卷第五号）等，向达《瀛涯琐志》（第十卷第五号）等；

翻译论文有钱稻孙译羽田亨《景教经典〈序听迷诗所经〉考释》（第一卷第六号），万斯年译《中亚细亚出土医书四种》（第九卷第一号）、《敦煌户籍残卷简考》（玉井是博著，第八卷第三号）、《唐钞本韵书及印本〈切韵〉之断片》（武内义雄著，第十卷第五号）等；

文献校录有许国霖《敦煌石室写经题记》（第九卷第六号）、向达辑抄《敦煌丛抄》（第五卷第六号、第六卷第二号、第六卷第六号）等；

书序则有胡适《〈敦煌石室写经题记与敦煌杂录〉序》（第十卷第三号）一篇。

以上论著、译著涵盖面广，作者多为学界中坚，影响广泛。这一时期，《国立北平图书馆馆刊》称得上是中国敦煌学的重要园地之一。

2.《图书季刊》

此刊由北平图书馆与世界文化合作中国协会合作编印，创刊于1934年

3月，因全面抗战爆发，该刊出版4卷16期后停刊；至1939年3月，中文版在昆明复刊，英文版随后于1940年复刊；1948年12月停刊。办刊宗旨为介绍国内出版的新书，交流中外学术信息，宣扬中国图书文化，促进东西文化交流。设有"专著""书评""新书介绍""西书华译书目"等栏目，学术性较强。

该刊虽以刊登书评为主，但设"专著"栏目，主要刊登学术论文，其中比较显著的即为敦煌学论著，如王利器《跋唐写本〈世说新书〉残卷》（新六卷第一、二期）、《敦煌本玄言新记明老部》（新九卷第二期）、《敦煌本"二十五等人图"跋》（新九卷第三、四期）、《敦煌本〈说苑〉跋》（新九卷第三、四期）、《敦煌本〈孝经义疏〉跋》（新九卷第三、四期），闻一多《敦煌旧抄〈楚辞音〉残卷跋（附校勘记）》（第三卷第一、二期），周一良《跋敦煌写本〈法句经〉及〈法句譬喻经〉残卷三种》（新八卷第一、二期）、《跋隋开皇写本〈禅数杂事〉残卷》（新八卷第一、二期），李俨《敦煌石窟〈立成算经〉》（新一卷第四期），贺昌群《〈流沙坠简〉校补》（第二卷第一期），孙楷第《敦煌写本〈张议潮变文〉跋》（第三卷第三期），向达《皇帝癸未年膺运灭梁再兴诗》（新一卷第四期）、《敦煌本〈董永变文跋〉》（新二卷第三期）、《记敦煌石室出晋天福十年写本寿昌县地境》（新五卷第四期）、《国立敦煌艺术研究所发现六朝残经》（新五卷第四期），王重民《敦煌本〈董永变文〉》跋》（新二卷第三期）等；

敦煌文献目录、叙录则有向达《伦敦所藏敦煌卷子经眼目录》（新一卷第四期）、王重民《巴黎敦煌残卷叙录》（第二卷第二期、第三期）、袁同礼《国立北平图书馆现藏海外敦煌遗籍照片总目》（新二卷第四期）等。

3.《天津大公报·图书副刊》

此副刊为北平图书馆在原《读书月刊》基础上扩充而成，创刊于1933年9月，最初每两星期出版一期，后再扩为每星期出版一期。此刊登载中外图书介绍、评论以及学术界消息，以期"给予一般人以一种书籍选择的标准和常识"①。

---

① 《卷头语》，见1933年9月28日《天津大公报·图书副刊》创刊号。

《图书副刊》也少量登载学术文章，有关敦煌学的有：向达译《斯坦因第三次中亚考古略记》（1931. 1.26、2.2、2.9），王重民《巴黎敦煌残卷叙录》（1—29）（1935.9.12—1937.2.22）、《海外希见录》（1935.4.18）、《跋中亚出土〈刘涓子鬼方〉》（1936.2.27）、《英伦所藏敦煌经卷访问记》（1936.4.2），闻一多《敦煌旧抄〈楚辞音〉残卷跋（附校勘记）》（1936.4.2），孙楷第《敦煌写本〈张议潮变文〉跋》（1936.8.27），刘修业《敦煌本〈伍子胥变文〉之研究》（1947.6.5）等。

上述三个馆办刊物，大量刊载敦煌学论著、译著及敦煌文献目录、叙录，尤其是王重民、向达等赴英法考察敦煌遗书的大批成果，及时而系统地通过这三个刊物公之于世，为国内敦煌学界提供了丰富的资料和信息，颇受学人瞩目。《图书季刊》《图书副刊》还刊登了不少敦煌学论著的书评，为敦煌学者间的学术信息交流、学术批评提供了园地。在尚没有敦煌吐鲁番学专业学术刊物出版发行的 20 世纪上半叶，这三种刊物对敦煌文献、敦煌学的关注，形成了一个多层次的学术阵地，助力于中国敦煌学的进步。

第七章　中华人民共和国成立以来的敦煌遗书整理与敦煌学研究

抗战胜利复原之后，北平图书馆建制压缩，馆内设采访组、编目组、阅览组、善本组、舆图组、特藏组、研究组、总务组等机构[1]。原善本部写经组撤销，它所承担的敦煌遗书整理研究职能并入善本组。

1949年1月31日，北平和平解放。2月13日，中国人民解放军北平市军事管制委员会派尹达、王冶秋、马彦祥等接管国立北平图书馆。10月1日以后，国立北平图书馆更名为国立北京图书馆[2]。这一系列事件，标志着国图的事业发展迈入一个新时期。

中华人民共和国成立以后，北图曾经多次进行内设机构调整，但由善本部善本组承担馆藏敦煌遗书日常管理、整理编目等工作的格局，始终维持不变。

中华人民共和国成立以来，馆藏敦煌遗书经过多次清点、整理。如1955年曾"清点……敦煌写经一四〇〇卷"[3]，又如1960年10月11日至12月25日，善本部清点全部藏书，包括敦煌遗书[4]。此外，历次库房搬迁，都伴随着馆藏清点工作。这些财产清点性质的工作，属于图书馆日常工作范畴，本章主要关注学术性较强的敦煌遗书整理与研究工作。

---

[1]　《国立北平图书馆组织条例》，见《北京图书馆馆史资料汇编：1909—1949》，第1083—1084页。

[2]　《中国国家图书馆馆史（1909—2009）》，第156—157页。

[3]　《北京图书馆一九五五年工作总结》，《北京图书馆馆史资料汇编（二）：1949—1966》，第659页。

[4]　邹文革集辑：《中国国家图书馆百年纪事：1909—2009》，第60—61页。

第一节　残片整理与编号

1930 年代北平图书馆写经组整理敦煌残卷，另将部分残破严重、幅面较小的残片，包裹装箱，共计 2 箱，长期保存在善本库中。这批残片，数十年未再引起注意，直到 1980 年代末北京图书馆新馆建成，善本库房清理搬迁，才由时任善本部副主任方广锠"再发现"[①]。

1990 年 8 月，方广锠、杜伟生、王杨、姚永炬等，清点了这批残片，总计点出 3614 号，其中佛教文献 2382 号，内约 900 号篇幅略大，内容有佛教经、律、论及其疏释等，还有经录、目连变之类；道教文献，计 10 号；账契，计 15 号；杂类，包括牒状、四部书、九九表等，计 31 号；早期蝴蝶装、经折装等装帧形制的有版本研究价值的遗书，计 9 号；藏文、突厥文文献，计 13 号；纸质帙皮，计 34 号；引首，740 号；素纸，377 号，若干号有乌丝栏或朱丝栏；木轴，计 3 号。

在这批残片中，有数件有纪年题记："开皇十二年岁次癸丑四月八日弟子李思贤敬写供养""龙纪元年正月十七日""天福七年八月""天福七年十一月日典张环押""维大晋天福八年□，文书不得乱□""时天福九年甲辰"等[②]。

这批残片的编号，以"临"为首字。临字号共编 3879 号，即目前通行新编号 BD09872 至 BD13750 号。

---

① 方广锠：《两箱敦煌经卷残片的再发现》，《南海》1998 年第 9 期；删节稿载 2009 年 8 月 5 日《光明日报》；收入《随缘做去　直道行之——方广锠序跋杂文集》，北京：国家图书馆出版社，2011 年。

② 方广锠：《北京图书馆藏敦煌遗书勘查初记》，《敦煌学辑刊》1991 年第 2 期，第 10—11 页。

第二节　目录编纂与文献刊布

一、馆藏敦煌遗书目录编纂

1.《敦煌劫余录续编》

此书由北京图书馆善本组 1981 年 7 月印行，油印线装。收录 1931 年以后入藏的敦煌遗书等文献 1065 件。以文献题名字顺为序编排，经名相同者以卷次为序，卷次相同者以写本年代为序，各项全同者则以编号为序。各条目著录经名、馆藏编号、卷次、品名、著译者、写本年代、起止字、纸数行数、卷尾题记及其他附注内容。馆藏编号即"新"字号，以区别早先入藏的《敦煌劫余录》所著录部分。

《敦煌劫余录续编》虽非正式出版物，但因其著录详明，提供了国图后续入藏部分的丰富信息，因而颇受敦煌学界重视。

需要注意的是，此目所著录的，并非全为敦煌遗书，如新 0705（BD14505）《四分律藏》卷十四、新 0772（BD14572）《实行王正论》一卷均有天平十二年（740）五月一日皇后藤原氏光明子题记，为日本奈良时期藤原皇后施经。这些文献因形制、内容均与敦煌遗书相似，故而一同庋藏，一同编入此目。这些写经的著录，曾引起敦煌学者的误会①。

2.《中国国家图书馆藏敦煌遗书总目录》

1990 年初，北京图书馆善本库房搬迁工作结束不久，便由时任善本部副主任方广锠主持，启动了馆藏敦煌遗书新目录编纂工作。参与此役的馆员有李际宁、黎明、陈红彦、黄霞、胡谦、尚林、李德范、李锦绣、孙晓林等多位，由于人手不足，又从"中华大藏经编辑局"抽调赵瑞禾、陈刚、张桂元、牛培昌、余岫云、马彤谨、苏燕荪等人员参与此项工作。1993 年 5 月，

---

① 杨曾文：《关于北京图书馆善本部所藏日本天平十二年一件写经文书的初步考察》，《法音》1999 年第 9 期，第 26—27 页；方广锠：《关于国家图书馆善本部所藏的日本天平藤原皇后施经》，《法音》1999 年第 11 期，第 15—18 页。

方广锠调离北京图书馆，但仍然坚持不懈地与北图善本部的馆员们从事此目的编纂工作。到 1990 年代中期，目录初稿完成①。此后又历经近二十年的修订、补充，至 2012 年夏，目录最终告成。兹据方广锠的阐述②，对此目略加介绍。

此目总篇幅约 2000 万字，分《馆藏目录卷》《分类解说卷》《索引卷》和《新旧编号对照卷》等四卷。《馆藏目录卷》全面著录每一件馆藏敦煌遗书，特创"条记目录"体例，每个条目包括 13 大项、39 小项，囊括敦煌遗书文物、文献各方面的属性。《分类解说卷》全面揭示敦煌文献的研究价值，包括概况、文物状态、文献状态、文字状态、各卷次情况等。《索引卷》包括"典籍名称索引""纪年遗书及干支年代遗书索引""题记索引""印章索引""多主题遗书索引""录文索引""缀残索引""绘画资料索引""非汉文索引""今人题记、印章索引""本目录参考书目索引"等 11 个索引。《新旧编号对照卷》包括"《国家图书馆藏敦煌遗书》分册简表"与"千字文号与北敦号、缩微胶卷号对照表""缩微胶卷号与北敦号、千字文号对照表""临字号与北敦号、残字号对照表""残字号与北敦号、临字号对照表""新字号与北敦号对照表""简编号与北敦号对照表""善字号与北敦号对照表""登录号与北敦号对照表"等 8 个新旧编号对照表，便于研究参考。

此目是首部完备的国家图书馆馆藏敦煌遗书目录，创造了"条记目录"这一新的敦煌遗书编目体例，著录非常详细，且包含了写卷断代、缀合等丰富的敦煌遗书考证、研究成果，并编有便于检索与使用的多种索引，极富参考价值，全书出版后，必将成为敦煌遗书编目整理方面的典范著作。

目前，此目尚未全部出版。率先刊行的是《中国国家图书馆藏敦煌遗

---

① 方广锠：《〈中国国家图书馆藏敦煌遗书总目录〉的编纂》，《敦煌研究》2013 年第 3 期，第 135—137 页。

② 方广锠：《〈中国国家图书馆藏敦煌遗书总目录〉编纂完成》，载 2012 年 8 月 8 日《中国社会科学报》第 340 期，第 4 版。

书总目录·新旧编号对照卷》①《馆藏目录卷》②，其他二卷或将在未来数年内陆续印行。

二、馆藏敦煌遗书缩微胶卷的拍摄

北京图书馆藏敦煌遗书缩微胶卷的拍摄，与英国剑桥大学提出缩微胶卷交换建议有直接的关系。1954 年 9 月 13 日，剑桥大学东方研究所致函中国科学院，希望用英国博物馆所藏敦煌遗书缩微胶卷交换我国北京图书馆等处收藏敦煌遗书的缩微胶卷。次年初，中央政府文化部批准此项交换事宜。

此前，北图藏卷未曾拍摄缩微胶卷，没有现成胶卷可供使用。为达成此次交换，北图遂根据整理、拍摄所需的人员、技术力量、机器设备等条件，制订了摄制工作计划，报请文化部批准后付诸实施。据 1955 年北京图书馆就交换胶卷事复驻英代办处公函，最初北图拟自行摄制，估计需要 3 年时间才能完工；后来拟改请电影局代为摄制，亦需两年多才能完成，经费 1万余元；最后决定，由北图购买苏联电影胶卷摄制，工期压缩到约 8 个月，需经费不到 3000 元。

拍摄试验阶段，曾因机器设备老化等原因一度停止工作。因英方频频来函催询，北京图书馆遂出资更换新设备，经多次失败，不断总结经验，最终成功制作出缩微胶卷成品。

此次拍摄，按照《敦煌劫余录》著录顺序进行，编号始于"北 0001 号"。由于此次拍摄的缩微胶卷在较长时期内是学界研究北图藏卷的主要依据，这一编号也长期为学界习用。

缩微胶卷每摄成一批，即邮往剑桥大学图书馆。从邮寄的记录，可以看到拍摄的进度：

第一批 35 卷（长 3763 英尺）于 1957 年 2 月 6 日寄出，所摄为北 0001

---

① 方广锠主编：《中国国家图书馆藏敦煌遗书总目录·新旧编号对照卷》，北京：中国人民大学出版社，2013 年。

② 方广锠、李际宁、黄霞：《中国国家图书馆藏敦煌遗书总目录·馆藏目录卷》，北京：中国人民大学出版社，2016 年。

号（丽31）《大方广佛华严经》至北3420号（帝83）《大般若经释》。

第二批16卷（长1460英尺）于1958年2月4日寄出，所摄为北3421号（奈75）《放光般若经》至北4888号（帝93）《妙法莲华经》，计1468号。

第三批35卷（长3543英尺）于1960年5月中旬寄出，所摄为北4889号（金48）《妙法莲华经》卷二至北7749号（余57）《佛说无量寿宗要经》，计2861号。

第四批8卷（长237.5英尺）迟至1976年11月11日方才寄出，所摄为北7750号（余77）《佛说无量寿宗要经》至北8738号（衣49）《真檀摩尼判行法咒》等，计989号。此批胶卷的拍摄，当在1960年代"文革"以前。

据此可知，《敦煌劫余录》著录部分敦煌遗书缩微胶卷的拍摄始于1955年，历时数年，至1960年代初才完成①。

1979至1980年间，北京图书馆与法国国家图书馆达成交换敦煌遗书胶卷的协议，重新拍摄《敦煌劫余录》著录部分的缩微胶卷，随后拍摄《敦煌劫余录》著录之外的后续入藏部分，亦即"新"字号部分敦煌遗书的缩微胶卷②。此次共从1800余件中选出1650号，拍摄了缩微胶卷。

"文革"以后，馆藏敦煌遗书胶卷对外发行，国内外多家机构购买或通过交换获得了这批缩微胶卷，供研究人员使用。

三、馆藏敦煌遗书图录的编纂与出版

1.《中国国家图书馆藏敦煌遗书》

此图录第1册至第5册由江苏古籍出版社1999年4月出版，原计划出版100册左右，但2001年9月出版第6册、第7册之后，因故未能继续进行，因此刊布的敦煌遗书仅占馆藏量的很小一部分。

此书第1册、第2册为BD00001《大般若波罗蜜多经》卷二○二至BD00166《妙法莲华经》卷二，第3册至第7册为BD13801《妙法莲华经》

---

① 有关缩微胶卷拍摄与交换的经过，见尚林《中英两国交换馆藏敦煌遗书胶卷追述》一文，载《敦煌研究》1991年第2期，第113—115页。

② 尚林、方广锠、荣新江：《中国所藏大谷收集品概况：特别以敦煌写经为中心》，日本龙谷大学佛教文化研究所西域研究会，1991年，第7页。

卷第一至 BD14005《大般若波罗蜜多经》卷第五八四,7 册共计刊布 307 号。

此书的特点,在于从第 3 册起,打破按馆藏编号依次出版的规则,刊布了长期未公布的"新"字号部分 205 件写卷。此前,学界对这部分写卷的了解,主要依赖《敦煌劫余录续编》;此书的出版,使学界得以方便地研究、利用这部分敦煌遗书,引起研究者的关注。

此书第 1 册卷首,影印了一些国图所存与敦煌学有关的档案史料,均为彩图,值得重视。

2.《国家图书馆藏敦煌遗书》

2005 年起,国家图书馆善本部与国家图书馆出版社合作,再次启动馆藏敦煌遗书图录出版工作。至 2012 年 6 月,最终完成全部 146 册的出版。全书刊布了国图馆藏所有敦煌遗书,包括《敦煌劫余录》著录部分、《写经详目续编》著录部分、残片部分、后续入藏部分及修复时揭下的残片,自 BD00001 至 BD16579 号,以编号顺序编排。至此,国图藏卷已全部刊布。

该书"定名准确","图版清晰","补充了一些缩微胶片和《敦煌宝藏》遗漏的图版","创建了《条记目录》","编排方式更加科学",甫一出版便深受学界关注与赞扬,被誉为"是我国文化事业发展的一项重要工程,更是敦煌学界一件功德无量的盛事"[1]。

3.《中国国家图书馆藏敦煌遗书精品选》

此书由国家图书馆善本特藏部、上海龙华古寺、《藏外佛教文献》编辑部合编,2000 年印行。此书选择约 90 件馆藏敦煌遗书精品,刊布每一个写卷富有研究旨趣的一小段彩色书影,其中以长期未公布的"新"字号部分为数最多。此书虽非正式出版物,由于刊布了诸多重要文献的彩色图版,提供了大批新资料,因而引起学界的重视,迭见称引[2]。比较显著的例子,为此书刊布的 BD14711《杂阿毗昙心论》卷十,其卷背所钤"永兴郡印"

---

① 郝春文:《〈国家图书馆藏敦煌遗书〉的五大贡献》,2006 年 8 月 22 日《光明日报》,第 10 版;此文又以《评〈国家图书馆藏敦煌遗书〉》为题,收入郝春文《二十世纪的敦煌学》,第 214—222 页。

② 如许建平《跋国家图书馆藏〈春秋谷梁传集解〉残卷》(《敦煌研究》2006 年第 1 期)、朱大星《国家图书馆藏敦煌遗书 BD14677 残卷新探》(《文献》2005 年第 1 期),等等。

及墨捺佛像，引起美术史研究者的注意，推进了中国版画史的研究①。

20 世纪末以来，文献数字化逐渐成为最便捷的文献刊布方式之一，国家图书馆在馆藏敦煌遗书的数字化与网络刊布及其国际合作等方面，都有积极的贡献，本书将在下章设专节进行阐述。

第三节　中华人民共和国成立以来的敦煌学研究

一、唐耕耦的敦煌社会经济文书研究

唐耕耦初为中国社会科学院历史研究所研究人员，1980 年底联合黄振华建议历史所成立敦煌学研究组，担任组长；1986 年调入北京图书馆敦煌吐鲁番资料中心。调入北图前，唐耕耦致力于敦煌社会经济文书的整理研究工作，并发表了一系列有关唐代土地、赋税制度的论文，如《从敦煌吐鲁番资料看唐代均田令的实施程度》②《关于吐鲁番文件中的唐代永业田退田问题》③《西魏大统十三年敦煌计帐文书及若干问题》④《唐代前期的户等与租庸调的关系》⑤《唐代前期的兵募》⑥《唐代前期的杂徭》⑦《唐代课户、课口诸比例释疑》⑧《敦煌四件唐写本姓望氏族谱（？）残卷研究》⑨《关于唐代租佃制的若干问题——以吐鲁番敦煌租佃契为中心》⑩《唐五代时期的

---

① 相关论文有：石云里《新公开的敦煌南齐写本上的捺印佛像》，《中国印刷》2000 年第 10 期，第 64—65 页；李之檀《敦煌写经永兴郡佛印考》，《敦煌研究》2010 年第 3 期，第 108—110 页；方晓阳、吴丹彤《东晋写本〈杂阿毗昙心论〉背印佛像研究》，《北京印刷学院学报》2010 年第 6 期，第 1—7、17 页。

② 载《山东大学学报》（历史版）1963 年第 1 期。

③ 载《山东大学学报》（社会科学版）1964 年第 2 期。

④ 载《文史》第 9 辑，北京：中华书局，1980 年。

⑤ 载《魏晋隋唐史论集》第 1 辑，北京：中国社会科学出版社，1981 年。

⑥ 载《历史研究》1981 年第 4 期。

⑦ 载《文史哲》1981 年第 4 期。

⑧ 载《历史研究》1983 年第 3 期。

⑨ 载《敦煌吐鲁番文献研究论集》第 2 辑，北京：北京大学出版社，1983 年。

⑩ 载《历史论丛》第 5 辑，1985 年。

高利贷——敦煌吐鲁番出土借贷文书初探》^① 等，在学术研究上已卓有成绩。

调入北图之后，唐耕耦继续从事敦煌社会经济文书的整理与研究。首先，延续在社科院历史所时期的工作，与陆宏基合作完成《敦煌社会经济文献真迹释录》全五辑的编辑出版，于 1990 年出齐全书。此书的基础工作，包括大部分写卷的校录，是唐耕耦在 1980 年代初完成的，编辑、定稿、出版工作经历诸多波折，最终于唐耕耦调入北图敦煌吐鲁番学北京资料中心后完成^②。

随后，又编成《敦煌法制文书》一书，作为《中国珍稀法律典籍集成》甲编第三册，1994 年 8 月由科学出版社出版。此书辑录敦煌汉文法律文书和相关文献 500 余件，分十四类：（1）律、律疏、令、格、式、令式表、诏书、判集；（2）告身、公验和判凭、申诉、请求等牒状；（3）户籍、田制、赋役、军事、团保制等文书；（4）沙州敦煌县行用水细则与渠人（社）转帖；（5）社邑文书；（6）契据；（7）各种账目和有关牒状及凭据；（8）驼马牛羊牧算会牒状及凭据；（9）僧官告身和寺职任免；（10）度牒、戒牒及有关文书；（11）寺院行事文书；（12）僧尼籍；（13）寺户文书；（14）表、书、启、牒、状、帖。每类按年代顺序排列。此书主体为文书录文，有些文书有解题或注释。

《敦煌寺院会计文书研究》一书^③，是唐耕耦在敦煌经济文书研究方面的又一部著作。该书对概述敦煌寺院会计文书中的主要账簿，加以分类，阐述其性质与内容；对文书进行剖解和缀合，复原文书原貌；通过考察报恩寺文书，推断了二十多件残卷的寺名和年代。书中还收录 3 篇专论：《敦煌写本便物历初探》^④ 全面探讨敦煌寺院的便物历，从中归纳出沙州寺院高利贷

---

① 连载于《敦煌学辑刊》1985 年第 2 期、1986 年第 1 期。

② 唐耕耦：《我的"敦煌学"经历——〈敦煌社会经济文献真迹释录〉编辑回忆》，载刘进宝主编《百年敦煌学：历史　现状　趋势》，第 143—156 页。

③ 台北新文丰出版公司 1997 年 4 月出版。

④ 原载《敦煌吐鲁番文献研究论集》第 5 辑，北京：北京大学出版社，1990 年。

的特点;《八至十世纪敦煌的物价》一文①,勾稽大量文书的记载,分十二类总结敦煌地区八至十世纪粮、油、菜蔬、纺织品、服装鞋帽、五金、木材、纸张、工具、买买牲口、雇用牲口、买卖人口奴婢、雇工等方面的价格,为经济史研究提供了重要参考;《关于敦煌寺院水硙研究中的几个问题》②考释了会计文书中"硙课入""硙入""硙课用"等几个名词,为解释相关文书的性质与内容提供了钥匙。此书的出版,对敦煌会计文书研究有较大推进。

此书所收之外,唐耕耦还发表了一系列会计文书研究论文:《四柱式诸色入破历算会牒的解剖——诸色入破历算会稿残卷复原的基础研究》③,详细解剖了四柱式诸色入破历算会牒的结构,为此类文书的缀合与复原提供了一把钥匙。《乙巳年(公元九四五年)净土寺诸色入破历计会稿残卷试释》④《净土寺六件诸色入破历算会稿缀合》⑤《北图新一四四六号诸色入破历算会牒残卷》⑥《〈癸卯年(943)正月一日已后净土寺直岁广进手下诸色入破历算会稿〉残卷缀合》⑦等论文,则是对某一件或某一宗文书的专题研究。《敦煌寺院会计文书》一文⑧,分类概述敦煌会计文书,并指出其研究价值。

在敦煌社会经济文书研究的其他方面,唐耕耦也有不少创获。《唐五代时期的高利贷——敦煌吐鲁番出土借贷文书初探》一文⑨,介绍借贷文书的分类和内容,分析借贷双方的身份和借贷原因,归纳利息率,解析违约处罚、担保及高利贷后果等问题,并通过契尾署名考察契约形式的变化。《吐

---

① 原载《纪念陈寅恪教授国际学术讨论会文集》,广州:中山大学出版社,1989年。

② 原载《文献》1988年第1期。

③ 载《周绍良先生欣开九秩庆寿文集》,北京:中华书局,1997年。

④ 载《敦煌吐鲁番学研究论文集》,北京:汉语大辞典出版社,1990年。此文早先曾以《伯二〇三二号甲辰年净土寺诸色入破历计会稿残卷试释》为题,刊于敦煌吐鲁番学北京资料中心1988年8月编印的《敦煌吐鲁番文集》。

⑤ 载《敦煌吐鲁番研究》第二卷,北京:北京大学出版社,1997年。

⑥ 载《九州学刊》1993年第4期。

⑦ 载《文献》1998年第3期。

⑧ 载《北京图书馆馆刊》1996年第1期。

⑨ 载《敦煌学辑刊》1985年第2期、1986年第1期。

蕃时期敦煌课麦粟文书介绍》①《吐蕃时期敦煌课麦粟文书补》②二文，校录并研究 P.t.1088 号 A、B、C 三件文书。《敦煌所出唐河西支度营田使户口给粮计簿残卷》一文③，根据中国历史博物馆所藏原卷，补充了历史研究所《敦煌资料》、池田温《中国古代籍帐研究》等书录文的不足，讨论了残卷的内容与性质。

此外，《曹仁贵节度沙州归义军始末》一文④，为曹仁贵是曹氏归义军首任节度使这一问题的考证"提供了具有决定意义的新材料"⑤。其他研究论文还有《北图新八七〇广顺二年愿护等牒跋》⑥《敦煌研究拾遗补缺二则》⑦《敦煌写本中释教大藏经目录与有关文书（一）》⑧等。

二、方广锠的敦煌佛教文献研究

方广锠于 1989 年 3 月由中国社会科学院南亚东南亚所调入北京图书馆，任善本部副主任，至 1993 年 5 月调往中国社会科学院亚洲太平洋研究所，在馆任职时间虽仅短短 4 年，但策划、组织了多项馆藏敦煌遗书整理工作，在离开北图之后依然主导推进，并取得重大成绩。

在馆藏敦煌文献整理方面，方广锠做了大量工作，最为重要的是组织编辑大型图录《中国国家图书馆藏敦煌遗书》（1—7 册）、《国家图书馆藏敦煌遗书》（1—146 册），组织编纂《中国国家图书馆藏敦煌遗书总目录》，将馆藏全部敦煌遗书的图版及详细信息公布于世，完成了世界敦煌学界翘首企盼的重大项目，对敦煌学的推动是不言而喻的。

---

① 载《中国社会经济史研究》1986 年第 3 期。

② 载《中国社会经济史研究》1987 年第 4 期。

③ 载《中国历史博物馆馆刊》第 10 期，1987 年。

④ 载《敦煌研究》1987 年第 2 期。

⑤ 郝春文：《敦煌文献与历史研究的回顾和展望》，《历史研究》1998 年第 1 期，第 124 页；该文收入郝春文《二十世纪的敦煌学》，上海古籍出版社 2006 年出版。

⑥ 载《敦煌文薮》（下），台北：新文丰出版公司，1999 年。

⑦ 载《敦煌研究》1996 年第 4 期。内容包括：甲午年五月十五日阴家婢子小娘子荣客目跋；天福二年（937）二月十九日河西都僧统龙辩榜缀合。

⑧ 载《图书馆学通讯》1988 年第 3 期。

在馆任职期间，方广锠发表了一系列敦煌佛教文献研究与编目方面的论文，主要有：《敦煌藏经洞封闭原因之我见》[①]，以大量亲身调查所得及文献资料，力证藏经洞文物文献为敦煌僧侣的废弃物，成为主张敦煌遗书"废弃说"的代表性论文，影响很大；《敦煌遗书〈沙州乞经状〉研究》[②]，校录 P.3851、P.4607、S.2140、S.3607、S.4640、列 2939 等 6 件《沙州乞经状》写本，并就《乞经状》所依据的点勘目录、御赐藏经问题、该次乞经时间与对象等问题展开讨论；《俄藏〈大乘入藏录卷上〉研究》[③]，校录俄藏 Φ221a《大乘入藏录》卷上，并探讨出土地点、产生年代、藏经形态、千字文帙号等问题；《吐蕃统治时期敦煌流行的偈颂帙号法》[④]《汉文大藏经帙号探原》[⑤]，通过帙号探究汉文大藏经组织、寺院藏经管理等一系列问题；《关于敦煌遗书〈佛说佛名经〉》[⑥]《敦煌遗书中的〈般若心经〉译注》[⑦] 等论文，则综论某一种经典的概貌；《北京图书馆藏敦煌遗书勘查初记》[⑧]，分《劫余录》部分、《详目续编》部分、残片部分、后续入藏部分四类，对馆藏敦煌遗书的概貌加以介绍，并刊布了多件京师图书馆、北平图书馆时期从事敦煌文献整理的稿本或史料，为学界了解国图馆藏及其整理研究历程提供了丰富的信息，颇具参考价值；《关于敦煌遗书之分类》[⑨]《敦煌汉文遗书分类法（草案）附说明》[⑩] 二文为探索敦煌遗书编目方式与编目体例之作；《对黄编〈六百号敦煌无名断片的新标目〉之补正》[⑪]，则补充、纠正了黄永武文章的多处疏误；此外还有《也谈

---

① 载《中国社会科学》1991 年第 5 期；收入《北京图书馆同人文选》第二辑，北京：书目文献出版社，1992 年。

② 载《敦煌研究》1989 年第 2 期。收入《隋唐佛教研究论文集》，西安：三秦出版社，1990 年。

③ 载《北京图书馆馆刊》1992 年第 1 期。

④ 载《敦煌学辑刊》1990 年第 1 期。

⑤ 载《世界宗教研究》1990 年第 1 期。

⑥ 载《敦煌吐鲁番学研究论文集》，北京：汉语大词典出版社，1990 年。

⑦ 载《法音》1990 年第 7 期。

⑧ 载《敦煌学辑刊》1991 年第 2 期。

⑨ 载《中国敦煌吐鲁番学会研究通讯》1991 年第 1 期。

⑩ 载香港《九州学刊》1992 年敦煌学专刊。

⑪ 载《中华文史论丛》，上海：上海古籍出版社，1992 年。

敦煌写本〈众经别录〉的发现》①《敦煌佛教研究的回顾与展望》②《吐鲁番出土汉文佛典述略》③等论文。

以上仅就方广锠在馆期间所发表论文略作综述，离馆之后所发表某些论文也与在馆期间的积累有一定关系，兹不详述，特就与国图藏卷有直接关系的几篇论文，略加介绍：《关于国家图书馆善本部所藏的日本天平藤原皇后施经》④，回答杨曾文关于馆藏日本天平年间藤原皇后施经的疑问；《国家图书馆藏敦煌遗书北敦00337号小考》⑤，通过目录比勘等方法，考定BD00337等8号馆藏伪卷的入藏时间，提供了敦煌遗书辨伪的典型案例；《百年前的一桩公案》⑥，则据相关史料，还原了1910年学部第二次向京师图书馆调拨敦煌遗书的史事，详细介绍这一批22件敦煌遗书的情况，并从笔迹字体、表述方法、佛教知识、古今观念、书写习惯等方面入手，考定其勘记、题记均为伪造。这些论文，都有助于厘清馆藏敦煌遗书的相关问题，具有重要意义。

三、林世田的敦煌文献研究

林世田1985年进入北京图书馆，1987年转入敦煌吐鲁番学资料研究中心，曾任敦煌文献组组长，2008年升任国家图书馆古籍馆副馆长。在编辑文献目录、资料汇编等之外，其学术研究主要集中在三个方面：斯文·赫定与西北科学考察团研究⑦、《永乐大典》佛教文献辑佚与整理⑧、敦煌佛教文

① 载《中国敦煌吐鲁番学会研究通讯》1990年第1期。
② 载《中国文化》1990年6月第2期。
③ 载《西域研究》1992年第1期。
④ 载《法音》1999年第11期。
⑤ 载《文献》2006年第1期。
⑥ 载《敦煌研究》2009年第1期。
⑦ 发表的论文有：《斯文赫定与中亚探险》，载《中国边疆史地研究导报》1989年第6期；《西北科学考察团组建述略》（与邢玉林合著），载《中国边疆史地研究》1992年第3期；《斯文赫定与绥新公路勘察队》，载《北京图书馆馆刊》1994年第3、4期合刊。与邢玉林合著《探险家斯文赫定》一书，吉林教育出版社1992年出版。
⑧ 撰有论文《〈永乐大典〉中佛教文献初探》，载《〈永乐大典〉编纂600周年国际研讨会论文集》，北京：北京图书馆出版社，2003年；文献整理成果有《〈永乐大典〉本〈禅林类聚〉校录》，全国图书馆文献缩微复制中心2003年出版。

献研究，这里仅就敦煌佛教文献研究方面加以介绍。

敦煌本《大云经疏》是林世田用力较深的一个专题，就此撰写了《〈大云经疏〉初步研究》①《武则天称帝与图谶祥瑞——以 S.6502〈大云经疏〉为中心》②《敦煌所出〈普贤菩萨说证明经〉及〈大云经疏〉考略》③《〈大云经疏〉结构分析》④ 等一系列论文。这一系列文章在陈寅恪、矢吹庆辉、富安敦等学者的研究基础上，从《大云经疏》撰作人员、撰作年代、结构特点、所涉图谶祥瑞等方面进行深入研究，指出：两《唐书》所载薛怀义等造《大云经》实为造《大云经疏》，《大云经疏》为武则天授命薛怀义等所炮制，目的是为武则天以女身君临天下制造舆论，使她具有"受命于佛"的身份；《大云经疏》，尤其是涉及图谶的部分，早在垂拱四年（688）已着手收集或撰写，后经十僧人多次补充，最终于载初年间定稿；《大云经疏》原稿较简单，薛怀义等制造了大量谶纬、祥瑞，多以按语的方式掺入其中，由于经过多次增补修改，致使全文层次零乱、支离破碎，如将图谶祥瑞之类剔除，则《大云经疏》原稿文通词顺。这一系列论文"用结构分析的方法，打破了现存经疏文本结构的限制，成功地复原了《大云经疏》的初稿，又将其重新归类整合，并把疏中所涉及的祥瑞、图谶剥离了出来"，"在很大程度上发展了陈先生的观点"⑤。

林世田致力于馆藏敦煌文献的整理研究，近年来发表了多篇论文：《〈大乘方等陀罗尼经并诸经内四众忏悔发愿文〉整理研究》⑥，整理研究BD06158 号，考定其撰者为唐末五代比丘睿则，指出完整的礼忏文应由忏主讲经和礼忏程序两部分组成，增进了对修忏一般程序的了解；《〈佛

① 载《文献》2002 年第 4 期。
② 载《敦煌学辑刊》2002 年第 2 期。
③ 载《文津学志》第 1 辑，北京：北京图书馆出版社，2003 年。
④ 载《麦积山石窟艺术文化论文集》（下），兰州：兰州大学出版社，2004 年。
⑤ 金滢坤、李永海：《敦煌本〈大云经疏〉新论》，《文史》2009 年第 4 辑，第 32 页。陈先生指陈寅恪。
⑥ 载《敦煌学国际研讨会论文集》，北京：北京图书馆出版社，2005 年。

说如来成道经〉与〈降魔变文一卷〉关系之研究》^①，据 BD09145 及另三件英俄藏《降魔变文》写本，考定《降魔变文》中一段文字系由《佛说如来成道经》改编而成，为研究疑伪经与变文之间的关系提供了一个佳例；《敦煌写本〈优婆塞戒经〉版本研究》^②，考察 BD07348、BD04157、BD03369、BD10777、BD11023 等 36 件敦煌写本《优婆塞戒经》，揭示该经七卷本、十一卷本、十卷本、六卷本（或五卷本）等四种版本系统，并分析隋代楰雅珍写经，揭示其由七卷本改装为十一卷本的过程；《新发现的〈维摩诘讲经文·文殊问疾第二卷〉校录研究》^③《〈孟姜女变文〉残卷的缀合、校录及相关问题研究》^④《国家图书馆藏 BD14546 背壁画榜题写本研究》^⑤《敦煌唐写本〈问对〉笺证》^⑥ 诸文，均迻录、校注馆藏写卷文本，并就某些具体问题展开讨论；《国家图书馆刘廷琛旧藏敦煌遗书》^⑦ 则逐一考察馆藏刘廷琛旧藏。其中的部分论文，关注文献的写本形态及其文本在流传中的改编、更易过程，对佛教信仰形态与书籍史的考察，有比较深入的思考。

利用工作中有机会接触原卷的便利，林世田关注敦煌遗书的某些文书学特征，比如古人对书籍的修复。《国家图书馆藏敦煌写本〈金光明最胜王经〉古代修复简论》^⑧，全面著录馆藏敦煌本《金光明最胜王经》的古代修复信息，并从加装护首及卷尾、配纸、划栏补字、浆糊等四个方面加以评价；《国家图书馆所藏与道真有关写卷古代修复浅析》^⑨，结合馆藏调查，认为藏经洞文献文物与道真搜罗古坏经卷、修补佛典的活动有密切关联，

---

① 与李文洁合著，载《敦煌学辑刊》2005 年第 4 期。
② 与汪桂海合著，载《文献》2008 年第 2 期。
③ 与李文洁合著，载《敦煌研究》2007 年第 3 期。
④ 与刘波合著，载《文献》2009 年第 2 期。
⑤ 与刘波合著，载《文献》2010 年第 1 期。
⑥ 与刘波合著，载《文津学志》第三辑，北京：国家图书馆出版社，2010 年。
⑦ 与萨仁高娃合著，载《敦煌吐鲁番研究》第十卷，上海：上海古籍出版社，2007 年。
⑧ 与萨仁高娃合著，载《敦煌研究》2006 年第 6 期。
⑨ 与张平、赵大莹合著，载《中国典籍与文化》2007 年第 3 期。

修补古坏经文应是三界寺藏经的重要来源。这些论文试图通过个案考察，勾勒四至十一世纪中国古籍修复史，对于了解书籍史的一个侧面，有一定参考价值。

根据赴英访书所得，林世田对《易三备》进行了整理与研究，与张志清合撰《S.6015〈易三备〉缀合整理研究》①《S.6349 与 P.4924〈易三备〉写卷缀合整理研究》②，更正《英藏敦煌文献》《敦煌宝藏》对该卷残片的排列疏误，并重加缀合，在此基础上进行校录整理，为进一步研究提供了良好的基础。

作为中国国家图书馆国际敦煌项目的首任负责人，林世田规划并实际推动了 IDP 国图中心的发展，并就国家图书馆敦煌遗书数字化与国际敦煌项目撰写了一系列文章，如《IDP 项目与中国国家图书馆敦煌文献数字化》③《国际敦煌项目新进展：敦煌文字数据库》④《国家图书馆善本特藏部敦煌资源库的建设》⑤《中国国家图书馆国际敦煌项目的创立与前景》⑥ 等，对外介绍 IDP 项目的理念、规划和建设进展，为 21 世纪初以来方兴未艾的古籍文献数字化热潮提供参考。

林世田的部分论文，结集为《敦煌遗书研究论集》一书，2010 年 3 月由中国藏学出版社出版。该文集分"敦煌遗书篇""西夏文献篇"和"敦煌遗书数字化篇"三部分，汇总其 2002 年之后将近十年的研究所得。

四、李际宁的敦煌佛教文献研究

李际宁长期任职于国家图书馆善本部善本组，主管敦煌遗书及佛教文

---

① 载《敦煌吐鲁番研究》第九卷，北京：中华书局，2006 年。

② 载《文献》2006 年第 1 期。

③ 与孙利平合著，原载《国家图书馆学刊》2003 年第 1 期；又载《敦煌学知识库国际学术研讨会论文集》，上海：上海古籍出版社，2006 年。

④ 与（匈）高奕睿合著，载《国家图书馆学刊》2005 年第 2 期。

⑤ 与萨仁高娃合著，载《敦煌学知识库国际学术研讨会论文集》，上海：上海古籍出版社，2006 年。

⑥ 与（匈）高奕睿合著，载《融摄与创新：国际敦煌项目第六次会议论文集》，北京：北京图书馆出版社，2007 年。

献相关工作，曾任善本部副主任。其学术研究工作主要集中在佛教文献学①和敦煌遗书整理研究两个方面。

作为馆藏敦煌遗书的主要管理人员之一，李际宁长期参与敦煌遗书编目、整理工作，是《中国国家图书馆藏敦煌遗书》(1—7册)、《国家图书馆藏敦煌遗书》(1—146册)的主要编者之一，在整理、刊布馆藏方面有重要贡献；另主编有《中国国家图书馆藏敦煌遗书精品选》一书，已见上节。点校整理有《天请问经疏》《佛母经》②《法华经文外义》③等敦煌佛教文献。

李际宁致力于馆藏敦煌遗书的研究，撰有论文多篇：《文轨的生平及其它》④，据 BD14116（新0316）《天请问经疏》、P.2101《广百论疏》，考察玄奘弟子文轨的生平与著作；《敦煌疑伪经典〈佛母经〉考察》⑤指出，敦煌地区超度亡灵的七七斋仪中使用的《佛母经》，其主要内容来源于《摩诃摩耶经》等涅槃类经典，结合了中国孝道报恩思想，并受到中亚传统祭祀仪礼的影响；《〈春秋后语〉拾遗》⑥，考定 BD14665（新0865）为《春秋后语》写本，校录全文，并讨论了相关问题；《"味青斋敦煌遗书秘籍佚卷存目"点勘及其史料价值》⑦，介绍了馆藏味青斋旧藏敦煌遗书的情况，基本解决了早期流散品的一个悬案；此外还有《关于敦煌遗书中的梵夹装》⑧《国家图书馆藏敦煌遗书整理侧记》⑨《中国国家图书馆近年入藏的敦煌遗书及其史料价值》⑩等论文。

---

① 著作主要有《佛经版本》(《中国版本文化丛书》之一，南京：江苏古籍出版社，2002年)、《佛教大藏经研究论稿》(北京：宗教文化出版社，2007年)二书及相关论文多篇。

② 以上二种俱载《藏外佛教文献》第一辑，北京：宗教文化出版社，1995年。

③ 载《藏外佛教文献》第二辑，北京：宗教文化出版社，1996年。

④ 载《北京图书馆馆刊》1995年第2期。

⑤ 载《北京图书馆馆刊》1996年第4期。

⑥ 载《敦煌吐鲁番研究》第一卷，北京：北京大学出版社，1996年。

⑦ 载《敦煌学辑刊》1995年第1期。

⑧ 载《敦煌吐鲁番学研究论集》，北京：书目文献出版社，1996年。

⑨ 载《北京图书馆馆刊》1999年第2期。

⑩ 载郝春文主编《敦煌文献论集——纪念敦煌藏经洞发现一百周年国际学术研讨会论文集》，沈阳：辽宁人民出版社，2001年。

五、其他国图学者的敦煌学研究

上述几位学者之外，国家图书馆的古籍馆（善本部）的善本组、敦煌文献组（敦煌吐鲁番学资料研究中心）、修复组这三个机构，都有馆员从事敦煌遗书相关工作与研究，现将他们的相关研究情况综述如下。

杜伟生为国家图书馆善本部（古籍馆）修复组研究馆员，长期从事古籍修复工作，曾任修复组组长。1991年以来，根据多年工作经验及本馆实际，制定切实可行的敦煌遗书修复方案，主持修复工作。撰有《谈敦煌遗书修复》一文①，评价馆藏近代修复敦煌遗书的修复工艺，分长卷、残卷、残片三类具体解析修复方法；所著《中国古籍修复与装裱技术图解》②中，第五章为《敦煌遗书的修复》，专章解析敦煌遗书修复方法；讨论古籍修复原则的《古书修复中的"整旧如旧"与"整旧如新"》③《古籍修复原则》④等论文，也包含了修复敦煌遗书的经验总结。从事修复工作可以接触原卷，杜伟生仔细观察，在敦煌遗书装帧形制研究方面颇有创获，撰有《从敦煌遗书的装帧谈"旋风装"》一文⑤，详细描述P.2046、S.6349等写卷的形制，对照欧阳修、张邦基、钱曾等对旋风装的记述，具体解析旋风装的装帧形制，有助于厘清这一书籍史上长期悬而未决的问题。此外，还撰有《北京图书馆藏敦煌遗书赝本八种概述》一文⑥，从纸张、浆糊、界栏、墨迹、书法等方面，对BD00337等8件敦煌遗书伪卷进行考辨，提供了敦煌遗书辨伪的难得信息。

陈红彦长期任职于善本部善本组，现任古籍馆副馆长。其学术研究领域主要为版本目录学，著有《宋本》⑦等。曾参与馆藏敦煌遗书的整理、编

① 载《北京图书馆馆刊》1993年第2期。
② 北京图书馆出版社2003年初版；中华书局2013年1月再版。
③ 载《北京图书馆馆刊》1999年第4期。
④ 载《国家图书馆学刊》2007年第4期。
⑤ 载《文献》1997年第3期。
⑥ 载《文献》1998年第3期。
⑦ 《中国版本文化丛书》之一，江苏古籍出版社2002年出版。

目工作，从事馆藏敦煌遗书研究，主要论文有：《北京图书馆藏敦煌遗书中近现代印鉴印主考》①，辑录馆藏新字号敦煌遗书上所钤现代藏家印章，考证其印主；《敦煌遗书近现代印鉴考》②，更将辑录范围扩大到国内外各藏家收集品。这两篇文章，对于追寻早期流散敦煌遗书的递藏轨迹，有重要参考价值。《北京图书馆藏新881号〈尚书〉残卷校勘后记》③，以阮刻《十三经注疏》本《尚书》校勘 BD14681 残卷，分析其文字差异。

黄霞长期任职于古籍馆（善本部）善本组，是馆藏敦煌遗书的管理人员之一，主要工作与研究领域为革命文献与敦煌遗书。参编《中国国家图书馆藏敦煌遗书》（1—7册）、《国家图书馆藏敦煌遗书》（1—146册）、《中国国家图书馆藏敦煌遗书精品选》，对整理、刊布馆藏有所贡献。敦煌遗书研究方面，发表有论文多篇，如《北图藏敦煌"女人社"规约一件》④《浅谈晚唐五代敦煌"女人社"的形态及特点》⑤二文，校录公布了馆藏 BD14682（新882）《博望坊巷女社规约》，对宁可、郝春文在妇女结社研究方面开创性论文《北朝至隋唐五代间的女人结社》⑥ "也作了部分补充，如敦煌依然存在女人的敬佛结社等，对于有关女性的问题也有所申论"⑦。此外，还点校了敦煌本《佛说相好经》⑧。

萨仁高娃 2002 年 7 月起供职于国家图书馆，先后任职于民族语文组、敦煌文献组，2008 年起担任敦煌文献组组长，2010 年 8 月起由文化部选派为第六批援藏干部，任西藏图书馆副馆长 3 年；现任古籍馆副馆长。主要学术研究领域为民族语文文献，涉及敦煌遗书整理研究的主要学术论文有：

---

① 载《敦煌吐鲁番研究》第三卷，北京：北京大学出版社，1998 年。
② 与林世田合著，连载于《文献》2007 年第 2 期、第 3 期。
③ 载《北京图书馆馆刊》1997 年第 4 期。
④ 载《文献》1996 年第 4 期。
⑤ 载《北京图书馆馆刊》1997 年第 4 期。
⑥ 载《北京师范学院学报》1990 年第 5 期。
⑦ 孟宪实：《论敦煌的妇女结社》，载《日常秩序中的汉唐政治与社会》，北京：社会科学文献出版社，2012 年，第 287 页。
⑧ 载《藏外佛教文献》第三辑，北京：宗教文化出版社，1997 年。

《蒙文〈天地八阳神咒经〉与汉藏文本比较研究》①，比较研究《天地八阳神咒经》的蒙古文本与敦煌汉文本及藏文本，指出其文本、结构方面的差异，有助于理解疑伪经在流传过程中的改编、接受过程；《伯希和洞窟笔记所见少数民族文字题记》②《国内藏敦煌汉文文献中的非汉文文献》③二文，勾出并解释了不少民族文字文献；《敦煌本〈金刚坛陀罗尼经〉述略》④，介绍该经全部写本，指出俄藏敦煌文献中有两叶恰好可以补充 P.3918 号的缺叶，并考察了该经的流传情况；《敦煌本回鹘文〈阿毗达磨俱舍论实义疏〉研究》⑤据 Or.8212/75A–B 卷末蒙古文题记"大清朝光绪三十年十月初一"，指出该写本原藏于莫高窟第 464 窟，经蒙古人之手，又由王道士移入藏经洞，于 1907 年为斯坦因所得。

孙晓林早先任职于中国大百科全书出版社，主要工作为编《中国大百科全书·历史卷》，此书完成之后转往国家图书馆敦煌吐鲁番学资料研究中心工作，1997 年转任三联书店编辑，曾任《读书》编辑部主任。所撰《汉—十六国敦煌令狐氏述略》⑥《敦煌遗书所见唐宋间令狐氏在敦煌的分布——令狐氏札记之一》⑦，对敦煌大姓令狐家族兴衰史的研究多有推动。《跋 P.2189〈东都发愿文〉残卷》⑧，考定此卷为敦煌郡太守令狐休在年方弱冠的西魏大统三年于敦煌所书，底本为洛阳大觉寺智严法师所供养写本。此外，还翻译有藤枝晃《汉字的文化史》⑨、池田温《唐开元后期土地政策的考察》⑩、山本达郎《大谷文书概观——以文书来源为中心的介

---

① 载《周绍良先生纪念文集》，北京：北京图书馆出版社，2006 年。

② 载《2004 年石窟研究国际学术会议论文集》（下），上海：上海古籍出版社，2006 年。

③ 载《文津学志》第 2 辑，北京：北京图书馆出版社，2007 年。

④ 载《敦煌研究》2008 年第 5 期。

⑤ 与杨富学合著，载《敦煌研究》2010 年第 1 期。

⑥ 载《北京图书馆馆刊》1996 年第 4 期。

⑦ 载《唐代的历史与社会——中国唐史学会第六届年会暨国际唐史学会研讨会论文选集》，武汉：武汉大学出版社，1997 年。

⑧ 载《敦煌吐鲁番研究》第二卷，北京：北京大学出版社，1997 年。

⑨ 与翟德芳共译，知识出版社 1991 年 12 月出版。

⑩ 载《敦煌学辑刊》1996 年第 2 期。

绍》① 等日本敦煌学者的著作与论文。

　　李锦绣1990年自北京大学毕业后，进入北京图书馆敦煌吐鲁番资料研究中心工作，1993年调入中国社会科学院历史研究所，主要研究领域为唐代财政史、制度史、社会生活史等，论著颇丰。在馆3年期间，发表了多篇唐代财税史研究论文，如《唐开元二十三年秋季沙州会计历考释》②《唐前期公廨本钱的管理制度》③《唐前期的附加税》④《试论唐代的税草制度》⑤《唐前期支度国用计划的编制及实施》⑥《典在唐前期财务行政中的作用》⑦《唐前期的"轻税"初探》⑧，大多涉及敦煌吐鲁番出土财税文书。

　　史睿自1997年7月起，先后任职于国家图书馆敦煌吐鲁番学资料研究中心、金石拓片组，2011年8月调往北京大学历史系中国古代史研究中心，在馆工作14年。其学术研究领域主要为敦煌学与隋唐史。参与编著《英藏敦煌社会历史文献释录》第1卷至第5卷⑨，并著有多篇论文：与荣新江合撰的《俄藏敦煌写本〈唐令〉残卷（Дx.3558）考释》⑩《俄藏 Дx.3558唐代令式残卷再研究》⑪ 二文，前者指出 Дx.3558为《唐令》残卷，纠正了《俄藏敦煌文献》拟名"道教经典"的疏失，考证其为显庆二年（657）七月以后行用的《永徽令》，并讨论了篇目排序问题；后者梳理史籍中关于唐代国家祭祀典礼的记载，确定唐武德至开元年间所修《祠令》的特征，并据之进一步考论残卷的题名、年代、性质等问题，回应前文发表后学界的讨论。

---

① 载《中国敦煌吐鲁番学会研究通讯》1991年第2期。
② 载《敦煌吐鲁番学研究论文集》，北京：汉语大词典出版社，1990年。
③ 载《文献》1991年第4期。
④ 载《中国唐史学会论文集》，西安：三秦出版社，1993年。
⑤ 载《文史》第34辑，北京：中华书局，1992年。
⑥ 连载于《北京大学学报》1991年第2期、1993年第2期。
⑦ 载《学人》第3期，1992年。
⑧ 载《中国社会经济史研究》1993年第1期。
⑨ 第1卷，科学出版社2001年出版；第2卷至第5卷，社会科学文献出版社2004年至2006年出版。
⑩ 载《敦煌学辑刊》1999年第1期；《人大报刊复印资料（魏晋南北朝隋唐史）》2000年第3期转载。
⑪ 载《敦煌吐鲁番研究》第九卷，北京：中华书局，2006年。

《敦煌吉凶书仪与东晋南朝礼俗》[①]，探讨吉凶书仪的起源、称谓及仪式与东晋南朝礼俗之间的关系，指出敦煌吉凶书仪继承了东晋南朝礼学发展的成果。《唐调露二年东都尚书吏部符考释》[②]《唐代前期铨选制度的演进——从新获吐鲁番铨选文书谈起》[③]二文，整理并复原2004年吐鲁番文物局在巴达木2号台地中部的207号墓发掘所得文书，探讨唐代前期铨选中阙员统计的实行、铨选选格的确立、统计技术的发展等制度问题。《新发现的敦煌吐鲁番唐律、唐格残片研究》[④]，校录整理了 Дx.09931《唐律·断狱律》、BD01524裱纸《律疏》、大谷8042与8043唐格等公文书写本残片，并探讨了相关问题。以上论文，主要集中在北朝隋唐礼制与政治制度史这两个研究领域。此外，与王楠合撰的《伯希和与中国学者关于摩尼教研究的交流》一文[⑤]，勾稽法国所藏伯希和史料，揭示伯希和与中国学者在摩尼教研究方面的交流、探讨情况，对相关学术史问题的梳理有所贡献。

此外，北京图书馆还有多位工作人员，曾撰有敦煌学方面的研究论文，略举数例如下：黄振华《敦煌所出于阗文千佛名经校释》[⑥]《西夏月份名称考》[⑦]，为民族文字文献方面的专论；黄明信、东主才让《敦煌藏文写卷〈大乘无量寿宗要经〉及其汉文本之研究》[⑧]，全面概述国图藏此类写本的形制，并将此经与汉文本进行周详的比较；徐自强《新订敦煌莫高窟诸家编号对照表》[⑨]，表列伯希和、文物研究所、谢稚柳、史岩所编四种莫高窟编号，不失为一个便于查找的工具；尚林参著的《中国所藏大谷收集品概况：特别以

---

① 载郝春文主编《敦煌文献论集——纪念敦煌藏经洞发现一百周年国际学术研讨会论文集》，沈阳：辽宁人民出版社，2001年。

② 载《敦煌吐鲁番研究》第十卷，上海：上海古籍出版社，2007年。

③ 载《历史研究》2007年第2期；《人大报刊复印资料》2007年第4期转载。

④ 载《出土文献研究》第八辑，上海：上海古籍出版社，2007年。

⑤ 载《张广达先生八十华诞祝寿论文集》，台北：新文丰出版公司，2010年。

⑥ 载《敦煌吐鲁番文集》，敦煌吐鲁番学北京资料中心编印，1988年。

⑦ 载《宁夏大学学报》1996年第4期。

⑧ 载《中国藏学》1994年第2期。

⑨ 载《北京图书馆馆刊》1996年第4期。

敦煌写经为中心》一书①及所撰《刘廷琛旧藏敦煌遗书流失考》一文②，在馆藏敦煌遗书入藏史梳理方面有所贡献；张平《中国国家图书馆敦煌遗书的修复与保护》《对于敦煌遗书修复工作规范化问题的思考》③等，对敦煌遗书修复工作的原则、方法、规范等问题有所阐发；胡玉清《敦煌遗书中常见破损及其修复琐谈》《敦煌遗书为86号的特点与修复》④等文，对修复技法有具体解析。

六、小结

综上所述，国图多位研究人员在业务工作之余，从事敦煌吐鲁番文献的整理与研究，广泛涉及馆藏写卷整理、四部典籍、社会经济文书、佛教文献、民族文字文献、敦煌遗书流散史、敦煌遗书保护修复等多个领域，在"文革"之后至今中国敦煌学勃兴的过程中，或多或少地贡献了一份力量。

国图各位学者的敦煌学研究，部分根植于本人的学术背景与学术积累。如方广锠在来馆前，已经完成了博士论文《八—十世纪佛教大藏经史》，在敦煌佛教文献尤其是经录的整理研究方面，已卓有成就；唐耕耦的社会经济文书整理研究，源于他在学生时代受向达等学者的影响，以及任职中国社会科学院期间的研究工作；李锦绣、孙晓林、史睿等，同样为出身历史系的研究生，他们的研究多为在校期间从事研究课题的深化、延续或扩展。吸纳学有根基的研究人员入馆工作，乃是国家图书馆扩展研究队伍、提升与学界对话水平的重要途径之一。

更多的研究工作，则是建立在馆藏文献整理的基础上的，亦即与日常工作有密切关系，在日常工作所见所得的基础上展开的。馆藏目录及图录编纂等直接工作成果之外，如林世田与李际宁的佛教文献研究、陈红彦的

---

① 与方广锠、荣新江合著，日本龙谷大学佛教文化研究所西域研究会1991年3月出版。
② 载《汉学研究》1994年第2期。
③ 并载《古籍保护新探索》，杭州：浙江古籍出版社，2008年。
④ 同上。

敦煌遗书流传史研究、杜伟生的敦煌遗书修复保护研究等，都与馆藏敦煌遗书日常整理、保护工作关系密切。他们与唐耕耦、方广锠、萨仁高娃、黄霞、史睿等，都撰写过整理、探讨馆藏敦煌文献的专文。从这里可以看到，有一定学术性的整理编目等图书馆业务工作，为文献研究提供了坚实的基础与切实可行的切入点，推动国家图书馆古籍工作者从事相关问题的研究与探讨，从而为敦煌学的发展作出贡献。可以说，由文献整理切入敦煌学专题研究，是国家图书馆敦煌学研究者们学术路径的共同特征。

第八章　敦煌学学术服务的扩展与深化

中华人民共和国成立以来，尤其是"文革"结束以来，北京图书馆继续为学界提供多层次的敦煌学学术服务，并进一步拓展了服务领域、方式与手段。举凡学术服务、公共服务、数字化服务等方面，都有长足的进展。

第一节　学术服务与业界合作

接待学者阅览敦煌文献原件、照片、缩微胶卷，帮助读者获取研究资料，是北京图书馆敦煌文献服务的最基本内容之一，几十年间接待过难以计数的学者前来阅览、参观，如常任侠曾于 1950 年 10 月 9 日来馆"访曾毅公，观敦煌写经"[①]；整理中外敦煌学论著目录，为学者提供参考，也是北京图书馆敦煌学学术服务的传统工作之一，比如戚志芬、阎万钧所编《敦煌学与西域文明文献研究目录》，1982—1983 年连载于刚刚创刊的《敦煌研究》[②]，对迫切需要研究信息的中国敦煌学者们有雪中送炭般的帮助；北京图书馆主动向敦煌学科研究机构推送资料，如 1979 年 7 月 22 日，将本馆与兰州地区图书馆协作委员会联合举办的"外文科技书刊展览"带到敦煌莫高窟，有针对性地展出六十多种中外敦煌学、亚洲考古、东方艺术、丝

---

① 常任侠著，沈宁整理：《春城纪事（1949—1952）》，郑州：大象出版社，2006 年，第 140 页。

② 戚志芬、阎万钧：《敦煌学与西域文明文献研究目录（一）》，《敦煌研究》1982 年第 2 期，第 163—175 页；阎万钧、戚志芬：《敦煌学与西域文明文献研究目录（二）》，《敦煌研究》1983 年创刊号，第 198—218 页。

绸之路论著及河西方志，受到研究人员的热烈欢迎[1]；同时，馆藏敦煌遗书作为珍贵文化遗产，也在国家文化事业中发挥了一定作用。有关学术服务的工作或事件，大多较为琐碎，本节仅举出一两件事例，以略见馆藏敦煌遗书服务学术研究与文化事业之一斑。

1. 与剑桥大学图书馆交换英藏敦煌遗书缩微胶卷并提供服务

1954年4月至7月日内瓦会议期间，中英两国于6月17日发表联合公报，宣布建立代办级外交关系。这种"半建交"状态的国际关系，为中英两国文化交流打开了通道。在这一背景下，两国图书馆界人士多方联系，以交换方式获取了对方所藏敦煌遗书的缩微胶卷。关于此事始末，尚林曾勾稽档案史料加以介绍[2]，在此主要据尚林钩稽的史料，辅以其他资料，略述梗概。

1954年9月13日，英国剑桥大学东方研究所布莱伯兰克、穆尔、魏莱、李约瑟四位教授联名致函中国科学院院长郭沫若，希望用英国博物馆所藏敦煌遗书缩微胶卷交换我国北京图书馆等处收藏的中世纪出土写本文献缩微胶卷，特别是敦煌遗书的缩微胶卷。中国科学院将信件转抄北京图书馆，北图遂于1954年10月7日向文化部汇报，提出如英方愿提供斯坦因所得敦煌卷子胶卷和其他西域文书胶卷，北图愿以馆藏敦煌遗书胶卷与之交换。1955年1月21日，文化部批复同意交换事项。同时，中国科学院办公厅也对此表示支持。此后，北京图书馆有关部门就如何与剑桥大学进行交换一事进行了讨论，某些问题上曾引起激烈的争论。

英国剑桥大学东方研究所布莱伯兰克1955年6月4日再次致函北京图书馆，告知交换胶卷的具体事宜，可直接与剑桥大学图书馆联系；并表示双方交换胶卷的长度应大体相当。随后，北京图书馆开始组织拍摄馆藏敦煌遗书缩微胶卷，以备交换。

与此同时，英国方面也积极推动此事，布莱伯兰克教授曾为此面见中国

---

① 安敏：《敦煌书刊到敦煌——记专题书刊展览》，《北图通讯》1979年第4期，第7—8页。

② 尚林：《中英两国交换馆藏敦煌遗书胶卷追述》，《敦煌研究》1991年第2期，第113—115页。

驻英代办处第一任代办宦乡，希望代办处协助促成交换事宜。代办处曾与北京图书馆联系，催办此事。北图致函驻英代办处，告知馆藏敦煌遗书此前未曾拍摄缩微胶卷，当时正由馆方试验摄制，不久即可确定并回复英方。

北京图书馆在试验成功后，即开始批量拍摄。1956 年北图的工作报告，即提到"照像工作主要是拍摄敦煌写经胶卷，准备与英国大英博物馆交换"，当年完成的照像工作量为 3630 张[1]；1958 年北京图书馆"拍摄显微影片"50388 呎[2]，1959 年"拍显微照片"43127 呎[3]，1960 年上半年"拍摄显微胶片"27000 呎[4]，1961 年"拍摄微显胶片"5066 公尺[5]，这里所拍的，应当主要是馆藏敦煌遗书。1961 年北京图书馆的工作报告中提到，"在今年第一季度内完成了历时四年之久的拍摄馆藏八千卷敦煌写经的重要复制工作"[6]。

拍摄完成一批，即向英方邮寄一批。1957 年 2 月 6 日，北京图书馆寄出第一批缩微胶卷 5 盒共 35 卷，全长 3763 英尺，系北 0001 号（丽 31）《大方广佛华严经》至北 3420 号（帝 83）《大般若经释》。剑桥大学图书馆收到此批胶卷后，于 1957 年 11 月 4 日将英国博物馆所藏敦煌遗书缩微胶卷 105 卷，分 4 包海运邮寄北京图书馆。1958 年 2 月，这批胶卷入藏北京图书馆善本部。之后，北京图书馆又于 1958 年 2 月 4 日寄出第二批胶卷 16 卷，长度 1460 英尺，系北 3421 号（奈 75）《放光般若经》至北 4888 号（帝 93）《妙法莲花经》，计 1468 号。1960 年 5 月中旬，又寄出第三批胶卷 35 卷，长度 3543 英尺，系北 4889 号（金 48）《妙法莲华经》卷二至北 7749 号（余

[1] 《北京图书馆 1956 年工作总结》，《北京图书馆馆史资料汇编（二）：1949—1966》，第 676 页。

[2] 《北京图书馆 1958 年工作总结》，《北京图书馆馆史资料汇编（二）：1949—1966》，第 692 页。

[3] 《北京图书馆 1959 年工作总结》，《北京图书馆馆史资料汇编（二）：1949—1966》，第 707 页。

[4] 《北京图书馆 1960 年上半年工作总结》，《北京图书馆馆史资料汇编（二）：1949—1966》，第 716 页。

[5] 《北京图书馆 1961 年工作总结》，《北京图书馆馆史资料汇编（二）：1949—1966》，第 732 页。

[6] 同上，第 723 页。

57)《佛说无量寿宗要经》，计 2861 号。1960 年 5 月 24 日，北京图书馆国际交换组组长毛勤致函剑桥大学图书馆，告知第三批 35 卷已邮寄，并称"全部敦煌写经缩微胶卷的交换工作完满结束"。事实上，《敦煌劫余录》著录的北图藏卷，共 8738 件，已邮出三批之外尚欠 989 号。

两年之后，1962 年 11 月 1 日剑桥大学图书馆秘书致函北京图书馆，告知该馆核查北图所邮寄胶卷，发现欠缺北 7749 号之后部分，要求北图尽快按交换协定邮寄欠缺部分。北京图书馆接到信函后，核实确有一部分敦煌遗书未曾拍摄胶卷，但由于馆内经费紧张，无力继续摄制。

1976 年 6 月，剑桥大学图书馆馆长荃多参加英国图书馆代表团访问中国，重提旧事，再次提出北京图书馆补全欠缺部分的期望。同年 11 月 11 日，北京图书馆将北 7750 号（余 77）《佛说无量寿宗要经》至北 8738 号（衣 49）《真檀摩尼判行法咒》等的缩微胶卷 8 卷 237.5 英尺寄给英方。至此，北京图书馆与剑桥大学图书馆历时 22 年的敦煌遗书胶卷交换工作，才最终告成。

与剑桥大学图书馆交换得到的斯坦因收集品胶卷，为中国敦煌学者研究英藏敦煌文献提供了最基本的条件。据唐耕耦回忆，1980 年代初他从事敦煌社会经济文书校录工作，当时社科院历史所有英藏缩微胶卷，但没有阅读机；中国科学院图书馆的缩微胶卷则战备装箱，尚未打开；只有北京图书馆的缩微胶卷可供读者借阅。虽然善本阅览室只有两台阅读机，不够使用，毕竟提供了基本的服务，唐耕耦因而得以在北图完成了《敦煌社会经济文献真迹释录》的部分基础工作[1]。

应国内其他学术机构的需要，北京图书馆曾拷贝这份胶卷，提供其研究所用。1961 年底以前，唐长孺就曾联系北图，为武汉大学购回一套缩微胶卷[2]。

此外，法国国家图书馆藏品的缩微胶卷，也于 1970 年代末完成拍摄并对外发行。1979 年，法国国家图书馆向北京图书馆提出交换馆藏敦煌

---

[1] 唐耕耦：《我的"敦煌学"经历——〈敦煌社会经济文献真迹释录〉编辑回忆》，载刘进宝主编《百年敦煌学：历史　现状　趋势》，第 147 页。

[2] 朱雷：《唐长孺师与敦煌文书的整理》，载刘进宝主编《百年敦煌学：历史　现状　趋势》，第 34 页。

文献胶卷的要求，北图发现 1950 年代拍摄的胶卷有老化现象，于是组织力量对《敦煌劫余录》部分重新进行了拍摄工作，并拍摄了后续入藏部分（即《敦煌劫余录续编》部分）。拍摄工作完成之后，北图通过交换顺利地入藏了法藏敦煌文献的缩微胶卷[①]。据唐耕耦回忆，1981 年至 1982 年夏秋，他曾在北图照相缩微复制组工作车间内查阅了整套法藏敦煌遗书胶卷[②]。

2. 借展中国历史博物馆

1959 年中国历史博物馆为筹备开馆，举办中国通史展览，曾请北京图书馆调拨、借用古籍善本，包括敦煌遗书，用于展览陈列。调拨的 2 件敦煌遗书，已见第二章。借展部分，历史博物馆最初提出 20 件，北京图书馆善本部赵万里主任提出修改意见，指出其中 4 件无法借陈："写经内《妙法莲华经》一卷，因年款有问题，可取消；《戒缘》下卷，因本馆参观用，可取消；《华严经》，因纸太焦脆，可取消；河通子典儿契安怀清卖地契，无此卷，也无照片。"[③] 最终两馆于 1959 年 7 月 22 日签订借展合同，包括甲骨 29 块、古籍善本 34 种 36 册又 2 叶、敦煌写经 16 种 16 卷。

据借展清单，16 件敦煌遗书中有社会经济文书 2 件，即 BD06359（咸 59）《开元寺张僧奴等借种子牒》、BD02381（余 081）《河通子典儿契》；俗文学作品有 BD02496（成 96）《目连救母变文》、BD05394（光 094）《维摩诘变文》2 件；道教文献有 BD00187（黄 087）《太玄真一本际经》、BD05995（重 095）《太上业报因缘经》、BD01017（辰 017）《通迹经》等 3 件；此外的 BD06689（鳞 089）《太子瑞应本起经》、BD01142（宿 042）《大般若经》、BD07723（始 023）《大智度论》、BD00395（宙 095）《成实论》、BD00188（黄 088）《中阿含经》、BD01612（暑 012）《胜鬘经》、BD01834（秋 034）《楞伽经》、

---

① 尚林：《北京图书馆与敦煌学：以建馆八十年来收藏保护敦煌文献资料为中心》，《中国敦煌吐鲁番学研究通讯》1993 年第 1 期，第 5 页。

② 唐耕耦：《我的"敦煌学"经历——〈敦煌社会经济文献真迹释录〉编辑回忆》，载刘进宝主编《百年敦煌学：历史　现状　趋势》，第 148 页。

③ 原文件存国家图书馆档案室，案卷号 1959-&237-026-3-001、1959-&237-026-3-002、1959-&237-026-3-003。

BD05935（重 035）《金光明经》、BD04031（丽 031）《大方广佛华严经》等
9 件 ①，均为佛教文献。

第二节　敦煌吐鲁番学资料研究中心的成立及其服务

1983 年 8 月 15 日至 22 日，中国敦煌吐鲁番学会成立大会暨一九八三
年全国敦煌学术讨论会在兰州召开。在这次会议上，常书鸿、任继愈、季
羡林、段文杰等 22 位学者联名上书中央领导同志，申述开展敦煌吐鲁番学
研究的意见，请求国家财政拨款，支持在北京、兰州、乌鲁木齐分别建立
敦煌吐鲁番学资料中心，以全面系统地搜集资料，普查文书文物，编辑敦
煌遗书总目录，为全面开展综合研究提供条件。时任国务院总理赵紫阳作
出批示，责成有关部门办理此事。1983 年 11 月 11 日，中央宣传部批复，
中国敦煌吐鲁番学会挂靠教育部，由教育部指导工作。学会得到五十万元
财政拨款，随即与北京图书馆商议共同筹建资料中心事宜 ②。

1983 年冬，北京图书馆接受教育部建议，与中国敦煌吐鲁番学会共同
创办"敦煌吐鲁番学北京资料中心"，并指定徐自强负责筹建 ③。经过五年
的工作，顺利完成了筹备工作。1988 年 8 月 20 日，亦即"1988 年敦煌吐
鲁番学术讨论会"开幕同日，该中心正式对外开放。中心所藏文献资料数
量丰富，包括中文与日文、英文、法文、德文、俄文学术书刊及会议资料、
缩微胶卷、老照片、声像资料等，各种研究资料较为齐备，受到国内外敦
煌吐鲁番学者的欢迎。

该中心的主要工作有如下几方面：

---

① 以上卷号见《中国历史博物馆由北京图书馆借陈图书文物清单》，载《北京图书馆
馆史资料汇编（二）：1949—1966》，第 942—945 页。部分写卷题名据后出目录改订。

② 尚林：《敦煌在中国，"敦煌学"在全世界——记 1988 年中国敦煌吐鲁番学术讨论
会》附《敦煌吐鲁番学北京资料中心简况》，《图书馆学通讯》1988 年第 4 期，第 87—88 页。

③ 徐自强：《敦煌莫高窟题记研究》，载郝春文主编《敦煌文献论集——纪念敦煌藏
经洞发现一百周年国际学术研讨会论文集》，沈阳：辽宁人民出版社，2001 年，第 321—
322 页。

一、系统搜集敦煌吐鲁番学研究资料，并为学界提供阅览、咨询等服务。

截至 2013 年初，中心藏各类文献已近三万五千册/件。资料中心开放之初，因其资料收藏之富，常吸引读者专程远道而来，连续多日在中心读书、研究；或远程提出文献需求，由研究中心代为查阅、复制。此项服务为资料中心的最基础的服务。进入 21 世纪以来，由于各高校、研究机构的藏书日渐丰富，以及文献数字化时代的来临，文献获取的途径趋向多元，因此前往资料中心阅览书籍的人数已远不如 20 世纪八九十年代。

二、编纂目录索引、资料汇编。

利用馆藏文献丰富的优势，编纂出版敦煌吐鲁番文献汇编、敦煌吐鲁番学研究论著目录索引，乃是资料中心服务于学术研究的更重要的工作。成立以来，资料中心共出版《敦煌吐鲁番丛书》《敦煌吐鲁番资料丛刊》等两个系列丛书，前者包括《敦煌社会经济文献真迹释录》《敦煌吐鲁番学论著目录初编》二种，后者包括《中国散藏敦煌文献分类目录》《英藏法藏敦煌遗书研究按号索引》《敦煌西域文献旧照片合校》《王重民向达所摄敦煌西域文献照片合集》四种，以下逐一略作介绍。

1.《敦煌社会经济文献真迹释录》

全书五辑，唐耕耦、陆宏基合编，第一辑由书目文献出版社 1986 年出版，第二至五辑由全国图书馆缩微复制中心于 1990 年出版。此书广泛搜罗我国及英、法、日等国收藏的敦煌文献，辑出氏族谱、籍帐、差科簿、社邑文书、会计历、契据、便物历、入破历、牒状、公验、判凭、告身、僧尼籍、书启、书仪、邈真赞等文书 1391 件，分为 34 类，按类编排；每件文书均校录全文，同时影印原卷书影，图文上下对照，极便于使用；附列前人关于每件文书的研究信息，富有参考价值。限于当时的条件，该书未能大量收入俄藏敦煌文献，因缩微胶卷清晰度欠缺造成了部分文字释录问题，同时在文书定名、分类、编排等方面，也不可避免地存在一些问题，虽然如此，该书的成就是学界公认的。

我国学界对敦煌社会经济文献的整理与研究，概括而言经历了三个时期：第一时期为1909年至1949年，以罗福葆《沙州文录补》（1924）、刘复《敦煌掇琐》（1925）、许国霖《敦煌石室写经题记与敦煌杂录》（1937）等为代表性整理成果；第二时期为1949年至"文革"结束的1976年，中国科学院历史研究所所编《敦煌资料》第一辑（1961），辑录文书170多种，是此期具有重要意义的整理之作；第三时期为1976年至今，重要成果众多，其中出版较早且涵盖范围广泛的《敦煌社会经济文书真迹释录》堪称集大成之作，广为敦煌社会史、经济史研究者所引用，该书所校录整理的资料是众多中古社会经济史相关研究论著的基础[1]。

郝春文指出，该书"具有包容文书量大和附有图版、释文等优点，至今仍是史学工作者调查、利用敦煌社会经济文献的重要参考书，此书还为敦煌文献研究者分类对社会经济文献做进一步的精细录校奠定了基础"[2]。

近年来，还出现了以该书为研究对象的博士学位论文，如吴蕴慧著《〈敦煌社会经济文献真迹释录〉研究》，该文从语言文字学的角度切入，在比勘原卷、确保录文准确的基础上，对《释录》进行了全面研究[3]。成为博士论文的研究对象，代表了学术界对该书成就与价值的认可。

2.《敦煌吐鲁番论著目录初编》

此为资料中心建立之初所组织编纂的系列敦煌吐鲁番学论著目录，按文种分册印行，包括以下数种：

《敦煌吐鲁番论著目录初编（日文专著部分）》，赵林、李德范编译，敦煌吐鲁番学北京资料中心1988年8月印行，未正式出版。

《敦煌吐鲁番学论著目录初编（日文部分）：1886—1992.3》，李德范、方久忠编，北京图书馆出版社1999年4月出版。此目是在前目的基础上增

---

① 关于敦煌社会经济文献整理的学术史梳理，参阅郝春文《敦煌文献与历史研究的回顾与展望》，《历史研究》1998年第1期，第112—130页。

② 郝春文：《敦煌文献与历史研究的回顾与展望》，《历史研究》1998年第1期，第129页。

③ 吴蕴慧著，王继如指导，《〈敦煌社会经济文献真迹释录〉研究》，苏州大学2006年博士论文。

订而成，收录日本发表的敦煌吐鲁番学论文、专著 8685 条，是我国学者了解日本敦煌学研究情况的有力工具。

《敦煌吐鲁番论著目录初编（欧文部分）》，林世田编，敦煌吐鲁番学北京资料中心 1988 年 8 月印行，未正式出版。

3.《中国散藏敦煌文献分类目录》

申国美编，国家图书馆出版社 2007 年 10 月出版。此书收录国内 32 家单位收藏的敦煌文献 2414 种，包括佛教文献、道教文献、四部古籍、社会文书、杂写、印张、民族文字文献等，分为 28 类。每号著录内容为：卷名、藏家简称、文献序号、馆藏编号、文献出处、页码、备注等。书后附有"经籍名称首字汉语拼音索引"，便于按题名检索文献及其藏地；又附有"散藏敦煌文献研究论著目录"，为学者梳理某件文献的研究史提供了非常大的便利。此书为当时搜罗较广泛的国内散藏敦煌文献联合目录，"朝着编纂完备的联合目录迈出了可喜的一步"①。

4.《英藏法藏敦煌遗书研究按号索引》

申国美、李德范编，国家图书馆出版社 2009 年 1 月出版。全书三大册，收录英藏和法藏敦煌遗书（包括藏文部分）以及少量英国博物馆藏敦煌绢纸画的研究论著，总计 10 万余条。此索引涉及敦煌遗书 8000 多号，包括英国国家图书馆藏汉文敦煌写本 4700 余号、英藏敦煌藏文文献 240 余号、英藏敦煌刻本 16 种、英国博物馆藏敦煌绢纸画 32 种、法国国家图书馆藏敦煌汉文文献 2400 余号、法藏敦煌藏文文献 600 余号，涵盖了大部分富有研究旨趣的英法藏敦煌遗书。此索引著录项目有：原编号、著者、论著名称、出处、出版年代及页码。索引条目按所研究文献的馆藏号编排，极便于学者梳理某件文献的研究史，富有参考价值，出版以来深获学界好评。柴剑虹在此书序中说："做善事、做学问都要有坚忍不拔、任劳任怨的精神，这本《英藏法藏敦煌遗书研究按号索引》的编成即是一个范例。因此，尽管这本索引在研究数据的采集上还做不到竭泽而渔地一网打尽，肯定还会有

---

①　柴剑虹：《〈中国散藏敦煌文献分类目录〉序》，载《中国散藏敦煌文献分类目录》，北京：国家图书馆出版社，2007 年，第 2 页。

疏漏之处，仍然是目前按号查阅研究英、法所藏敦煌文献研究资料最完备、有效的工具书，我们应为之鼓掌称善。"① 高度评价此书的价值、功用与编纂者投身工作的勤勉精神。

5.《敦煌西域文献旧照片合校》

李德范著，北京图书馆出版社 2007 年 9 月出版。此书将敦煌吐鲁番学资料中心所藏敦煌西域文献照片与《英藏敦煌文献》《法藏敦煌西域文献》《甘肃藏敦煌文献》等大型图录进行互校，比勘、勾稽出旧照片比新近出版图录保存得更为完好的文献，涉及 140 多号，勘校了这部分文献内容，并插图 500 多幅。此书从旧照片中整理出部分长期鲜为人知的重要资料，对相关文献的研究有所推进。

6.《王重民向达所摄敦煌西域文献照片合集》

李德范主编，北京图书馆出版社 2008 年 4 月出版。此书收录王重民、向达 20 世纪 30 年代在法、英、德等国所敦煌西域文献照片，共 1400 余种、11000 多页。这批照片所摄文献包括斯坦因、伯希和所得敦煌文献中最精华的部分，许多虽然近期已影印出版，但由于过度使用、保护不善、修复失误等原因，部分文献已不同程度地受损，某些字迹甚至消失不可读；另有部分德藏吐鲁番文献照片，其原件已在二战中遗失。这批照片保存了这些文献的早年影像，很多足以补充现存文献的遗缺，文献价值不可忽视。此书当与《敦煌西域文献旧照片合校》参照使用。

未收入上述两个系列丛书的目录索引，还有多种：

7.《国家图书馆藏敦煌遗书研究论著目录索引（1900—2001）》

申国美编，北京图书馆出版社 2001 年 9 月出版。收录 1910—2001 年间国内外发表的有关国家图书馆藏敦煌遗书的研究论文、专著 8576 条。凡在论著中出现国图所藏敦煌遗书的，无论其为引用、目录、校勘或研究，均作为条目收入。此索引以馆藏号为序排列，各编号下所收条目，著录馆藏编号（千字文号、新字号、简编号、临字号）、著者、篇名、出处、出版

---

① 柴剑虹：《〈英藏法藏敦煌遗书研究按号索引〉序》，载《英藏法藏敦煌遗书研究按号索引》，北京：国家图书馆出版社，2009 年；又见柴剑虹《品书录》（增订本），第 411 页。

者、出版年月、页码；后附著者索引，依姓氏汉语拼音为序排列，便于检索。此书为学者梳理国图所藏每号敦煌遗书的研究史提供了便利的条件，颇有参考价值。

8.《北京图书馆藏敦煌遗书目录索引》

陈晶、王新合编，1988年8月由资料中心油印发行。此索引依馆藏敦煌遗书千字文流水号排序，文献题名主要依据《敦煌遗书总目索引》的《北京图书馆藏敦煌遗书简目》部分，部分据《敦煌宝藏》加以改订。此索引为缩微胶卷、《敦煌宝藏》编号与原千字文号的对照索引，本身并非学术性的目录，其性质更接近于工作目录。其基本作用有两个方面：其一为据千字文号检索缩微胶卷（《劫余录》部分）盒号与顺序号、《敦煌宝藏》中册次与页码，其二为据缩微胶卷编号亦即《敦煌宝藏》编号查千字文号。由于北图藏卷的缩微胶卷、《敦煌宝藏》编号与千字文号之间对应关系此前没有便于检索的索引，而此书清晰明了、切合实用，一时间流传颇广，"学人称便"①。

资料中心的工作人员，还编有多种敦煌文献分类汇编：

9.《敦煌大藏经》

徐自强、李富华、黄振华、吴树平等编，北京星星出版公司、台湾前景出版社于1989年影印出版。全书63册，前60册为汉文佛典，第1—20册以般若部诸经为主，第21—60册为宝积部、大集部、华严部、涅槃部诸经及五大部外其他佛教文献；后3册为梵文、粟特文、于阗文、回鹘文、吐蕃文等文种的佛教典籍。

结构框架方面，此书以流行于中原地区的佛经目录《开元释教录》为序，试图按《开元释教录》体系基本复原出一部中古时期曾留存敦煌的佛教大藏经。所收敦煌佛典以北图藏卷为主，必要时补充英、法藏卷。书中对某些敦煌所出之经、卷、品进行拼接、缀合；撰有校勘记，列出敦煌经、卷、品与《大正藏》《中华大藏经》的对应关系，便于对照参考，是研究敦

---

① 方广锠：《北京图书馆藏敦煌遗书勘查初记》，《敦煌学辑刊》1991年第2期，第4页。

煌佛教有参考价值的丛书。

10.《敦煌道藏》

李德范辑，全国图书馆文献缩微复制中心 1999 年 12 月影印出版。全书 5 册，收道家诸子的名著和各种注本，及道教教义、科乙、符箓、仙传、山志等书籍，共计 500 余件，其中约有半数抄本是《正统道藏》未收入的早期道教典籍。此书收录文献较多，"使我们可以同时看到一种敦煌道经几乎全部不同的写本，这就大大方便了学者翻检和利用敦煌道经，尤其是对校勘敦煌道经文本的学者而言，更是受益非浅。……在刊布敦煌道经图版方面将是一个承上启下的重要成果"；同时，此书在编纂体例、收录范围、版式设计及印刷等方面，也存在一些缺失①。

11.《敦煌禅宗文献集成》

林世田、刘燕远、申国美编，全国图书馆文献缩微复制中心 1998 年 4 月出版。全书 3 册，分类辑录敦煌遗书中的禅宗文献，以缩微胶卷为主要底本影印，便于研究参考。书后附林世田《敦煌禅宗文献的整理与研究》一文。

12.《敦煌密宗文献集成》及《续编》

林世田、申国美编，全国图书馆文献缩微复制中心分别于 2000 年 4 月、8 月影印出版。全书 5 册，收录敦煌遗书中的纯密与杂密经典，包括亡佚已久的《金刚顶四十九种坛法轨则》等。此书汇集敦煌密宗文献，"对于研究汉传密教颇有方便之处"②。

13.《净土宗大典》

林世田、申国美编，全国图书馆文献缩微复制中心 2003 年 1 月影印出版。全书 16 册，系统汇集历代汉文大藏经所见有关净土宗的文献，内容包括所宗经论、经论诠释、诸师著述、传记系谱四部分，按译述年代顺

---

① 刘屹：《敦煌道藏〔书评〕》，载《敦煌吐鲁番研究》第六卷，上海：上海古籍出版社，2002 年，第 384—389 页。

② 李继武、李永斌：《改革开放以来汉传密教研究综述》，载《首届大兴善寺唐密文化国际学术研讨会论文集》第三编《密意神韵：唐代密宗的文化与艺术》，西安：陕西师范大学出版社，2012 年，第 128 页。

序编排，始于支娄迦谶、竺佛朔所译《般舟三昧经》，终于黄念祖《佛说大乘无量寿庄严清净平等觉经解》，附以敦煌吐鲁番文献中净土宗经典的残卷。

14.《敦煌莫高窟题记汇编》。

徐自强主持编纂，陈晶、张永强先后协助，前后历时二十余年，2014年11月由文物出版社出版。此书以各家抄录时间为序，汇编伯希和、史岩、谢稚柳、敦煌研究院所录莫高窟题记，编排方式"有利于比对和判断，对了解与探究洞窟墙面的剥落蚀变也有参考价值"[①]。此外，还附有《敦煌莫高窟绘画题记》《敦煌莫高窟纪年绘画简表》《新订敦煌莫高窟诸家编号对照表》《敦煌莫高窟诸家题窟对照表》及研究专文，颇便使用。

此外，资料中心还编制"敦煌吐鲁番学论著目录数据库"，通过国家图书馆馆藏目录查询系统（OPAC）对广大读者提供服务。这个数据库收录了一批纪念论文集、学术会议论文集的篇名数据，部分可补充学界所编敦煌学论著目录的缺漏，便于学者查阅参考资料。此数据库自1999年开始制作[②]，陆续补充至1万余条。

三、组织学术会议、学术讲座、文献展览等多种学术活动。

组织学术会议、学术讲座、文献展览等多种学术活动，也是资料中心的重要工作，相关详情将在本章第四节概述。

此外，资料中心工作人员还积极从事敦煌吐鲁番学学术研究，唐耕耦、林世田等学者各有专长，发表了众多学术专著与论文。

综上所述，敦煌吐鲁番资料中心在1980年代中国敦煌学勃兴的背景下设立，致力于多层次的学术服务工作，在学术资料搜集与服务方面为近三十年敦煌学的发展作出了贡献。柴剑虹称该中心为"我国敦煌吐鲁番学

---

① 柴剑虹：《〈敦煌莫高窟题记汇编〉序》，载《敦煌莫高窟题记汇编》，北京：文物出版社，2014年，第3页。

② 富平等：《国家图书馆文献信息资源和自动化网络建设调查报告》，载袁名敦等编《社会科学信息资源网络建设》，北京：北京图书馆出版社，2002年，第453页。

研究资料保障基地之一"[①]。荣新江指出:"……可以说推动敦煌学发展的一些重要方面都是国家图书馆做出来的。这个资料中心也是一样,我想在座的年轻一辈研究敦煌的人都受益于这个中心。"赵和平指出:"我们在北京的做敦煌研究的同行都有一个体会,尤其是在 80 年代初,资料比较全的还是在国图善本部。我跟荣新江先生有同样的体会,当年我们很多时间就是泡在北海那个善本部那儿,有时泡在里面两个月、三个月,几乎天天去,最基本的工作还是从那里做起的。"[②] 这几位敦煌学家的回忆,表达了敦煌学界对资料中心的肯定。

第三节　馆藏敦煌遗书数字化

20 世纪末,数字摄像、互联网等技术的发展,为文献存储、传播、获取开辟了新的途径。网络数据库使得远程阅览、存取善本古籍的高清晰图像成为可能,这一方面极大地方便了学术研究,另一方面也减少了善本古籍原件的使用,有利于文物保护。20 世纪 90 年代以来,文献数字化成为学术资源建设的一大趋势,并成为图书馆界的重要工作之一。

国家图书馆同时是国家数字图书馆,致力于图书文献的数字化及相关服务,建设了众多古典文献数据库,如"甲骨世界""西夏碎金""碑帖精华""数字方志""年画撷英""前尘旧影""宋人文集"等[③],将馆藏珍贵特色文献数字化,利用互联网提供服务。敦煌文献数字化方面的主要工作,为参加国际敦煌项目(International Dunhuang Project,简称 IDP),是该项目的核心成员,所维护的中文网站及数据库开通于 2002 年,至今已十余年,为中国敦煌学界提供了研究、利用敦煌文献的便利。

---

① 柴剑虹:《任继愈先生和国家图书馆敦煌吐鲁番学资料中心》,载《永远的怀念——任继愈先生百年诞辰纪念文集》,北京:国家图书馆出版社,2016 年,第 150 页。

② 荣新江、赵和平所言,均见黎知谨整理《敦煌与丝路文化学术讲座开幕式座谈会》,《文津流觞》第 7 期,2002 年。

③ 参看国家图书馆网站古籍资源库频道 http://www.nlc.cn/dsb_zyyfw/gj/gjzyk/。

一、国际敦煌项目的成立与发展 ①

国际敦煌项目成立于 1994 年，其宗旨是联合世界各地的敦煌西域文献收藏机构，共同开展敦煌西域文献数字化、编目、保护修复等工作，利用统一的数据库平台发布文献信息与图像，便利各个层次的使用者利用这些文献。国际敦煌项目的成立，意在解决敦煌西域文献散藏世界各地造成的研究利用困难问题，以高清晰彩色图像补充缩微胶卷、文献图录的不足，并以数字化的方式促进文献保护。

1993 年，英国国家图书馆、中国国家图书馆、法国国家图书馆、俄罗斯科学院东方学研究所等敦煌西域文献收藏机构的专家在英国萨塞克斯举行会议，倡议成立国际合作组织，共同建立网络数据库。次年，国际敦煌项目成立，其秘书处设在英国国家图书馆。1998 年，IDP 网站开通，数据库开始对外提供服务。2001 年以来，IDP 在中、俄、日、德、法、韩等国的学术机构建立中心，分别维护着英、中、俄、德、法、日、韩七种文字版本的网站和数据库。各中心除了数字化自身所在机构的敦煌西域文献收藏品之外，同时还承担或将要承担数字化周边其他机构收藏品的任务。匈牙利科学院图书馆、柏林亚洲美术博物、巴黎吉美博物馆、英国博物馆、伦敦维多利亚与阿尔伯特博物馆等机构均将他们的收藏品提供给 IDP 进行数字化，并授权发布文献图像。

文献数字化是 IDP 的核心工作，IDP 在全球的七个数字化工作室配备

① 关于国际敦煌项目的基本情况及中国国家图书馆 IDP 中心的工作情况，参见：魏泓（Susan Whitfield）著，林世田译《数字敦煌，泽被学林——纪念国际敦煌项目（IDP）成立十周年》，《国家图书馆学刊》2005 年第 2 期，第 34—38 页；林世田、孙利平《IDP 与中国国家图书馆敦煌文献数字化》，《国家图书馆学刊》2003 年第 1 期，又载郝春文主编《敦煌学知识库国际学术研讨会论文集》，上海：上海古籍出版社，2006 年，第 143—148 页；（匈）高奕睿（Imre Galambos）、林世田《中国国家图书馆国际敦煌项目的创立与前景》，《融摄与创新：国际敦煌项目第六次会议论文集》，北京：北京图书馆出版社，2007 年，第 230—235 页；刘波《国际敦煌项目（IDP）与敦煌西域文献数字化国际合作》，《数字图书馆论坛》2010 年第 1、2 期合刊，第 43—50 页；国际敦煌项目网站"IDP 大事记"栏目，http：//idp.nlc.cn/pages/archives_timeline.a4d。

同样规格的高精度数码设备，采用同样的数字化工作流程开展工作，以保证所获取的图像在质量上能达到同一标准①。IDP 使用专门设计的 4D 数据库开展大部分工作，数据库以 IDP 网站为对外服务界面。4D 数据库的核心部分是一个兼备元数据管理与图像管理功能的集成系统。每件文献在数据库中均建立唯一的数据条目，以文献的馆藏号（Pressmark）作为唯一标识。馆藏号既是连接元数据与图像的唯一标识符，也是最为便捷的检索途经。IDP 的数字化对象不仅限于文本文献，目前已扩大到绘画、艺术品、历史照片、考古文物等文献类型。截至 2016 年 8 月 10 日，IDP 数据库已经发布了 489933 幅高清晰文献图像。

与一般的文献数据库相比，IDP 具有鲜明的特色。首先，IDP 通过互联网免费向研究者和普通公众提供高清晰文献图像，包括大图像和全图在内的所有文献图像均可以下载到本地硬盘，不需要支付任何费用，网站也没有任何账户登录等设置，方便易用。其次，联合多个机构构建统一数据库平台。IDP 各中心均有自己的服务器，用于保存各中心数字化的文献图像、维护各文种网站，同时利用互联网技术构建了统一的数据库发布平台与服务界面。也就是说，使用者在任何一个文种的网站上，都可以检索到各中心的所有文献图像。这种做法体现了对收藏机构权利的尊重，也是统一的国际合作平台得以建立并正常运行的基础。

IDP 业已成为"当今敦煌学数字化工作的主要基地"②，其观念与实践广受敦煌学界、图书馆界的重视。有业界专家指出，IDP 的成功经验，体现在正确的选题、高效的项目管理、互惠互利的合作模式、高规格的数字化标准、注重内容挖掘等，认为该项目"是世界范围内同类型项目中成功的典型案例之一，它的模式和经验对于古籍数字化，尤其对于散落世界角落的古籍资源数字化值得学习和借鉴"③。

---

① 相关技术细节，参见乌心怡《国家图书馆敦煌文献数字化图像处理技术探要》，《图书馆学刊》2011 年第 4 期，第 118、121 页。

② 韩春平：《敦煌学数字化研究综述》，《敦煌学辑刊》，2009 年第 4 期，第 176 页。

③ 喻雯虹：《古籍数字化资源的共建共享——从国际敦煌项目（IDP）谈起》，《图书馆论坛》2011 年第 3 期，第 87—89 页。

二、国图 IDP 中心的工作

中国国家图书馆自 1997 年开始与英国国家图书馆磋商开展国际敦煌项目的合作，经过长达三年多的反复商讨，复报请文化部批准，中英两馆于 2001 年 3 月 7 日签订了合作谅解备忘录，正式开始项目合作。首期合作为期五年，由中英友好信托基金会（Sino-British Fellowship Trust）资助，数字化中国国家图书馆藏敦煌写本。国家图书馆善本部下设的敦煌文献组（敦煌吐鲁番学资料研究中心）负责项目的具体实施。

经过中英两馆的共同努力，2002 年发布了 IDP 网络数据库的中文版本（亦即网站中文版），网址为 http://idp.nlc.gov.cn。该网站由国家图书馆敦煌文献组负责维护。2006 年，由中英友好信托基金会资助，合作项目得以继续开展，数字化工作室也得到扩充。

IDP 国图中心目前设有一个数字化工作室，有一位摄影师、两位图像处理工程师在从事敦煌文献数字化工作。截至 2016 年 8 月 10 日，已完成4359 件国家图书馆藏敦煌遗书的数字化工作，上传文献图像 152478 幅。迄今 IDP 数字化的国图藏卷约占总数的四分之一，尚远远不能满足学界的需要，目前 IDP 国图中心正在加速进行文献数字化工作。IDP 秉持服务学术研究的理念，可根据学术机构或学者个人学术研究的需要适当调整工作日程，优先安排数字化学术界迫切需要的写卷，以部分化解数字化速度与学界要求之间的矛盾。

IDP 国图中心已将大部分国图藏卷的信息录入数据库，同时正在从事部分以中文撰写的敦煌文献目录的数字化工作，2009 年已成功上传李翊灼的《敦煌石室经卷中未入藏经论著述目录》，2012 年上传黄永武《敦煌遗书最新目录》。未来将加大这方面的工作力度，在征得目录编撰者授权的前提下数字化一批敦煌文献目录，使 IDP 数据库内国图藏敦煌遗书的每一个写卷都不仅有图像展示，而且有目录供研究参考。

除文献数字化这一核心工作以外，IDP 国图中心也依托国家图书馆古籍馆（原善本部），承担或参与举办学术会议、文献展览等工作。2005 年，承办 IDP 第六次保护修复研讨会，论文集《融摄与创新：国际敦煌项目第六次会议论文集》已于 2007 年由北京图书馆出版社出版。2006 年，又在国家图书馆举办第一次福特基金会座谈会。

三、IDP 对敦煌文献整理与研究的推动

IDP 的文献数字化工作，为敦煌学者们提供了便于获取的高清晰文献图像，部分地免除了早年研究者远渡重洋查阅文献的舟车劳顿，提高了研究的效率，便利了研究的开展，此项目对中国敦煌学的推动，主要表现在文献资料的提供方面，众多学者利用 IDP 整合的资源，开展专题研究，取得了一系列研究成果。下文略举数例，以见一斑。

1. 为学界提供敦煌西域文献新资料

刊布文献资料是敦煌文献研究的首要条件。IDP 与世界各地敦煌西域文献收藏机构建立广泛联系，所数字化并发布的某些文献，甚至为其首次对外公布，为学界提供了新的资料。

这方面比较典型的例子，是美国普林斯顿大学东亚图书馆藏品。该馆敦煌西域文献藏品包括汉文佛典，汉文古籍，汉文官文书，回鹘、西夏、粟特文残卷，绢纸绘画残片等，藏量丰富，居北美第二位，仅次于哈佛大学福格艺术博物馆。该馆藏品长期没有完整公布。

1989 年，布里特（Judith Ogden Bullitt）在《葛斯德图书馆馆刊》（*The Gest Library Journal*）[①] 发表《普林斯顿收藏的敦煌写本残卷》（*Princeton's Manuscript Fragments from Tunhuang*）一文，介绍了该馆所藏的 83 件写本残卷，刊布了 21 幅文献图版。此文虽有中译本 [②]，但遗憾的是因技术原因未能刊布原文图版。

在很长一段时间里，布里特文及其所刊布的图版是国内学界研究普林斯顿藏品的主要依据。荣新江据之指出其中有《论语》《策问卷》等典籍 [③]，陈

---

① 该刊于 1994 年改名为《东亚图书馆馆刊》（The East Asian Library Journal）。

② （美）J. O. 布里特著，杨富学、李吉和译：《普林斯顿收藏的敦煌写本残卷》，《敦煌学辑刊》1994 年第 1 期，第 111—116 页。

③ 荣新江：《海外敦煌吐鲁番文献知见录》，南昌：江西人民出版社，1996 年，第 225 页。

国灿据之转录并研究了 Peald 1a、1c、5c 三件官文书与 Peald 7i、7q 两件策问残卷①。

此后，陈怀宇利用在普林斯顿大学攻读博士学位的机会，编撰了普林斯顿藏品中的中文文书的目录，但陈目及图版迟至 2010 年秋才刊出②。荣新江《吐鲁番文书总目（欧美收藏卷）》利用陈目稿本，著录了其中的吐鲁番文书部分③，并有简短说明。

IDP 于 2008 年初完成这批藏品的数字化，并通过网络数据库对完发布高清图像，为进行综合整理提供了良好的条件，因而迅速引起学界的注意。笔者即利用这批图像，在陈国灿、荣新江早先研究的基础上，整理了其中的策问残卷，结合其他材料加以分析研究，并揭示其在中国古代教育史及科举制度研究方面的价值④。

新刊布文献方面，还可举出其他一些例子，如庆昭蓉曾通过 IDP 网站调阅大谷文书，校订出土文书中可能存在的粟特人名⑤。

IDP 可根据专家需要调整工作计划，优先数字化学者急需的文献。这是 IDP 服务中的重要举措，也是较多为学者称道的举措。以国家图书馆藏卷为例，BD11472、BD12242、BD13802、BD14468、BD14486、BD14488、BD14490、BD14491、BD14505、BD14541、BD14568、BD14636、BD14650、BD14668、BD14678、BD14711、BD14940、BD14943、BD14982、BD15000、BD15076、BD15078、BD15080、BD15229、

---

① 陈国灿：《美国普林斯顿所藏几件吐鲁番文书跋》，《魏晋南北朝隋唐史资料》第十五辑，1997 年，第 109—117 页。

② 陈怀宇．"Chinese Manuscripts from Dunhuang and Turfan at East Asian Library"．*The East Asian Library Journal*．Vol.14，no.2（2010 Autumn）。文后刊载了全部残片的彩色图版。

③ 荣新江主编：《吐鲁番文书总目（欧美收藏卷）》，武汉：武汉大学出版社，2007 年，第 949—952 页。

④ 刘波：《普林斯顿大学东亚图书馆藏吐鲁番文书唐写本经义策残卷之整理与研究》，提交 2010 年 4 月 10 日至 13 日浙江大学古籍所主办的"百年敦煌文献整理研究国际学术讨论会"；后发表于《文献》2011 年第 3 期，第 10—28 页。

⑤ 庆昭蓉：《库车出土文书所见粟特佛教徒》，《敦煌研究》2012 年第 2 期，第 56—57 页。

BD15242、BD15243、BD15345、BD15354 等等数十号写卷，均为应学者研究需要，提前数字化并发布的写卷。

2. 提供已公布文献的更为全面的资料

IDP 所提供的图像，较之缩微胶卷与文献图录，有彩色且清晰度高的特点，足以为研究者提供信息完整的文献图像，因而在某些方面推动了敦煌文献研究的进展。

如 BD01404（寒 4、北 3515 号）《金刚般若波罗蜜经》，卷前有启请文，对于研究佛教信仰有一定文献价值。通卷上部经火烧，残缺不全，且颜色变暗，尤其是该卷最富研究旨趣的启请文部分最为严重。由于缩微胶卷和《敦煌宝藏》均为黑白图像，火烧痕迹变色部分与墨笔字迹颜色相近，因而无法清晰显示火烧变色部分的文字[1]。但 IDP 所发布的彩色图像，则非常清晰地显示了所有残存文字[2]，有利于启请文部分的校录与探讨。

又如 BD00984（昃 84、北 1724 号）《金光明最胜王经》卷五，整卷前部因油污变色，缩微胶卷和《敦煌宝藏》的黑白图像，无法辨识油污部分的文字[3]；但 IDP 所发布的彩色图像，所有文字均能非常清晰地显示[4]，有利于文献校录与研究。

又如国家图书馆藏 BD14636 号《逆刺占》，图版长期没有公布。向达1942 年曾摹录全卷[5]，但公布较晚。2011 年，黄正建在国图 IDP 中心协助下，通过 IDP 数据库看到此卷的彩色照片，得以修订《国家图书馆藏敦煌写本〈逆刺占〉札记》一文所附《北新 0836（BD.14636）〈逆刺占一卷〉

---

① 黄永武编：《敦煌宝藏》，台北：新文丰出版公司，1986 年，第 78 册第 393—396 页。

② 彩色图版见 IDP 网站数据库：http://idp.nlc.cn/database/oo_scroll_h.a4d？uid=1898050230；recnum=42853；index=1。

③ 黄永武编：《敦煌宝藏》，第 69 册第 465—473 页。

④ 彩色图版见 IDP 网站数据库：http://idp.nlc.cn/database/oo_scroll_h.a4d？uid=2008920134；recnum=42426；index=1。

⑤ 载向达《敦煌余录》，收入荣新江编《向达先生敦煌遗墨》，北京：中华书局，2010 年，第 62—90 页。

录文》①，为学界提供了该卷迄今最准确的录文本。

又如游自勇曾据 IDP 公布的彩图，校录 P.2682 号《白泽精怪图》，提供了该卷较为准确的录文②。又如朱丽双研究 P.t.960《于阗教法史》，也利用了 IDP 公布的彩图③。类似的例子还不少，此不赘举。

3. 为敦煌文书学的扩展和进步提供资料

文书学的研究需要详细观察写卷的外观形态，举凡纸张、粘连方式、墨迹墨色、书写方式、圈点勾连符号、批注校字等等，都是文书学关注的对象，惟根据不同专题的需要有不同侧重而已。由于缩微胶卷、文献图录一般仅提供黑白图像，且往往不够清晰，以往如需进行这方面的研究，非大量接触原件不可，因而能涉足这一领域的学者不多。彩色高清图像展示了敦煌文献更丰富的细节，从而为较少机会接触原卷的学者进行文书学研究，提供了一定的条件。

如李更撰文考察敦煌遗书中的宫廷写本《春秋谷梁传集解》，所引述 P.3725《老子道德经注》、P.3311《春秋正义衔名》文本均据 IDP 数据库提供的图像录文；又据 IDP 数据库提供的 BD15345、P.2536 两号彩图，发现"均可见雌黄校改痕迹，校改字迹与原本相同"，因而推定"该组写卷至少曾经缮写者本人校对"④。

又如韩国高丽大学研究员郑广薰据 IDP 提供的文献图像探讨《韩擒虎话本》写卷的制作方式，进而考察其文学特点，所撰《敦煌本〈韩擒虎话本〉的写卷制作方式和文学特点》一文引言中说："文章的参考图片主要是《国际敦煌项目》（International Dunhuang Project，以下简称 IDP）在网上提

---

① 黄正建：《国家图书馆藏敦煌写本〈逆刺占〉札记》，载《敦煌文献、考古、艺术综合研究——纪念向达先生诞辰 110 周年国际学术研讨会论文集》，第 514—534 页。

② 游自勇：《敦煌本〈白泽精怪图〉校录——〈白泽精怪图〉研究之一》，载《百年敦煌文献整理研究国际学术讨论会论文集》，杭州，2010 年，第 302—311 页；又载《敦煌吐鲁番研究》第十二卷，上海：上海古籍出版社，2011 年，第 429—440 页。

③ 朱丽双：《敦煌藏文文书 P.t.960 所记于阗佛寺的创立——〈于阗教法史〉译注之一》，《敦煌研究》2011 年第 1 期，第 81—87 页。

④ 李更：《也谈敦煌遗书中的"宫廷写书"〈春秋谷梁传集解〉——从书吏、亭长说起》，《中国典籍与文化》，2010 年第 4 期，第 12—20 页。

供的敦煌原本照片资料。使用 IDP 数据是因为它比以往出版的任何敦煌资料集的图片更加清楚。IDP 没有提供的图片都参考了《中国国家图书馆藏敦煌遗书》《英藏敦煌文献》《法藏敦煌西域文献》等敦煌文献资料集。"[①]郑广薰此文探讨的话题之一是写卷的制作,属于文学研究与文书学研究的交叉领域。

这些文书学研究案例表明,IDP 提供的清晰大图像,足以支持学者进行文书学研究,这可以说是对以往的文书学研究格局的突破。可见 IDP 对于文书学研究的进步,有积极的推动之力。

4.IDP 组织的学术会议与展览

组织学术活动也是 IDP 的工作之一,如"国际敦煌项目第六次会议""西域文献学术座谈会""敦煌旧影——晚清民国敦煌历史照片展"等,详见下节。

第四节　组织敦煌学学术活动

国家图书馆主办或参与举办的敦煌学学术活动,主要有学术会议、文献展览、学术讲座等三类。

一、敦煌学学术研讨会

1.1988 年敦煌吐鲁番学国际学术研讨会

1988 年 8 月 20 日至 25 日,北京图书馆与中国敦煌吐鲁番学会共同举办"1988 年敦煌吐鲁番学国际学术研讨会"。参会国外学者达 28 人,另有 2 位台湾学者与会,促进了海峡两岸敦煌学者的信息交流。此次会议收到论文 147 篇,内容涉及历史、语言文学、艺术、宗教、考古、文献目录、少数民族历史语言及敦煌学理论等敦煌吐鲁番学的各个领域,学术研讨分七个小组进行[②]。与

---

① 郑广薰:《敦煌本〈韩擒虎话本〉的写卷制作方式和文学特点》,《艺术百家》2009年第 2 期,第 33—40 页。

② 刘进宝:《国际敦煌学研究的一次大检阅——1988 年北京国际敦煌吐鲁番学术讨论会综述》,《兰州学刊》1988 年第 5 期,第 95、101—104 页。

之前的敦煌学研讨会相比，此次会议有"学术水平有了提高""研究领域的拓宽""一些专题研究取得了某些总结性成果"等特点①，是一次重要的敦煌学学术会议。季羡林在此次研讨会开幕式发言中提出"敦煌吐鲁番在中国，敦煌吐鲁番学在全世界"的观点，引起学界强烈反响②。此次会议的论文，一部分作为《敦煌学辑刊》1989 年两期专号出版，另一部分编为《敦煌吐鲁番学研究论文集》，1990 年由汉语大词典出版社出版。

2.1992 年敦煌吐鲁番学国际学术研讨会

1992 年 9 月 25 日至 29 日，北京图书馆与中国敦煌吐鲁番学会在北京房山联合举办"1992 年敦煌吐鲁番学国际学术研讨会"。海内外学者 80 余人与会，提交论文 75 篇③。会议期间，与会学者还参观了北图举办的"敦煌遗书展"与房山云居寺及所藏石经。会议论文编为《敦煌吐鲁番学研究论集》，1996 年由书目文献出版社出版。

3. 国际敦煌学学术史研讨会

2002 年 8 月 25 日至 28 日，北京理工大学、中国敦煌吐鲁番学会、国家图书馆联合主办的"国际敦煌学学术史研讨会"，在北京理工大学国际教育交流中心举行。这是继 2001 年 11 月在日本京都大学召开的"草创期的敦煌学"学术研讨会之后，又一次以敦煌学学术史为主题的国际学术研讨会。国内外 52 位学者与会，提交论文 45 篇，内容涉及敦煌学各时期各领域研究情况的回顾与探讨、敦煌学相关重要人物和具体事件研究、敦煌学某些领域研究史理性分析与理论概括，以及敦煌学多个方面的专题研究，推动了敦煌学学术史的研究与探讨。此次会议上，几位学者还提议成立一个敦煌学国际委员会，以统一协调世

---

① 刘进宝：《敦煌学通论》，兰州：甘肃教育出版社，2002 年，第 472—473 页。

② 尚林：《敦煌在中国，"敦煌学"在全世界——记 1988 年中国敦煌吐鲁番学术讨论会》，《图书馆学通讯》1988 年第 4 期，第 87 页。

③ 刘莹：《1992 年敦煌吐鲁番学国际学术讨论会在北京举行》，《丝绸之路》1993 年第 1 期；刘进宝：《敦煌学通论》，第 473—474 页。

界范围内的敦煌学研究①。

4. 敦煌写本研究、遗书修复和数字化国际学术研讨会

2003年9月17日至19日，由中国国家图书馆善本特藏部、兰州大学敦煌学研究所、中国敦煌吐鲁番学会共同主办的"敦煌写本研究、遗书修复及数字化国际研讨会——纪念王重民先生诞辰一百周年暨中国敦煌吐鲁番学会成立二十周年"在北京湖北大厦举行。海内外敦煌学者近百人与会，提交论文和纪念文章60篇，论文主题涵盖敦煌文献研究、敦煌遗书修复与保护、敦煌遗书数字化、王重民与敦煌学等方面②。会议论文由国家图书馆敦煌吐鲁番学资料研究中心编为《敦煌学国际研讨会论文集》，北京图书馆出版社2005年出版。

此次会议为9月18日至19日国家图书馆善本特藏部、北京大学信息管理系、北京大学图书馆、兰州大学敦煌学研究所等单位联合举办的"纪念王重民先生诞辰100周年学术研讨会"的一部分，为纪念研讨会的图书馆事业建设、图书馆学教育、敦煌学三个主题分会场之一③。

9月18日，国家图书馆与北京大学图书馆联合举办"王重民先生生平与学术展览"，在北大图书馆展出。

5. 粟特人在中国——历史、考古、语言的新探索国际学术研讨会

2004年4月23日至25日，法国科学研究中心中国文明研究组、法国科学研究中心东方与西方考古研究组、国家图书馆善本特藏部、北京大学中国古代史研究中心、法国远东学院、法国驻华大使馆文化处等共同主办

---

① 《"国际敦煌学学术史研讨会"在京召开》，《中国藏学》2003年第2期，第106页。

② 冯培红：《敦煌写本研究、遗书修复及数字化国际研讨会综述》，《敦煌学辑刊》2003年第2期，第162—168页；无垠：《"敦煌写本研究、遗书修复及数字化国际研讨会"综述》，《敦煌研究》2004年第1期，第105—107页；徐晓卉：《敦煌写本研究、遗书修复及数字化国际研讨会综述》，《国际学术动态》2004年第3期，第5—7页；林世田：《〈敦煌学国际研讨会论文集〉前言》，载《敦煌学国际研讨会论文集》，北京：北京图书馆出版社，2005年。

③ 肖红凌：《纪念王重民先生诞辰100周年学术研讨会在北京大学隆重召开》，《图书馆建设》2003年第6期，第1页。

的"粟特人在中国——历史、考古、语言的新探索国际学术研讨会"在国家图书馆召开。来自海内外的 70 余位学者参加研讨会，提交学术论文 28 篇，涵盖萨宝与贸易、社会学与粟特聚落、宗教与艺术等三方面的内容[①]。会议论文编为《粟特人在中国——历史、考古、语言的新探索》一书，2006 年由中华书局出版，引起相关研究界的注意[②]。

同日，"从撒马尔干到长安——粟特人在中国的文化遗迹"展览在馆藏珍品展示室开幕，共展出敦煌遗书 7 件、清代文献 3 种 5 册、清末民初拓片 24 张、新拓片 10 张、老照片 6 张。

6. 国际敦煌项目第六次会议

2005 年 4 月 23 日至 25 日，中国国家图书馆与英国国家图书馆联合举办国际敦煌项目第六次会议在国家图书馆举行。海内外 50 余位修复专家和学者参会，提交论文 35 篇，内容涵盖敦煌遗书保护与修复、敦煌遗书纸张分析、敦煌文献数字化、古籍修复等四个方面[③]。会议论文结集为《融摄与创新：国际敦煌项目第六次会议论文集》一书，2007 年 5 月由北京图书馆出版社出版。

7. 西域文献学术座谈会

2006 年 11 月 20 日至 22 日，由国家图书馆主办，国家图书馆善本特藏部、国际交流处、英国国家图书馆国际敦煌项目承办的"西域文献学术座谈会"在国家图书馆举办，海内外 43 位学者参加了研讨会，提交论文 24 篇。此次会议以《金光明经》为研讨主题，围绕《金光明经》的源流与演变、各民族语言译本、保护与修复以及写本数字化等内容展开讨论，尤以版本分析和语言翻译方面讨论较多。这次会议是第一次就《金光明经》展开的

---

① 郑炳林、屈直敏：《粟特人在中国——历史、考古、语言的新探索国际研讨会综述》，《敦煌学辑刊》2004 年第 1 期，第 158—163 页。

② 书评有徐文堪《粟特研究的最新创获——读〈粟特人在中国——历史、考古、语言的新探索〉》，《社会科学》2006 年第 8 期，第 192 页；张桢《评〈粟特人在中国——历史、考古、语言的新探索〉》，《考古与文物》2009 第 2 期，第 106—111 页。

③ 林世田：《国际敦煌项目（IDP）第六次会议综述》，《敦煌学辑刊》2005 年第 3 期，第 165—168 页。

专题研讨，论题集中，研讨热烈，在学术视野和研究方法上都有新的探索。①

8. 敦煌文献、考古、艺术综合研究——纪念向达教授诞辰 110 周年国际学术研讨会

2010 年 6 月 16 日至 17 日，国家图书馆古籍馆、北京大学历史学系暨中国古代史研究中心、敦煌研究院联合主办的"敦煌文献、考古、艺术综合研究——纪念向达教授诞辰 110 周年国际学术研讨会"在国家图书馆召开。国内外 60 余位学者与会或提交论文，论文涉及向达研究与学术史、敦煌考古与美术研究、敦煌西域文献研究、丝绸之路历史与宗教等主题。② 会议论文编为《敦煌文献、考古、艺术综合研究——纪念向达先生诞辰 110 周年国际学术研讨会论文集》，2011 年 12 月由中华书局出版。

二、举办敦煌文献展览

作为国家图书馆最为珍贵的古文献收藏之一，敦煌遗书常被选用于接待各界来宾、业界人士及专家学者参观，即使在"文革"期间也不例外，如 1973 年 3 月 4 日美国加利福尼亚大学图书馆馆长汤妲文访问北京图书馆，所参观的馆藏善本书籍即包括北魏太安四年（448）写本《戒缘》③。相关事例为数众多，不可胜记。在此仅就北图所举办的以敦煌遗书为主的展览，略加梳理介绍。

1. 敦煌吐鲁番资料展览

1988 年 8 月 20 日，亦即敦煌吐鲁番学北京资料中心正式对外成立、"1988 年敦煌吐鲁番学术讨论会"开幕的同一天，北京图书馆联合北京大学图书馆、天津市艺术博物馆、旅顺博物馆共同举办"敦煌吐鲁番资料展

---

① 林世田、赵大莹：《"西域文献学术座谈会"纪要》，《文献》2007 年第 1 期，第 144 页；赵大莹、林世田：《"西域文献学术座谈会"综述》，《敦煌学辑刊》2007 年第 1 期，第 158—160 页。

② 刘波：《纪念向达教授诞辰 110 周年国际学术研讨会综述》，《文献》2010 年第 3 期，第 191 页。

③《中国国家图书馆馆史资料长编：1909—2008》，第 648 页。

览"。展览共展出各类珍贵文献 92 件，其中北图藏品 58 件、北大图书馆藏品 11 件、津艺藏品 11 件、旅博藏品 12 件；展品中，包括社会经济史料、俗文学作品、四部书等 32 件，佛教、道教、摩尼教等宗教史料 60 件。

北京图书馆编有《敦煌吐鲁番资料展览目录》，1988 年 8 月印行。此目录按内容分类，每一类以时代顺序排列。每条目录附注收藏单位、编号、时代、尺寸、行数字数等信息，必要时还有内容简述，目录后列图版 84 幅，颇为简明实用。

2. 敦煌遗书及敦煌遗书修复展览

1992 年 9 月"1992 年敦煌吐鲁番学国际学术研讨会"期间，北京图书馆善本特藏部举办了开馆以来最大的一次敦煌遗书及敦煌遗书修复展览，展出珍品 60 余件[①]。展出的展品中，有部分为新修复写卷，其修复技艺获得与会学者的高度评价。

3."秘籍重光，百年敦煌"文献资料展览

为纪念敦煌藏经洞发现 100 周年，国家图书馆与中国敦煌吐鲁番学会于 2000 年举办"秘籍重光，百年敦煌"文献资料展览。此次展览于当年 8 月 16 日在国家图书馆馆藏珍品展示室开幕。展览分为"敦煌的历史地理背景与环境""敦煌藏经洞的发现与敦煌遗书的流散""国家图书馆敦煌遗书的收藏与保护""敦煌——艺术和文献的宝库""百年研究史"五个单元，全面介绍敦煌的历史，敦煌遗书的发现、收藏和保护，以及敦煌学的发展[②]。

此次展览公布了大批涉及馆藏敦煌遗书的档案，推动了敦煌学史某些问题的研究，如：方广锠据其中部分材料撰有《百年前的一桩公案——关于 22 卷续交敦煌遗书的考察》一文[③]，对 1910 年前后学部向京师图书馆调拨敦煌遗书的过程，有比较详细的揭示；余欣据其中部分

① 《1992 年大事记》，《1992 年北京图书馆年报》，第 29 页；此据《中国国家图书馆馆史资料长编：1909—2008》，第 1199 页。

② 《国家图书馆 2000 年 7 月—9 月大事记》，《国家图书馆学刊》2001 年第 1 期，第 92 页。

③ 载《敦煌研究》2009 年第 1 期。

材料撰有《许国霖与敦煌学》一文^①，全面考察许国霖的生平、著作及其学术价值，表彰了许国霖这位此前较少被人注意的北图学者对敦煌学的贡献。

4. 王重民先生生平与学术展览

2003 年 9 月 18 日，亦即"纪念王重民先生诞辰 100 周年学术研讨会"期间，国家图书馆与北京大学图书馆联合举办"王重民先生生平与学术展览"，在北大图书馆开幕。此次展出国家图书馆旧档中所存多件王重民档案，包括王重民与袁同礼之间的通信等。

国家图书馆善本部为筹备此次展览，系统梳理馆藏旧档中有关王重民的史料，嗣后成立"王重民学术思想史料整理"课题组，又通过其他途径广泛搜罗资料，在此基础上加以校录、整理、注释并研究，为王重民研究、近代中外文化交流史研究提供了新的资料，整理成果即将刊布。此次展览推动了这一项目的立项，展出的部分文件则是该项目的主体资料之一。

5. "从撒马尔干到长安——粟特人在中国的文化遗迹"展览

2004 年 4 月 23 日至 5 月 20 日，为配合"粟特人在中国——历史、考古、语言的新探索国际学术研讨会"在国家图书馆召开，国家图书馆善本特藏部与陕西省考古研究所、宁夏考古研究所、山西省文物研究所、法国远东学院、法国科学研究中心中国文明研究组及东方与西方考古研究组、北京大学中国古代史研究中心等机构联合举办"从撒马尔干到长安——粟特人在中国的文化遗迹"展览。

此次展览共展出敦煌遗书 7 件、清代文献 3 种 5 册、清末民初拓片 24 张、新拓片 10 张、老照片 6 张。展览图录《从撒马尔干到长安：粟特人在中国的文化遗迹》一书，2004 年由北京图书馆出版社出版。该书汇总史君墓、安伽墓、虞弘墓、固原粟特人墓地等粟特人墓葬考古新发现，以及粟特人石刻碑志、古籍文献与敦煌文书里的粟特人资料，每幅图版均由专家撰写详细解题，并收载多篇以粟特入华为主题的研究论文，堪称中国粟特研究最为丰富且精要的资料集。

---

① 载《敦煌吐鲁番研究》第七卷，北京：中华书局，2004 年。

6. 丝路文化互动与融摄的印迹——国家图书馆藏《金光明经》精粹展

配合 2006 年 11 月 20 日至 22 日举行的"西域文献学术座谈会"，国家图书馆善本特藏部于 11 月 19 日举办"丝路文化互动与融摄的印迹——国家图书馆藏《金光明经》精粹展"，展出多件馆藏敦煌遗书、西夏文献中的《金光明经》。

7. 敦煌旧影——晚清民国敦煌历史照片展

此次展览为纪念国际敦煌项目中文网站上线十周年的系列活动之一，由中国国家图书馆、英国国家图书馆、敦煌研究院共同举办，于 2012 年 10 月 16 日开幕。展出敦煌历史照片 100 余幅，分别由 20 世纪上半叶曾前往敦煌寻宝、考察的斯坦因、伯希和、奥登堡探险队、李约瑟及西北史地考察团石璋如等中国学者拍摄。展览分为敦煌城景、莫高窟景观、莫高窟的寺院、莫高窟的洞窟、莫高窟的塔、其他遗迹等六部分，这些照片展示了 20 世纪上半叶不同时期莫高窟及周边地区的崖体面貌、洞窟形制、壁画现状、周边环境及其变化轨迹，也为当代的石窟保护、考古调查、壁画研究等工作提供了难得的参考资料[1]。

8. 其他文献展览

除以上主题与敦煌文献有关的专题展览之外，馆藏敦煌遗书或敦煌学档案资料还作为重要展品，参加了多次文献展览，兹略举数例：

1985 年 12 月 12 日至 22 日，北京图书馆主办的"中国古代书籍史展览"随"中国书展"在香港展出，展品包括多件敦煌遗书[2]。

2002 年 12 月 16 日，国家图书馆善本特藏部在善本珍品展示室举办"仁心护国宝　妙手驻书魂——善本古籍修复展"，展出国图自 1949 年中华人民共和国成立以来修复的珍贵善本，包括 1991 年开始修复的敦煌遗书。

2006 年 5 月 26 日，国家图书馆举办"文明的守望——中华古籍特藏

---

① 《"敦煌旧影——敦煌莫高窟历史照片展"在国家图书馆隆重开幕》，《文津流觞》2012 年第 4 期（总第 40 期），第 5—6 页。

② 《中国古代书籍史展览在香港》，《北京图书馆通讯》1986 年第 1 期，第 72 页；杜伟生：《记中国古代书籍史展览》，《图书馆学通讯》1986 年第 2 期，第 31—33 页。

珍品暨保护成果展",展出全国各图书馆的古籍珍品 200 余件,其中有敦煌遗书多件①。

2007 年 4 月 26 日至 5 月 9 日,国家图书馆主办的"大道流行——《道德经》版本(文物)展"在香港文物探知馆举办,5 月 18 日至 6 月 5 日转到国家图书馆馆内展出。馆藏敦煌本《道德经》为此次展览最重要的展品之一。

2009 年 9 月 1 日至 10 月 7 日,国家图书馆百年馆庆之际,举办"百年守望:国家图书馆特藏精品展",敦煌遗书为其中重要展品之一。

2014 年 7 月 15 日,国家典籍博物馆在国图开馆,"国家图书馆馆藏精品大展"同时开幕。此次展览特辟敦煌遗书展厅,展出不同时期的敦煌文献 54 件,深受各界观众好评。

以上为"文革"结束以来,国家图书馆举办的涉及敦煌文献与敦煌学的文献展览的概述。文献展览的意义,并不只是唤起公众的关注,达到普及宣传的效果;在一定程度上,展览也是揭示文献、公布资料的一种重要方式,对于档案资料或未刊文献来说,更是如此。2000 年"秘籍重光,百年敦煌"文献资料展览所催生的多种研究论著,2003 年"王重民先生生平与学术展览"推动的王重民学术史料整理,都是文献展览促进学术研究的显著事例,彰显了文献展览的学术价值与学术意义。

三、敦煌学学术讲座

国家图书馆曾举办多个系列公益讲座,贯彻其社会教育职能。

2002 年 8 月至 2003 年 12 月,国家图书馆敦煌吐鲁番学资料中心主持的"敦煌与丝路学术讲座",是敦煌学方面的专业学术讲座。这个系列共举办 38 讲,有以下特点:其一,讲座内容涉及敦煌历史文化、寺院经济文书、历法、文学文献、禅宗文献、佛教、道教、壁画艺术、彩塑艺术、文书学、敦煌学学术史、敦煌目录学以及于阗文文书、吐鲁番文书研究等,几乎涵盖了敦煌学的每一个领域。其二,主讲者多是敦煌学界的中坚力量,年长的有宁可、白化文、沙知、金维诺等学者,更多的则是郝春文、柴剑虹、

---

① 《2006 年大事记》,《2006 年国家图书馆年报》,第 14—15 页。

荣新江、赵和平、邓文宽、郑炳林、段晴、王素、王卡、徐俊、孟宪实等年富力强、学有专攻的中年敦煌学家，主讲人阵容强大，堪称中国敦煌学者的一次大检阅。其三，法国学者华澜（Alain Arrault）、英国学者吴芳思（Frances Wood）等以及来自台湾的学者郑阿财登台主讲，与国内研究人员、公众进行互动，一定程度上起到了沟通大陆学者与海外及台湾学者之间学术交流的作用。其四，每场讲座，都特邀一位专业与讲题比较接近的敦煌学者担任主持和评议人，使讲座成为学术交流与碰撞的平台，也增强了讲座的学术性。

这个系列讲座主题集中，持续时间长达一年半，社会反响强烈，也获得了学界的高度评价。郝春文指出，举办这个系列讲座有多方面的重要意义："首先，……这个讲座实际上是弘扬我国优秀传统文化遗产的一个具体行动，也可以说是建设社会主义精神文明的一个具体行动。其次，这个讲座涉及到敦煌学和丝路文化的诸多方面，也是一次普及敦煌学和丝路文化知识的活动，是发挥我们国图社会教育功能的具体体现。最后，这个讲座还将起到繁荣学术文化的作用。从我们目前的名单来看，被邀请参加讲座的学者都学有专长，他们的讲座既有知识性，也有很强的学术性，所以这个讲座将展示敦煌学和丝路文化诸多领域、诸多方面的最新学术进展。如果能把这个讲座完整地听下来，我相信收益会大于任何一所大学的任何一门专题课。"[①]讲座录音经整理，编为《敦煌与丝路文化学术讲座》，第一辑2003年由北京图书馆出版社出版，第二辑于2005年出版。

国家图书馆敦煌吐鲁番资料中心自2002起主持的"中国典籍与文化系列讲座"，至2016年8月共举办325讲，其中有30余讲主题与敦煌学或丝绸之路研究有关，占该系列的十分之一强。比如荣新江《丝绸之路上的文化交流》（2002.2.3）、黄正建《敦煌资料与唐朝人的衣食住行》（2002.5.26）、

---

① 黎知谦整理：《敦煌与丝路文化学术讲座开幕式座谈会》，《文津流觞》第7期，2002年。相关情况又见黎知谦《敦煌与丝路文化学术讲座座谈会纪要》，《古籍整理出版情况简报》2002年第8期。

谢继胜《吐蕃美术与敦煌壁画》（2005.8.27）、杨宝玉《敦煌本佛家灵验故事》（2007.10.13）、赵声良《敦煌早期石窟与中西文化交流》（2008.1.25）、陈明《从出土文献看汉唐西域中外医学交流》（2003.3.16）、白化文《敦煌遗书中的印刷史料》（2008.6.27）、刘屹《汉唐道教史研究漫谈》（2012.11.25）等，内容广泛，颇受欢迎。①

---

① 这两个系列讲座的主讲人、讲题、时间等信息，见《文化论衡——中国典籍与文化系列讲座十年选萃》一书所附《"中国典籍与文化"系列讲座一览表》《"敦煌与丝路学术讲座"一览表》，北京：国家图书馆出版社，2012 年，第 242—261 页。

第九章　馆藏敦煌遗书的修复

敦煌遗书大多不是完整的卷子，大部分存在程度不一的残损，有的卷子古代曾被油或水浸泡，或被泥土脏污，以致有学者认为它们是敦煌寺院的废弃物[①]。"废弃说"是否符合事实，并非本书所关注的问题，然而这种观点所依据并强调的敦煌遗书大多有所残损的现状，则是不争的事实。为了妥善保护这批文化瑰宝，适度的修复工作是必不可少的。

面对这些千年以前遗留下来的珍贵而残损严重的文献，采用何种原则制定修复方案，采用何种工艺进行修复，是修复工作中决定性的因素。国家图书馆在这方面，进行了长期的探索，最终走出了一条最为切合实际的道路，积累了宝贵的经验，成为古籍修复领域的范例，引领了整个古籍修复行业的发展方向。

第一节　早期修复实践及其评价

京师图书馆入藏敦煌遗书之初，就将少数卷子加以装裱。1912 年参观京师图书馆的庄俞，在其游记中记载"有一卷，系魏太安四年之笔，缪筱山长馆时，曾装潢之"[②]。这表明，此次装裱完成于缪荃孙任监督时期，即1911 年 11 月以前。

---

① 方广锠：《敦煌藏经洞封闭原因之我见》，原载《中国社会科学》1991 年第 5 期，此据《方广锠敦煌遗书散论》，第 1—27 页。

② 庄俞：《我一游记》，上海：商务印书馆，1936 年，第 92 页；又见《中国国家图书馆馆史资料长编：1909—2008》，第 35 页。

《敦煌经卷总目》卷末民国元年六月题记载"已装裱者五卷在内",说明早期装裱了5件。据此目的标注,可知这5件为BD00076(地76)北魏太安四年(458)《戒缘》卷下、BD00684(日84)南北朝写本《大智度论》卷六四、BD04537(冈37)开元五年(717)《妙法莲华经》①、BD05520(珍20)唐开元六年(718)写本《无上秘要》卷第五十二、BD05700(李100)《道行般若经》卷第六第七等。

这5件中,最为引人注目的是BD00076号,此件为馆藏有纪年的敦煌遗书中较早的一件。修整方式为通卷托裱,护首为黄底寿字云纹织锦,紫红色白格缥带,卷尾加装木轴,采用的是传统书画装裱的技法。

另一件BD05520号,后为参加1954年莱比锡国际博览会,由故宫博物院修整组重加修整。修复方法同样为通卷托裱,加装天头、隔水、迎首、拖尾,上下裁齐后加装宽1厘米的局条并套边,全卷端面光亮平整,技法堪称精良②。卷尾钤有"故宫博物院修整组修复"朱文印章一枚,留下了修复过程的记录。

这几件敦煌遗书装潢精美,修整工艺较高,可视为传统装裱方法保护敦煌遗书的典范;它们盛装于单独的木匣,与其他庋藏在大柜子中的卷子分开保存。

早期装裱的这些敦煌遗书,有鲜明的特点。首先,这些写卷均有题记,其中3件有明确纪年题记;这些写卷或年代较早,或书法上佳,都是比较有代表性的写卷,表明当时选择的标准不是文献残损的程度,而是文献的典型性。其次,装裱的数量极少,且没有制定大规模修复残损写卷的计划。由此可见,早期装裱敦煌遗书,其目的并非现代意义上的古籍保护,而主要是方便接待参观。1912年馆长江瀚向前来参观的庄俞展示BD00076号,就是显著的例子。

---

① 此件不幸于民国六年被魏家骥盗走,详见本书第一章。

② 杜伟生:《谈敦煌遗书修复》,《北京图书馆馆刊》1993年第2期,第146页;张平:《中国国家图书馆敦煌遗书的修复与保护》,载《古籍保护新探索》,杭州:浙江古籍出版社,2008年,第183页。

　　后来陆续入藏的敦煌遗书中，有不少曾经流散民间，收藏家往往根据自己的喜好，对其加以装裱修补。这些卷子使用的技法，也大多是整卷托裱，其工艺水准参差不齐，有的并不出色。杜伟生以原日本大谷探险队所得的《大般涅槃经》卷第五为例，指出该卷护首拖尾纸张颜色渗透、上下边经裁切、卷中多处"跑墨"等问题，批评其为庸工之作①。这种水准较低的所谓修复工作，无疑是对敦煌遗书的又一次破坏。

　　大谷收藏品的修复，从包首所用织锦和托裱材料看，大约完成于 1920 至 1954 年间。这批藏品并未完全采用传统的字画卷轴装裱法进行修补，除卷首包首、卷尾地杆及轴头外，没有添加其他镶料。以 BD13811（新 0011）号《妙法莲华经》卷第七为例，托纸为机制纸，厚度为 0.06 厘米；卷首前端接出一条 20.7 厘米的白纸，与织锦包首粘接；轴杆直径达 2.1 厘米。这些卷子的修复，虽然工艺难称精湛，但一定程度上体现了修复方法方面的探索②。

　　民国时期，政局动荡，京师图书馆、北平图书馆的事业发展也波折不断，馆藏敦煌遗书没有进行大规模的修整；尤其是抗战期间播迁上海，更谈不上保护与修整工作。

　　1949 年以后，特别是"文革"结束后，北京图书馆各项事业得以较平稳地发展，敦煌遗书的修整工作再次提上议事日程。20 世纪五六十年代，北京图书馆再次采用全卷托裱的方法，修复了 8 件敦煌遗书，如 BD02137（藏 37）《大方广佛华严经》卷一九等。1985 年，北京图书馆再次对敦煌遗书进行尝试性修复，此次依然采用搓薄原纸、全卷托裱的方法③。此轮修复仅进行了试验性的工作，只做了 3 件，并未大规模展开，主要原因是意识到通常用于书画保护的通卷托裱方法，用于敦煌遗书并不合适。

　　如上所述，20 世纪 80 年代以前的敦煌遗书修复，采用的都是全卷托

---

① 杜伟生：《谈敦煌遗书修复》，《北京图书馆馆刊》1993 年第 2 期，第 147 页。
② 张平：《中国国家图书馆敦煌遗书的修复与保护》，载《古籍保护新探索》，第 184 页。
③ 同上。

裱的方法。这种技法常用于幅面较短的书画作品，但施用于敦煌遗书则有明显的局限性，主要体现在：

其一，通卷托裱后改变了原卷的伸缩率。除少量的古人裱褙修补之外，原卷均为单层纸，卷收时纸张正背面的伸缩率差异不至于对纸张产生破坏。但托裱之后纸张加厚，卷收时原卷与裱纸之间的弯曲度不一致，形成一定的张力。久而久之，经过多次卷舒，卷轴较容易出现横向断裂，因而不利于长期保护。

其二，托裱过程中为控制伸缩率，往往使用矾胶，但矾"对纸张内部结构的破坏是非常严重的，施过胶矾的纸张耐折能力大大降低，时间稍长纸张就会变色、酥脆、老化"[1]，这就直接损伤了敦煌遗书本身。

其三，有的技师采用先将原卷纸张揭薄然后托裱的方式，这虽然有利于控制伸缩率，但不可逆转地破坏了原卷的纸张，甚至损坏文献。

其四，托裱使原卷纸张附着在裱纸之上，托裱技术也改变了原纸张的部分性质，古代纸张的研究者将无法测量其厚度，了解其造纸材料、工艺等内容。

其五，托裱时为求整齐，往往需要裁切边缘，直接破坏了敦煌遗书本身。

其六，托裱遮盖了卷背，改变了原卷的外观，不利于关注书写、形制、书籍制作等问题的文书学研究者全面掌握写卷信息。

要之，托裱虽然使得敦煌遗书的外观变得整齐美观，但对文献保护与文献研究，却弊大于利，采用这种方式是否适合，的确是一个值得反思的问题。

第二节　修复原则与修复方案的确立

古籍修复的基本原则，概括地说，有"整旧如新"与"整旧如旧"两种。这两种不同的观念，着眼于修复完成后古籍面貌与修复前的差异，在

---

[1]　杜伟生：《谈敦煌遗书修复》，《北京图书馆馆刊》1993 年第 2 期，第 147 页。

修复实践中采用的修复技法、修复材料都截然不同。从 1910 至 1980 年代，国家图书馆在修复敦煌遗书时，主要采用整卷托裱的修复方法，改变了原卷的外貌，是典型的"整旧如新"式的修复。

如上节所述，整卷托裱有明显的缺陷，并非适宜的修复方法。国家图书馆相关人士也清醒地认识到这个问题，因此并未大规模整卷托裱，而是酝酿着敦煌遗书修复观念与修复方法的根本性转变，即由"整旧如新"转为"整旧如旧"。

"整旧如旧"是国家图书馆在善本古籍修复工作中长期坚持的原则。这一原则的提出与应用，始于 20 世纪 30 年代。1949 年 5 月 14 日，北平图书馆举办《赵城金藏》展览，同日召开"《赵城金藏》展览座谈会"，邀请社会各界知名人士讨论有关《赵城金藏》修复事宜。会上，善本部主任赵万里发言指出："过去本馆装修的观点是将每一书完全改为新装。此办法始而觉得很好，其后则发现它不对，一本书有它的时代背景。所以自二十三年后决定不再改装，以保存原样，所以装修一书有时用不上太多材料。馆藏《赵城藏》即保持其原来面目。"① 据赵万里的介绍，1934 年以后，国立北平图书馆在册页装古籍的修复工作中，就摒弃了"完全改为新装"的旧法，采用"保存原样"的新法。此次座谈会确定的《赵城金藏》修复原则，继承了这一思想。赵万里表述的"保存原样""保持其原来面目"，经多年提炼总结，形成了"整旧如旧"原则。

《赵城金藏》经过四位国手长达十余年的修复，基本恢复旧观，成为文物修复保护业界公认的经典案例。《赵城金藏》与敦煌遗书同为卷轴装，在装帧形制方面二者非常接近，因此，《赵城金藏》的修复技法与方案对敦煌遗书的修复有直接而重要的借鉴意义。

20 世纪 70 年代以来，北京图书馆与欧美图书馆界的交往日益频繁。

---

① 《〈赵城金藏〉展览座谈会纪要》，《北京图书馆馆史资料汇编（二）：1949—1966》，第 478—485 页；整理稿发表于《文津流觞》第 35 期，2011 年。《北京图书馆馆史资料汇编（二）：1949—1966》《文津流觞》第 35 期所刊整理稿均误将座谈会时间记录为1950 年，今正。

英国国家图书馆分别于 1985 年、1988 年派遣东方文献修复保护室马克·伯纳德、比得·劳森到北京图书馆学习中国古籍修复技术，同时表达了邀请中国古籍修复专家赴英修复英藏敦煌遗书的愿望。1990 年初，根据北京图书馆与英国国家图书馆之间签订的文化交流协定，善本特藏部修整组组长杜伟生赴英国国家图书馆保护部进行为期半年的工作，主要任务为修复英藏敦煌遗书残片。杜伟生在英国工作期间，与英国文献保护修复工作人员进行了广泛交流，充分了解了国际文保界对纸质文献保护的观点和做法，为北京图书馆即将开展的敦煌遗书修复工作积累了经验。

在认真检讨传统托裱工艺并充分考察西方修复经验与教训的基础上，北京图书馆善本部及修复组经过长时间反复探讨，综合考虑馆内技术力量、财力等各方面因素，提出了敦煌遗书修复方案。这个方案包括四个方面的基本原则：

首先，严格贯彻"整旧如旧"的修复原则，尽可能保持遗书原貌。所谓"整旧如旧"，不是企图恢复文献未经使用、未被损坏以前的原貌，而是尽可能保持文献在进行修复之前的面貌。也就是说，修复工作仅仅修补敦煌遗书的残破部分，而绝不改变其他部分的现有形态与状况，尽可能使敦煌遗书修复之后保持修复前的原状。在传统装裱工艺中，有单纯为"如旧"而"做旧"的做法，这不仅达不到延长文献使用寿命的作用，反而有可能加速文献的损坏[1]，更是要坚决摒弃的做法。

其次，坚决摒弃传统的通卷托裱修复方法，根据原卷残破现状采取不同修复工艺，选择修复工艺时贯彻"最少干预"原则。所谓"最少干预"，即是尽量少地对原卷进行修补，只进行必不可少的处理，以确保原卷在正常使用情况下不再继续损坏。这样做的目的，一方面是为了保留原卷的状貌与各种研究信息，另一方面能尽可能加快修复工作速度，从而一定程度上解决保护与使用的矛盾。

第三，贯彻区别性原则，要求修复时所加裱补纸与原卷必须有明显区

---

[1] 杜伟生：《古书修复中的"整旧如旧"与"整旧如新"》，《北京图书馆馆刊》1999 年第 4 期，第 100 页。

别。这一原则的目的，是为了突出原卷的面貌，避免因修复材料的相似性对文书学研究造成干扰。

第四，要求修复工作是可逆的，修复工作不能对敦煌遗书形态造成任何不可逆转的变化，也就是说，不应对原卷造成任何新的损害。这样做的目的，是为未来的保护工作留下余地。将来一旦有更好的修复工艺或科技手段可供采纳，便可很方便地清除当前的修复，恢复文献未经修复前的原状 ①。

以上述四方面原则为基础的敦煌遗书修复方案，考虑了文献保护、学术研究等各方面的需要，简便易行且为未来留有足够的余地，是一套切合实际、完善成熟的修复方案。1991 年 4 月 15 日，北京图书馆馆长办公会议同意善本特藏部提出的敦煌遗书修复方案 ②，敦煌遗书的大规模修复工作随即开始进行。

北京图书馆的敦煌遗书修复方案与修复工作，得到专家学者和各界人士的好评与赞许。比如"1992 年敦煌吐鲁番学国际学术研讨会"期间，与会中外专家参观了北京图书馆善本特藏部举办的敦煌遗书及敦煌遗书修复展览，观摩展出的珍品 60 余件，他们"对这一方案给予了充分肯定"③。

第三节　修复工艺概述

馆藏敦煌遗书形制多样，残损的情况也各不相同，在上述四条原则的指导下，面对每一件残损的敦煌遗书，仍需要根据实际情况进行具体分析，才能决定修复方案。

---

① 以上四条修复原则，参见方广锠《〈中国国家图书馆藏敦煌遗书〉前言》，载《中国国家图书馆藏敦煌遗书》第 1 册，南京：江苏古籍出版社，1999 年，第 5—6 页；又见方广锠《国家图书馆敦煌遗书的修复方案》，《文津流觞》第 6 期，2002 年。

② 《1991 年大事记》，《1991 年北京图书馆年报》，第 28 页；此据《中国国家图书馆馆史资料长编：1909—2008》，第 1016 页。又见邹文革集辑《中国国家图书馆百年纪事：1909—2009》，第 115 页。

③ 李际宁：《国家图书馆藏敦煌遗书整理侧记》，《北京图书馆馆刊》1999 年第 2 期，第 140 页。

一、敦煌遗书修复工艺

概括而言，残损待修的敦煌遗书可按长度分为三类，即长卷、残卷和残片。据杜伟生的总结，它们的修复工艺各有特色[①]。

长卷的修复，包括以下工序：

其一，修补破口。破口指原卷的裂口或缺损部位，多为撕裂而成，或经长期折叠造成卷面断裂而成。有的卷子破口数量繁多，如 BD06316（咸16）《金刚经》，长度仅为 4.65 米，破口则有 1000 多个，卷背还有 90 多块补纸[②]。

修补破口时，一般在背面用补纸粘接破裂处；如卷子正背两面都有字，则补在无字空白处，尽可能不压住字迹或笔画。所用补纸纸条越细越好，镶缝一般控制在 3 毫米左右；如纸张因受潮、发霉或磨损变得松软、碎烂，可适当选用较宽大的补纸；原卷纸张如较厚，可使用二层甚至三层补纸，以确保修复后纸面保持平整。原卷的大块残缺，如边缘较结实，不影响原卷的卷收与展开，不致于因正常使用造成新的损坏，则一般不予补齐；保留残缺的另一个好处，就是为残卷缀合工作留下一定的便利。当然，缺处形状如较复杂，容易在卷舒、使用时折压撕裂的，则须修补整齐。长卷的上下两边，如有裂口须进行修补，以免进一步开裂。

其二，压平。向修补完成的经卷喷少量净水，以略微湿润为度，然后使用吸水纸上下两面夹住，再用木板及重物压实。经过一定时间的压镇之后，原本卷面凹凸不平的敦煌遗书，变得平整划一，便于收藏、使用。

其三，裁齐。指的是剪裁原件卷首、卷尾及上下两边的补纸、镶纸，

---

① 此处所述长卷、残卷、残片的修复工艺，主要参照杜伟生《谈敦煌遗书修复》一文（载《北京图书馆馆刊》1993 年第 2 期，第 148—149 页）；操作实务解析及图示，见杜伟生《中国古籍修复与装裱技术图解》第五章《敦煌遗书的修复》（北京图书馆出版社，2003年，第 213—222 页）及张平、吴澍时：《古籍修复案例述评》第一章《卷装古籍修复》案例二"敦煌遗书的修复"，（国家图书馆出版社，2012 年，第 21—46 页）。

② 此件由胡玉清于 2004 年修复。见胡玉清《敦煌遗书中常见破损及其修复琐谈》，载《古籍保护新探索》，第 159 页。

而绝对不能伤及原件。补纸一般以原卷边缘为标准，剪裁整齐。

其四，增加包首及拖尾。用古旧高丽纸裁成比原卷略宽的纸幅，用作包首与拖尾。包首与拖尾不与原卷粘接，仅在卷收时附在原卷两端，随原卷卷起，如此一方面可以起到保护作用，另一方面并不改变原卷的面貌，且有利于开展原卷缀合工作。

其五，增加木轴。对于原轴不存或没有轴的写卷，酌情新加一个直径约 1 厘米的木轴。加轴的作用，在于降低卷收时写卷的弯曲度，减少应力，降低写卷发生横向断裂的可能。新加的轴不与原卷粘连，仅在卷收写卷时用作轴心。

以上所述为一般程序。某些写卷由于残破过甚，情况复杂，修复的程序较为繁复，工艺要求也较高。如 BD03686（为 86）《维摩诘经解》，由于卷背以《金藏论》残卷为裱补纸进行修补，粘接牢固，且上下两边残损特别厉害，为了保存裱补纸的文献完整，修复时采取了先揭后补的程序，揭、补的过程又根据实际情况采取了特殊的工艺，经过较长时间的工作，才最终完成全卷的修复[①]。

残卷的修复工艺，大体与长卷相同。补破、压平等工序，按照修复长卷的工艺与要求进行。残卷修复的特殊之处，在于其卷收方式的处理上：将多张裁好的古旧高丽纸接在一起，作为底纸，并在左侧加装木轴，形成一个相对完整的卷轴装书籍形式，然后将残卷放置在底纸上，卷起全卷。采用这种方式，卷收之后，残卷系由底纸层层叠夹，木轴和底纸起到了减少弯曲度的作用，有利于残卷的保存与保护。

残片的修复工艺比长卷、残卷都要复杂。大部分残片此前从未作过整理，尘垢较多，因此首先须将它们展平、去除尘垢；有的残片污垢较厚，以致字迹被掩盖，则须使用净水清洗；当然，清洗时需尽量控制用水量，以免影响残片原有的色泽。补破、压平的方法与要求则与长卷相同。修复完成后，用白皮纸折叠包住残片，放入宣纸制成的纸袋中，每五十个纸袋外

---

① 胡玉清：《敦煌遗书为 86 号的特点与修复》，载《古籍保护新探索》，第 155—157 页。

加函套，妥善保存。

这种处理方式，与英国国家图书馆等机构采用塑料膜或玻璃板双面夹住的方法不同，在保护方面具有明显的优势：纸信封稳定性、透气性均较好，且与残片原件本身材质更为接近。这种处理方法在 2002 年的敦煌文献修复与保护座谈会上，获得各国专家的肯定[①]。这种方式也有一定的缺点，主要表现在：纸信封不透明，学者在阅读残片时必须直接接触原件，容易造成对原件的损害；残片在信封中不固定，容易滑动，造成损伤或错乱。

上述修复工艺有着鲜明的特点：除手工无酸纸、净水及淀粉制成的浆糊外，不使用其他修复材料；修补破口以不得不补为限，能不补的地方则尽量不补；修补破口的补纸，越少、越细越好；添加的包首、拖尾，不与经卷粘连。采用上述工艺修复的敦煌遗书，不对原件本身进行任何处理，最大限度地保存了原卷面貌，为研究、缀合等工作留有足够的余地；同时，用料较少，设备简单，易于操作，省时省力，修复效率较高，能最大限度满足文献保护工作及学术界对修复进度的期待。

二、特殊情况的处理

在修复工作过程中，某些特殊情况的处理，具体体现了修复原则的贯彻实施，以下略举数例：

其一，卷背补纸的处理方法。很多敦煌遗书古代曾经修复[②]，卷背粘有裱补纸。这些补纸，有的是剩余的零碎素纸，有的是废弃的文书书叶，后者往往载录有值得重视的文献，某些甚至颇有研究价值。补纸虽然粘补了裂缝，但增加了写卷的厚度，严重时会影响写卷的卷收。如 BD00997（昃97）《大般若波罗蜜多经》卷第六十九，卷背有四张相互重叠的补纸，最内

---

① 林世田：《敦煌文献修复与保护座谈会纪要》，《文津流觞》第 6 期，2002 年。

② 有关敦煌遗书古代修复的情况，参阅林世田、萨仁高娃《国家图书馆藏敦煌写本〈金光明最胜王经〉古代修复简论》，载《敦煌研究》2006 年第 6 期；林世田、张平、赵大莹《国家图书馆所藏与道真有关写卷古代修复浅析》，载《中国典籍与文化》2007 年第 3 期；林世田《敦煌遗书古代修复简论——构筑 4—11 世纪中国书籍修复史框架（初稿）》，载《百年敦煌文献整理研究国际学术讨论会论文集》（下册），浙江大学古籍研究所，2010 年。

一张面积最小，依次增大，最外一张面积最大，显然为补纸破裂后层层粘补所致。由于补纸过厚，卷收不易且容易造成新的断裂。

补纸的处理方法，可保持原样，也可全部取下，或根据裱纸的具体情况采取不同处理方式。如完全保持原样，则部分写卷裱纸过厚影响卷收的问题，依然存在；如全部取下，则与"整旧如旧"原则背道而驰。因此，具体分析裱纸的状况，据之决定处理方式，是必要且合理的处理方式。取舍的原则，是在不影响写卷卷收的情况下，尽可能保持写卷的原貌。对于过厚且影响卷收的裱纸，则须将其取下。取下的裱纸另行编号保存，BD15998至BD16566号即为原卷揭下裱纸。

其二，对古人修补写卷时添加的其他修复材料的处理。比较典型的例子，是用于缝合破裂写卷的麻绳。BD06709（潜9）《大般涅槃经》卷第九、BD07577（人77）《妙法莲华经》卷第三两件，裂开部位均用麻绳缝缀，为敦煌遗书中古人修复的特例，对于了解古代书籍史有重要意义。这两件写卷在修复过程中，采取了不同的处理方式。对于BD07577号，由于情况尚好，未对破裂处进行任何处理，麻绳完整保存。BD06709号采用掏补的修复方法，在不拆开麻绳的情况下，将补纸伸到麻绳下面，将破口补好，修复繁难程度因此倍增，但其优点是尽可能地保留了写卷的原貌[1]。

其三，对由于液体浸蚀而纸张脆化写卷的处理方法。敦煌遗书中不少写卷的纸张曾经打蜡，蜡纸坚挺莹润，是质量上乘的书写材料。但蜡纸经液体浸泡后，变得脆硬，难以卷舒。早期修复此类写卷，一般采用冷水浸泡展开，使用冷水的原因是可尽量减少对写卷颜色的损伤，但修复之后纸张仍然较为脆硬，不便卷收。北京图书馆修复专家试验采用热水进行浸泡，修复后的写卷纸张变得柔软，可轻松卷舒使用，且对纸张颜色影响很小，效果较为理想[2]。

---

[1] 胡玉清：《敦煌遗书中常见破损及其修复琐谈》，载《古籍保护新探索》，第163—165页。

[2] 张平：《对于敦煌遗书修复工作规范化问题的思考》，载《古籍保护新探索》，第178页。

其四，写卷折痕的处理。某些敦煌遗书，流传过程中被折叠，对于这一类折叠的写卷，一般须将其展平，经修复之后折痕也相应地变得平整。不过，并非所有折痕都需要展平处理。某些写卷纸张上的折痕有特殊的意义，如 BD00526《梵网经卢舍那佛说菩萨心地戒品第十》卷上、BD02874《四分律比丘戒本》、BD03024《八相变》、BD04687 号《王玄览道德经义论难》、BD04753《七阶佛名经》等，都有类似的折痕，其功能相当于朱笔或墨笔所画界栏。这是一种特殊的界栏形式，可称之为折痕界栏，或折叠栏。敦煌遗书中的折痕界栏，是重要的文书学特征。对于这一类的折痕，修复时将其保留，不对其进行展平处理，以免损失原卷的研究信息①。

第四节　敦煌遗书修复的学术贡献

国家图书馆自 1991 年开始大规模地进行馆藏敦煌遗书修复工作，直到目前，二十余年间这项工作始终在有条不紊地进行中。先后参与修复工作的，为北图善本部修复组的杜伟生、张平、胡玉清、朱振彬、刘建明、李英、胡秀菊等七人。

经过多年的修复工作，相当一部分国图藏敦煌遗书的残损部位得到了必要的修补，避免了更一步的损害，原卷得到了较好的保护，延长了"寿命"。这项持续二十余年的修复工程，与 20 世纪五六十年代完成的《赵城金藏》修复工程前后辉映，堪称我国文物保护事业史上规模最大、持续时间最长且成就最为卓著的纸本文献修复工程。自 1991 年开始进行以来，报刊多次报道，修复成果参加多次古籍文献展览，备受社会瞩目，在提升公众民族文化遗产保护意识等方面，有积极的推动作用。

敦煌遗书修复工作不仅起到了业界示范作用，产生了良好的社会效应，在敦煌文献研究方面也有不可忽视的贡献。

---

① 张平：《对于敦煌遗书修复工作规范化问题的思考》，载《古籍保护新探索》，第 178 页。

一、修复工作对敦煌文献研究的帮助

有些写卷，原本残破得很厉害，1960 年前后拍摄缩微胶卷时，残破部分叠压皱折，不少文字未能在缩微胶卷中显现，而经修复之后，叠压部分文字得以呈现，提供了更为完整的研究信息。

如 BD00111（黄 011、北 7619 号）《天地八阳神咒经》与《大正藏》本相比，尾题前增加了流通分，有一定文献价值。此件通卷碎损严重，上部残缺，且背面有多层裱补。卷尾背面裱补纸上有题记："三界寺僧沙弥海子读《八阳经》者"，护首背面有阳文墨印"三界寺藏经"。此件经古代修补，"三界寺藏经"印被遮覆，因而缩微胶卷、《敦煌宝藏》可见题记，但印章不能显示[①]。经修复，揭下裱补纸，将题记及印章粘贴于卷尾背面，虽形态与原卷略有差异，但题记及印章的全貌得以显现[②]，有助于文献研究。

又如 BD01079（辰 79、北 5086 号）《妙法莲华经》卷第三，前半卷霉烂残破，且第 3、4 纸接缝处脱落为 2 截，缩微胶卷和《敦煌宝藏》都因纸张褶皱不能展示全部文字[③]；修复后的卷子则平整如初，所有文字清晰显现[④]。

类似的例子比比皆是，兹不赘举。

至于残卷碎片，如 1990 年清理出的二箱残片，大多无法正常使用，经过修复处理，方才可能拍摄照片或胶卷，提供学者查阅，进入研究者的视野。诸如此类，均可见修复对于敦煌文献研究的贡献。

二、裱纸文献得以揭示

敦煌遗书中，曾经古人修补者不在少数，用来修补缀接的材料，多为

[①] 黄永武编：《敦煌宝藏》，第 107 册第 109—114 页。

[②] 修复后题记及藏印图版见《中国国家图书馆藏敦煌遗书》，南京：江苏古籍出版社，1999 年，第 2 册第 142 页；题记及藏印特写彩图，见该册卷首；写卷情况介绍见该册所附"叙录"，第 5 页。修复后图版又见《国家图书馆藏敦煌遗书》，北京：北京图书馆出版社，2005 年，第 2 册第 314—319 页；写卷情况介绍见该册所附"条记目录"。

[③] 黄永武编：《敦煌宝藏》，第 88 册第 544—556 页。

[④] 修复后写卷可由国际敦煌项目（IDP）数据库查阅：http：//idp.nlc.cn/database/oo_scroll_h.a4d？ uid=-4374349032；recnum=42525；index=1。

残破的四部书、社会文书或经卷。这些补纸，大多原本为过度使用的残破纸张，不过有的载有文献，其中也有值得重视的。将原本被遮盖的古代裱纸文献揭示出来，也是修复工作的目标之一①。

馆藏敦煌遗书中，自 BD15998 至 BD16566 共计 569 号，除极少数例外，其他绝大部分都是修复时揭下来的古代裱补纸。虽然大多尺寸较小，但也不乏存文字较多的大残片。大小残片中，有不少是值得注意的文献。

社会经济文书为数众多，如：BD16016A、B、C 三个残片，均揭自 BD00527，为色物历；揭自 BD03289 的 BD16018，系丈量田亩籍；揭自 BD04188 的 BD16029，为周家兰若禅僧法成便麦粟历；揭自 BD06285 的 BD16030，为郭幸者等油麻历；揭自 BD00648 的 BD16039，为社司转帖；揭自 BD01826 的 BD16044，为便粮食历；揭自 BD03138 的 BD16052A，为丙午年通查渠口转帖；BD16079A 揭自 BD03441，存文字 7 行，为辛酉年二月九日僧法成便物历；BD016083 揭自 BD05266，存文字 14 行，为某年二月九日僧谈会少有斛斗出便与人名目；BD16127 揭自 BD0400，存文字 9 行，为戊寅年正月十日社司转帖；同样揭自 BD0400 的 BD16130，存文字 11 行，为亥年三月十八日杨老老便麦历；BD14167A、B 两号，均为开元户籍残片；BD16175H 系揭自 BD07117，为乙丑年二月乾元寺羊籍；BD16195 揭自 BD02729，为建隆二年正月洪池乡百姓郝护卖宅契；BD16230A、B、C 与 BD16231 四个残片，均揭自 BD00111，系便物历、便麦历；BD16238 揭自 BD08176，存文字 11 行，系甲辰年洪池乡百姓安员进卖舍契；同样揭自 BD08176 的 BD16239，存文字 7 行，系辛酉年吕某出社契；BD16245A、B、C，均揭自 BD08176，为沙州社官索宜国函状；BD16291 揭自 BD08374，存文字 23 行，为乙丑年二月十七日交割仓内什物历；BD16328 揭自 BD08904，存文字 7 行，为大顺二年正月一日邓某请地状；BD16381 揭自 BD13648，为诸家砖历；BD16388A、B 两件，均揭自 BD14667，为当寺转帖残片；揭自 BD00938 的 BD16453A、C、D、E 四件，为水则道场转经名目；BD16485

---

① 李际宁：《国家图书馆藏敦煌遗书整理侧记》，《北京图书馆馆刊》1999 年第 2 期，第 140 页。

揭自 BD00199，存文字 7 行，为付工料历。

　　佛教文献有：BD16033 揭自 BD08146，系礼忏发愿文；BD16035A、BD16037 两件均揭自 BD02159，系僧团戒律文书；揭自 BD02729 的 BD16192，为曹元忠荐亡法事疏；又如 BD15998 系揭自 BD01675 号，为三阶教典籍残片。

　　道教文献，如 BD16086A、B、C、D、E、F、G、H 八块残片，均揭自 BD01374，为《老子道德经河上公章句》。

　　儒家经典与蒙学著作残片，如 BD16057 系揭自 BD02506，为《尚书·武成》残片，存文字 4 行，此残片背面抄《众经要缵》；揭自 BD01590 的 BD16100，系《太公家教》抄本；BD16196 揭自 BD02729，存文字 12 行，内容为弟子规范，系蒙学性质的儒家文献。

　　俗文学文献，如 BD16210 系揭自 BD03465，为祭文残片；揭自 BD13608 的 BD16387，存文字 8 行，为俗讲押座文写本。

　　此外，BD16365A、B 两件，均揭自 BD09655，共存文字 10 行，为具注历日残片；BD16548 系揭自 BD00670，为开元九年十年尹礼嘉转经题记，虽然经文不存仅存题记，却也不失为考察佛经流传的有用资料。[1]

　　以上举例可略见这些裱纸文献价值之一斑。这些裱纸未经修复揭下时，均粘贴在写卷背面，有的文字粘在裱纸内侧，即使审查写卷背面或拍摄写卷背面缩微胶卷、照片，都无法看到这些文献。经修复揭下之后，这些原本无法看到的文字，都呈现在研究者面前，提供了更完整、更丰富的研究资料。

---

　　① 以上均据《国家图书馆藏敦煌遗书》第 145 册、146 册《条记目录》，北京：国家图书馆出版社，2012 年。

第十章　国家图书馆与敦煌学

以上各章，分别考察不同时期国家图书馆在敦煌学方面的作为，并对某些专题进行了讨论。本章拟从整体上归纳国家图书馆对中国敦煌学的贡献，将其放在中国敦煌学史的大背景下加以考察。在此基础上，试图通过国家图书馆与敦煌学这一案例的考察，从学术机构与学术发展之间关系的角度，提出一些看法。

第一节　国家图书馆不同历史时期对敦煌学的贡献

国家图书馆的前身京师图书馆筹建于 1909 年，成立时间正当中国敦煌学发轫时期。次年，劫余敦煌遗书即调拨入馆，为奠定馆藏基础的重要文献之一，国家图书馆也由此成为中国最重要的敦煌文献收藏机构与敦煌学学术机构之一。国家图书馆一百余年的发展史，始终与中国敦煌学的前进步伐有着密切联系。不同时期国家图书馆在敦煌学上有不同的作为，概括而言，可分为五个时期。

一、京师图书馆时期（1909—1928）

1909 至 1910 年，学部将甘肃地方官员押运到京的敦煌遗书调拨京师图书馆，是为馆藏敦煌遗书的主体部分。在此基础上，京师图书馆组织进行了一系列整理、保护工作：入馆之初，运用整卷托裱的方法，修整了其中的 5 件；1912 年 6 月以前，编成《敦煌经卷总目》，编号并登录每一件敦煌遗书的尺寸、起止字；在馆编目的佛学专家李翊灼，撰成《敦煌石室经卷中未入藏经论著述目录》一卷，揭示馆藏中的未入藏佛教典籍，引起世人的注意；1918 至 1919 年间，在馆编目的江味农，主要依据馆藏敦煌文献，辑出《大乘稻芉经随听疏》《净名经集解关中疏》二书，开敦煌佛典整理的先河；1920 年代，目录课写经室俞泽箴等工作人员，编纂了较为详细的馆藏目录——《敦煌经典目》，曾短期兼任馆长的陈垣督导并参与了目录编纂工作。总之，这一时期，敦煌遗书入藏之后，京师图书馆进行了初步整理，产生了一批学术成果，但大多未刊布，在学界影响较为有限。

二、北平图书馆前期（1929—1933）

国立北平图书馆合并改组之后，在善本部下成立写经组，成员先后有胡鸣盛、孙楷第、许国霖等，在机构设置方面强化了原写经室。至 1933 年前后，写经室完成了一系列工作，包括：延续原写经室工作，编订《敦煌石室写经详目》；整理敦煌遗书残片，编纂《敦煌石室写经详目续编》；编纂《敦煌学书籍论文索引》等。写经组的这些成果，因抗战军兴大多未能出版。这一时期最为重要的著作，当属陈垣在《敦煌经典目》基础上编纂的《敦煌劫余录》，此目为世界敦煌学史上首部学术性馆藏分类目录，长期以来一直是学界了解国图藏敦煌遗书的主要工具，影响广泛而深远。

三、抗战前至中华人民共和国成立初期（1934—1950）

1933 年，由于日军步步紧逼，华北局势日益危机，国民政府决定将存放在北平的文物文献南迁避祸，馆藏敦煌遗书随馆藏善本书一起，装箱寄存在北平、天津的安全地点；到 1935 年"华北事变"之后，奉命南迁上海，寄存于上海商业储蓄银行，由上海办事处负责保管。在原卷离馆的情况下，写经组依然完成了不少工作，如许国霖整理的《敦煌石室写经题记》《敦煌杂录》相继发表，为敦煌学界提供了新的资料。1934 年起，北平图书馆以交换馆员名义，派王重民、向达前往法国、英国，其工作内容之一即为访求伯希和、斯坦因所获敦煌遗书，并拍摄照片。他们在英法所得甚丰：拍摄了上万张文献照片，撰写了大量敦煌遗书叙录及考订论文，抄录、整理了众多敦煌文献，部分成果及时在国内学术刊物上发表。这些资料大大充实了中国敦煌学的文献储备，为此后中国敦煌学的发展提供了丰富的资料。

这一时期，主要基于王重民、向达在英法访书的成就，北平图书馆大幅推进了中国敦煌学的发展，并为1950年代若干总结性著作的出现准备了条件，成为当时中国敦煌学的重镇。

四、中华人民共和国成立初期至"文革"（1950—1976）

抗战前南迁的敦煌遗书原卷，于1950年初运回北京。1950至1960年代，北京图书馆拍摄了馆藏敦煌遗书缩微胶卷，供学界使用并用于国际交换；拍摄的同时，按《敦煌劫余录》的顺序，对原卷重新庋藏。抗战胜利后北平图书馆复员以来，馆内机构大幅调整，写经组不再单独建制，其职能并入善本组。由于专责整理机构的撤销，这一时期馆内较少学者从事敦煌学研究，仅赵万里等有为数不多的论著发表。与此形成对照的是，1952年调离北京图书馆的王重民，在北京大学继续整理1930年代赴英法访求敦煌遗书所得的资料，编纂或主持编纂了《敦煌遗书总目索引》《敦煌曲子词集》《敦煌古籍叙录》《敦煌变文集》等多种集大成式的著作。

"文革"期间，馆藏敦煌遗书的整理研究工作陷于停顿。

五、"文革"结束至今（1976年至今）

"文革"结束之后，伴随着国内各项事业的蓬勃进步，北京图书馆的事业也进入快速发展的新时期。就敦煌学而言，《敦煌劫余录续编》油印行世，《国家图书馆藏敦煌遗书》146册全部出版，《国家图书馆藏敦煌遗书总目录》编纂完成，公布了所有馆藏的图版和目录信息，为学界提供了丰富的资料。IDP项目的推进，使得部分写卷有了清晰的彩色图像可供研究参考。1988年成立的敦煌吐鲁番学资料研究中心，在研究论著搜集、学术服务、目录索引编纂、资料汇编、组织学术会议与学术讲座等方面，都有积极的贡献，得到敦煌学研究者的较高评价。1991年以来，在多年经验积累并借鉴海外保护修复经验的基础上，北京图书馆制定周密而切实可行的工作方案，有序进行馆藏敦煌遗书的修复工作。唐耕耦等一批学者，在馆从事敦煌遗书目录编纂、文献整理及佛教文献、社会经济文书等领域的研究工作，在近三十年中国敦煌学蓬勃发展的大潮中，形成了一支研究团队。

第二节　中国敦煌学史上的国家图书馆

国家图书馆的敦煌文献保护、整理与敦煌学研究，贯穿中国敦煌学史的始终。将国家图书馆放到中国敦煌学发展史的大背景下加以考察，才能更清晰地看到其贡献与意义。

一、学界关于中国敦煌学史分期的主要观点

关于中国敦煌学学术史的分期及各时期的特点，多位学者都有较为详细的梳理，其中代表性的有：

林家平等《中国敦煌学史》，是迄今为止唯一一部以中国敦煌学发展史为内容的学术史专著，该书将中国敦煌学百年来的发展历程分为五个时期：发轫时期（1909—1930）、初兴时期（1931—1943）、全面展开时期（1944—1949）、深入发展时期（1950—1966）、新高潮时期（1976—1983）[1]。

荣新江《敦煌学十八讲》之第八讲，概述中日学者的敦煌学贡献，将中国敦煌学史分为四段：京师大学堂的学者开创了中国的敦煌学、二十至四十年代的贡献、五十年代到"文革"的成果、"文革"以后至今的热潮[2]。

刘进宝《敦煌学通论》第五章，概述中外敦煌学的发展：将"文革"以前称为敦煌学的产生与初步发展时期，分为草创阶段（1909—1924）、艰苦创业（1925—1949）、初步发展（1949—1966）三个阶段；将"文革"以后称为蓬勃发展的黄金时代[3]。

高国藩《敦煌学百年史述要》第九章，将中国敦煌学史划分为三个阶段：惊呼识宝阶段（1908—1925）、奔走搜集阶段（1925—1949）、总结与探

---

① 该书虽出版于 1992 年，但初稿完成于 1984 年（见该书《后记》，第 691 页），因而最后一个时期仅梳理至 1983 年。

② 荣新江：《敦煌学十八讲》，北京：北京大学出版社，2001 年，第 164—183 页。

③ 刘进宝：《敦煌学通论》，第 427—491 页。

讨阶段（1949—2001）[①]。

郝春文《二十世纪的敦煌学》，将敦煌学发展分为五个阶段：第一阶段（1909—1930）敦煌学的兴起、第二阶段（1931—1949）敦煌学研究领域的拓宽、第三阶段（1950—1966）敦煌学稳步发展、第四阶段（1966—1976）台港地区敦煌学异军突起、第五阶段（1977 至今）敦煌学的迅速发展[②]。

综观以上罗列的五种有代表性的中国敦煌学史分期观点，他们虽然在具体分期上有一定分歧，但其共同点也较为明显，如大多分为五期，并认可 1949 年及"文革"为两个最重要的转折点，可见学界对敦煌学史的看法大体上形成了共识。

二、中国敦煌学史概述

参考上述观点，本书将中国敦煌学史分为五期，各时期的起讫、主要成果及其特点，归纳如下：

1. 兴起时期（1909—1924）

1903 年叶昌炽在《缘督庐日记》中记录、考订敦煌绢画与写经，可谓为中国学者对敦煌学的最初贡献[③]。不过，真正的敦煌文献研究，要从 1909 年京师学者获见伯希和所得敦煌遗书之后，方才开始。学者们刊布了多种敦煌遗书整理本或影印本，如王仁俊《敦煌石室真迹录》、罗振玉《敦煌石室遗书》《石室秘宝》《鸣沙石室佚书》《鸣沙石室古籍丛残》《敦煌零拾》《敦煌石室遗书三种》《敦煌石室碎金》、蒋斧《沙州文录》、曹元忠《沙州石室文字记》等。罗振玉、王国维、刘师培、陈寅恪等学者以校勘记、跋语等形式，撰写了多种文献的研究论著。罗振玉、王国维《流沙坠简》，

---

① 高国藩：《敦煌学百年史述要》，第 101—115 页。

② 郝春文：《二十世纪的敦煌学》，载郝春文《二十世纪的敦煌学》，第 44—60 页。

③ 刘铭恕：《敦煌遗书札记四篇·叶昌炽与敦煌遗书》，载《敦煌学论文集》，兰州：甘肃人民出版社，1985 年，第 58—67 页；吴琦幸：《叶昌炽与敦煌研究》，《兰州学刊》1985 年第 4 期，第 69—72 页；荣新江："Ye Changchi：Pioneer of Dunhuang Studies", *IDP NEWS*, No.7（1997.5), pp. 1—5；高国藩：《敦煌学百年史述要》，第 103 页。

为敦煌西域简牍研究的重要成果。京师图书馆藏卷得到初步整理，李翊灼编有《敦煌石室经卷中未入藏经论著述目录》。这一时期刊布的主要资料与主要研究对象为得自伯希和的四部书写卷，研究方法上明显受清代朴学的影响。

2. 拓展时期（1925—1949）

这一时期，中国学者远渡重洋，主动赴英法访求流散敦煌遗书，成果显著。1925年刘复出版《敦煌掇琐》，开阔了国内研究者的眼界，标志着中国敦煌学进入新的时代。此后，王重民、向达、姜亮夫、于道泉、胡适、王庆菽等，远赴英法抄录、拍摄大量敦煌文献，并将所获信息及时传递给国内学界，不仅提供了大量新资料，也为此后的研究奠定了坚实基础。北平图书馆藏敦煌文献得到进一步整理，陈垣《敦煌劫余录》为敦煌学史上首部大型敦煌文献分类目录，许国霖《敦煌石室写经题记》与《敦煌杂录》是文献校录整理方面的重要收获。敦煌文学研究，尤其是变文等俗文学的研究，取得了较大进展。敦煌艺术研究也引起重视，贺昌群《敦煌佛教艺术的系统》一文首次使世人对莫高窟的内容和结构有了大体的了解。张大千、王子云、吴作人、关山月等画家赴敦煌临摹壁画，他们后来在多地举办画展，扩大了敦煌艺术的影响。1942年中央研究院组织"西北史地考察团"、1944年中央研究院与北京大学文科研究所组织"西北科学考察团"，谱写了敦煌考古、西北史地研究的新篇章。1944年，敦煌艺术研究所成立，开始组织调查洞窟、临摹壁画，推动了敦煌石窟保护、敦煌艺术等领域的研究。这一时期，敦煌学的研究范围、研究方法、资料来源都比上一时期有显著的扩展，"敦煌学"这一名词为学界所熟知，相关理论问题的探讨也开始出现，形成了一个研究高潮。

3. 稳步发展时期（1950—1966）

这一时期，出现了一系列总结性的敦煌文献整理著作，如目录方面有王重民主编《敦煌遗书总目索引》，四部书整理研究方面有王重民编《敦煌古籍叙录》，文学文献整理方面有王重民等《敦煌变文集》，曲子词方面有王重民《敦煌曲子词集》、任半塘《敦煌曲校录》，语言音韵方面有姜亮夫

《瀛涯敦煌韵辑》[①]、蒋礼鸿《敦煌变文字义通释》[②] 等，社会经济文书方面有中国科学院历史研究所资料室编《敦煌资料》第一辑[③]。敦煌石窟与艺术研究方面，敦煌文物研究所组织临摹了大批壁画，编辑出版了《敦煌壁画》[④]《敦煌彩塑》[⑤] 等一批画册；展开了一系列敦煌壁画艺术研究，代表性作品有谢稚柳《敦煌艺术叙录》[⑥] 等。石窟保护方面，20 世纪五六十年代对莫高窟进行了整体加固，彻底改变了洞窟残破坍塌的面貌。

4. 大陆敦煌学研究停滞时期（1966—1976）

这一时期，由于"文革"的影响，中国大陆敦煌学研究陷于停滞的境地；而港台地区敦煌学取得长足发展，比较重要的著作有潘重规《唐写文心雕龙残本合校》[⑦]《敦煌诗经卷子研究论文集》[⑧]《瀛涯敦煌韵辑新编》[⑨]《列宁格勒十日记》[⑩]《敦煌云谣集新书》[⑪]，苏莹辉《敦煌论集》[⑫]，饶宗颐《敦煌曲》[⑬]《敦煌白画》[⑭]，罗宗涛《敦煌讲经文研究》[⑮]《敦煌变文用韵考》[⑯]《敦煌变文社会风俗事物考》[⑰] 等，其中以潘重规贡献最大，并且培养了郑

---

① 上海出版公司 1955 年出版。

② 中华书局 1955 年出版，1960 年出版增订本，1962 年 3 版增订本；上海古籍出版社 1981 年新 1 版，1988 年新 2 版增订版，1997 年新 3 版增补定本。

③ 中华书局 1961 年出版。

④ 敦煌文物研究所编辑委员会编，分北魏、隋、初唐、盛唐、中唐、晚唐、五代、宋、西夏元等九卷，中国古典艺术出版社 1958 年出版。

⑤ 全书 5 集，文物出版社 1959—1960 年出版，1964 年再版。

⑥ 上海出版公司 1955 年出版，上海古典文学出版社 1957 年新 1 版。

⑦ 香港新亚研究所 1970 年出版。

⑧ 同上。

⑨ 香港新亚研究所 1972 年出版；台北文史哲出版社 1974 年出版。

⑩ 台北学海出版社 1975 年 1 月出版。

⑪ 台北石门图书公司 1977 年出版。

⑫ 台湾学生书局 1969 年出版。

⑬ 与戴密微（Paul Demiéville，1894—1979）合撰，1971 年巴黎印行。

⑭ 法国远东学院 1978 年初版。

⑮ 台北文史哲出版社 1972 年出版。

⑯ 台北众人出版社 1969 年出版。

⑰ 台北文史哲出版社 1974 年出版。

阿财、朱凤玉、王三庆等多位优秀的敦煌学者。

5. 繁荣时期（1977 年至今）

这一时期，敦煌学研究各个领域都取得了的重要成绩，呈现出万马奔腾、百花齐放的繁荣状态。1983 年中国敦煌吐鲁番学会的成立，是中国敦煌学走向繁荣时期的标志性事件。一系列敦煌学刊物相继创办，如敦煌研究院编《敦煌研究》、兰州大学敦煌学研究所编《敦煌学辑刊》、中国敦煌吐鲁番学会编《敦煌吐鲁番研究》、敦煌吐鲁番学国际联络委员会编《敦煌吐鲁番学国际联络委员会通讯》等。敦煌学学术活动活跃，学术会议频频召开，会议论文集、纪念文集、祝寿文集层出不穷。文献刊布方面，《英藏敦煌文献（汉文佛经以外部分）》[1]《法国国家图书馆藏敦煌西域文献》[2]《俄罗斯科学院东方研究所圣彼得堡分所藏敦煌文献》[3]《国家图书馆藏敦煌遗书》《天津市艺术博物馆藏敦煌文献》[4]《北京大学藏敦煌文献》[5]《甘肃藏敦煌文献》[6]《浙藏敦煌文献》[7]《中国书店藏敦煌文献》[8]《法国国家图书馆藏敦煌藏文文献》[9]《英国国家图书馆藏敦煌西域藏文文献》[10]《俄罗斯国立艾尔米塔什博物馆藏敦煌艺术品》[11]《英国国家图书馆藏敦煌遗书》[12] 等大型图录相继出版，刊布了大部分敦煌文献。文献整理成果方面，有唐耕耦、陆宏基《敦煌社会经济文献真迹释录》；周绍良主编《敦煌文献分类录校丛

---

[1]　图版全 14 册，四川人民出版社 1990—1995 年出版；目录索引 1 册，四川人民出版社 2009 年出版。

[2]　全书 34 册，上海古籍出版社 1994—2005 年出版。

[3]　全书 17 册，上海古籍出版社 1992—2000 年出版。

[4]　全书 7 册，上海古籍出版社 1996—1997 年出版。

[5]　上海古籍出版社 1995 年出版。

[6]　全书 5 册，甘肃人民出版社 1999 年出版。

[7]　浙江教育出版社 2000 年出版。

[8]　中国书店 2007 年出版。

[9]　上海古籍出版社 2006 年开始出版，2011 年 12 月出版至第 12 册。

[10]　第 1 册上海古籍出版社 2010 年 12 月出版，第 2 册 2011 年 4 月出版。

[11]　上海古籍出版社 1997—2005 年出版。

[12]　第 1 册广西师范大学出版社 2011 年出版，2014 年出版至第 40 册。此书尚未出齐。

刊》①，收张锡厚《敦煌赋汇》，宁可、郝春文《敦煌社邑文书辑校》，赵和平《敦煌表状笺启书仪辑校》，方广锠《敦煌佛教经录辑校》，邓文宽《敦煌天文历法文献辑校》，王素、李方《敦煌〈论语集解〉校证》，马继兴等《敦煌医药文献辑校》，沙知《敦煌契约文书辑校》，周绍良等《敦煌变文讲经文因缘辑校》，邓文宽、荣新江《敦博本禅籍录校》等十种；张涌泉主编《敦煌经部文献合集》②《敦煌小说合集》③ 等，分类校录敦煌本四部书；正在编辑出版中的还有郝春文主编《英藏敦煌社会历史文献释录》④ 等。目录方面，有施萍婷等《敦煌遗书总目索引新编》⑤、许建平《敦煌经籍叙录》⑥ 等。石窟研究方面，有敦煌研究院编《敦煌石窟内容总录》⑦《莫高窟供养人题记》⑧ 等。《中国石窟·敦煌莫高窟》⑨《敦煌石窟全集》（26 卷本）⑩、《敦煌石窟全集》⑪ 等敦煌石窟与壁画图录的出版，是敦煌艺术资料整理的重要成就。中国敦煌吐鲁番学会组编的《敦煌学大辞典》⑫，堪称敦煌学总结性作品。至于研究著作，则数量繁多，兹不赘举。敦煌研究院在工程地质及环境研究、环境监测及环境质量评价、石窟遗址加固、风沙危害治理、壁画病害研究、壁画修复加固材料筛选、壁画修复、壁画数字化信息研究、洞窟游客承载量研究、土遗址加固等石窟与壁画保护方面的工作，都取得了显著成绩，

---

① 江苏古籍出版社 1996—1998 年出版。
② 中华书局 2008 年出版。
③ 浙江文艺出版社 2010 年出版。
④ 第一卷科学出版社 2001 年出版，第二卷至第十三卷社会科学文献出版社 2003 年至 2015 年出版。此书尚未出齐。
⑤ 中华书局 2000 年出版。
⑥ 中华书局 2006 年出版。
⑦ 文物出版社 1996 年出版。
⑧ 文物出版社 1986 年出版。
⑨ 全书五卷，文物出版社 1982—1987 年出版，2011 年再版。
⑩ 商务印书馆（香港）有限公司 1999—2005 年出版，上海人民出版社 2001 年出版。
⑪ 全书计划出 100 卷。第一卷《莫高窟第 266—275 窟考古报告》2011 年由文物出版社出版。
⑫ 上海辞书出版社 1998 年出版。

并积极开展相关领域的国际合作①。总体上看，敦煌研究的各个领域在这一阶段都有重要成果，中国敦煌学正处于蓬勃发展的高潮期。

三、中国敦煌学史上的国家图书馆

经过百余年的发展，敦煌学已经发展成为范围广泛的跨学科研究领域，其内容包括敦煌文献整理研究、敦煌壁画及彩塑艺术研究、敦煌史地与石窟考古、石窟保护、敦煌学学科理论等。国家图书馆作为文献收藏机构，对中国敦煌学的贡献主要在敦煌遗书的整理与研究方面，而较少涉及艺术研究、石窟考古、石窟保护等领域（这几方面仅在学术资料服务方面略有贡献），因此，本书的讨论也主要集中于文献研究这一个方面。

在 1909 至 1924 年的中国敦煌学的兴起时期，主要研究领域为敦煌文献研究。以京师大学堂（今北京大学前身）学者为首的群体，刊布了一批敦煌文献录文本与图录，主要资料来源为伯希和收集品。与之相应，京师图书馆作为国内最大的敦煌文献收藏机构，开始初步整理馆藏，先后编纂了财产账式的《敦煌经卷总目》与分类著录的《敦煌经典目》，李翊灼有《敦煌石室经卷中未入藏经论著述目录》，在馆藏揭示方面有所成就；江味农所辑《大乘稻芊经随听疏》《净名经集解关中疏》二书，更是敦煌佛教文献整理的先驱。可以说，兴起时期的中国敦煌学有两个中心，一为北京大学，其二即为京师图书馆。

1925 至 1949 年之所以被称为中国敦煌学的拓展时期，是因为敦煌学的研究领域在多个层次都有重大开拓与扩展，首先是整体研究领域从文献研究扩展到艺术研究、石窟考古及石窟保护等领域，其次是文献研究的范围也得到扩展。这一时期，北平图书馆的贡献主要现在后一方面。《敦煌劫余录》《敦煌石室写经详目》及其《续编》、许国霖《敦煌石室写经题记》与《敦煌杂录》的编纂与出版，进一步深化了馆藏整理工作；与此同时，北平图书馆派出的王重民、向达两位交换馆员，在英法获得大量资料，部分及时地在国内刊物发表，大大拓展了敦煌文献研究的基本资料积累。这一时期，

---

① 李最雄：《敦煌石窟保护工作六十年》，《敦煌研究》2004 年第 3 期，第 10—26 页。

北平图书馆无疑是中国敦煌文献整理研究的中心。

1950至1966年的敦煌学稳步发展时期，北京图书馆作为一个学术机构，在国内敦煌学研究与敦煌学学术活动中，不再具有中心地位。虽然如此，北京图书馆对敦煌学也有一定贡献：其一，馆藏敦煌遗书缩微胶卷拍摄完成，学界开始能比较方便地看到馆藏敦煌遗书的影像；其二，部分学者参与敦煌学研究，如曾毅公参加《敦煌变文集》的编著，赵万里等撰有相关论文；其三，王重民所编纂的系列重要敦煌文献整理著作，多奠基于1930年代在英法访书所得，可以说与北图有一定关系。

1977年至今的敦煌学繁荣时期，北京图书馆作为发起单位之一参与了中国敦煌吐鲁番学会的创建，并与学会合作共建敦煌吐鲁番学资料研究中心。这一时期，多家高等院校、研究所成立专门的敦煌学研究机构，创办敦煌学刊物，形成了多个各有专长的敦煌学研究团队或研究中心。北图在这一过程中，更多地承担学术资料提供中心的角色：建立专业的敦煌学研究资料阅览室，为学界提供文献咨询服务，编纂目录索引与资料汇编，举办会议、讲座、展览等学术活动，开展敦煌文献数字化项目。馆藏整理、刊布工作继续进行，并在2012年得以完成。供职国图的多位学者，致力于敦煌社会经济文书、佛教文献为主的学术研究，但发展速度与学术成就难以与国内顶尖的高校或研究所相抗衡。总之，这一时期，北图（国图）作为国内敦煌学学术资料中心之一，为中国敦煌学的发展提供推动力。

综上所述，国家图书馆建立之初，即入藏劫余敦煌遗书，从而与敦煌学结下不解之缘。由于敦煌遗书散藏世界多国，敦煌学从兴起之时起即对文献搜集有高度依赖，国家图书馆作为国内最为重要的文献搜集、整理机构，自然而然承担了广泛访求海外存藏敦煌遗书的重任，在1930至1940年代派得力干员远渡重洋，着力访求，从而大幅推动了中国敦煌文献整理研究的进程，成为中国敦煌学研究的一大中心。中华人民共和国成立以来，又陆续交换或购入英法藏卷的缩微胶卷，并建立敦煌学资料中心，组织一系列的学术活动，成为敦煌学学术服务的中心之一。

简言之，国家图书馆对中国敦煌学的贡献，中华人民共和国成立前为敦煌学研究中心，中华人民共和国成立后为敦煌学学术服务中心。这种转变，是国家图书馆作为学术服务机构的本质属性使然，也是中国敦煌学整体发展态势的结果。

图书馆的最基本职能，乃是文献的搜集与服务，为提升服务水平则需要对文献进行编目等整理工作。如本书以上章节所述，百余年来，国家图书馆所组织的馆藏与海外敦煌文献的编目、提要、校录、汇编、刊布等工作，无不围绕文献整理这一主题展开。敦煌学发展的初期，高度依赖文献搜集，国家图书馆作为敦煌文献收藏机构，其馆藏整理工作即为最初步的敦煌文献研究工作；由国家图书馆派出海外访书的馆员，较其他学者更早更系统地接触英法藏卷，因而能迅速取得重大成就，王重民、向达后来成为中国第二代敦煌学者的中坚人物，即与这一海外访书经历有着直接关系。北图也以国内最主要的敦煌文献收藏、整理机构，得以成为中国敦煌学的一大中心。

到 1960 至 1970 年代，各大藏家的敦煌遗书的主体部分陆续公布，虽然清晰度并不能完全满足研究需要，但毕竟大大缓解了此前对文献搜集的依赖，为深入的专题研究提供了基础。在这种背景下，国内敦煌学在"文革"之后呈百花齐放、全面繁荣的兴盛态势。当前国家图书馆的敦煌学研究团队，虽然依然是敦煌学界的一支生力军，但在专题研究方面的作为已难以与国内最优秀的学术研究机构并驾齐驱。同时，"文革"结束以来，北图的馆藏整理更为系统而彻底，同时学术服务也更加深入而多样。作为文献收藏与服务机构，依然以其丰富的古今中外文献馆藏，为中国敦煌学的发展提供学术服务方面的支持。

第三节　1930 年代国家图书馆敦煌学研究的高潮时期

百年来国家图书馆对敦煌学贡献最突出、影响最大的时期，首推 1930 年代。这一时期有两个方面的成就最为引人瞩目：一是陈垣在写经室所编《敦煌经典目》基础上编纂的《敦煌劫余录》出版，写经组又相继编成《敦煌石室写经详目》及其续编，馆内敦煌文献整理专责机构工作成果突出；二是王重民、向达等奉派赴欧访书，获得大量英法存藏敦煌遗书的资料。后者的成就大大推动了中国敦煌学的发展，也使北图较长时期处于中国敦煌学的中心地位。这一成就的取得，主要归因于两个方面：

一、"预流"——对学术发展大势的把握

20 世纪初叶，处在传统学术向现代学术转型之交的多位优秀学者，都曾指出新资料与新问题的重要性。王国维指出："古来新学问起，大都由于新发见。有孔子壁中书出，而后有汉以来古文家之学；有赵宋古器出，而后有宋以来古器物、古文字之学。"① 揭示了文献新发现与学术进步之间的密切关系。在研究方法上，王国维提出"二重证据法"，倡导以出土文献与传世文献互相印证。

傅斯年在 1928 年提出："近代的历史学只是史料学，利用自然科学供给我们的一切工具，整理一切可逢着的史料。"② 从而大张旗鼓地倡导史料整理，尤其是新发现文献的整理。傅斯年主持的中央研究院历史语言研究所，以求"直接材料"为目标，研究重心放在考古、搜集档案、田野调查、方言调查等工作上，形成了注重挖掘新材料、利用新材料的实证性研究风气③。史语所 1929 年至 1931 年曾迁往北平，这一时期正值袁同礼接掌北平图书馆之初，袁、傅二人常相过从，因而傅斯年的思想也可能对袁同礼有一定影响。

陈寅恪也指出："一时代之学术，必有其新材料与新问题。取用此材料，以研求问题，则为此时代学术之新潮流。治学之士，得预于此潮流者，谓之预流（借用佛教初果之名）。其未得预者，谓之未入流。"陈寅恪进而指出，"敦煌学者，今日世界学术之新潮流也"；并呼吁，国人凭籍《敦煌劫余录》，"宜益能取用材料以研求问题，勉作敦煌学之预流"④。陈寅恪所论的"预流"，

---

① 王国维：《最近二三十年中中国新发见之学问》，《学衡》第 45 期，1925 年。

② 傅斯年：《历史语言研究所工作之旨趣》，载欧阳哲生主编《傅斯年全集》第 3 卷，长沙：湖南教育出版社，2003 年，第 3 页。

③ 欧阳哲生：《傅斯年学术思想与史语所初期研究工作》，《文史哲》2005 年第 3 期，第 123—130 页。

④ 陈寅恪：《陈垣〈敦煌劫余录〉序》，此据陈寅恪《金明馆丛稿二编》，第 266—267 页。

乃是对于学术发展大势的把握。这一倡议，出现在馆藏敦煌遗书目录《敦煌劫余录》的序文中，对于袁同礼等当时国立北平图书馆事业的领导者们，或许有着特别的提示与启发意义。

在袁同礼的引领下，北平图书馆把握学术发展的需要，在文献搜集整理方面积极进取。袁同礼曾论道："一国民智之通塞，与其图书馆事业之盛衰相为表里"，"吾人于固有旧籍自当力为搜进，毋使远渡异国，有求野之叹；外国新书，亦应广事探求，庶几学术可与国家新运而俱进。其志在成为中国文化之宝库，作中外学术之重镇，使受学之士观摩有所，以一洗往日艰阂之风。"[①] 这一段话阐述了北平图书馆对自身职责的认识，指明了兼收并蓄的馆藏建设方针。

这一时期，北图扩大了善本古籍的搜罗范围，大举采购搜访，并吸纳图书寄存与赠送。这方面可以搜求《永乐大典》为例，袁同礼本人多方调查、复制，编成《永乐大典现存卷目表》，不断据新资料加以增补，为后续工作准备了良好的条件[②]；又曾以交换方式，将流落德国汉堡大学的两册《永乐大典》换回北平图书馆，这两册现随抗战时期运美善本暂存台北故宫博物院[③]。同时，北平图书馆注重整理工作，建立善本甲库、善本乙库，使馆藏部帙分明、庋藏有序，便于利用。大举搜罗外文学术著作，尤其注重成套学术刊物，一改此前京师图书馆以中文旧籍为限的馆藏格局。袁同礼还密

---

① 袁同礼：《国立北平图书馆之使命》，见《北京图书馆馆史资料汇编：1909—1949》，北京：书目文献出版社，1992年，第1201—1203页；又载《袁同礼文集》，北京：国家图书馆出版社，2010年，第3—4页。

② 这些文章为：《〈永乐大典〉现存卷目》，《中华图书馆协会会报》第1卷第4期，第4—10页；《〈永乐大典〉现存卷数续目》，《中华图书馆协会会报》第2卷第4期，第9—13页；《〈永乐大典〉现存卷数续目》，《中华图书馆协会会报》第3卷第1期，第9—11页；《〈永乐大典〉现存卷目表》，《北平北海图书馆月刊》第2卷第3、4号合刊，第215—251页；《〈永乐大典〉存目》，《国立北平图书馆馆刊》第6卷第1号，第93—133页；《近三年来发现之〈永乐大典〉》，《读书月刊》第1卷第6号，第40—46页；《〈永乐大典〉现存卷目表》，《国立北平图书馆馆刊》第7卷第1号，第103—140页；《〈永乐大典〉现存卷目表》，《图书季刊》新1卷第3期，第246—286页。诸文并载《袁同礼文集》。

③ 张升：《德国汉堡大学所藏两册〈永乐大典〉的流传》，《国家图书馆学刊》2012年第6期，第101—105页。

切关注学术发展的新动向，将金石拓片、舆地图、民族文字文献等，作为重要的新学术史料纳入重点收藏范围，并建立与善本部并列的金石部、舆图部等机构，专职从事相关工作，在为学界提提供服务的同时，也增大了北平图书馆在学界的影响力。

访求存藏海外的敦煌遗书，也是北平图书馆"力为搜进"的一个方面。由于历史原因，它们已然"远渡异国"，只能采用抄录或拍照的方式，将其资料带回国内。做出派员访书的决策并付诸实施，体现了袁同礼等北图主事者宽广的学术视野、敏锐的学术眼光，以及宏大而周密的事业规划。

二、有利于人才培养与学术研究的制度设计

选任得力的人才，也是这一举措得以成功的重要因素。王重民为袁同礼的得意门生，大学期间即在馆兼职，入馆后任编纂委员兼索引组组长，编撰有《老子考》《国学论文索引》，校辑有《越缦堂读史札记》《越缦堂文集》《孙渊如外集》等，在目录编纂、文献整理等方面学有根底；向达在商务印书馆任编译员期间，即已翻译了多种外国探险家在华考察著作，并撰有多篇敦煌学与中外关系史方面的论文，在敦煌文献研究领域已崭露头角。扎实的学术基础，加上在英法勤奋的工作，是他们取得重大成绩的主要原因。

1929 年国立北平图书馆合并改组之后，袁同礼等"为学术上之必要，设编纂委员会"[1]。此委员会为馆内与人才培养、学术研究关系比较深的机构。编纂委员会直属于馆长、副馆长，建制层级高于行政及业务部门[2]。1930 至 1931 年度，编纂委员会配备馆员一人，由万斯年担任；1932—1933 年度增加欧阳采薇、赵士炜二人。1933 至 1934 年度，编纂委员会配有书记二人，担当抄写工作。1935 年 2 月馆内机构调整，将编纂部改组为编目

---

[1] 国立北平图书馆：《国立北平图书馆概况》，1934 年 1 月。见：《北京图书馆馆史资料汇编：1909—1949》，北京：书目文献出版社，1992 年，第 1236 页。

[2] 国立北平图书馆编：《国立北平图书馆馆务报告（民国十八年七月至十九年六月）》，北平：国立北平图书馆，1930 年，第 4 页。

部，编纂委员会委员改为编纂①。1936 至 1937 年度，设立"编纂室"，顾子刚、谭新嘉均隶属于该室。编纂委员会与编纂部关系较为紧密：编纂部中文编目、西文编目二组组长为编纂委员会当然委员；1935 年"编纂委员会"随编纂部改名而取消，仅保留编纂职务；编纂委员大多曾从事专题目录的编撰。

1930 年代担任编纂委员或编纂职务的，大多为学有所成或初露头角的学者。如叶渭清、徐鸿宝、胡鸣盛、谭新嘉、赵万里、王重民、孙楷第等，均为知名文献学家；谢国桢、刘节、向达、王庸则均为知名历史学家。

编纂委员在馆内从事的工作主要有：其一，编纂馆藏专题目录，如梁思庄编《穆麟德遗书目录》（1930）②，孙楷第《日本东京及大连图书馆所见中国小说书目提要》（1932）、《中国通俗小说书目》（1933），赵万里编《北平图书馆善本书目》（1933），谭其骧编《国立北平图书馆方志目录》（1933），谭新嘉编《国立北平图书馆方志目录二编》（1936），王庸、茅乃文编《国立北平图书馆中文舆图目录》（1933），王庸编《国立北平图书馆特藏清内阁大库舆图目录》（1934），陈贯吾编《梁氏饮冰室藏书目录》（1933）等；

其二，编辑文献索引，如王重民等编《清代文集篇目分类索引》（1935），王庸、茅乃文编《中国地学论文索引》（1934）及其《续编》（1936），胡鸣盛编《四库荟要目录索引》（1930）等；

其三，古文献辑佚，如王重民辑《越缦堂文集》（1930）、《孙星衍外集》（1932）、《办理四库全书档案》（1934），赵士炜辑《中兴馆阁书目辑考》《宋国史艺文志辑本》（1933），赵万里辑《校辑宋金元人词》③等；

其四，古籍校勘与文献整理，如王重民校辑《越缦堂读史札记》（1929—1931），叶渭清校勘《宋会要辑稿》④等；

---

① 国立北平图书馆编：《国立北平图书馆馆务报告（民国二十三年七月至二十四年六月）》，北平：国立北平图书馆，1935 年，第 27 页。

② 本节所述编纂委员学术研究成果，多由国立北平图书馆印行，故仅标注出版年，以免繁琐；由其他出版机构印行的著作，则详为标注。

③ 中央研究院历史语言研究所 1931 年铅印出版。

④ 大东书局 1936 年 10 月影印出版。

其五，编辑丛书期刊，所编刊物有《国立北平图书馆馆刊》《图书季刊》《大公报·图书副刊》等，丛书有谢国桢编《清初史料四种》（收马文升《抚安东夷记》、茅瑞征《东夷考略》、张鼐《辽夷略》、海滨野史《建州私志》），谢国桢编《国立北平图书馆善本丛书》第一集（收魏焕《皇明九边考》，张雨《边政考》，王士琦《三云筹俎考》，陈诚、李暹《西域行程记》《西域番国志》，程开祜《筹辽硕画》，茅瑞征《皇明象胥录》，田汝城《行编纪闻》《朝鲜史略》，邓钟《安南图志》，李言恭、郝杰《日本考》，陈侃《使琉球录》）[①] 等；

其六，开展专题学术研究等，如刘节撰《楚器图释》（1935），谢国桢撰《晚明史籍考》（1933），王重民撰《列子校释》（1929）等，研究论文为数甚多，兹不一一胪列。

以上所列六项，为编纂委员在馆内主要从事的工作；就具体工作成就而言，这些只是众多成果中的一部分。无论是专题目录、期刊与丛书的编纂，还是辑佚与馆藏古籍的整理、校勘，都是学术性很强的目录学、文献学研究工作。可以说，目录学、文献学研究是编纂委员们的主要工作。

由此可见，编纂委员会为馆内学术机构，其成员大多为研究能力颇强的中青年学者，其主要职责在于开展目录学、文献学研究工作。编纂委员会与编纂部关系密切，编纂委员既不脱离图书馆基础业务工作，另一方面又不承担大量琐碎的日常工作，主要从事学术性较强的文献整理、目录编纂等工作。这种安排，使得编纂委员们得以充分利用馆藏资源，由文献整理迅速进入学术前沿，不少编纂委员因而成为某一领域最优秀的专家。他们形成的"北图学者群"，在1930年代的学术界熠熠生辉，北平图书馆也成为国内的学术重镇之一，颇受瞩目。编纂委员会这一立足基础业务，同时以文献研究为核心任务的制度设计，是北平图书馆能在学术研究上大有作为的重要原因之一。

北平图书馆的敦煌学研究，同样受益于编纂委员会这一制度设计。王重民、向达二人，入馆后担任编纂委员，得以从事文献整理等研究性工作，

---

① 商务印书馆 1937 年出版。

打下坚实的学术基础，为此后在英法访书取得重大成就准备了充分的条件。贺昌群、赵万里、胡鸣盛、孙楷第等编纂委员，也都从事敦煌学研究。

综上所述，1930 年代之所以能成为国家图书馆敦煌学研究的高潮时期，归因于事业领导人准确把握学术发展新潮流的识见，亦即陈寅恪所称的"预流"，也归因于良好的制度设计，当然也得益于从事这一事业的人士积极进取、有所作为的事业责任感。综言之，对于国家图书馆这样的学术机构兼学术服务机构而言，所谓"预流"，主要体现在三个方面：一是学术资料的搜集，二是学术研究的参与和学术人才的养成，三是学术服务的广泛开展。这三个方面，对于当今规划事业发展，依然有启发意义。

第四节　国家图书馆与敦煌学界的互动交流

国家图书馆作为从事学术资料收集、整理与服务的专业机构，与学术界始终有着密切的联系，这一点在敦煌文献整理研究方面表现得尤为突出。

无须赘言，敦煌遗书年代久远，时间跨度长达六百年，在文种、内容、形制等方面具有丰富的复杂性，加之大多残缺不全，对其进行整理、编目，本身就是学术性很高的工作。国图藏卷多为佛教文献，因而整理更为不易，需要佛学专家的参与才能有所成就。从京师图书馆时期起，馆中即特聘佛学专家从事考订编目工作，曾从杨仁山研习佛学的李翊灼、居士兼学者的江味农等，都在 1910 年代受聘入馆从事敦煌遗书编目工作。精研宗教史的陈垣，编定《敦煌劫余录》，对馆藏目录编纂的贡献尤为重要。1929 至 1930 年，又延请佛学大家周叔迦考订残卷，其成果部分著录于《敦煌劫余录》第十四帙。周叔迦在馆编目，纯为义务劳动，不支取薪酬，成为一段佳话。1930 年代写经组成员中，胡鸣盛精通经史、小学，在版本、目录、校勘等领域有较高造诣，孙楷第则擅长小说戏曲研究，为古典小说目录学的开创者，他们二人均为目录学与文献整理的专家。及至近二十余年，主持编目工作的方广锠，是国内成就最为丰硕的佛教文献学专家之一。正是因为有如许众多的学者参与，馆藏敦煌遗书的最基础的整理、编目工作，才能有条不紊地进行，并取得令学界瞩目的成就。

从事学术性很强的敦煌遗书编目、整理及相关工作，也是培养学术人才的重要途径。国图历史上这样的例子为数甚多。如许国霖，因校录《敦煌石室写经题记》与《敦煌杂录》，为学术史研究者所注意。1930年代派赴英法访书的王重民、向达，则因这一段经历成长为中国第二代敦煌学者的中坚人物。目前正当盛年的林世田、李际宁等，也主要由于工作需要，涉足敦煌佛教文献整理研究领域并有所成就。又如陈红彦、黄霞、萨仁高娃等，多是因为参与相关工作，有所发现或积累，撰写了敦煌文献研究的论文。毫无疑问，在图书馆业务工作中成长起来的敦煌学研究人员团队，不仅有助于馆藏敦煌文献整理编目水平的提高，对敦煌学学术服务水平的提高也大有裨益。

在日常的整理工作之外，国家图书馆也与众多学者广泛建立咨询性联系。如1930年曾聘伯希和为通讯员，是与国际敦煌学界建立学术联系的突出事例。国家图书馆历史上，多次设置各种委员会，延请学术界人士参与馆内事务，这是馆方与学界建立经常性联系的重要方式。

1929年北平图书馆合并改组之后，设国立北平图书馆委员会，为馆务最高决策机构。抗战前先后担任委员的有陈垣、马叙伦、孙洪芬、刘复、周诒春、任鸿隽、傅斯年、胡适、蒋梦麟、秦德纯等，委员中除秦德纯外均为知名学者或教育界名流。又设立购书委员会，先后担任中文组委员的有陈垣、陈寅恪、傅斯年、胡适、顾颉刚、孟森、徐鸿宝、赵万里等，西文组委员先后有丁文江、胡先骕、孙洪芬、王守竞、张子高、叶企孙、陈受颐、江泽涵、严文郁、梁思永、顾毓琇、谢家声、张印堂、姚士鳌、叶公超、顾子刚等，均为各领域成就突出的学者[①]。这些委员中，陈寅恪、陈垣、胡适、刘复等是中国早期敦煌学家的代表性人物。

这两个委员会，对北平图书馆事业发展有重要作用，馆方经常就某些具体学术或业务问题征求专家的意见。比如本书第二章所述陈垣就洽购李盛铎藏卷提出意见，供北平图书馆委员会决策参考，又如第五章所述陈寅恪提供法藏敦煌卷子"应照清单一份"，指导王重民在法选择卷子拍摄照片，

---

① 《中国国家图书馆馆史（1909—2009）》，第64页。

以及陈垣就敦煌遗书照片选印目录的意见，都是显著的例子。

国家图书馆现藏有一件陈寅恪致袁同礼函，也可体现这一点。此函前半已佚失，现仅存后半部分：

> 手卷中文系《贤愚经》第一卷之一段。此经为六朝时河西沙门八人在于阗听讲时所撰集，并非翻译成书，故可宝贵。详见僧祐《出三藏记集》第九卷《贤愚经》序。手卷回文（书法不甚古，书用毛笔，骤视以为蒙古文）中有"菩提萨"等字，当是佛经。但手卷既已割裂，装裱时又有错乱颠倒，殊未易知为何经也。昨夜匆匆翻阅一过，既无参考书籍，又值学校闹风潮，未能详考，尚乞谅之。匆上，即叩守和吾兄先生撰安。弟寅恪顿首。十三日。元代国书，系本藏文，非本畏兀吾文，王晋老跋语有误。[①]

此函具体日期不详，据函件提到"值学校闹风潮"推测，当撰写于1930年5月至1931年5月之间[②]。从现存后半部分来看，袁同礼此前曾致信陈寅恪，请他考订一件胡语文书的内容与时代。这件手卷为吐鲁番出土文书，查即国家图书馆藏 BD15370 号（新 1570）回鹘文文献，有王树楠跋文。陈函所谓"王晋老跋语有误"，当即指王树楠跋文中谓"元平西域，专用畏吾儿字。后命八思巴造国书，即本畏吾儿，而语言不同"[③]一句而言。

---

① 原函现藏国家图书馆，彩图载《中国国家图书馆藏敦煌遗书》，南京：江苏古籍出版社，1999年，第一册卷首。录文又载《陈寅恪集·书信集》，第5—6页。

② 按，1930年5月至1931年5月底，清华师生因校务管理问题闹风潮，相继逼辞罗家伦、拒绝乔万选、驱逐吴南轩，一年间三次逐走校长。函中所称"闹风潮"，即指此事而言，由此可知此函大致撰写时间。又按：《陈寅恪集·书信集》编者据函中提及清华风潮，推算其"可能写于1927年11月13日"（第6页），不确。1929年8月北平北海图书馆与国立北平图书馆合并改组为新的国立北平图书馆之后，袁同礼出任副馆长，方才开始主管原京师图书馆藏敦煌遗书的典守与组织整理等事务，故此函不可能撰写于1929年8月之前。

③ 中国国家图书馆编：《国家图书馆藏敦煌遗书》第143册，北京：国家图书馆出版社，2012年，第165页。

BD15370 号属于中国国家图书馆藏敦煌西域文献中的"新字号"部分，这部分均为 1949 年后入藏北京图书馆。可知 1930 或 1931 年袁同礼致函陈寅恪时，这件文献并非北图藏品，袁同礼致函的目的应当与采购有关。可能因为陈寅恪函并未明确考出文献名称，且强调"手卷既已割裂，装裱时又有错乱颠倒"，北平图书馆对其未加特别注意，当时并未购入。此函可视为北平图书馆向购书委员会委员咨询学术问题的一个事例，它透露了明确的信息，即北平图书馆在文献采访工作中，与学术前沿保持着良好的互动与协作关系。

1934 年议购安徽寿县出土楚国铜器事，为购书委员会参与馆内采访事务决策的另一个显著案例。1933 年，寿县地方豪绅以救荒为名，盗掘朱家集李三孤堆楚墓，历时三个月，盗走铜器、玉器、石器等古物 787 件，其中部分为安徽省政府提去，后移交省立图书馆保存整理，精品则大多落入文物贩子之手，辗转流落平、津、沪各地市肆①。北平图书馆曾有意购买其中部分铜器精品，并就此事向陈垣等馆委员会委员、购书委员会委员征询意见。1934 年 9 月 7 日，陈垣致函北平图书馆：

> 此项古物应否保存是一事，本馆应否购买又是一事。如果此项古物值得保存，中央博物馆及安徽博物馆应先购置。区区贰千四百元，中央及省府何至无办法，而必欲售归本馆。本馆经费并不充裕，且系图书馆，非兼办古物馆。古物日有出土，此端一开，本馆恐无此力量。在中文购书费内挪购，理由亦似不充足。……即使不欲古物流出外洋，政治亦应有整个计画，枝枝节节截留无当也。若基金会有款可购，乃另一问题，不在本馆范围之内矣。拙见如此，仍请公决。②

此函明确体现了陈垣对图书馆性质与职能的认识：图书馆以书籍为主

① 吴长青：《寿县李三孤堆楚器的研究与探索》，《故宫博物院院刊》2006 年第 6 期，第 117 页。
② 陈智超编注：《陈垣来往书信集》（增订本），第 626 页。该书将此函年代推定为"约一九三五年"，有误，应为 1934 年。

要搜求范围，铜器等文物的保存保护则为博物馆的职责，两者有着清晰的职责分工。陈垣并且从国家政治整体规划与社会分工的高度，指出图书馆、博物馆各有其应尽的职责，不应越俎代庖、另生枝节，明确反对挪用购书经费购买流落市场的出土文物。陈垣坦率而深刻的论述，体现了对图书馆事业清晰而准确的理解，对于北平图书馆作出有利于自身事业发展的决策，具有非常重要的参考价值，有助于避免因财力物力分散进而导致核心事业发展变缓的问题。信函末提出"公决"，可见此类重大事务，均须通过国立北平图书馆委员会或购书委员会的讨论并投票，方可做出决定。这种议事程序，自然有利于避免因决策者学识所限或个人偏好导致的错误决定。

北平图书馆最终决定，不以馆购书经费购买这批楚铜器。1934 年 9 月，中华教育文化基金董事会出资购得这批铜器共 9 件，连同该会旧存的明清陶器佛像 18 座，一并寄存北平图书馆[①]。1935 年，北平图书馆出版刘节所著《楚器图释》(又题《寿县所出楚器考释》)，考释了 1934 年安徽寿县出土的 9 件铜器，成为我国研究楚国器物和铭文的第一部专著。这一事件的结果，与陈垣的意见基本一致，可见陈垣的意见得到委员会及馆方的充分理解与尊重。

与北平图书馆时期购书委员会类似的咨询机构，改革开放以来国家图书馆又陆续有所设置。如 1999 年建馆九十周年之际，聘请王选、顾诵芬、梁思礼、刘大年、李学勤、李华伟等 10 位知名学者为特邀顾问[②]，当年 11 月 27 日召开第一次工作会议[③]，李华伟还曾于 2002 年 5 月 17 日来馆举办业务讲座[④]，其后又于 2003 年 12 月、2005 年 1 月召开顾问工作会议[⑤]，听取顾问们的意见与建议。2000 年 12 月，聘请 50 余位各领域专家学者为专家咨

---

① 《中国国家图书馆馆史（1909—2009）》，第 78 页。

② 邹文革集辑：《中国国家图书馆百年纪事：1909—2009》，第 173 页。

③ 同上，第 175 页。

④ 同上，第 199 页。

⑤ 同上，第 212、220 页。

询委员会委员 ①；2002 年 2 月，聘请 55 位专家学者为该年度专家咨询委员会委员 ②；当年 11 月，图书采选编目部曾举办专家咨询委员会座谈会，就如何提高外文图书馆藏质量向专家请益 ③。2007 年 8 月，"中华古籍保护计划"启动之际，还成立了全国古籍保护工作专家委员会 ④。这些顾问委员会、专家咨询委员会等，一定程度上搭建了国家图书馆与各领域专家学者之间的沟通桥梁，为国图事业发展提供智力支持与决策参考。

学者参与国家图书馆的事务决策，具有重要的意义。学术研究的需要、学术发展的趋势，如非学界前沿人物，难以准确把握。国家图书馆要想"预流"，根据学术发展的需要制定馆藏建设、文献整理、学术服务的规划，向学界人士广泛咨询、请益，是必不可少的举措。北平图书馆时期的馆委员会、购书委员会制度，其优点不仅在于与学者建立联系，更在于赋予委员会完整的事务决定权，延请学界人士参与相关决策。这种制度，保证了北平图书馆的发展方向，符合学术"新潮流"的要求。这种制度也是 1930 年代北平图书馆在敦煌学领域取得重要成绩的原因之一，对于当前及以后类似国家图书馆这样的学术机构的制度设计，有着重要的参考价值。

---

① 邹文革集辑：《中国国家图书馆百年纪事：1909—2009》，第 187 页。
② 同上，第 197 页。
③ 同上，第 203 页。
④ 同上，第 249 页。

附 录

国家图书馆敦煌学编年事辑

1910 年

京师图书馆派员运回学部调拨的敦煌经卷 18 箱。

12 月 13 日,学部向京师图书馆发文,调拨甘肃地方官向学部运送敦煌遗书押解官后续呈送的 22 件敦煌遗书及粘片 2 本。

1911 年

6 月 13 日,选择敦煌写经 4 件交学部,作为中国纸张样品,送奥匈帝国首都维也纳为庆祝奥皇八十寿诞特设之实业手艺博物院陈列。

本年夏,学部向张謇赠送京师图书馆藏敦煌遗书 4 件。

1912 年

6 月,馆藏敦煌遗书清点完成,此前已编成《敦煌经卷总目》8 册。

本年,李翊灼《敦煌石室经卷中未入藏经论著述目录》一卷载上海国粹学报社铅印邓实编《古学汇刊》第一集。

本年,庄俞曾前往广化寺京师图书馆参观,得见馆藏敦煌遗书,所著《我一游记》记载了相关见闻。

1917 年

1 月 26 日,京师图书馆在方家胡同国子监南学重新开馆,馆藏敦煌遗书移至该处庋藏。

本年，魏家骥等盗窃馆藏敦煌遗书冈 37 号。

1918 年

本年，江味农由蒋维乔推荐，受聘入馆整理敦煌遗书。

1919 年

10 月，江味农辑《佛说大乘稻芉经（附随听疏）》由商务印书馆出版。

1920 年

3 月 25 日，俞泽箴调入写经室。

1921 年

6 月 9 日，教育部核准京师图书馆与历史博物馆交换藏品的办法，京师图书馆赠送 5 件敦煌遗书与历史博物馆。

1922 年

1 月—5 月，陈垣兼任京师图书馆馆长，期间多次到馆考订敦煌遗书。

5 月 21 日，陈垣借阅摩尼教经残卷。

1923 年

4 月，陈垣《摩尼教入中国考》发表于《国学季刊》第 1 卷第 2 号。

7 月，陈垣校录《摩尼教残经一》发表于《国学季刊》第 1 卷第 3 号．

1924 年

3 月 29 日，教育部指令第 805 号核准《京师图书馆暂行办事细则》，该细则第二十七条规定目录课下设六组，其第五组职责为"编辑唐人写经目录兼专门研究图书馆学"。

7 月 1 日（五月三十日），中华教育改进社在南京开年会，同时在贡院旧址开全国教育品展览会，请教育部调京师图书馆藏善本书籍赴会。馆派谭新嘉携带宋元古籍、晋唐写经、古本图画、《四库》中最精摹绘本及满、蒙、藏、唐古忒文字书籍参展。

1925 年

5 月 30 日，京师图书馆参加由北京图书馆协会发起的在北京中央公园举办的"京师图书馆展览会"，陈列馆藏善本 200 余种、敦煌写经 3000 轴。

9 月，《敦煌经典目》编纂完成，发付誊抄。

1926 年

9 月 3 日，教育部指令京师图书馆，暂借敦煌遗书目录予历史博物馆，录副后交还。

1928 年

8 月 14 日，国立北平图书馆筹备委员会致函大学院特派员，陈述应办修理、编纂、出版、采购等事项，内称"原藏敦煌写经八千六百余卷及地图、书画、碑拓数百件，向未整理，亟应补缀装潢并载之木匣，以便保存"。

12 月，国立北平图书馆搬迁至中南海居仁堂，敦煌遗书庋藏于居仁堂前楼楼上。

1929 年

8 月，胡鸣盛受聘为国立北平图书馆编纂委员会委员兼写经组组长。

10 月 10 日—13 日，国立北平图书馆在中南海居仁堂馆舍举办图书展览会。展览书籍分唐及唐以前写本、宋刻本、宋抄本、金刻本、元刻本、明刻本、明抄本、清刻本、清抄本、稿本、批校本、满蒙回藏文书籍、方志、词曲小说、清禁书、古器物拓本、舆图等十七部分，琳琅满目，参观者达五千人。

11 月 28 日教育部指令第 3066 号核准《国立北平图书馆组织大纲》，据此善本部下设写经组，为主管敦煌遗书事务的专门机构。

12 月 7 日，国立北平图书馆举办西夏文书及佛像展览会，展览当年 11

月新购西夏文书，同时选列各项善本书籍及唐人写经，邀请学界、政界名流及新闻记者前往参观。

本年，江味农辑《大乘稻芉经随听疏》由商务印书馆出版。

1929—1930 年

周叔迦受邀在馆考订敦煌遗书。

1930 年

7月7日，国立北平图书馆聘法国汉学家伯希和（Paul Pelliot）为通讯员。

本年秋，向达受聘为国立北平图书馆编纂。

1931 年

3月，中央研究院历史语言研究所印行陈垣校录的《敦煌劫余录》。

1932 年

6月，胡鸣盛完成《敦煌石室写经详目》审定工作。

1933 年

3月18日，第一批寄存平津善本书善本甲库32箱、唐人写经46箱，存入德华银行。

5月16日，第三批寄存平津善本书善本甲库40箱、唐人写经1箱、金石拓片3箱，存入德华银行。

10月，向达《唐代长安与西域文明》由哈佛燕京学社出版。

1934 年

8月，教育部指令第9614号，派王重民前往法国国家图书馆工作，编纂法藏敦煌遗书目录。

12月，向达《唐代俗讲考》发表于《燕京学报》第一卷第十三期。该文经增补修改后，1944年再刊于《文史杂志》第三卷第九、十期。

1932—1934 年

胡鸣盛等整理敦煌遗书残片,编纂《敦煌石室写经详目续编》。

写经组编辑《敦煌学书籍论文索引》。

1935 年

1 月,国立北平图书馆与清华大学函商合作出资拍摄法藏敦煌遗书照片,达成合作意向。

1 月,胡鸣盛撰写《敦煌石室写经详目凡例》。

5 月,胡鸣盛编《敦煌写本佛经草目(国立北平图书馆庋藏)》由北京中央刻经院出版。

7 月,胡鸣盛离馆赴青岛出任山东大学文学院教授兼图书馆主任。

8 月 6 日,国立北平图书馆委员会召开第十九次会议,讨论购进李木斋敦煌卷子案。

10 月 2 日,国立北平图书馆委员会第十九次会议通过袁同礼提案,派孙楷第任写经组组长。

11 月,许国霖辑《敦煌石室写经题记》发表于《国立北平图书馆馆刊》第九卷第六号。

12 月,派向达前往英国牛津大学鲍德利图书馆整理该馆中文图书。

12 月,王重民《金山国坠事零拾》发表于《北平图书馆馆刊》第九卷第六期。

本年,写经组完成《敦煌石室写经详目》及其《续编》。

1936 年

4 月,北平图书馆善本书籍完成南迁,敦煌遗书 49 箱寄存于上海商业储备银行。

6 月,截至本月已收到王重民自法国寄回敦煌遗书照片 19 辑 1082 种。

8 月 27 日,孙楷第《敦煌写本〈张议潮变文〉跋》发表于《大公报·图书副刊》第 145 期。

9 月 29 日,北平图书馆致函管理中英庚款董事会,补齐申请补助拍摄并影印出版英藏敦煌遗书的相应手续，并附呈《整理及选印敦煌经卷计划书》与预算草案。

9月，向达转往英国博物馆，至次年8月的一年间，调查该馆所藏敦煌遗书。

9月，王重民《巴黎敦煌残卷叙录》第一辑（附《英伦所藏敦煌经卷访问记》）由北平图书馆印行。

9月，向达译《斯坦因西域考古记》由上海中华书局出版。

1936—1937 年度

国立北平图书馆受托编"敦煌石室史料中文书选目"，为该年度参考咨询工作之一项。

1937 年

3月19日，管理中英庚款董事会同意补助北平图书馆八千元，用于拍摄影印英法藏敦煌遗书。

5月，许国霖编《佛学论文索引》开始连载于《微妙声》第七期，全文分三篇，后二篇分载第八期（1937年6月）与卷二之一（1940年1月）。

5月，王重民《敦煌本历日之研究》发表于《东方杂志》第34卷第9期。

6月，王重民在法国工作三年期满，再派往英国继续拍摄敦煌写本及中国古佚书。

6月，许国霖辑《敦煌石室写经题记与敦煌杂录》由商务印书馆出版。

6月，佛学书局印行许国霖辑《敦煌石室写经题记汇编》单行本。

6月30日，刘修业《敦煌本〈伍子胥变文〉之研究》发表于《大公报·图书副刊》。

6月，孙楷第《唐代俗讲轨范与其本之体裁》一文发表于北京大学《国学季刊》第六卷第二号。

7月，向达《记伦敦所藏的敦煌俗文学》发表于《新中华》第5卷第13期。

11月，孙楷第《敦煌写本〈张淮深变文〉跋》一文发表于《国立中央研究院历史语言研究所集刊》第七本第三分。

1938 年

3 月 19 日，袁同礼致函管理中英庚款董事会，说明上年该会所资助 8000 元影照英法所藏敦煌写本经费，原拟以 4000 元为影照复本费、3000 元为出版费、1000 元为补助经管人维持费，法国部分业已告竣，英国部分当月开始，影照费约需 3000 元，请将原拟出版费 3000 元转用于影照英藏部分。此外，另为王重民申请下年度生活费。

4 月至 6 月，王重民赴伦敦摄取英国博物馆藏敦煌遗书照片。

本年秋，向达回国，任浙江大学教授。

1939 年

8 月，王重民携眷离开巴黎前往华盛顿，整理美国国会图书馆所藏中文善本书，随身携带部分巴黎所摄敦煌遗书照片。

12 月，向达《伦敦所藏敦煌卷子经眼目录》发表于《图书季刊》新一卷第四期。

1940 年

1 月 19 日，袁同礼致函王访渔、顾子刚，指示收回借给周祖谟的敦煌卷子照片 70 张。

本年夏，王重民编定《敦煌曲子词集》。

12 月，袁同礼编《国立北平图书馆现藏海外敦煌遗籍照片总目》发表于《图书季刊》新二卷第四期。

1941 年

2 月，王重民《巴黎敦煌残卷叙录》第二辑由国立北平图书馆出版。

12 月，日伪强行接管国立北平图书馆，写经组组长孙楷第愤而弃职家居。

1942 年

2 月 23 日，国立北平图书馆函复中英庚款董事会事务所，请代发王重民在英印照敦煌遗书生活费用。

本年，刘修业协助王重民，将在法国抄录的唐诗与《全唐诗》互校，编成《补全唐诗》。

1943 年

9 月，赵万里《魏宗室东阳王荣与敦煌写经》发表于《中德学志》第五卷第三期。

10 月，写经组组长祝博清点馆藏在平英法藏敦煌遗书照片。

1944 年

6 月，潘祥和清点馆藏在平英法藏敦煌遗书照片。

1945 年

3 月，刘福春清点馆藏在平英法藏敦煌遗书照片。

1945 年

11 月，编成《国立北平图书馆上海南京办事处保存重要资产表》，记载当时存沪敦煌遗书分藏两处：其一为"上海重庆南路私立震旦大学顶楼"，藏 35 箱；其二为"上海宝庆路十七号本馆上海办事处"，藏 14 箱。

1947 年

2 月，王重民回国，任北平图书馆参考组主任，兼任北京大学图书馆学专科教职，所开课程有"敦煌俗文学"等。

11 月，刘修业《秦妇吟校勘续记》发表于《学原》第一卷第七期。

1949 年

8 月，此前藏于上海办事处的 14 箱敦煌遗书，移存震旦大学图书馆。

1950 年

1 月，王重民辑《敦煌曲子词集》由上海商务印书馆出版。

本年初，抗战前南迁存沪敦煌遗书运回北京。

4 月 20 日，完成自沪运回敦煌遗书的清点。

本年，顾子刚捐赠敦煌遗书 11 件。

1952 年

8 月，王重民卸任副馆长，专任北大图书馆学专科主任、教授。

1954 年

1 月 15 日，文化部社管局第 3978 号通知，拨交敦煌经卷 602 件。

2 月 11 日，文化部社管局第 4142 号通知，拨交唐人写经 80 件、宋元明善本图书 18 种 143 册、涵芬楼善本图书 571 种。

6 月 28 日，文化部社管局拨交写经 153 卷，宋元人诗等书 80 种 361 册又 6 卷。

9 月 13 日，剑桥大学东方研究所致函中国科学院，希望用英国博物馆所藏敦煌遗书缩微胶卷交换我国北京图书馆等处收藏敦煌遗书的缩微胶卷。

11 月 15 日，文化部社管局第 27 号通知，拨交唐人写经 5 件。

12 月 10 日，入藏周定宣捐赠敦煌遗书 5 件。

1955 年

本年初，中央政府文化部批准北京图书馆与剑桥大学交换敦煌遗书缩微胶卷事宜。

12 月，入藏敦煌遗书 22 件。

1956 年

3 月 26 日，文化部文物局第 61 号通知，拨交唐人写经 48 种。

1957 年

2 月 6 日，向剑桥大学图书馆寄出第一批 35 卷缩微胶卷。

8 月，王重民、王庆菽、向达、周一良、启功、曾毅公编《敦煌变文集》由人民文学出版社出版。

11 月 4 日，剑桥大学图书馆将英国博物馆所藏敦煌遗书缩微胶卷 105 卷，分 4 包海运邮寄北京图书馆。

1958 年

2 月 4 日，向剑桥大学图书馆寄出第二批 14 卷缩微胶卷。

6 月，王重民编《敦煌古籍叙录》由商务印书馆出版。

1959 年

5 月，入藏敦煌遗书 78 件。

7 月，向中国历史博物馆拨赠敦煌遗书 2 件。

本年，中国历史博物馆向北京图书馆借展敦煌遗书 16 件。

1960 年

5 月中旬，向剑桥大学图书馆寄出第三批 35 卷缩微胶卷。

10 月 11 日至 12 月 25 日，善本部清点全部馆藏，包括敦煌遗书。

1961 年

9 月，入藏敦煌遗书 5 件。

本年，赵万里《唐写本〈说苑·反质篇〉读后记》发表于《文物》1961 年第 3 期。

1962 年

5 月，王重民主编《敦煌遗书总目索引》由商务印书馆出版。

1963 年

11 月 20 日，入藏敦煌遗书 271 件。

1964 年

本年，入藏高君箴捐赠郑振铎旧藏敦煌遗书 44 件。

1965 年

4 月 24 日，文化部文物局拨交唐人写经 56 种。

6 月，自上海古籍书店购进敦煌遗书《文选·辩亡论》一件。

1966 年

5 月 20 日，北京图书馆复函陈伯良："兹由文化部图博文物管理局转到你的来信和捐赠的写经两卷，我馆已经收悉。查该藏文经是大敦煌出的古写本藏文《无量寿大乘经》，对研究古代藏文有参考价值。我们已经登记入藏供读者参考。关于你需要复制品，我们已经照相复制缩微胶卷一份，另行挂号寄去，即请查收。"

1973 年

3 月 4 日，美国加利福尼亚大学图书馆馆长汤廼文访问北京图书馆，下午 2 时在外宾接待室观看馆藏善本书籍，包括北魏太安四年（448）写本《戒缘》。

1976 年

11 月 11 日，向剑桥大学图书馆寄出第四批 8 卷缩微胶卷。

1970 年代

北京图书馆入藏法国国家图书馆所藏敦煌遗书缩微胶卷。

1980 年前后

北京图书馆拍摄馆藏敦煌遗书新字号部分的缩微胶卷。

1981 年

7 月，北京图书馆善本组印行《敦煌劫余录续编》，著录 1931 年以后陆续收集的 1600 余件敦煌遗书。

1983 年

8 月，在兰州召开的中国敦煌吐鲁番学术讨论会暨中国敦煌吐鲁番学会成立大会上，常书鸿、任继愈、季羡林、段文杰等 22 位学者联名上书给中央领导，申述在我国开展敦煌吐鲁番学研究的意见，并请求国家拨款，支持资助在北京、兰州、乌鲁木齐三地分别建立敦煌吐鲁番学研究中心。

11 月 11 日，中共中央宣传部批复，中国敦煌吐鲁番学会挂靠于教育部，教育部指导学会工作。学会得到国家财政 50 万元拨款后，随即与北京图书馆商议共同筹建敦煌吐鲁番学北京资料中心。

本年冬，北京图书馆决定接受教育部的建议，与中国敦煌吐鲁番学会共同创办北京资料中心。

1984 年

本年，王重民著《敦煌遗书论文集》由中华书局出版。

1985 年

12 月 12 日—22 日，北京图书馆主办的"中国古代书籍史展览"随"中国书展"在香港展出，展品包括敦煌遗书。

1986 年

7 月，唐耕耦、陆宏基合编《敦煌社会经济文献真迹释录》第一辑由书目文献出版社出版。

本年，唐耕耦调入北京图书馆敦煌吐鲁番学资料中心。

1988 年

8 月 20 日，中国敦煌吐鲁番学会北京资料中心正式成立，阅览室同时对外开放，开架借阅资料中心所藏全部中外文期刊及缩微资料 4 万余件。资料中心工作范围包括：（1）收集、整理和研究有关敦煌吐鲁番学的各类文献资料；（2）向国内外学者提供各类型的阅览、咨询等服务；（3）编制各种目录索引、刊布文书，整理出版有关资料及论著；（4）开展专题研究和中外学术交流；（5）组织学术报告、讲座和考察，培养专业人才等。

同日，北京图书馆与中国敦煌吐鲁番学会共同举办 "1988 年敦煌吐鲁番学国际学术研讨会"。此次会议收到论文 146 篇，涉及敦煌吐鲁番学的各个领域，会议分七个小组。季羡林先生在会上提出 "敦煌吐鲁番在中国，敦煌吐鲁番学在全世界" 观点，得到与会 300 余位代表的赞同。

同日，北京图书馆联合北京大学图书馆、旅顺博物馆、天津艺术博物馆共同举办 "敦煌吐鲁番资料展览"。

8 月，敦煌吐鲁番学北京资料中心印行《敦煌吐鲁番论著目录初编（日文专著部分）》《敦煌吐鲁番论著目录初编（欧文部分）》《北京图书馆藏敦煌遗书目录索引》。

1989 年

3 月，方广锠由中国社会科学院南亚东南亚所调入北京图书馆，任善本部副主任。

1990 年

1 月 10 日，根据北京图书馆与英国图书馆之间签订的文化交流协定，善本特藏部修整组组长杜伟生赴英国图书馆保护部进行为期半年的工作。

本年初，馆藏敦煌遗书随同善本库迁入北京图书馆白石桥新馆舍地下库房。方广锠等在善本库房搬迁过程中，发现两箱写经组遗留的敦煌遗书残片。

8 月，1990 年 8 月，方广锠、杜伟生、王杨、姚永炬等清点新发现的两箱残片，总计点出 3614 号。

9 月，唐耕耦、陆宏基合编《敦煌社会经济文献真迹释录》第二辑至第五辑由全国图书馆缩微复制中心出版。

本年底，徐自强、李富华、黄振华、吴树平等编《敦煌大藏经》由北京星星出版公司、台湾前景出版社影印出版。

1991 年

3 月 31 日—10 月 16 日，北京图书馆善本特藏部副主任方广锠赴英、法、苏进行敦煌文献研究与整理工作。

4 月 15 日，北京图书馆馆长办公会议同意善本特藏部提出的敦煌遗书修复方案。敦煌遗书修复工作开始。

5 月，方广锠《敦煌藏经洞封闭原因之我见》一文发表于《中国社会科学》1991 年第 5 期。

1992 年

9 月 25 日—29 日，北京图书馆与中国敦煌吐鲁番学会在北京房山联合举办"1992 年敦煌吐鲁番学国际学术研讨会"。会议期间，北京图书馆善本特藏部举办了开馆以来最大的一次敦煌遗书及敦煌遗书修复展览，展出珍品 60 余件。

1993 年

5 月，方广锠调往中国社会科学院亚洲太平洋研究所。

10 月 11 日—18 日，北京图书馆善本特藏部杜伟生赴英国参加"敦煌遗书保护研讨会"。

1994 年

8 月，唐耕耦编《敦煌法制文书》(《中国珍稀法律典籍集成》甲编第三册)由科学出版社出版。

1997 年

4 月，唐耕耦《敦煌寺院会计文书研究》由台北新文丰出版公司出版。

6 月 28 日—7 月 4 日，北京图书馆善本特藏部杜伟生赴英国参加敦煌遗书保护修复国际研讨会。

1998 年

4 月，《中国国家图书馆藏敦煌遗书》第 1 册至第 5 册由江苏古籍出版社出版。

4 月，林世田、刘燕远、申国美编《敦煌禅宗文献集成》由全国图书馆文献缩微中心出版。

5 月 13 日—16 日，北京图书馆善本特藏部杜伟生赴德国参加"敦煌和中亚文献保护会议"。

1999 年

4 月，李德范、方久忠编《敦煌吐鲁番学论著目录初编（日文部分）:1886—1992.3》由北京图书馆出版社出版。

12 月，李德范辑《敦煌道藏》1999 年 12 月由全国图书馆文献缩微复制中心出版。

2000 年

4 月，林世田、申国美编《敦煌密宗文献集成》由全国图书馆文献缩微复制中心出版。

6 月，《中国国家图书馆藏敦煌遗书精品选》由国家图书馆善本特藏部、上海龙华古寺、《藏外佛教文献》编辑部联合印行。

8 月 16 日，国家图书馆与中国敦煌吐鲁番学会主办的"秘籍重光，百年敦煌"专题文献资料展览在国家图书馆馆藏珍品展示室开幕。展览分"敦煌的历史地理背景与环境""敦煌藏经洞的发现与敦煌遗书的流散""国家图书馆敦煌遗书的收藏与保护""敦煌——艺术和文献的宝库""百年研究史"五个单元，全面介绍敦煌的历史，敦煌遗书的发现、收藏和保护，以及敦煌学的发展。

8月，林世田、申国美编《敦煌密宗文献集成续编》由全国图书馆文献缩微复制中心出版。

本年，由拍卖会购得敦煌遗书《大乘莲华宝达问答报应沙门经》一件。

2001 年

3月31日—4月30日，善本特藏部副主任陈红彦、善本特藏部敦煌组组长林世田赴英国图书馆，就国际敦煌项目合作开展访问学习。

4月23日，英国国家图书馆秦思源（Colin Chinnery）、马克（Mark Barnard）访问国家图书馆，并商谈敦煌遗书数字化合作事宜。

9月，《中国国家图书馆藏敦煌遗书》第6册、第7册由江苏古籍出版社出版。此后，该书出版进程中止。

9月，申国美编《国家图书馆藏敦煌遗书研究论著目录索引（1900—2001）》由北京图书馆出版社出版。

10月23日，善本特藏部主任张志清邀请参加"中文善本保存保护国际研讨会"的俄罗斯科学院东方研究所圣彼得堡分所研究员波波娃（Irina Popova）、法国国家图书馆东方部研究员芙兰柯丝（Francoise Cuisance）、英国国家图书馆中国IDP主任秦思源（Colin Chinnery）等及中国人民大学历史系教授沙知、中国敦煌吐鲁番学会秘书长柴剑虹、中国敦煌吐鲁番学会副会长郝春文等在京敦煌学专家及国家图书馆善本部副主任苏品红、善本特藏修复中心组长杜伟生、善本组副研究员李际宁、敦煌吐鲁番学资料研究中心组长林世田、敦煌吐鲁番学资料研究中心副研究员史睿等进行座谈，与会各馆代表介绍了各自开展敦煌文献保存保护的状况，观摩了中国国家图书馆敦煌文献修复的成果，并就敦煌遗书的修复原则、残片的保存方式、修复档案建设、敦煌遗书保存状况、数字化前景等问题，进行了深入的讨论。《敦煌文献修复与保护座谈会纪要》载《文津流觞》第6期（2002年7月）。

本年，国家图书馆申请"敦煌藏经卷盒制作"专项经费。

2002 年

6月30日—7月15日，英国国家图书馆国际敦煌项目负责人魏泓（Susan Whitfield）博士和高奕睿（Imre Galambos）访问国家图书馆。

8月3日，由全国古籍整理出版规划领导小组办公室、中国敦煌吐鲁番学会、北京图书馆出版社、国家图书馆善本特藏部主办，国家图书馆敦煌吐鲁番学资料研究中心承办的"敦煌与丝路文化学术讲座"在国图开讲。第一讲由首都师范大学教授宁可主讲"敦煌的历史与文化"。这个系列讲座共38讲，持续到2003年12月。

8月25日—28日，北京理工大学、中国敦煌吐鲁番学会、国家图书馆联合主办的"国际敦煌学学术史研讨会"在北京理工大学国际教育交流中心举行。此次研讨会收到论文43篇，内容涉及敦煌学学术史研究的各领域。

10月16日—21日，善本特藏部林世田、杜伟生赴瑞典参加国际敦煌项目第五次保护保存研讨会。

11月11日，国际敦煌项目中文网站开通仪式在国家图书馆善本阅览室举办，此网站由善本特藏部敦煌吐鲁番资料中心负责维护。

12月16日，国家图书馆善本特藏部主办的"仁心护国宝　妙手驻书魂——善本古籍修复展"在善本珍品展示室开幕。此次展览展出国图自1949年以来修复的珍贵善本，包括1991年开始修复的敦煌遗书。

2003 年

1月，林世田、申国美编《净土宗大典》由全国图书馆文献缩微复制中心出版。

4月21日，英国国家图书馆国际敦煌项目负责人魏泓博士和保存修复部部长Helen Shenton访问国家图书馆，就国际敦煌项目中文网站存在的一些技术问题进行磋商。

9月17日—19日，中国国家图书馆善本特藏部、兰州大学敦煌学研究所、中国敦煌吐鲁番学会共同主办"敦煌写本研究、遗书修复及数字化国际研讨会——纪念王重民先生诞辰一百周年暨中国敦煌吐鲁番学会成立二十周年"，此次会议为"纪念王重民先生诞辰一百周年学术研讨会"的一部分。

9月18日，国家图书馆与北京大学图书馆联合举办"王重民先生生平与学术展览"。

2004 年

4月23日，国家图书馆、北京大学中国古代史研究中心、法国科学研究中心中国文明研究组、法国科学研究中心东方与西方考古研究组、法国远东学院、法国驻华大使馆文化处等单位共同主办的"粟特人在中国——历史、考古、语言的新探索"国际学术研讨会在国家图书馆召开，来自海内外的70余位学者参加研讨会。

同日，"从撒马尔干到长安——粟特人在中国的文化遗迹"展览在馆藏珍品展示室开幕，共展出敦煌遗书7件、清代文献3种5册、清末民初拓片24张、新拓片10张、老照片6张。

6月22日，举行国家图书馆敦煌遗书特藏库落成典礼，敦煌遗书搬入特制的144个楠木柜中。

2005 年

4月23日—25日，国家图书馆与英国图书馆联合举办的国际敦煌项目第六次会议在国家图书馆开幕。此次会议收到论文35篇。

7月23日，国家图书馆文津读书沙龙举行第九次活动，由中国社会科学院历史研究所黄正建研究员主讲"敦煌占卜文书与唐五代占卜"。

9月23日，台湾著名作家、学者李敖来馆参观，到访敦煌遗书特藏库。

10月，《国家图书馆藏敦煌遗书》第1册至第15册由北京图书馆出版社出版。

2006 年

5月26日，"文明的守望——中华古籍特藏珍品暨保护成果展"在国家图书馆开幕，此次展览展出全国各图书馆的古籍珍品200余件，其中有敦煌遗书多件。

6月29日，国家图书馆在人民大会堂举办《国家图书馆藏敦煌遗书》编纂出版座谈会。

11月19日，举办"丝路文化互动与融摄的印迹——国家图书馆藏《金光明经》精粹展"。

11月20日，国家图书馆主办，善本特藏部、国际交流处、英国图书馆国际敦煌项目承办，福特基金会赞助的"西域文献学术座谈会"在国家图书馆举办，来自中、英、美、俄、印等国的43位学者参加了研讨会，会议围绕《金光明经》的源流与演变、保护与修复以及写本数字化等内容展开热烈讨论。

2007 年

5月21—23日，国际敦煌项目第七次会议在伦敦召开，善本特藏部林世田、赵大莹前往参会，并发表论文《国家图书馆所藏与道真有关写卷古代修复浅析》。

5月，《融摄与创新：国际敦煌项目第六次会议论文集》由北京图书馆出版社出版。

9月，李德范著《敦煌西域文献旧照片合校》由北京图书馆出版社出版。

10月，申国美编《中国散藏敦煌文献分类目录》由北京图书馆出版社出版。

2008 年

4月，李德范主编《王重民向达所摄敦煌西域文献照片合集》由北京图书馆出版社出版。

11月17日，"启功先生珍藏《敦煌变文集》手稿捐赠国家图书馆暨敦煌吐鲁番资料阅览室重新开放仪式"在国家图书馆举行。启功先生珍藏《敦煌变文集》手稿经柴剑虹联系，捐赠国家图书馆。

2009 年

1月，申国美、李德范编《英藏法藏敦煌遗书研究按号索引》由国家图书馆出版社出版。

2010 年

3 月，林世田《敦煌遗书研究论集》由中国藏学出版社出版。

6 月 16 日—17 日，国家图书馆古籍馆、北京大学历史学系暨中国古代史研究中心、敦煌研究院联合主办的"敦煌文献、考古、艺术综合研究——纪念向达教授诞辰 110 周年国际学术研讨会"在国家图书馆召开，国内外 60 余位学者与会或提交论文。

8 月 8 日—12 日，国家图书馆古籍馆刘波应邀前往伦敦，出席国际敦煌项目与伦敦大学考特艺术学院合办的文物保护修复座谈会。

2011 年

10 月 10 日—12 日，国际敦煌项目学术研讨会在甘肃敦煌召开，国家图书馆古籍馆林世田、刘波应邀参会。

12 月，《敦煌文献、考古、艺术综合研究——纪念向达先生诞辰 110 周年国际学术研讨会论文集》由中华书局出版。

2012 年

5 月，《国家图书馆藏敦煌遗书》第 143 册至第 146 册由国家图书馆出版社出版，此书全部出齐，全书刊布馆藏敦煌遗书 16579 号。

11 月 16 日，国家图书馆举办纪念国际敦煌项目中文网站上线十周年系列活动，上午在文津街馆区文津楼举办"敦煌旧影——晚清民国敦煌历史照片展"开幕式，随后在临琼楼举办"国际敦煌项目专家座谈会"。

2013 年

4 月，方广锠主编的《中国国家图书馆藏敦煌遗书总目录·新旧编号对照卷》由中国人民大学出版社出版。

2014 年

7月,《鸣沙遗墨——国家图书馆馆藏精品大展敦煌遗书图录》由国家图书馆出版社出版。

9月9日,国家图书馆南区经过三年的维修重新开放,同时国家典籍博物馆对外开放,敦煌遗书展厅展出馆藏敦煌遗书珍品 50 余件。

2016 年

3月,方广锠、李际宁、黄霞著《中国国家图书馆藏敦煌遗书总目录·馆藏目录卷》由中国人民大学出版社出版,全书 8 册。

国家图书馆敦煌学论著简目

说明：

1. 本目录收录国家图书馆集体或馆员个人有关敦煌学的论著。所收著作与论文，一般以在馆工作期间所发表为限；部分发表于离馆之后，但材料积累、研究工作系在馆期间完成的，也酌情收入；国家图书馆馆员参与撰著的合著论著，也属于本目录收录范围。

2. 馆藏目录类、论著目录索引类、文献校录整理类、图录与资料汇编类、研究著作类等类别下或分小类，每类以编纂年或出版年排序；专题论文类以撰著者姓名拼音排序，同一人作品以发表时间排序，以便检索；翻译类以译者姓名及时代排序。

3. 合著论著如该馆员非第一作者，则系于该馆员著作之末。

甲 馆藏目录类

京师图书馆编：《敦煌经卷总目》，1912 年 6 月前编成，未刊。

李翊灼：《敦煌石室经卷中未入藏经论著述目录》，载邓实编《古学汇刊》第一集，上海：国粹学报社，1912 年铅印。

俞泽箴等编：《敦煌经典目》，1925 年编成，未刊。

陈垣校录：《敦煌劫余录》，中央研究院历史语言研究所，1931 年。

胡鸣盛：《敦煌写本佛经草目（国立北平图书馆庋藏）》，《康健杂志》第 2 卷第 3 期，1934 年。

胡鸣盛等编：《敦煌石室写经详目》，约 1935 年编成，未刊。

胡鸣盛等编：《敦煌石室写经详目续编》，1935 年编成，未刊。

商务印书馆编，王重民主编：《敦煌遗书总目索引》，北京：商务印书馆，1962 年。

北京图书馆善本组编：《敦煌劫余录续编》，北京图书馆善本部，1981 年。

陈晶、王新编：《北京图书馆藏敦煌遗书目录索引》，敦煌吐鲁番学北京资料中心，1988年8月油印。

申国美编：《中国散藏敦煌文献分类目录》，北京：北京图书馆出版社，2007年。

方广锠主编：《中国国家图书馆藏敦煌遗书总目录·新旧编号对照卷》，北京：中国人民大学出版社，2013年。

方广锠、李际宁、黄霞著：《中国国家图书馆藏敦煌遗书总目录·馆藏目录卷》，北京：中国人民大学出版社，2016年。

国立北平图书馆写经组编：《伦敦博物院藏敦煌本照片目录》，约1930年代编，未刊。

国立北平图书馆写经组编：《法国巴黎图书馆藏敦煌本照片目录》，约1930年代编，未刊。

袁同礼：《国立北平图书馆现藏海外敦煌遗籍照片总目》，《图书季刊》新二卷第四期，1940年。

北京图书馆编：《国立北平图书馆藏海外敦煌遗籍照片目录》，约1950年代编，未刊。

乙　论著目录索引类

写经组编：《敦煌学书籍论文索引》，1932—1933年编。未完成，未刊。

张全新编：《敦煌学论著简目》，完成于1940年代。未刊。

林世田编：《敦煌吐鲁番论著目录初编（欧文部分）》，敦煌吐鲁番学北京资料中心，1988年8月印行。

赵林、李德范编译：《敦煌吐鲁番论著目录初编（日文专著部分）》，敦煌吐鲁番学北京资料中心，1988年8月印行。

李德范、方久忠编：《敦煌吐鲁番学论著目录初编（日文部分）：1886—1992.3》，北京：北京图书馆出版社，1999年。

戚志芬、阎万钧：《敦煌学与西域文明文献研究目录（一）》，《敦煌研究》

1982 年第 2 期。

阎万钧、戚志芬：《敦煌学与西域文明文献研究目录（二）》，《敦煌研究》
1983 年创刊号。

申国美编：《国家图书馆藏敦煌遗书研究论著目录索引（1900—2001）》，
北京：北京图书馆出版社，2001 年。

申国美、李德范编：《英藏法藏敦煌遗书研究按号索引》，北京：国家图
书馆出版社，2009 年。

丙　文献校录整理类

江味农辑：《佛说大乘稻芉经（附随听疏）》，上海：商务印书馆，
1919 年。

江味农辑：《净名经集解关中疏》，上海：商务印书馆，1929 年。

许国霖辑：《敦煌石室写经题记》，《国立北平图书馆馆刊》第九卷第六
号，1935 年。

许国霖辑：《敦煌石室写经题记汇编》，《微妙声》第 1 至第 4 期（1936
年 11 月至 1937 年 2 月）。

许国霖：《敦煌石室写经年代表》，《微妙声》第 5 期，1937 年。

许国霖辑：《敦煌石室写经题记汇编补遗》，《微妙声》第 6 期，1937 年。

许国霖辑：《敦煌石室写经题记与敦煌杂录》，上海：商务印书馆，1937 年。

许国霖辑：《敦煌石室写经题记汇编》，上海：佛学书局，1937 年。

王重民辑：《敦煌曲子词集》，上海：商务印书馆，1956 年。

王重民、王庆菽、向达、周一良、启功、曾毅公编：《敦煌变文集》，
北京：人民文学出版社，1957 年。

唐耕耦、陆宏基编：《敦煌社会经济文献真迹释录》，第一辑，北京：书
目文献出版社，1986 年；第二至五辑，北京：全国图书馆缩微复制中心，
1990 年。

唐耕耦主编：《敦煌法制文书》，北京：科学出版社，1994 年。

徐自强、张永强、陈晶编著：《敦煌莫高窟题记汇编》，北京：文物出版社，2014年。

丁　图录与资料汇编类

中国国家图书馆编，任继愈主编：《中国国家图书馆藏敦煌遗书》（1—7册），南京：江苏古籍出版社，1999年、2001年。

国家图书馆善本特藏部、上海龙华古寺、《藏外佛教文献》编辑部合编：《中国国家图书馆藏敦煌遗书精品选》，2000年印行。

中国国家图书馆编，任继愈主编：《国家图书馆藏敦煌遗书》（1—146册），北京：国家图书馆出版社（北京图书馆出版社），2005至2012年。

李德范主编：《王重民向达所摄敦煌西域文献照片合集》，北京：北京图书馆出版社，2008年。

国家图书馆编：《鸣沙遗墨——国家图书馆馆藏精品大展敦煌遗书图录》，北京：国家图书馆出版社，2014年。

徐自强、李富华、黄振华、吴树平等编：《敦煌大藏经》，北京：星星出版公司；台湾：前景出版社，1989年。

林世田、刘燕远、申国美编：《敦煌禅宗文献集成》，北京：全国图书馆文献缩微中心，1998年。

李德范辑：《敦煌道藏》，北京：全国图书馆文献缩微复制中心，1999年。

林世田、申国美编：《敦煌密宗文献集成》，北京：全国图书馆文献缩微复制中心，2000年。

林世田、申国美编：《敦煌密宗文献集成续编》，北京：全国图书馆文献缩微复制中心，2000年。

戊　研究著作类

王重民：《巴黎敦煌残卷叙录》第一辑，国立北平图书馆，1936年。

王重民：《巴黎敦煌残卷叙录》第二辑，国立北平图书馆，1941年。

王重民编：《敦煌古籍叙录》，北京：商务印书馆，1958年。

尚林、方广锠、荣新江：《中国所藏大谷收集品概况：特别以敦煌写经为中心》，日本龙谷大学佛教文化研究所西域研究会，1991年。

唐耕耦：《敦煌寺院会计文书研究》，台北：新文丰出版公司，1997年。

杜伟生：《中国古籍修复与装裱技术图解》，北京：北京图书馆出版社，2003年；北京：中华书局，2013年。

李德范：《敦煌西域文献旧照片合校》，北京：北京图书馆出版社，2007年。

国家图书馆古籍馆编：《古籍保护新探索》，杭州：浙江古籍出版社，2008年。

林世田：《敦煌遗书研究论集》，北京：中国藏学出版社，2010年。

张平、吴澍时：《古籍修复案例述评》，北京：国家图书馆出版社，2012年。

林世田、杨学勇、刘波：《敦煌佛典的流通与改造》（"敦煌讲座书系"之一），兰州：甘肃教育出版社，2013年。

林世田、杨学勇、刘波：《敦煌遗珍》（"中华珍贵典籍史话丛书"之一），北京：国家图书馆出版社，2014年。

己 专题论文类

陈红彦：《北京图书馆藏新881号〈尚书〉残卷校勘后记》，《北京图书馆馆刊》1997年第4期。

陈红彦：《北京图书馆藏敦煌遗书中近现代印鉴印主考》，载《敦煌吐鲁番研究》第三卷，北京：北京大学出版社，1998年。

陈红彦、林世田：《敦煌遗书近现代印鉴考》，《文献》2007年第2期、第3期连载。

陈垣：《摩尼教入中国考》，《国学季刊》第1卷第2号，1923年。

杜伟生：《谈敦煌遗书修复》，《北京图书馆馆刊》1993年第2期。

杜伟生：《从敦煌遗书的装帧谈"旋风装"》，《文献》1997年第3期。

杜伟生：《北京图书馆藏敦煌遗书赝本八种概述》，《文献》1998年第3期。

杜伟生：《古书修复中的"整旧如旧"与"整旧如新"》，《北京图书馆馆刊》1999年第4期。

杜伟生：《敦煌遗书用纸概况及浅析》，载《融摄与创新：国际敦煌项目第六次会议论文集》，北京：北京图书馆出版社，2007年。

杜伟生：《古籍修复原则》，《国家图书馆学刊》2007年第4期。

方广锠：《敦煌遗书〈沙州乞经状〉研究》，《敦煌研究》1989年第2期；收入《隋唐佛教研究论文集》，西安：三秦出版社，1990年。

方广锠：《吐蕃统治时期敦煌流行的偈颂帙号法》，《敦煌学辑刊》1990年第1期。

方广锠：《也谈敦煌写本〈众经别录〉的发现》，《中国敦煌吐鲁番学会研究通讯》1990年第1期。

方广锠：《汉文大藏经帙号探原》，《世界宗教研究》1990年第1期。

方广锠：《敦煌佛教研究的回顾与展望》，《中国文化》1990年第2期。

方广锠：《关于敦煌遗书〈佛说佛名经〉》，载《敦煌吐鲁番学研究论文集》，北京：汉语大词典出版社，1990年。

方广锠：《敦煌遗书中的〈般若心经〉译注》，《法音》1990年第7期。

方广锠：《关于敦煌遗书之分类》，《中国敦煌吐鲁番学会研究通讯》1991年第1期。

方广锠：《北京图书馆藏敦煌遗书勘查初记》，《敦煌学辑刊》1991年第2期。

方广锠：《敦煌藏经洞封闭原因之我见》，《中国社会科学》1991年第5期；收入《北京图书馆同人文选》第二辑，北京：书目文献出版社，1992年。

方广锠：《吐鲁番出土汉文佛典述略》，《西域研究》1992年第1期。

方广锠：《俄藏〈大乘入藏录卷上〉研究》，《北京图书馆馆刊》1992年第1期。

方广锠：《敦煌汉文遗书分类法（草案）附说明》，香港《九州学刊》

1992 年敦煌学专刊。

方广锠:《佛藏源流》,《南亚研究》1992 年第 3 期。

方广锠:《对黄编〈六百号敦煌无名断片的新标目〉之补正》,《中华文史论丛》,上海:上海古籍出版社,1992 年。

贺昌群:《〈流沙坠简〉校补》,《北平图书馆馆刊》第八卷第五号,1934 年。

贺昌群:《唐代女子服饰考》,1935 年 1 月 12 日《大公报·艺术周刊》第十五期。

贺昌群:《〈流沙坠简〉补正》,《图书季刊》第二卷第一期,1935 年。

胡玉清:《敦煌遗书为 86 号的特点与修复》,载《古籍保护新探索》,杭州:浙江古籍出版社,2008 年。

胡玉清:《敦煌遗书中常见破损及其修复琐谈》,载《融摄与创新:国际敦煌项目第六次会议论文集》,北京:北京图书馆出版社,2007 年;又载《古籍保护新探索》,杭州:浙江古籍出版社,2008 年。

黄明信、东主才让:《敦煌藏文写卷〈大乘无量寿宗要经〉及其汉文本之研究》,《中国藏学》1994 年第 2 期。

黄霞:《北图藏敦煌"女人社"规约一件》,《文献》1996 年第 4 期。

黄霞:《浅谈晚唐五代敦煌"女人社"的形态及特点》,《北京图书馆馆刊》1997 年第 4 期。

黄霞:《中国国家图书馆敦煌遗书精品展览的特色》,《国家图书馆学刊》2001 年第 2 期。

黄振华:《敦煌所出于阗文千佛名经校释》,载《敦煌吐鲁番文集》,敦煌吐鲁番学北京资料中心编印,1988 年。

黄振华:《西夏月份名称考》,《宁夏大学学报》1996 年第 4 期。

李德范:《敦煌吐鲁番文献图录的定本——介绍〈敦煌吐鲁番文献集成〉的〈俄藏敦煌文献〉(1—4)、〈上海博物馆藏敦煌吐鲁番文献〉(上、下)》,《敦煌学辑刊》1995 年第 2 期。

李际宁:《"味青斋敦煌遗书秘籍佚卷存目"点勘及其史料价值》,《敦煌学辑刊》1995 年第 1 期。

李际宁:《文轨的生平及其它》,《北京图书馆馆刊》1995 年第 2 期。

李际宁:《〈春秋后语〉拾遗》,载《敦煌吐鲁番研究》第一卷,北京:北京大学出版社,1996 年。

李际宁:《敦煌疑伪经典〈佛母经〉考察》,《北京图书馆馆刊》1996 年第 4 期。

李际宁:《关于敦煌遗书中的梵夹装》,载《敦煌吐鲁番学研究论集》,北京:书目文献出版社,1996 年。

李际宁:《国家图书馆藏敦煌遗书整理侧记》,《北京图书馆馆刊》1999 年第 2 期。

李际宁:《中国国家图书馆近年入藏的敦煌遗书及其史料价值》,载郝春文主编《敦煌文献论集——纪念敦煌藏经洞发现一百周年国际学术研讨会论文集》,沈阳:辽宁人民出版社,2001 年。

李际宁、张平:《善本特藏部敦煌遗书特藏库房设计方案》,《文津流觞》第 6 期,2002 年。

李锦绣:《唐开元二十三年秋季沙州会计历考释》,载《敦煌吐鲁番学研究论文集》,北京:汉语大辞典出版社,1990 年。

李锦绣:《唐前期支度国用计划的编制及实施》(上),《北京大学学报》1991 年第 2 期。

李锦绣:《唐前期公廨本钱的管理制度》,《文献》1991 年第 4 期。

李锦绣:《典在唐前期财务行政中的作用》,《学人》第 3 期,1992 年。

李锦绣:《试论唐代的税草制度》,《文史》第 34 辑,北京:中华书局,1992 年。

李锦绣:《唐前期支度国用计划的编制及实施》(下),《北京大学学报》1993 年第 2 期。

李锦绣:《唐前期的“轻税”初探》,《中国社会经济史研究》1993 年第 1 期。

李锦绣:《唐前期的附加税》,载《中国唐史学会论文集》,西安:三秦出版社,1993 年。

李文洁、林世田:《〈佛说如来成道经〉与〈降魔变文一卷〉关系之研究》，《敦煌学辑刊》2005 年第 4 期。

李文洁：《敦煌写本〈晏子赋〉的同卷书写情况》，《文献》2006 年第 1 期。

李文洁、林世田：《新发现的〈维摩诘讲经文·文殊问疾第二卷〉校录研究》，《敦煌研究》，2007 年第 3 期。

林世田：《敦煌文献修复与保护座谈会纪要》，《文津流觞》第 6 期，2002 年。

林世田：《斯文赫定与中亚探险》，《中国边疆史地研究导报》1989 年第 6 期。

林世田：《斯文赫定与绥新公路勘察队》，《北京图书馆馆刊》，1994 年第 3、4 期合刊。

林世田：《敦煌禅宗文献研究概况》，《北京图书馆馆刊》，1995 年第 1、2 期合刊。

林世田：《武则天称帝与图谶祥瑞——以 S.6502〈大云经疏〉为中心》，《敦煌学辑刊》2002 年第 2 期。

林世田：《〈大云经疏〉初步研究》，《文献》2002 年第 4 期。

林世田：《敦煌所出〈普贤菩萨说证明经〉及〈大云经疏〉考略》，载《文津学志》第 1 辑，北京：北京图书馆出版社，2003 年。

林世田：《〈大云经疏〉结构分析》，载《麦积山石窟艺术文化论文集》（下），兰州：兰州大学出版社，2004 年。

林世田：《大乘方等陀罗尼经并诸经内四众忏悔发愿文整理研究》，载《敦煌学国际研讨会论文集》，北京：北京图书馆出版社，2005 年。

林世田：《敦煌文献是修复，还是原样保存？》，2005 年 4 月 29 日《人民日报（海外版）》第 7 版。

林世田：《国际敦煌项目（IDP）第六次会议综述》，《敦煌学辑刊》2005 年第 3 期。

林世田：《〈摩尼教经〉的文献价值》，2006 年 3 月 2 日《人民日报（海外版）》第 5 版。

林世田、孙利平：《IDP 项目与中国国家图书馆敦煌文献数字化》，《国家图书馆学刊》2003 年第 1 期；《敦煌学知识库国际学术研讨会论文集》，上海：上海古籍出版社，2006 年。

林世田、萨仁高娃：《国家图书馆善本特藏部敦煌资源库的建设》，载《敦煌学知识库国际学术研讨会论文集》，上海：上海古籍出版社，2006 年。

林世田：《敦煌写本〈贞观姓氏录〉与新发现的虞弘墓》，《文物天地》2006 年第 4 期。

林世田、萨仁高娃：《国家图书馆藏敦煌写本〈金光明最胜王经〉古代修复简论》，《敦煌研究》2006 年第 6 期。

林世田：《敦煌文化的脊梁：道真补经》，《文物天地》2006 年第 11 期。

林世田、萨仁高娃：《国家图书馆刘廷琛旧藏敦煌遗书》，载《敦煌吐鲁番研究》第十卷，上海：上海古籍出版社，2007 年。

林世田、张平、赵大莹：《国家图书馆所藏与道真有关写卷古代修复浅析》，《中国典籍与文化》2007 年第 3 期。

林世田、汪桂海：《敦煌写本〈优婆塞戒经〉版本研究》，《文献》2008 年第 2 期。

林世田、刘波：《国图藏西域出土〈观世音菩萨劝攘灾经〉研究》，载《敦煌文献·考古·艺术综合研究——纪念向达先生诞辰 110 周年国际学术研讨会论文集》，北京：中华书局，2011 年。

（匈）高奕睿、林世田：《国际敦煌项目新进展：敦煌文字数据库》，《国家图书馆学刊》，2005 年第 2 期。

（匈）高奕睿、林世田：《中国国家图书馆国际敦煌项目的创立与前景》，载《融摄与创新：国际敦煌项目第六次会议论文集》，北京：北京图书馆出版社，2007 年。

邢玉林、林世田：《西北科学考察团组建述略》，《中国边疆史地研究》1992 年第 3 期。

刘波、林世田：《〈孟姜女变文〉残卷的缀合、校录及相关问题研究》，《文献》2009 年第 2 期。

刘波、林世田：《国家图书馆藏 BD14546 背壁画榜题写本研究》，《文献》2010 年第 1 期。

刘波、林世田：《国立北平图书馆拍摄及影印出版敦煌遗书史事钩沉》，

《敦煌研究》2010 年第 2 期。

刘波、林世田：《敦煌唐写本〈问对〉笺证》，《文津学志》第三辑，北京：国家图书馆出版社，2010 年。

刘明：《俄藏敦煌 Φ242〈文选注〉写卷臆考》，《文学遗产》2008 年第 2 期；收入《国家图书馆同人文选》第四辑，北京：国家图书馆出版社，2009 年。

刘明：《俄藏敦煌 Φ242〈文选注〉写卷校释》，《古籍整理研究学刊》2008 年第 6 期。

刘明：《敦煌唐写本〈玉台新咏〉考论》，《文学遗产》2010 年第 5 期。

刘明：《刘幼云旧藏敦煌本〈刘子〉集校》，《学灯》2011 年第 3 期。

刘修业撰，王重民校订：《校订〈秦妇吟校勘续记〉》，《学原》第一卷第七期，1947 年。

刘一平、申国美：《试析北京图书馆对敦煌遗书的收藏与利用》，《北京图书馆馆刊》1996 年第 1 期。

萨仁高娃：《蒙文〈天地八阳神咒经〉与汉藏文本比较研究》，载《周绍良先生纪念文集》，北京：北京图书馆出版社，2006 年。

萨仁高娃：《伯希和洞窟笔记所见少数民族文字题记》，载《2004 年石窟研究国际学术会议论文集》（下），上海：上海古籍出版社，2006 年。

萨仁高娃：《国内藏敦煌汉文文献中的非汉文文献》，载《文津学志》第 2 辑，北京：北京图书馆出版社，2007 年。

萨仁高娃：《敦煌本〈金刚坛陀罗尼经〉述略》，《敦煌研究》2008 年第 5 期。

萨仁高娃、杨富学：《敦煌本回鹘文〈阿毗达磨俱舍论实义疏〉研究》，《敦煌研究》2010 年第 1 期。

尚林：《敦煌在中国，"敦煌学"在全世界——记 1988 年中国敦煌吐鲁番学术讨论会》（附《敦煌吐鲁番学北京资料中心简况》），《图书馆学通讯》1988 年第 4 期。

尚林：《中英两国交换馆藏敦煌遗书胶卷追述》，《敦煌研究》1991 年第 2 期。

尚林:《北京图书馆与敦煌学:以建馆八十年来收藏保护敦煌文献资料为中心》,《中国敦煌吐鲁番学研究通讯》1993 年第 1 期(总第 24 期)。

尚林:《敦煌道教概观》,《中国道教》1993 年第 4 期。

尚林:《刘廷琛旧藏敦煌遗书流失考》,《汉学研究》1994 年第 12 卷第 2 期。

史睿:《敦煌吉凶书仪与东晋南朝礼俗》,载郝春文主编《敦煌文献论集——纪念敦煌藏经洞发现一百周年国际学术研讨会论文集》,沈阳:辽宁人民出版社,2001 年。

史睿:《金石学与粟特研究》,载荣新江、张志清主编《从撒马尔干到长安——粟特人在中国的文化遗迹》,北京:北京图书馆出版社,2004 年。

史睿:《唐代前期铨选制度的演进——从新获吐鲁番铨选文书谈起》,《历史研究》2007 年第 2 期;《人大报刊复印资料》2007 年第 4 期转载。

史睿:《唐调露二年东都尚书吏部符考释》,载《敦煌吐鲁番研究》第十卷,上海:上海古籍出版社,2007 年。

史睿:《新发现的敦煌吐鲁番唐律、唐格残片研究》,《出土文献研究》第八辑,上海:上海古籍出版社,2007 年。

史睿、王楠:《董康〈敦煌书录〉的初步研究》,载《敦煌文献、考古、艺术综合研究——纪念向达先生诞辰 110 周年国际学术研讨会论文集》,北京:中华书局,2011 年。

荣新江、史睿:《俄藏敦煌写本〈唐令〉残卷(Дx.3558)考释》,《敦煌学辑刊》1999 年第 1 期;《人大报刊复印资料(魏晋南北朝隋唐史)》2000 年第 3 期转载。

荣新江、史睿:《俄藏 Дx.3558 唐代令式残卷再研究》,载《敦煌吐鲁番研究》第九卷,北京:中华书局,2006 年。

王楠、史睿:《伯希和与中国学者关于摩尼教研究的交流》,载《张广达先生八十华诞祝寿论文集》,台北:新文丰出版公司,2010 年。

孙楷第:《敦煌写本〈张议潮变文〉跋》,1936 年 8 月 27 日《大公报·图书副刊》第 145 期。

孙楷第:《敦煌写本〈张淮深变文〉跋》,《国立中央研究院历史语言研究所集刊》第七本第三分册，1937年。

孙楷第：《唐代俗讲轨范与其本之体裁》，《国学季刊》第六卷第二号，1937年。

孙晓林：《九十年代国内敦煌吐鲁番学新著述评》，《北京图书馆馆刊》1994年第2期。

孙晓林：《汉—十六国敦煌令狐氏述略》，《北京图书馆馆刊》1996年第4期。

孙晓林：《敦煌遗书所见唐宋间令狐氏在敦煌的分布——令狐氏札记之一》，载《唐代的历史与社会——中国唐史学会第六届年会暨国际唐史学会研讨会论文选集》，武汉：武汉大学出版社，1997年。

孙晓林：《跋P.2189〈东都发愿文〉残卷》，载《敦煌吐鲁番研究》第二卷，北京：北京大学出版社，1997年。

孙学雷：《敦煌吐鲁番资料中心概况》，《北京图书馆馆刊》1994年第2期。

赖富本宏、孙学雷：《敦煌文献在中国密教史上的地位》，《北京图书馆馆刊》1997年第4期。

唐耕耦：《八至十世纪敦煌的物价》，载《纪念陈寅恪教授国际学术讨论会文集》，广州：中山大学出版社，1989年。

唐耕耦：《吐蕃时期敦煌课麦粟文书介绍》，《中国社会经济史研究》1986年第3期。

唐耕耦：《曹仁贵节度沙州归义军始末》，《敦煌研究》1987年第2期。

唐耕耦：《吐蕃时期敦煌课麦粟文书补》，《中国社会经济史研究》1987年第4期。

唐耕耦：《敦煌所出唐河西支度营田使户口给粮计簿残卷》，《中国历史博物馆馆刊》第10期，1987年。

唐耕耦：《关于敦煌寺院水磑研究中的几个问题》，《文献》1988年第1期。

唐耕耦：《伯二〇三二号甲辰年净土寺诸色入破历计会稿残卷试释》，载《敦煌吐鲁番文集》，敦煌吐鲁番学北京资料中心编印，1988年。

唐耕耦：《敦煌写本中释教大藏经目录与有关文书（一）》，《图书馆学通讯》1988 年第 3 期。

唐耕耦：《房山石经题记中的唐代社邑》，《文献》1989 年第 1 期。

唐耕耦：《敦煌便物历研究》，载《敦煌吐鲁番文献研究论集》第 5 辑，北京：北京大学出版社，1990 年。

唐耕耦：《乙巳年（公元九四五年）净土寺诸色入破历计会稿残卷试释》，载《敦煌吐鲁番学研究论文集》，上海：汉语大词典出版社，1990 年。

唐耕耦：《北图新一四四六号诸色入破历算会牒残卷》，《九州学刊》1993 年第 4 期。

唐耕耦：《敦煌寺院会计文书》，《北京图书馆馆刊》1996 年第 1 期。

唐耕耦：《敦煌研究拾遗补缺二则》（甲午年五月十五日阴家婢子小娘子荣客目跋；天福二年（937）二月十九日河西都僧统龙辩榜缀合），《敦煌研究》1996 年第 4 期。

唐耕耦：《四柱式诸色入破历算会牒的解剖——诸色入破历算会稿残卷复原的基础研究》，载《周绍良先生欣开九秩庆寿文集》，北京：中华书局，1997 年。

唐耕耦：《敦煌净土寺六件诸色入破历算会稿缀合》，载《敦煌吐鲁番研究》第二卷，北京：北京大学出版社，1997 年。

唐耕耦：《〈癸卯年（943）正月一日已后净土寺直岁广进手下诸色入破历算会稿〉残卷缀合》，《文献》1998 年第 3 期。

唐耕耦：《北图新八七〇广顺二年愿护等牒跋》，《敦煌文薮》（下），台北：新文丰出版公司，1999 年。

府宪展、唐耕耦：《〈俄藏敦煌文献〉一至五册述略》，《敦煌文薮》（下），台北：新文丰出版公司，1999 年。

王菡：《藏园校书所用敦煌遗书、吐鲁番文书》，《中国典籍与文化》2008 年第 4 期。

王喜民：《浅谈国图敦煌遗书的文物研究价值》，《科技情报开发与经济》2012 年第 1 期。

王重民：《敦煌本尚书六跋》，《国立北平图书馆馆刊》第九卷第四号，

1935 年。

王重民:《敦煌本东皋子残卷跋》,《金陵学报》第五卷第二期,1935 年。

王重民:《金山国坠事零拾》,《国立北平图书馆馆刊》第九卷第六号,1935 年。

王重民:《敦煌本捉季布传文》,《国立北平图书馆馆刊》第十卷第一号,1936 年。

王重民:《英伦所藏敦煌经卷访问记》,1936 年 4 月 2 日《大公报·图书副刊》第 124 期;又载王重民《图书与图书馆论丛》,上海:世界出版协社,1949 年。

王重民:《敦煌本王陵变文》,《国立北平图书馆馆刊》第十卷第六号,1936 年。

王重民:《敦煌本历日之研究》,《东方杂志》第三十四卷第九期,1937 年。

王重民:《敦煌本〈董永变文〉跋》,《图书季刊》新 2 卷第 3 期,1940 年。

王重民:《伦敦所见敦煌卷子群书叙录》,1947 年 5 月 14 日《上海大公报·图书周刊》,第十八期。

王重民:《记敦煌新出的菩萨蛮》,1948 年 1 月 26 日《南京中央日报·文史周刊》第七十八期。

王重民:《跋太公家教》,1948 年 4 月 10 日《申报·文史》第七期。

王重民:《太公家教考》,《周叔弢先生六十生日纪念论文集》,1950 年。

王重民:《敦煌文物被盗记》,《文物参考资料》1951 年 5 月号。

王重民辑:《补全唐诗》,《中华文史论丛》1963 年第 3 辑。

王重民辑,刘修业整理:《敦煌唐人诗集残卷》,《文物资料丛刊》第 1 期,1977 年。

王重民辑,刘修业整理:《补全唐诗拾遗》,《中华文史论丛》1981 年第 4 辑。

乌心怡:《国家图书馆敦煌文献数字化概述》,《山东图书馆学刊》2011 年第 4 期。

乌心怡:《国家图书馆敦煌文献数字化图像处理技术探要》,《图书馆学刊》2011 年第 4 期。

　　向达辑抄：《敦煌丛抄》，《国立北平图书馆刊》第五卷第六号，1931 年。

　　向达：《唐代长安与西域文明》，《燕京学报》专号之二，1933 年 10 月。

　　向达：《瀛涯琐志》，《国立北平图书馆刊》第十卷第五号，1936 年。

　　向达：《记伦敦所藏的敦煌俗文学》，《新中华》第 5 卷第 13 期（1937 年）。

　　向达：《伦敦所藏敦煌卷子经眼目录》，《图书季刊》新一卷第四期，1939 年。

　　徐自强：《北京图书馆及其所藏敦煌文献》，《中国敦煌吐鲁番学会研究通讯》1984 年第 1 期。

　　徐自强、王新：《北京图书馆藏伯希和敦煌石窟笔记照片整理记》，载中国敦煌吐鲁番学会编《敦煌吐鲁番学研究论文集》，上海：汉语大词典出版社，1990 年。

　　徐自强：《新订敦煌莫高窟诸家编号对照表》，《北京图书馆馆刊》1996 年第 4 期。

　　徐自强：《敦煌莫高窟题记研究》，载郝春文主编《敦煌文献论集——纪念敦煌藏经洞发现一百周年国际学术研讨会论文集》，沈阳：辽宁人民出版社，2001 年。

　　张平：《对于敦煌遗书修复工作规范化问题的思考》，载《融摄与创新：国际敦煌项目第六次会议论文集》，北京：北京图书馆出版社，2007 年；又载《古籍保护新探索》，杭州：浙江古籍出版社，2008 年。

　　张平：《中国国家图书馆敦煌遗书的修复与保护》，载《古籍保护新探索》，杭州：浙江古籍出版社，2008 年。

　　张志清、林世田：《S.6015〈易三备〉缀合整理研究——敦煌本〈易三备〉研究之一》，《敦煌吐鲁番研究》第九卷，北京：中华书局，2006 年。

　　张志清、林世田：《S.6349 与 P.4924〈易三备〉写卷缀合整理研究——敦煌本〈易三备〉研究之二》，《文献》2006 年第 1 期。

　　张志清：《敦煌遗书保护与"中华古籍特藏保护计划"》，载《融摄与创新：国际敦煌项目第六次会议论文集》，北京：北京图书馆出版社，2007 年。

　　赵爱学、林世田：《顾子刚生平及捐献古籍文献事迹考》，《国家图书馆学刊》2012年第3期。

赵大莹、林世田：《"西域文献学术座谈会"综述》，《敦煌学辑刊》2007年第1期。

赵大莹：《敦煌祭文及其相关问题研究——以P3214和P4043两件文书为中心》，载《敦煌吐鲁番研究》第十一卷，上海：上海古籍出版社，2009年。

赵万里：《魏宗室东阳王荣与敦煌写经》，《中德学志》第五卷第三期，1943年。

赵万里：《唐写本〈说苑·反质篇〉读后记》，《文物》1961年第3期。

周崇润：《敦煌文献的装帧形式与文献纸张的轴向断裂》，载《融摄与创新：国际敦煌项目第六次会议论文集》，北京：北京图书馆出版社，2007年。

周春华：《修复敦煌遗书BD14681〈尚书〉的体会》，《文津流觞》第14期，2005年。

庚　翻译类

［俄］C.M.杜丁著，何文津、方久忠译：《中国新疆的建筑遗址》，北京：中华书局，2006年。

［日］羽溪了谛著，贺昌群译：《西域之佛教》，上海：商务印书馆，1933年。

［日］中村不折著，李德范译：《禹域出土墨宝书法源流考》，北京：中华书局，2003年。

［日］藤枝晃著，翟德芳、孙晓林译：《汉字的文化史》，北京：知识出版社，1991年。

［英］斯坦因著，向达译：《斯坦因西域考古记》，上海：中华书局，1936年。

［日］池田温著，李德范译，孙晓林校：《〈中国古代写本识语集录〉解说》（上），《北京图书馆馆刊》1994年第2期。

〔日〕池田温著，李德范译，孙晓林校：《〈中国古代写本识语集录〉解说》（下），《北京图书馆馆刊》1995 年第 1 期。

〔日〕堀敏一著，林世田译：《唐代后期敦煌社会经济之变化》，《敦煌学辑刊》1991 年第 1 期。

〔英〕魏泓（Susan Whitfield）著，林世田译：《数字敦煌，泽被学林——纪念国际敦煌项目（IDP）成立十周年》，《国家图书馆学刊》2005 年第 2 期。

〔英〕秦思源（Colin Chinnery）著，林世田译：《敦煌文献所反映的中国古代装帧形制之演变——以英藏敦煌文献为中心》，《文津学志》第二辑，北京：北京图书馆出版社，2007 年。

〔日〕羽田亨著，钱稻孙译：《景教经典序听迷诗所经考释》，《北平北海图书馆月刊》第一卷第六号，1929 年。

〔日〕羽田亨著，钱稻孙译：《景教经典至玄安乐经考论》，《清华周刊》第 32 卷第 10 期，1929 年。

〔日〕山本达郎著，孙晓林译：《大谷文书概观——以文书来源为中心的介绍》，《中国敦煌吐鲁番学会研究通讯》1991 年第 2 期。

〔日〕池田温著，孙晓林译：《唐开元后期土地政策的考察》，《敦煌学辑刊》1996 年第 2 期。

〔日〕玉井是博著，万斯年译：《敦煌户籍残简考》，《国立北平图书馆馆刊》第十卷第五号，1936 年。

〔英〕斯坦因著，向达译：《斯坦因敦煌获书记》，《图书馆学季刊》第四卷第三、四期合刊，1930 年。

〔英〕斯坦因著，向达译：《斯坦因第三次中亚考古略记》，1931 年 1 月 26 日至 2 月 23 日《大公报·文学副刊》第 159—163 期。

主要参考文献

说明:

1. 所收参考文献分著作、论文两类,每类以编著者拼音排序;

2. 凡附录"国家图书馆敦煌学论著目录"所著录者,概在本书参考文献之列,此处一般不重出,但本书曾征引其文字者,则在此处列出。

著作类

白化文、周绍良编:《敦煌变文论文录》,台北:明文书局,1985年。

白化文:《敦煌文物目录导论》,台北:新文丰出版公司,1992年。

北京大学信息管理系、台北胡适纪念馆编:《胡适王重民先生往来书信集》,北京:国家图书馆出版社;合肥:安徽教育出版社,2009年。

北京图书馆馆史资料汇编(二)编辑委员会编:《北京图书馆馆史资料汇编(二):1949—1966》,北京:北京图书馆出版社,1997年。

北京图书馆善本组编:《敦煌劫余录续编》,北京图书馆善本部,1981年。

北京图书馆业务研究委员会编:《北京图书馆馆史资料汇编:1909—1949》,北京:书目文献出版社,1992年。

柴剑虹:《敦煌学与敦煌文化》,上海:上海古籍出版社,2007年。

柴剑虹:《品书录》(增订本),兰州:甘肃教育出版社,2011年。

常任侠著,沈宁整理:《春城纪事(1949—1952)》,郑州:大象出版社,2006年。

陈槃:《古谶纬研讨及其书录解题》,台北:编译馆,1991年。

陈寅恪:《寒柳堂集》,北京:三联书店,2001年。

陈寅恪：《金明馆丛稿》，北京：三联书店，2001 年。

陈寅恪：《金明馆丛稿二编》，北京：三联书店，2001 年。

陈寅恪：《陈寅恪集·书信集》，北京：三联书店，2001 年。

陈寅恪著，陈美延编：《陈寅恪先生遗墨》，广州：岭南美术出版社，2005 年。

陈永胜：《敦煌吐鲁番法制文书研究》，兰州：甘肃人民出版社，2000 年。

陈垣校录：《敦煌劫余录》，中央研究院历史语言研究所，1931 年。

陈智超编注：《陈垣来往书信集》，上海：上海古籍出版社，1990 年。

陈智超编注：《陈垣来往书信集》（增订本），北京：三联书店，2010 年。

池田温：《中国古代写本识语集录》，东京大学东洋文化研究所，1990 年。

邓文宽：《敦煌吐鲁番天文历法研究》，兰州：甘肃教育出版社，2002 年。

董康：《董康东游日记》，石家庄：河北教育出版社，2000 年。

杜伟生：《中国古籍修复与装裱技术图解》，北京：北京图书馆出版社，2003 年；北京：中华书局，2013 年。

杜晓勤：《隋唐五代文学研究》，北京：北京出版社，2001 年。

敦煌研究院编：《敦煌图史》，上海：上海古籍出版社，2000 年。

樊锦诗、荣新江、林世田主编：《敦煌文献、考古、艺术综合研究——纪念向达先生诞辰 110 周年国际学术研讨会论文集》，北京：中华书局，2011 年。

方广锠：《中国写本大藏经研究》，上海：上海古籍出版社，2006 年。

方广锠：《方广锠敦煌遗书散论》，上海：上海古籍出版社，2010 年。

方广锠：《随缘做去　直道行之：方广锠序跋杂文集》，北京：国家图书馆出版社，2012 年。

方广锠主编：《中国国家图书馆藏敦煌遗书总目录·新旧编号对照卷》，北京：中国人民大学出版社，2013 年。

冯远主编：《尺素情怀：清华学人手札展》，北京：清华大学出版社，2016 年。

傅斯年：《傅斯年全集》，长沙：湖南教育出版社，2003 年。

傅增湘：《藏园群书题记》，上海：上海古籍出版社，1989 年。

高国藩：《敦煌学百年史述要》，台北：台湾商务印书馆，2003年。

顾廷龙校阅：《艺风堂友朋书札》，上海：上海古籍出版社，1981年。

国家图书馆编：《袁同礼纪念文集》，北京：国家图书馆出版社，2012年。

国家图书馆古籍馆编，张志清、陈红彦主编：《古籍保护新探索》，杭州：浙江古籍出版社，2008年。

国家图书馆古籍馆编：《文化论衡——中国典籍与文化系列讲座十年选萃》，北京：国家图书馆出版社，2012年。

国家图书馆善本特藏部编，任继愈主编：《文津学志》第1辑，北京：北京图书馆出版社，2003年。

国家图书馆善本特藏部编，詹福瑞主编：《文津学志》第2辑，北京：北京图书馆出版社，2007年。

国家图书馆善本特藏部编，詹福瑞主编：《文津学志》第3辑，北京：国家图书馆出版社，2010年。

国家图书馆善本特藏部编，詹福瑞主编：《文津学志》第4辑，北京：国家图书馆出版社，2011年。

"国立北京图书馆"编印：《"国立北京图书馆"由沪运回中文书籍金石拓本舆图分类清册》，1943年。

国立北平图书馆编：《国立北平图书馆馆刊》，北京：书目文献出版社，1992年10月影印本。

国立北平图书馆编：《国立北平图书馆馆务报告（民国十八年七月至十九年六月）》，北平：国立北平图书馆，1930年。

国立北平图书馆编：《国立北平图书馆馆务报告（民国十九年七月至二十年六月）》，北平：国立北平图书馆编印，1931年。

国立北平图书馆编：《国立北平图书馆馆务报告（民国二十年七月至二十一年六月）》，北平：国立北平图书馆，1932年。

国立北平图书馆编：《国立北平图书馆馆务报告（民国二十一年七月至二十二年六月）》，北平：国立北平图书馆，1933年。

国立北平图书馆编：《国立北平图书馆馆务报告（民国二十二年七月至二十三年六月）》，北平：国立北平图书馆，1934年。

国立北平图书馆编:《国立北平图书馆馆务报告（民国二十三年七月至二十四年六月）》，北平：国立北平图书馆，1935 年。

国立北平图书馆编:《国立北平图书馆馆务报告（民国二十四年七月至二十五年六月）》，北平：国立北平图书馆，1936 年。

国立北平图书馆编:《国立北平图书馆馆务报告（民国二十五年七月至二十六年六月）》，北平：国立北平图书馆，1937 年。

国立北平图书馆编:《国立北平图书馆馆务报告（民国二十六年七月至二十七年六月）》，北平：国立北平图书馆，1938 年。

"国立北京图书馆"编:《"国立北京图书馆"馆务报告（三十二年度）》，北平："国立北京图书馆"，1943 年。

国立北平图书馆编:《国立北平图书馆职员录》，北平：国立北平图书馆，1936 年。

国立北平图书馆编印:《国立北平图书馆图书展览会陈列目录》，1929 年。

国立北平图书馆编印:《国立北平图书馆舆图版画展览目录》，1933 年。

韩春平:《敦煌学数字化问题研究》，北京：民族出版社，2012 年。

郝春文主编:《敦煌文献论集——纪念敦煌藏经洞发现一百周年国际学术研讨会论文集》，沈阳：辽宁人民出版社，2001 年。

郝春文:《二十世纪的敦煌学》，上海：上海古籍出版社，2006 年。

贺昌群:《贺昌群文集》，北京：商务印书馆，2003 年。

黄夏年主编:《民国佛教期刊文献集成》，全国图书馆文献缩微复制中心，2006 年。

黄永武:《敦煌遗书最新目录》，台北：新文丰出版公司，1986 年。

黄永武编:《敦煌宝藏》，台北：新文丰出版公司，1986 年。

季羡林主编:《敦煌学大辞典》，上海：上海辞书出版社，1998 年。

江味农述，余晋、阮添愉点校:《金刚经讲义》，合肥：黄山书社，2006 年。

姜亮夫:《敦煌学概论》，北京：北京出版社，2004 年。

姜亮夫:《姜亮夫全集》，昆明：云南人民出版社，2002 年。

蒋维乔：《蒋维乔日记》，北京：中华书局，2014 年。

李希泌、张椒华：《中国古代藏书与近代图书馆史料（春秋至五四前后）》，北京：中华书局，1982 年。

李致忠主编：《中国国家图书馆馆史（1909—2009）》，北京：国家图书馆出版社，2009 年。

李致忠主编：《中国国家图书馆馆史资料长编：1909—2009》，北京：国家图书馆出版社，2009 年。

林家平、宁强、罗华庆：《中国敦煌学史》，北京：北京语言学院出版社，1992 年。

林悟殊：《林悟殊敦煌文书与夷教研究》，上海：上海古籍出版社，2011 年。

刘进宝：《敦煌学通论》，兰州：甘肃教育出版社，2002 年。

刘进宝：《遗响千年：敦煌的影响》，兰州：甘肃教育出版社，2007 年。

刘进宝主编：《百年敦煌学：历史　现状　趋势》，兰州：甘肃人民出版社，2009 年。

刘进宝：《敦煌学术史：事件、人物与著述》，北京：中华书局，2011 年。

刘乃和等著：《陈垣年谱配图长编》，沈阳：辽海出版社，2000 年。

刘诗平、孟宪实：《敦煌百年》，广州：广东教育出版社，2000 年。

伦敦中国艺术国际展览会筹备委员会：《参加伦敦中国艺术国际展览会出品图说》，上海：商务印书馆，1936 年。

缪荃孙：《艺风老人日记》，北京：北京大学出版社，1986 年。

钱存训：《留美杂忆：六十年来美国生活的回顾》，合肥：黄山书社，2008 年。

任半塘：《敦煌曲初探》，上海：上海文艺联合出版社，1954 年。

任继愈主编：《佛教大辞典》，南京：江苏古籍出版社，2002 年。

荣新江：《敦煌学十八讲》，北京：北京大学出版社，2001 年。

荣新江：《海外敦煌吐鲁番文献知见录》，南昌：江西人民出版社，1996 年。

荣新江编：《向达先生敦煌遗墨》，北京：中华书局，2010 年。

荣新江主编：《吐鲁番文书总目（欧美收藏卷）》，武汉：武汉大学出版社，2007年。

沙知编：《向达学记》，北京：三联书店，2010年。

沈津：《顾廷龙年谱》，上海：上海古籍出版社，2004年。

施萍婷主编：《敦煌遗书总目索引新编》，北京：中华书局，2000年。

孙楷第：《沧州集》，北京：中华书局，2009年。

孙彦、萨仁高娃、胡月平选编：《民国期刊资料分类汇编·敦煌学研究》，北京：国家图书馆出版社，2009年。

王汎森、潘光哲、吴政上主编：《傅斯年遗札》，台北："中央研究院"历史语言研究所，2011年。

王国维著，谢维扬、房鑫亮主编：《王国维全集》，杭州：浙江教育出版社；广州：广东教育出版社，2009年。

王余光主编，范凡等选辑：《清末民国图书馆史料汇编》，北京：国家图书馆出版社，2014年。

王重民、向达：《北京大学五十周年纪念特刊·敦煌考古工作展览概要》，北京大学，1948年。

王重民：《敦煌遗书论文集》，北京：中华书局，1984年。

王重民：《冷庐文薮》，上海：上海古籍出版社，1992年。

王重民：《中国目录学史论丛》，北京：中华书局，1984年。

王重民辑：《敦煌曲子词集》，北京：商务印书馆，1956年。

王重民主编：《敦煌遗书总目索引》，北京：商务印书馆，1962年。

吴蕴慧：《〈敦煌社会经济文献真迹释录〉研究》，苏州大学2006年博士论文。

向达：《唐代长安与西域文明》，石家庄：河北教育出版社，2001年。

徐俊：《敦煌诗集残卷辑考》，北京：中华书局，2000年。

玄幸子、高田时雄编著：《内藤湖南敦煌遗书调查记录》，大阪：关西大学，2015年。

杨树达：《积微翁回忆录》，上海：上海古籍出版社，2013年。

叶德辉：《书林清话　书林余话》，长沙：岳麓书社，1999年。

袁同礼:《袁同礼文集》,北京:国家图书馆出版社,2010年。

袁咏秋、曾季光主编:《中国历代国家藏书机构及名家藏读叙传选》,北京:北京大学出版社,1997年。

张謇:《张謇全集》第六卷《日记》,南京:江苏古籍出版社,1994年。

张锦郎、胡渊泉编:《中国近六十年来图书馆事业大事记》,台北:商务印书馆,1974年。

张平、吴澍时:《古籍修复案例述评》,北京:国家图书馆出版社,2012年。

张求会:《陈寅恪丛考》,杭州:浙江大学出版社,2012年。

张舜徽:《敦煌古写本〈说苑〉残卷校勘记》(《积石丛稿》本),壮议轩,1946年。

张舜徽:《旧学辑存》,济南:齐鲁书社,1988年。

张舜徽:《张舜徽集·旧学辑存》,武汉:华中师范大学出版社,2008年。

张涌泉等编:《浙江与敦煌学:常书鸿先生诞辰一百周年纪念文集》,杭州:浙江古籍出版社,2004年。

赵万里著,冀淑英、张志清、刘波主编:《赵万里文集》(全三卷),北京:国家图书馆出版社,2011—2012年。

中国敦煌吐鲁番学会等合办,季羡林等主编:《敦煌吐鲁番研究》,第一至第六卷,北京:北京大学出版社,1996—2002年;第七至第九卷,北京:中华书局,2004—2006年;第十至第十二卷,上海:上海古籍出版社,2007—2011年。

中国敦煌吐鲁番学会语言文学分会编:《敦煌语言文学研究》,北京:北京大学出版社,1988年。

《中国敦煌学百年文库》编委会编:《中国敦煌学百年文库》(全13卷35册),兰州:甘肃文化出版社,1999年。

中国国家图书馆编,任继愈主编:《中国国家图书馆藏敦煌遗书》(1—7册),南京:江苏古籍出版社,1999、2001年。

中国国家图书馆编,任继愈主编:《国家图书馆藏敦煌遗书》(1—146册),北京:国家图书馆出版社(北京图书馆出版社),2005至2012年。

中国历史博物馆编，史树青主编：《中国历史博物馆藏法书大观》，上海：上海教育出版社，2001年。

中华书局编辑部编：《中华书局收藏现代名人书信手迹》，北京：中华书局，1992年。

周祖谟：《广韵校本》，北京：中华书局，1960年。

周祖谟：《广韵校勘记》，长沙：商务印书馆，1938年。

周祖谟：《唐五代韵书集存》，北京：中华书局，1983年。

朱凤玉：《百年来敦煌文学研究之考察》，北京：民族出版社，2012年。

庄俞：《我一游记》，上海：商务印书馆，1936年。

邹文革集辑：《中国国家图书馆百年纪事：1909—2009》，北京：国家图书馆出版社，2009年。

论文类

安敏：《敦煌书刊到敦煌——记专题书刊展览》，《北图通讯》1979年第4期。

白化文：《简评〈敦煌劫余录〉和〈敦煌遗书总目索引〉》，《社会科学战线》1989年第1期。

白化文：《王重民先生的敦煌遗书研究工作》，《北京图书馆馆刊》1997年第3期。

柴剑虹：《任继愈先生和国家图书馆敦煌吐鲁番学资料中心》，载《永远的怀念——任继愈先生百年诞辰纪念文集》，北京：国家图书馆出版社，2016年。

陈国灿：《〈敦煌社会经济文献真迹释录〉评介》，《九州学刊》第5卷第4期（1993）。

陈国灿：《美国普林斯顿所藏几件吐鲁番文书跋》，《魏晋南北朝隋唐史资料》第十五辑，1997年。

陈红彦、林世田：《敦煌遗书近现代鉴藏印章辑述》（上），《文献》2007年第2期。

陈红彦、林世田：《敦煌遗书近现代鉴藏印章辑述》（下），《文献》2007年第 3 期。

陈红彦：《北京图书馆藏敦煌遗书中近现代印鉴印主考》，《敦煌吐鲁番研究》第三卷，北京：北京大学出版社，1998 年。

陈永胜：《敦煌法制文书研究回顾与展望》，《敦煌研究》2000 年第 2 期。

陈玉龙：《向达先生的治学道路及其学术成就》，《史学月刊》1987 年第 3 期。

杜伟生：《北京图书馆藏敦煌遗书赝本八种概述》，《文献》1998 年第 3 期。

杜伟生：《古书修复中的"整旧如旧"与"整旧如新"》，《北京图书馆馆刊》1999 年第 4 期。

杜伟生：《记中国古代书籍史展览》，《图书馆学通讯》1986 年第 2 期。

杜伟生：《谈敦煌遗书修复》，《北京图书馆馆刊》1993 年第 2 期。

樊锦诗：《敦煌石窟研究百年回顾与瞻望》，《敦煌研究》2000 年第 2 期。

方广锠：《〈中国国家图书馆藏敦煌遗书总目录〉编纂完成》，2012 年 8 月 8 日《中国社会科学报》第 340 期第 4 版。

方广锠：《百年前的一桩公案——关于 22 卷续交敦煌遗书的考察》，《敦煌研究》2009 年第 1 期。

方广锠：《北京图书馆藏敦煌遗书勘查初记》，《敦煌学辑刊》1991 年第 2 期。

方广锠：《敦煌藏经洞封闭原因之我见》，《中国社会科学》1991 年第 5 期。

方广锠：《敦煌宗教研究的回顾和展望》，《中国文化》1990 年第 1 期。

方广锠：《关于国家图书馆善本部所藏的日本天平藤原皇后施经》，《法音》1999 年第 11 期。

方广锠：《国家图书馆藏敦煌遗书北敦 00337 号小考》，《文献》2006 年第 1 期。

方广锠：《两箱敦煌经卷残片的再发现》，《南海》1998 年第 9 期；删节稿载 2009 年 8 月 5 日《光明日报》。

方广锠:《略谈汉文大藏经的编藏理路及其演变》,《世界宗教研究》2012 年第 1 期。

方广锠:《日本对敦煌佛教文献之研究（1909—1954）》,载《方广锠敦煌遗书散论》,上海:上海古籍出版社,2010 年。

方广锠:《〈中国国家图书馆藏敦煌遗书总目录〉的编纂》,《敦煌研究》2013 年第 3 期。

方广锠:《国图敦煌遗书编号的历史与现状》,《文史》2013 年第 3 期。

方广锠:《中国国家图书馆藏敦煌遗书六种目录述略》,《上海师范大学学报（哲学社会科学版）》2013 年第 4 期。

方晓阳、吴丹彤:《东晋写本〈杂阿毗昙心论〉背印佛像研究》,《北京印刷学院学报》2010 年第 6 期。

冯培红、孔令梅:《汉宋间敦煌家族史研究回顾与述评》,《敦煌学辑刊》2008 年第 3 期、2008 年第 4 期、2010 年第 3 期。

冯培红:《敦煌写本研究、遗书修复及数字化国际研讨会综述》,《敦煌学辑刊》2003 年第 2 期。

伏俊琏、冷江山:《向达先生的敦煌文学研究——纪念向达先生诞辰110 周年》,《敦煌学辑刊》2011 年第 2 期。

高荣:《陈垣先生与敦煌学研究》,《河西学院学报》2011 年第 1 期。

高荣华:《廉洁奉公胡文玉》,载《仰望群山》,应城市纪委、监察局、文体局编印,2006 年。

高田时雄:《明治四十三年（1911）京都文科大学清国派遣员北京访书始末》,《敦煌吐鲁番研究》第七卷,北京:北京大学出版社,2004 年。

耿予方:《藏学泰斗于道泉教授》,《民族教育研究》1994 年第 2 期。

龚敏:《孙楷第先生的敦煌学研究》,中央文史研究馆、敦煌研究院、香港大学饶宗颐学术馆编《庆贺饶宗颐先生九十五华诞敦煌学国际学术研讨会论文集》,北京:中华书局,2012 年。

郭卉:《国宝之旅:1935—1936 年伦敦中国艺术国际展览会及其上海预展》,《国际博物馆》全球中文版 2011 年第 1 期。

韩春平:《敦煌学数字化研究综述》,《敦煌学辑刊》,2009 年第 4 期。

韩春平:《敦煌学文献数字化刍议》,《图书与情报》2004年第2期。

郝春文:《〈国家图书馆藏敦煌遗书〉的五大贡献》,2006年8月22日《光明日报》第10版。

郝春文:《敦煌文献与历史研究的回顾与展望》,《历史研究》1998年第1期。

郝春文:《二十世纪的敦煌学》,载郝春文《二十世纪的敦煌学》,上海:上海古籍出版社,2006年。

郝春文:《二十世纪敦煌文献与历史研究的回顾与展望》,载郝春文《二十世纪的敦煌学》,上海:上海古籍出版社,2006年。

黄克:《建立科学的中国小说史学——孙楷第先生晚年"自述"及其他》,《文学遗产》2008年第4期。

黄晓燕:《敦煌经籍辑存会研究》,《大学图书馆学报》2011年第3期。

黄征:《浙江与敦煌学》,《文史知识》1996年第10期。

姜涛、杨学勇:《敦煌学数字化的现状及评析》,《图书与情报》2008年第6期。

焦树安:《陈垣与中国国家图书馆》,《国家图书馆学刊》2001年第3期。

金维诺:《光辉的一生:敦煌学的先行者向达先生》,《美术研究》2011年第1期。

金滢坤、李永海:《敦煌本〈大云经疏〉新论》,《文史》2009年第4辑。

金滢坤:《敦煌本"策府"与唐初社会——国图藏敦煌本"策府"研究》,《文献》2013年第1期。

孔勤:《范成法师行状》,《法音》2011年第2期。

黎知谨整理:《敦煌与丝路文化学术讲座开幕式座谈会》,《文津流觞》第7期,2002年。

李鼎霞:《老一代女学者刘修业先生》,《文史知识》2000年第3期。

李更:《也谈敦煌遗书中的"宫廷写书"〈春秋谷梁传集解〉——从书吏、亭长说起》,《中国典籍与文化》2010年第4期。

李际宁、张平:《善本特藏部敦煌遗书特藏库房设计方案》,《文津流觞》第6期,2002年。

李际宁：《"味青斋敦煌遗书秘籍佚卷存目"点勘及其史料价值》,《敦煌学辑刊》1995 年第 1 期。

李际宁：《国家图书馆藏敦煌遗书整理侧记》,《北京图书馆馆刊》1999 年第 2 期。

李际宁：《中国国家图书馆近年入藏的敦煌遗书及其史料价值》,载郝春文主编《敦煌文献论集——纪念敦煌藏经洞发现一百周年国际学术研讨会论文集》,沈阳：辽宁人民出版社,2001 年。

李继武、李永斌：《改革开放以来汉传密教研究综述》,载《首届大兴善寺唐密文化国际学术研讨会论文集》第三编《密意神韵：唐代密宗的文化与艺术》,西安：陕西师范大学出版社,2012 年。

李之檀：《敦煌写经永兴郡佛印考》,《敦煌研究》2010 年第 3 期。

李最雄：《敦煌石窟保护工作六十年》,《敦煌研究》2004 年第 3 期。

林世田：《敦煌文献修复与保护座谈会纪要》,《文津流觞》第 6 期,2002 年。

林世田、萨仁高娃：《国家图书馆藏敦煌写本《〈金光明最胜王经〉古代修复简论》,《敦煌研究》2006 年第 6 期。

林世田、萨仁高娃：《国家图书馆刘廷琛旧藏敦煌遗书》,《敦煌吐鲁番研究》第十一卷,上海：上海古籍出版社,2009 年。

林世田、张平、赵大莹：《国家图书馆所藏与道真有关写卷古代修复浅析》,《中国典籍与文化》2007 年第 3 期。

林世田、赵大莹：《"西域文献学术座谈会"纪要》,《文献》2007 年第 1 期。

林世田：《〈敦煌学国际研讨会论文集〉前言》,载《敦煌学国际研讨会论文集》,北京：北京图书馆出版社,2005 年。

林世田：《国际敦煌项目（IDP）第六次会议综述》,《敦煌学辑刊》2005 年第 3 期。

林世田：《许国霖与敦煌遗书资料汇编工作》,《文津流觞》第 22 期,2008 年。

林世田：《敦煌遗书古代修复简论——构筑 4—11 世纪中国书籍修复史

框架（初稿）》，载《百年敦煌文献整理研究国际学术讨论会论文集》（下册），浙江大学古籍研究所，2010 年。

刘波、林世田：《国立北平图书馆拍摄及影印出版敦煌遗书史事钩沉》，《敦煌研究》2010 年第 2 期。

刘波：《国际敦煌项目（IDP）与敦煌西域文献数字化国际合作》，《数字图书馆论坛》2010 年第 1、2 期合刊。

刘波：《纪念向达教授诞辰 110 周年国际学术研讨会综述》，《文献》2010 年第 3 期。

刘波：《普林斯顿大学东亚图书馆藏吐鲁番文书唐写本经义策残卷之整理与研究》，《文献》2011 年第 3 期。

刘进宝：《敦煌学术史研究有待加强》，《中国史研究》2009 年第 3 期；收入刘进宝《敦煌学术史：事件、人物与著述》，北京：中华书局，2011 年。

刘进宝：《国际敦煌学研究的一次大检阅——1988 年北京国际敦煌吐鲁番学术讨论会综述》，《兰州学刊》1988 年第 5 期。

刘进宝：《贺昌群先生与敦煌学》，《文史杂志》1990 年第 2 期。

刘修业：《王重民 1935—1939 年英德意诸国访书记》，《文献》1991 年第 4 期。

刘修业：《王重民教授生平及学术活动年表》，《图书馆学研究》1985 年第 5 期。

刘修业：《王重民与敦煌遗书研究工作》，《文史知识》1988 年第 8 期。

刘莹：《1992 年敦煌吐鲁番学国际学术讨论会在北京举行》，《丝绸之路》1993 年第 1 期。

马世长：《敦煌石窟考古的回顾与反思》，《文物》2000 年第 8 期。

孟昭晋：《读王重民致向达书信》，《图书情报工作》2001 年第 4 期。

明成满：《20 世纪 80 年代以来大陆地区的敦煌寺院经济研究》，《文史哲》2007 年第 3 期。

钱存训：《北平图书馆善本书古籍运美迁台经过》，载《东西文化交流论丛》，北京：商务印书馆，2009 年。

钱存训：《袁同礼馆长与国际文化交流》，载钱存训《东西文化交流论丛》，北京：商务印书馆，2009年。

庆昭蓉：《库车出土文书所见粟特佛教徒》，《敦煌研究》2012年第2期。

屈直敏：《近百年来敦煌地志文书研究回顾》，《敦煌学辑刊》2009年第2期。

曲金良：《敦煌"变文"研究史述论》，《烟台师范学院学报》（哲社版）1990年第4期。

荣新江：《柏林通讯》，载《学术集林》卷十，上海：上海远东出版社，1997年。

荣新江：《北京大学与早期敦煌学研究》，载北京大学中国传统文化研究中心编《文化的馈赠——汉学研究国际会议论文集·史学卷》，北京：北京大学出版社，2000年。

荣新江：《档案与敦煌学研究》，《档案》1996年第5期。

荣新江：《德国"吐鲁番收集品"中的汉文典籍与文书》，《华学》第三辑，北京：紫禁城出版社，1998年。

荣新江：《敦煌文献：新材料与新问题》，《中国典籍与文化》2000年第1期。

荣新江：《狩野直喜与王国维——早期敦煌学史上的一段佳话》，《敦煌学辑刊》2003年第2期。

荣新江：《中国敦煌学研究与国际视野》，《历史研究》2005年第4期。

萨仁高娃：《王重民等有关〈敦煌变文集〉的信函二十四通》，《文献》2009年第2期。

尚林、方广锠、荣新江：《中国所藏大谷收集品概况：特别以敦煌写经为中心》，日本龙谷大学佛教文化研究所西域研究会，1991年。

尚林：《敦煌在中国，"敦煌学"在全世界——记1988年中国敦煌吐鲁番学术讨论会》（附《敦煌吐鲁番学北京资料中心简况》），《图书馆学通讯》1988年第4期。

尚林：《刘廷琛旧藏敦煌遗书流失考》，《汉学研究》1994年第12卷第2期。

尚林：《中英两国交换馆藏敦煌遗书胶卷追述》，《敦煌研究》1991年第

2 期。

石云里：《新公开的敦煌南齐写本上的捺印佛像》，《中国印刷》2000 年第 10 期。

史睿、王楠：《董康〈敦煌书录〉的初步研究》，载《敦煌文献、考古、艺术综合研究——纪念向达先生诞辰 110 周年国际学术研讨会论文集》，北京：中华书局，2011 年。

苏莹辉：《国立北平图书馆与敦煌学》，收入苏莹辉《敦煌论集》，台北：学生书局，1983 年。

孙玉蓉：《"敦煌经籍辑存会"成立时间探究》，《理论与现代化》2008 年第 4 期。

孙玉蓉：《北洋学子俞箴墀与创建期的燕京大学》，《天津大学学报（社会科学版）》2007 年第 4 期。

孙玉蓉：《陈垣〈《敦煌劫余录》序〉解疑》，《广西社会科学》2008 年第 7 期。

孙玉蓉：《关于"敦煌经籍辑存会"的两则日记》，《文献》2010 年第 1 期。

孙玉蓉：《为〈陈垣年谱配图长编〉补遗指谬》，《天津大学学报（哲学社会科学版）》2008 年第 2 期。

孙玉蓉：《俞泽箴整理敦煌写经日记辑录》，《文献》2009 年第 1 期。

孙玉蓉：《最早从事敦煌学研究的学术团体——敦煌经籍辑存会》，《文史知识》2009 年第 6 期。

谭新嘉：《梦怀录》，《文献》1982 年第 4 期。

王菡：《藏园校书所用敦煌遗书、吐鲁番文书》，《中国典籍与文化》2008 年第 4 期。

王冀青：《论"敦煌学"一词的词源》，《敦煌学辑刊》2000 年第 2 期。

王艳：《向达欧洲访书记》，《图书情报工作》2004 年第 3 期。

王致翔：《国家图书馆早期（1929—1936）举办的文献展览》，《国家图书馆学刊》2005 年第 2 期。

魏泓（Susan Whitfield）著，林世田译：《数字敦煌，泽被学林——纪念国际敦煌项目（IDP）成立十周年》，《国家图书馆学刊》2005 年第 2 期。

乌心怡：《国家图书馆敦煌文献数字化图像处理技术探要》，《图书馆学刊》2011 年第 4 期。

无垠：《"敦煌写本研究、遗书修复及数字化国际研讨会"综述》，《敦煌研究》2004 年第 1 期。

吴芳思："Wang Chongmin and Lionel Giles"，载国家图书馆善本特藏部敦煌吐鲁番学资料研究中心编《敦煌学国际研讨会论文集》，北京：北京图书馆出版社，2005 年。

吴芳思：《向达在英国》，载《敦煌文献、考古、艺术综合研究——纪念向达先生诞辰 110 周年国际学术研讨会论文集》，北京：中华书局，2011 年。

肖红凌：《纪念王重民先生诞辰 100 周年学术研讨会在北京大学隆重召开》，《图书馆建设》2003 年第 6 期。

萧新祺：《佚名〈味青斋敦煌秘籍佚卷存目〉》，《敦煌研究》1991 年第 4 期。

徐俊：《〈敦煌吐鲁番本文选〉、〈敦煌本昭明文选研究〉、〈敦煌本文选注笺证〉、〈文选版本研究〉（书评）》，《敦煌吐鲁番研究》第五卷，北京：北京大学出版社，2001 年。

徐俊：《敦煌本〈文选〉拾补》，载中国《文选》研究会编《〈文选〉与〈文选〉学》，北京：学苑出版社，2003 年。

徐文堪：《粟特研究的最新创获——读〈粟特人在中国——历史、考古、语言的新探索〉》，《社会科学》2006 年第 8 期。

徐晓卉：《敦煌写本研究、遗书修复及数字化国际研讨会综述》，《国际学术动态》2004 年第 3 期。

许殿才：《陈垣在近代史学领域的开拓》，《史学集刊》2004 年第 2 期。

颜廷亮：《关于敦煌遗书羽字号中空缺诸卷去向的一件资料》，《敦煌遗书》2005 年第 2 期。

杨富学：《回鹘文社会经济文书研究百年回顾》，《敦煌研究》2000 年第 4 期。

杨富学：《西域敦煌回鹘佛教文献研究百年回顾》，《敦煌研究》2001 年第 3 期。

杨镰：《孙楷第传略》,《晋阳学刊》1985 年第 1 期。

杨镰：《孙楷第传略》,《文献》1988 年第 2 期。

杨学勇：《敦煌学数字化的探索与问题》,《情报杂志》2008 年第 3 期。

杨曾文：《关于北京图书馆善本部所藏日本天平十二年一件写经文书的初步考察》,《法音》1999 年第 9 期。

杨之峰：《〈卍续藏经〉的编纂及其文献价值》,《图书馆理论与实践》2009 年第 3 期。

［日］永田知之：《陈寅恪论及敦煌文献续记——遗墨'敦煌研究'と讲义'敦煌小说选读'》,载《敦煌写本研究年报》第八号,京都大学人文科学研究所中国中世写本研究班,2014 年。

游自勇：《敦煌本〈白泽精怪图〉校录——〈白泽精怪图〉研究之一》,载《敦煌吐鲁番研究》第十二卷,上海：上海古籍出版社,2011 年。

余欣：《许国霖与敦煌学》,《敦煌吐鲁番研究》第七卷,北京：中华书局,2004 年。

喻雯虹：《古籍数字化资源的共建共享——从国际敦煌项目（IDP）谈起》,《图书馆论坛》2011 年第 3 期。

袁同礼：《国立北平图书馆现藏海外敦煌遗籍照片总目》,《图书季刊》新二卷第四期,1940 年。

张倚竹："Eastern and Western Conservation Approaches Reflected on Dunhuang Manuscripts",《文津学志》第四辑,北京：国家图书馆出版社,2011 年。

张涌泉、窦怀永：《敦煌小说整理研究百年：回顾与思考》,《文学遗产》2010 年第 1 期。

张涌泉：《百年敦煌文献整理的回顾与前瞻》,载刘进宝主编《百年敦煌学：历史　现状　趋势》,兰州：甘肃人民出版社,2009 年。

张桢：《评〈粟特人在中国——历史、考古、语言的新探索〉》,《考古与文物》2009 年第 2 期。

张志清：《赵万里与〈永乐大典〉》,载《〈永乐大典〉编纂 600 周年国际研讨会论文集》,北京：北京图书馆出版社,2003 年。

赵爱学、林世田：《顾子刚生平及捐献古籍文献事迹考》，《国家图书馆学刊》2012 年第 3 期。

赵大莹、林世田：《"西域文献学术座谈会"综述》，《敦煌学辑刊》2007 年第 1 期。

赵大莹：《国际敦煌项目（IDP）第七次保存保护会议综述》，《敦煌学辑刊》2008 年第 2 期。

赵青山：《70 年来敦煌寺院经济研究概述》，《敦煌学辑刊》2006 年第 4 期。

郑阿财：《二十世纪敦煌学的回顾与展望——中国大陆篇》，《汉学研究通讯》第 19 卷第 2 期，2000 年。

郑炳林、屈直敏：《粟特人在中国——历史、考古、语言的新探索国际研讨会综述》，《敦煌学辑刊》2004 年第 1 期。

郑广薰：《敦煌本〈韩擒虎话本〉的写卷制作方式和文学特点》，《艺术百家》2009 年第 2 期。

朱丽双：《敦煌藏文文书 P.t.960 所记于阗佛寺的创立——〈于阗教法史〉译注之一》，《敦煌研究》2011 年第 1 期。

《"国际敦煌学学术史研讨会"在京召开》，《中国藏学》2003 年第 2 期。

人名索引

说明：1. 本索引以人物姓氏汉语拼音排序；

2. 同名的多位人物，分别设立条目；

3. 同一人的不同称谓，以最通行者设立条目，字号别名标注互见；

4. 仅出现字号别称者，在条目后括注人名。

Z

后　记

本书是在我的同名博士论文的基础上修改、增补而成的。自从 2008 年初调入中国国家图书馆古籍馆敦煌文献组以后，我便因工作关系，关注国家图书馆以往在敦煌学方面的作为与贡献，并开始进行相关资料的搜集、整理与研究工作。

不久，经林世田先生推荐，并蒙李致忠先生接纳，我有幸加入了《中国国家图书馆馆史（1909—2009）》一书编纂组。这部馆史是 2009 年国家图书馆百年馆庆的重要项目，我负责撰写第三章，即 1931 至 1937 年部分。这是 1949 年前国立北平图书馆各方面业务最有成绩的一个时期，同时也是北平图书馆在敦煌文献研究方面成果最为丰硕的时期之一。在撰稿过程中，我接触到不少馆藏旧档，增加了对这个问题的资料储备，并且动手写了几篇小文。

2010 年，我考取河北师范大学文学院的博士研究生，导师是张廷银研究员。记得大约是 2011 年夏天，在林世田先生和我合作的一个馆级项目的结项鉴定会后，张廷银老师建议我以国家图书馆与敦煌学为题，撰写博士论文。从那以后，我开始系统地整理相关资料，并连缀成文。2013 年春，论文顺利通过答辩。最近三年，又根据新近见到的资料以及多位师友的指正，对论文进行了修订、补充。

算起来，本书的写作，前后历时八年有余。在这几年的学习、研究、写作过程中，我得到了众多师友的帮助和支持，谨在此致以衷心的感谢。

首先，感谢中国国家图书馆，它既是我服务的机构，也是本书的研究对象，更是研究资料的供给者。国图藏书宏富、设施齐全而便利，提供了良好的工作与研究环境。我经常在周末和假期带着电脑前往国图各阅览室查阅书籍、赶写文稿，深深体会到作为读者的幸福。没有国图提供的各种条件，我是不可能完成本书写作的。

感谢河北师范大学，接纳我作博士生，为我提供了学习、深造的平台。感谢国家图书馆詹福瑞馆长、河北师范大学王长华校长，没有两位领导的关照，我不可能获得前往河北师大求学的机会。

感谢我的导师张廷银研究馆员。2007 年，我有幸成为张老师领衔的国家图书馆"古籍整理研究学术梯队"的一员，此后参与了张老师主持的几个文献整理项目，2010 年又报考了张老师的博士研究生。多年来，张老师一直关心、帮助并督促我开展业务学习与研究工作，我从中收获颇丰。本书从选题、写作到修改润色，张老师作了全面、细致的指导，让我获益匪浅。

感谢国家图书馆林世田研究馆员。我调到敦煌组之后，林老师带领我迅速熟悉业务工作，引导我进入敦煌西域文献整理、国家图书馆馆史两个研究领域，与我分享研究心得与各种资料，并合作撰写了多篇论文。本书初稿完成后，承林老师审阅全文，提出了很多修改、补充意见，令我深受教益。

感谢钱志熙教授、王长华教授、陈洪教授、朱万曙教授、张国星教授、阎福玲教授、郑振峰教授、李延年教授、霍现俊教授、杨栋教授在我博士论文开题、答辩时对本书选题、研究方法和文稿细节等方面的指教，我从中获益良多。感谢博士论文的评审专家荣新江教授、张涌泉教授、刘进宝教授、伏俊琏教授、刘屹教授，虽然大部分评审意见我无缘读到。

感谢朱玉麒教授、史睿研究馆员、高田时雄教授、方广锠教授鼓励我从事这个课题的研究，向我提供研究资料，并与我讨论某些具体问题。

感谢国家图书馆张志清副馆长，古籍馆陈红彦副馆长、谢冬荣副馆长、萨仁高娃副馆长，馆办公室苏品红主任，古籍馆李际宁、赵爱学、黄霞、程佳羽与档案室许京生、李毅等同事，各位领导和同事或在日常工作与博士生阶段学习过程中给予我支持和帮助，或为本书收集资料提供了难得的便利。

感谢责任编辑苗文叶女士认真细致地校改全书，是正良多。最近几年，我们合作了好几个出版项目，已经成了朋友。

最后感谢我的家人。由于工作与学业繁忙，多年来我极少能抽空回故乡探望父母，他们始终没有怨言，默默地支持我；同在国图工作的妻子，在繁忙工作的间隙，多次帮我查找资料；妻子和岳母还承担了大部分家务和养育女儿的重任，让我得以在业余时间抽身从事研究工作；女儿从出生开始便养成了良好的生活习惯，使我可以在深夜和凌晨挑灯写作。没有家人的支持，我不敢奢望本书能在预定的时间内完成。

书稿的出版，代表着我关于这个问题的思考暂时告一段落，也是更多思考与探讨的开始。我更愿意把出版看作又一次向师友们请益的机会，期待翻阅过这本小书的人士，能给我更多的批评指教。

刘　波

2016 年 6 月 10 日